JENS WIETSCHORKE

Wien – Berlin

JENS WIETSCHORKE

Wien – Berlin

Wo die Moderne erfunden wurde

RECLAM

MIX
Papier | Fördert gute Waldnutzung
FSC® C014496

2., durchgesehene Auflage 2024

2023, 2024 Philipp Reclam jun. Verlag GmbH,
Siemensstraße 32, 71254 Ditzingen
Druck und buchbinderische Verarbeitung: GGP Media GmbH,
Karl-Marx-Straße 24, 07381 Pößneck
Printed in Germany 2024
RECLAM ist eine eingetragene Marke
der Philipp Reclam jun. GmbH & Co. KG, Stuttgart
ISBN 978-3-15-011442-1

Auch als E-Book erhältlich

www.reclam.de

INHALT

01

KLISCHEE UND WIRKLICHKEIT

Ein kulturelles Magnetfeld

Magnete sind Körper, die sich gegenseitig anziehen oder abstoßen. Zwischen ihnen liegt ein Magnetfeld, in dem diese Kräfte wirken, mal stärker, mal schwächer, je nachdem, wie man die Körper zueinander dreht und wendet. Solche Magnetfelder gibt es nicht nur in der Festkörperphysik, sondern auch zwischen Menschen und Biographien, sozialen Milieus und kulturellen Phänomenen. Und es gibt sie zwischen Städten. Wien und Berlin sind zwei Metropolen, die durch eine ausgesprochen intensive Anziehungs- und Abstoßungsgeschichte miteinander verbunden sind. Diese Geschichte geht bis in die Frühe Neuzeit zurück, als Wien und Berlin begannen, als Residenzstädte und politische Zentren in Konkurrenz zu treten, sie erreichte ihren Höhepunkt aber in den Jahrzehnten zwischen der Gründung des Deutschen Kaiserreiches 1870/71 und den frühen 1930er Jahren.

In dieser Zeit wurden die beiden Hauptstädte zu kulturellen Antipoden, die man als komplett verschieden wahrnahm: Berlin oder Wien, das wurde zu einem Bekenntnis, zu einer Glaubensfrage. Der Städtevergleich wurde regelrecht Mode: in der Presse und der Literatur, im Theater und im Kabarett, im Alltagsgespräch. Es erschienen vereinzelt sogar Bücher, die sich nur mit den Unterschieden zwischen beiden Städten beschäftigten. Und es verkehrte kaum ein Schnellzug zwischen Berlin und Wien, in dessen Abteilen nicht schon wenige Minuten nach Abfahrt lebhaft darüber diskutiert worden wäre. In seinem 1908 publizierten Buch *Wien – Berlin. Ein Vergleich* schreibt der spätere Friedensnobelpreisträger Alfred H. Fried von einem »ewige[n]

Thema, […] das seit Jahrzehnten fortgesponnen wird, ohne daß man zu einer befriedigenden Einigung zu kommen vermochte«.[1] Gesprächsstoff gab es mehr als genug: Zahllose Lebenswege und Lebenserfahrungen kreuzten sich irgendwo zwischen Wien und Berlin, der deutsch-österreichische Kulturbetrieb spielte unablässig mit den Bildern, die dieser ganz spezielle Kulturtransfer erzeugte.

Das vorliegende Buch untersucht das spannungsreiche Magnetfeld, das zwischen den beiden großen deutschsprachigen Metropolen entstand. Es beschreibt die Berliner Blicke auf Wien und die Wiener Blicke auf Berlin, und es fragt danach, wie und warum beide Städte bis heute permanent miteinander verglichen werden. Es berichtet von Wienerinnen und Wienern, die begeistert nach Berlin zogen oder sich entsetzt von der deutschen Hauptstadt abwandten. Umgekehrt erzählt es von Berlinerinnen und Berlinern, die entweder von Wien und allem Wienerischen fasziniert waren oder die österreichische Kapitale für ein provinzielles Nest hielten, das es in keiner Weise mit Berlin aufnehmen konnte. Viele Texte und Positionen, Episoden und Biographien liefern den Stoff für eine interurbane Beziehungsgeschichte, die nicht nur – wie alle Beziehungsgeschichten – einzigartig ist, sondern die auch weit über die wirklichen oder vermeintlichen Gegensätze von Wien und Berlin hinausweist. Darin wurden nämlich immer auch ganz grundlegende Fragen verhandelt: großdeutsche oder kleindeutsche Lösung, Tradition oder Fortschritt, Konservatismus oder Avantgarde, Aristokratie oder Demokratie, Ordnungen von Vergangenheit, Gegenwart und Zukunft, *vita activa* und *vita contemplativa*. Berlin und Wien machen exemplarisch sichtbar, wie sich die Menschen in einer Zeit enormer gesellschaftlicher und kultureller Umbrüche das gute Leben in der Stadt vorgestellt haben. Noch heute wirkt diese Beziehungsgeschichte nach – und sie prägt die Art und Weise, wie wir als Städtebewohner:innen oder Tourist:innen über Wien und Berlin denken.

Bei alledem ist dieses Buch keine vergleichende Kulturgeschichte. Nicht Wien und Berlin werden miteinander verglichen, sondern der vergleichende Blick selbst wird untersucht: Warum wurden die beiden Hauptstädte damals so oft in einem Atemzug genannt? Warum hatte man in Wien eine solche Lust auf Berlin und in Berlin eine solche Sehnsucht nach Wien? Warum waren gerade diese beiden Schauplätze und ihre Beziehungen untereinander so ein attraktiver Stoff für Romane und Theaterstücke, Cabarets und Witze, Glossen und Feuilletons? Und worüber diskutierten die Intellektuellen eigentlich, wenn sie über Wien und Berlin sprachen und schrieben? Es geht also um Blickbeziehungen, Spiegelungen, Reflexionen zwischen diesen beiden Städten. Um eine Konstellation, deren Betrachtung einen ganz eigenen Erkenntniswert hat. In diesem Sinne könnte man auch von einer Verflechtungsgeschichte sprechen. Dieser Terminus bezeichnet eine neuere Richtung der Geschichtswissenschaft, die transnationalen Wechselbeziehungen kolonialer und postkolonialer Gesellschaften nachgeht, oft über Kontinente hinweg. Eine solche *entangled history* oder *histoire croisée* lässt sich auch für Städte betreiben, die in spezifischer Weise aufeinander bezogen und miteinander verflochten sind. Diese Städte müssen nicht unbedingt weit auseinander liegen, sie können auch in einer unmittelbaren kulturellen Konkurrenzsituation zueinander stehen.

Jedenfalls ist es eine Ausgangshypothese dieses Buches, dass man mehr über Wien und Berlin erfährt, wenn man beide im Zusammenhang denkt. Die Rollenverteilung war über weite Strecken dieser Geschichte klar: Berlin stand für den ungebremsten Fortschritt, die unbegrenzten Möglichkeiten, für Technik, Tempo und Elektrizität. Wien dagegen spielte den Gegenpart einer alteingesessenen Hauptstadt, in der die Dinge mit Gelassenheit und Distanz gesehen wurden und deren Bevölkerung stets zu leben wusste: mit Wein, Weib und Gesang – überladen mit Klischees und zugleich bestens geübt im provozierenden Widerstand dagegen. Wien, die Stadt mit Landschaft und Geschichte, stand Berlin, der Stadt ohne Landschaft und ohne Geschichte, gegenüber. Um diesen vielbeschworenen Gegensatz drehen sich die folgenden Kapitel. Aus verschiedenen Perspektiven werden die Klischees beleuchtet, die über Wien und Berlin in Umlauf waren – und es wird sich zeigen, dass Klischees nie ganz richtig und nie ganz falsch sind. Vielmehr umschreiben sie die komplizierten Wechselbeziehungen zwischen Realität und Repräsentation, zwischen der sozialen Wirklichkeit und den kulturellen Bildern, die darin erzeugt werden.

A Tale of Two Cities

Städte miteinander zu vergleichen, ist ein Lieblingsthema der alltäglichen Konversation. Was in Frankfurt anders als in München, in Dortmund anders als in Stuttgart, in Marseille anders als in Paris ist, darüber gibt es unüberschaubar viele Geschichten und Anekdoten zu erzählen, dazu gibt es zahllose Meinungen und doch auch wieder festgefahrene Stereotypen, denen diese Meinungen folgen. Pausen-, Küchen- und Partygespräche drehen sich um dieses Thema. Und das nicht erst heute: Julius Faucher, der 1877 eine vergleichende Abhandlung zu den damaligen vier europäischen Millionenstädten London, Paris, Berlin und Wien publiziert hat, bestätigt den Städtevergleich als Alltagsthema seiner Zeit: »Vergleichende Culturbilder, wie ich sie hier dem deutschen Publikum zu liefern versuche, bilden einen Hauptgegenstand seiner alltäglichen Unterhaltungen, ohne daß hierauf in der Literatur ausreichend Rücksicht genommen wäre«.[2] In der Tat füllen die Monographien, Stadtbiographien und Reiseführer über Städte ganze Bibliotheken, während es nur wenig Forschungsliteratur über die spezifischen Beziehungen zwischen Städten gibt.

Dabei können gerade Beziehungsgeschichten zwischen Städten sehr aufschlussreich sein, weil sie stets einen Perspektivenwechsel implizieren: London von Paris aus gesehen ist etwas anderes als London von Edinburgh aus gesehen. San Francisco und Los Angeles werden vor allem dann zu unverwechselbaren Orten, wenn man sie im Gegenlicht der jeweils anderen Stadt betrachtet. So verspricht die Interdependenz zwischen zwei Städten einen ganz bestimmten Erkenntnisgewinn, bei dem beide Städte in einem neuen, wenn auch changierenden Licht erscheinen. Für die Emigranten, die im 19. Jahrhundert von Hamburg nach New York gingen, war Hamburg schon nach kurzer Zeit nicht mehr die gleiche Stadt wie zuvor – ebenso wie New York nur selten den Erwartungen entsprach, die sie sich von Hamburg aus gemacht hatten. Die Konkurrenz zwischen New York und der amerikanischen *second city* Chicago wiederum prägte die öffentliche Debatte für Jahrzehnte, ebenso wie beispielsweise die Konkurrenz zwischen Jerusalem und Tel Aviv, die für zwei sehr unterschiedliche Identitätsentwürfe der Gesellschaft in Israel stehen.

Die folgenden Kapitel zeichnen einen solchen Blickwechsel zwischen Städten nach: eine kulturelle Verflechtungs- und Beziehungsgeschichte Wiens und Berlins, in der Gemeinsamkeiten und Unterschiede verhandelt sowie Anziehungs- und Abstoßungsprozesse sichtbar werden. Es erzählt *A Tale of Two Cities* – eine Geschichte zweier Städte, die in der Vergangenheit immer wieder als Antipoden und Antagonisten aufgetreten sind und die in der Gegenwart vielleicht sogar wieder verstärkt in Konkurrenz zueinander treten. Im Bild dieser beiden Metropolen verdichten sich kulturelle Bilder des katholischen Österreich und des protestantischen Preußen: das fidele Grab an der Donau und das nüchterne Spree-Athen, die gemütliche Walzerstadt und die betriebsame Elektropolis. Versatzstücke aus dem Klischeebaukasten, aber irgendwie auch gefühlte Wahrheiten. Dabei sahen sich beide Großstädte immer auch mit ähnlichen Problemen konfrontiert – vom Hauptstadtstatus über die Regulierung des Nachtlebens bis hin zum Ausbau der modernen technischen Infrastruktur. Wenn aber der Soziologe René König recht hatte mit seiner Behauptung, dass »jede Großstadt ein ungeheuer komplexes Gebilde bedeutet, das jeweils die einzigartige Lösung einer einzigartigen Aufgabe darstellt«,[3] dann entfaltet sich auch in diesen Bereichen so etwas wie eine unterschiedliche Logik des Lokalen – wir stoßen auf Eigenheiten und Eigenarten, für die die kultur- und sozialwissenschaftliche Stadtforschung heute nach Begriffen sucht: Kann man von einem »Habitus der Stadt« sprechen? Oder von einer »Eigenlogik der Städte«? Lässt sich das wissenschaftlich greifbar machen, was der österreichische Autor Robert Musil in seinem monumentalen Stadtroman *Der Mann ohne Eigenschaften* behauptet hat: »Städte lassen sich an ihrem Gang erkennen wie Menschen«?[4]

Der Blickwechsel zwischen Wien und Berlin hat seine eigene Geschichte, er kennt seine Konjunkturzyklen. Im Folgenden soll es vor allem um die Zeit der klassischen Moderne von 1870 bis 1930 gehen – eine Zeit, in der die Konstellation »Wien – Berlin« ein absoluter Dauerbrenner des Feuilletons, der Literatur- und Kunstszene beider Hauptstädte war. Bis weit in die 1920er Jahre hinein erschien kaum ein renommiertes deutschsprachiges Kulturblatt, in dem nicht lustvoll die Unterschiede zwischen Wien und Berlin behandelt worden wären. Alfred H. Fried meinte, dass »ein Vergleich dieser beiden Städte mit dem Mars näherläge als ein Vergleich untereinander«.[5] Und gerade deshalb wurde ausgiebig verglichen. Während Wien als Stadt »uralter Vornehmheit« und tief eingeprägter Geschichtlichkeit verstanden wurde, erschien Berlin als Parvenü unter den Metropolen, als geschichtslose Kolonialstadt. Die Stadt »ist Gegenwart und setzt überdies ihren Ehrgeiz darein, ganz Gegenwart zu sein. Wer sich längere Zeit in Berlin aufhält, weiß am Ende kaum noch, woher er eigentlich kam«, schrieb Siegfried Kracauer.[6] Wienerinnen und Wiener, die nach Berlin kamen, suchten die mondäne Bühne oder das große Geld, wunderten sich aber auch über die Zumutungen eines hart durchgetakteten Alltags. Berlinerinnen und Berliner erholten sich in Wien und zelebrierten die imperiale Gemütlichkeit. Und alle regten sich auf: über die rückständigen Wiener Verhältnisse, den seelenlosen Berliner Amerikanismus oder die blasierten Intellektuellen beider Städte zusammen.

Die Beziehungsgeschichte zwischen Wien und Berlin zielt geradezu ins Herz der klassischen Moderne. Denn in diesen beiden Städten spiegelten sich zeitgenössische Positionen von Modernismus und Antimodernismus, Beschleunigung und Entschleunigung; die Straßen, Plätze und Menschen Wiens bzw. Berlins lieferten aus Sicht der Zeitgenossen das Anschauungsmaterial zu dieser laufenden Debatte. Man könnte sogar sagen, der Diskurs der technischen und ästhetischen Moderne im deutschsprachigen Raum benötigte die Chiffren Wien und Berlin, um seine Programme formulieren und seine Widersprüche bearbeiten zu können. »Wien – Berlin« oder »Berlin – Wien« wurde zu einem reißerischen Thema, und die vielen berühmten Pendler:innen zwischen beiden Städten versorgten diese Debatte mit Stoff: Julius Rodenberg und Franz Servaes, Hermann Bahr und Stefan Zweig, Ödön von Horváth und Robert Musil, Julius Bab und Willi Handl, Hanns Eisler und Ernst Krenek, Lili Grün und Helene Weigel, Elisabeth Bergner und Fritzi Massary, Anton Kuh und Joseph Roth, Alfred Polgar und Karl Kraus, Arnold Schönberg und Max Reinhardt, Stefan Großmann und Erik Jan Hanussen, Leo Fall und Oscar Straus, Vicki Baum und Gina Kaus, Robert Stolz und Ralph Benatzky.

Sie alle kommen in diesem Buch vor, und es sind noch viele mehr, die sich im Spannungs- und Gravitationsfeld Wiens und Berlins bewegt haben. Die meisten von ihnen brachen von Wien aus nach Berlin auf, kehrten aber immer wieder zurück in die alte Kaiserstadt an der Donau und spiegelten beide Stadterfahrungen ineinander. Der Nationalsozialismus beendete schließlich eine große Epoche der Stadtkultur, in der jüdische Künstler:innen eine zentrale Rolle gespielt hatten. Vorbei war es mit dem Kosmopolitismus der beiden deutschsprachigen Metropolen; Hitler hasste Wien, er mochte auch Berlin nicht besonders und ließ seinen Chefarchitekten Albert Speer gigantomanische Pläne für einen Umbau Berlins zur Hauptstadt »Germania« entwerfen. Viele Grenzgänger:innen zwischen Berlin und Wien verließen Europa und suchten im Exil nach Existenzmöglichkeiten. Nicht wenige von ihnen trugen eine der beiden Städte – oder beide – im Herzen.

In der Nachkriegszeit wurde es still um das Thema. Berlin wurde zur zerrissenen Frontstadt des Kalten Krieges, Wien dagegen schien in einer abgeschiedenen Nische am Rand des Eisernen Vorhangs zu verschwinden. Die österreichische Hauptstadt wurde allenfalls zum Geheimtipp für Aussteiger. Heute bewegen sich die Einwohner:innenzahlen der Stadt Wien auf die Zwei-Millionen-Grenze zu, Berlin und Wien erleben einen anhaltenden Boom und werden auch immer öfter in einem Atemzug genannt. Als 2013 die Berlinische Galerie ihre Ausstellung *Kunst zweier Metropolen: Wien – Berlin* brachte, wurde diese zur erfolgreichsten Schau in der Geschichte des Hauses. Und das war nicht nur dem nostalgischen Rückblick in die Zeit vor hundert Jahren zu verdanken, sondern auch der neuen Positionierung beider Städte in Europa. Da nämlich zeichnen sich neue Konkurrenzen ab, die aber mit wohlbekannten Bildern arbeiten: Die städtischen Imagekampagnen mit ihren Slogans *be Berlin* und *Wien ist anders* lassen sich durchaus als Neuauflagen alter Berlin-Wien-Diskurse lesen. Und doch hat sich zu viel verändert, als dass die alten Klischees noch reibungslos funktionieren würden. Mehr noch: Manche festen Auffassungen von der Eigenart der Städte sind durch die neueste Entwicklung geradezu widerlegt worden. Auch das ist ein wichtiger Teil dieser Geschichte.

Die Stadt auf der Couch

Im Oktober 1910 saß der berühmte Komponist und Wiener Hofoperndirektor Gustav Mahler wieder einmal auf gepackten Koffern. Ein umfangreiches Konzertprogramm in New York mit 65 Auftritten erwartete ihn, davon der erste schon am 1. November. Vor seinem neuerlichen Abschied von Wien traf er sich noch einmal mit seiner Freundin Berta Zuckerkandl, in deren Salon er neun Jahren zuvor seine spätere Ehefrau Alma kennengelernt hatte. Zuckerkandl fragte den Komponisten, der im komplizierten Wiener Kulturbetrieb unter antisemitischen Anfeindungen litt und viel Kritik hatte einstecken müssen, »ob es nicht eine Psychologie der Städte gebe, die man etwa auf Wien anzuwenden habe«. Mahler antwortete: »Ja, Sie haben recht. Freud sollt eine Psychoanalyse der Städte seinem Werk beifügen. Was müssen im Werden Wiens für innere Kämpfe getobt haben. Widerstreitende Einflüsse, die dem Charakter diese Zwiespältigkeit geben.« Doch leider – so Mahler weiter – »kann man das Unterbewußtsein einer Stadt nicht aufdecken«.[7] Der Zeitpunkt dieses Gesprächs über die »Psychoanalyse der Städte« ist keineswegs zufällig. Kurz zuvor hatte Mahler Sigmund Freud in Leiden getroffen, der sich dort während eines langen Spaziergangs ein Bild von der seelischen Verfassung des Komponisten gemacht hatte – später soll Freud von Zügen einer Zwangsneurose gesprochen haben.[8] Mahler tat das Gespräch mit dem Wiener Psychiater gut; möglicherweise half es ihm, über das desperate Gefühl hinwegzukommen, an der Stadt Wien gescheitert zu sein. Seine New Yorker Konzerttournee musste Mahler allerdings nach 49 Konzerten abbrechen; schwerkrank kehrte er nach Wien zurück, wo er am 18. Mai 1911 starb.

Die Idee einer Psychoanalyse der Städte ist attraktiv, auch wenn Mahler in seiner akuten Wien-Verzweiflung zu der Überzeugung kam, das Unbewusste einer Stadt sei letztlich doch nicht zu greifen. Doch Freud selbst hat diesen Gedanken später weitergeführt. Zwanzig Jahre nach dem Spaziergang in Leiden kommt er in seinem Hauptwerk *Das Unbehagen in der Kultur* auf diese Frage zu sprechen, wenn auch nur beiläufig. Freud schreibt über die historischen Schichten, aus denen sich die Stadt Rom zusammensetzt, und zeigt sich fasziniert von der »phantastische[n] Annahme, Rom sei nicht eine menschliche Wohnstätte, sondern ein psychisches Wesen von ähnlich langer und reichhaltiger Vergangenheit. In dem also nichts, was einmal zustande gekommen war, untergegangen ist, in dem neben der letzten Entwicklungsphase auch alle früheren noch fortbestehen«.[9]

Freuds Analogie von Stadtgeschichte und Lebensgeschichte zielt auf einen Grundgedanken seiner psychoanalytischen Theorie: auf die Kopräsenz des Vergangenen im Gegenwärtigen, wobei das Vergangene zwar stets bearbeitet und umgewandelt wird, aber nicht ausgelöscht werden kann.

Mit dieser Denkfigur wird plausibel, warum Geschichte sozusagen auf magische Weise in einer Stadt präsent bleibt: Historische Erfahrungen, Einstellungen und Gewohnheiten schreiben sich in den Stadtraum ein, in die Architektur, in das komplexe Gewebe der kulturellen Infrastrukturen und Routinen. Auch verschüttete Erinnerungen können wieder zum Vorschein kommen. »Woraus besteht eine Stadt?«, fragt der niederländische Schriftsteller Cees Nooteboom.

> Aus allem, was in ihr gesagt, geträumt, zerstört, geschehen ist. Aus dem Gebauten, dem Verschwundenen, dem Geträumten, das nie verwirklicht wurde. Aus dem Lebenden und dem Toten. [...] Eine Stadt, das sind alle Worte, die dort je gesprochen wurden, ein unaufhörliches, nie endendes Murmeln, Flüstern, Singen und Schreien, das durch die Jahrhunderte hier ertönte und wieder verwehte. Mag es auch noch so entschwunden sein, es hat doch einmal dazugehört, auch das, was sich nie mehr rekonstruieren läßt, ist ein Teil davon.[10]

Für solche Überlegungen bietet Sigmund Freuds Heimatstadt Wien als ehemalige Hauptstadt des Heiligen Römischen Reiches, Sitz der habsburgischen Kaiserdynastie und Kapitale der österreichisch-ungarischen Doppelmonarchie reichhaltigen Stoff. Wie Rom ist auch Wien ein historisches Palimpsest, in dem die Reste des römischen Vindobona, die Babenberger-Hauptstadt des Mittelalters, der barocke Glanz des habsburgischen Absolutismus und die reiche Geschichte eines zur Musik- und Kulturmetropole erklärten Gemeinwesens durchscheinen – ein psychisches Wesen von langer und reichhaltiger Vergangenheit, um wieder mit Freud zu sprechen. »Wien bleibt Wien« lautet der Titel des berühmten Marschs von Johann Schrammel, und dieses Kontinuitätsversprechen durchzieht die gesamte, nostalgisch getönte Erinnerungskultur der Donaumetropole. Es ist viel darüber geschrieben worden, warum die Psychoanalyse gerade in dieser Stadt entstanden ist –, sicher eignen sich aber nicht alle Städte gleichermaßen, um dort auf die Idee einer Psychoanalyse der Städte zu kommen. Bei so viel Geschichte, so scheint es, stellen sich die Spekulationen über ein Wesen oder einen Charakter der Stadt wie von selbst ein.

Schefflers Berlin

Im gleichen Jahr, als Mahler und Freud sich trafen, und Mahler mit Berta Zuckerkandl über eine mögliche Psychoanalyse der Stadt Wien philosophierte, erschien im fernen Berlin ein aufsehenerregendes Buch des Kunstkritikers Karl Scheffler: *Berlin, ein Stadtschicksal.* Dieses Buch lieferte sozusagen die gegenläufige These zu der Behauptung »Wien bleibt Wien«. Denn Scheffler legte ausführlich dar, warum Berlin eben nie Berlin bleibe, sich selbst nie treu bleiben könne: Berlin sei nie ein natürliches Zentrum gewesen, sondern eine Grenzstadt im Übergang zur »östlichen Peripherie der deutschen Kulturzone«, dort, wo sich »in schwermütiger Einsamkeit […] das Acker- und Heideland dahin[dehnt]«. Berlin, so Schefflers Analyse, habe kaum gewachsene Strukturen, seine Bevölkerung rekrutiere sich zu großen Teilen aus verschiedenen Migrationsbewegungen. Berlin sei immer dann gewachsen, »wenn Markgrafen, Kurfürsten und Könige neue Kolonisten in die Mark zogen«, und im ausgehenden 19. Jahrhundert seien vor allem aus dem Osten des Deutschen Reiches Hunderttausende von Arbeitsmigrant:innen in die Stadt gekommen, über die Scheffler schreibt, sie seien »im wesentlichen Proletarier, die den brennenden Ehrgeiz hatten, Bourgeois zu werden«. Dieses Rasante und »Parvenühafte« des Lebens, mit aufstiegsorientierten Menschen, die »widerstandsfähig, praktisch, hart und zähe im Daseinskampfe« seien, hat sich Scheffler zufolge in das kulturelle Unbewusste Berlins eingeschrieben. Es habe auch den Stadtgrundriss und die Architektursprache der Stadt geprägt, in der Scheffler »innere Willkür«, »Kleinlichkeit« und »Unübersichtlichkeit« sieht. In dieser seiner »städtischen Formlosigkeit« sei Berlin schon immer »Spielraum für unbegrenzte Möglichkeiten gewesen«.[11]

Schefflers Berlin-Anthropologie ist um einen Begriff herum aufgebaut, der zugleich ihre Grundthese bildet: Für ihn ist Berlin eine Kolonialstadt, in ihrer ungeheuren Ausdehnung schnell aus dem Boden gestampft und im ständigen Wandel begriffen, dazu verdammt, »immerfort zu werden und niemals zu sein«.[12] Berlin sei »nicht natürlich wie ein Gewächs, sondern künstlich wie eine Gründung«,[13] »nicht das Resultat eines Stadtbewußtseins [...], sondern ein Produkt des Baumarktes«.[14] Kapitalistischer Spekulationswahn und Krämergeist hätten dieser Stadt ihren Stempel aufgedrückt, und das titelgebende Wort »Stadtschicksal« deutet schon an, wie Scheffler diese Prägung versteht: Nicht als ein Moment der städtischen Entwicklung, sondern als unentrinnbares Schicksal, in dem auch die Zukunft schon vorgezeichnet ist.

Seine Diagnose ist düster: Berlin sei »vom modernen Amerikanismus in Besitz genommen«[15] und »die Hauptstadt aller modernen Häßlichkeit«.[16] Eine echte Stadtkultur werde es in dieser »im Grunde seelenlosen Stadt« nie geben. Reichtum, Arbeit und Unternehmungslust seien zwar reichlich vorhanden, doch die Seele fehle: »Als Hauptstadt des neudeutschen Materialismus wird Berlin noch mächtiger werden als es ist; doch es kann niemals die geistige Reichshauptstadt Deutschlands im höchsten Sinne sein.«[17] Diesbezüglich hätten andere Städte einen historischen Entwicklungsvorsprung. Wenn Scheffler etwa an einer Stelle von dem »musikalischen Glücksgefühl« schreibt, »das man in einer schönen alten Stadt empfindet«, weil »Einem ihre Geschichte lebendig wird, [...] Einem das Zeitliche als ein Raumhaftes entgegentritt«,[18] dann konnte den Zeitgenossen um 1910 eigentlich nur Wien einfallen, das sich damals als Stadt mit musikalischem Glücksgefühl zu vermarkten begann: 1908 hatte der Wiener Gemeinderat beschlossen, einen Ausschuss zur Hebung des Fremdenverkehrs einzusetzen und offensiv mit Wiens Geschichte als Musikstadt zu werben.

Karl Scheffler hat mit seinem Berlin-Buch so etwas wie die Blaupause zu vielen folgenden Charakterisierungen der Stadt geliefert. Die Vorstellung von Berlin als Abenteuerspielplatz, als offener Raum der Möglichkeiten, als permanente Baustelle – all das steht schon bei Scheffler. Eine Stadt für Entrepreneurs, traditionslos, rasant und oberflächlich. Hier muss man nichts sein, hier kann man alles werden – dieses Versprechen ging von Berlin im 20. Jahrhundert oft genug aus, und auch der Vergleich mit Amerika wurde zu einem festen Topos. Auf der Strecke blieb dabei – wenn man Scheffler glauben will – die emotionale Bindung zur Stadt. »Man kann jedes Verhältnis zu Berlin gewinnen, nur lieben kann man es nicht.«[19] Jahrzehnte später wiederholte der eminente Berlin-Kenner und Stadtbiograph Walther Kiaulehn dieses apodiktische Urteil. Allerdings mit einer bedeutenden Einschränkung: Immerhin seit 1945 sei es endlich möglich geworden, Berlin zu lieben. Erst der zerstörten, darniederliegenden Ruinenstadt »gelang mühelos, was Berlin in seinem Glanz nie gelungen ist: es hat sich Liebe erworben. Die wehrlose Ruine und der Mut der Berliner erregten Bewunderung und Zärtlichkeit und riefen ein Liebesgefühl hervor, das man früher nur Wien entgegenbrachte.«[20] Früher, damit meinte er die Zeit der großen Metropolenkonkurrenz im 19. und frühen 20. Jahrhundert, als Berlin kalte Pracht und seelenlose Betriebsamkeit nachgesagt wurde, Wien aber als Stadt mit Vergangenheit, mit Seele und Gemüt galt. Berlin, so schien es, konnte man grandios finden, imposant und fortschrittlich. Berlin konnte ein wildes Abenteuer sein, in das man sich hineinstürzte. Wien aber war da, um geliebt zu werden. Dieser Gegensatz bestimmt das kulturelle Imaginäre beider Städte über weite Strecken ihrer Geschichte.

Während in Wien alle Wege in die Vergangenheit zu führen scheinen, führen in Berlin alle Wege in die Zukunft: Dieses doppelte Motiv findet sich in zahllosen Erzählungen über diese beiden Städte. Was Berlin angeht, hat Karl Scheffler das wesentlich mitzuverantworten. Viele andere haben sich ihm in seinen Einschätzungen angeschlossen, so etwa Wolf Jobst Siedler, der in seiner Sammlung von Berlin-Essays meint: »Traditionslosigkeit ist die wahre Tradition der Stadt«.[21] Und auch Florian Illies, der *Berlin, ein Stadtschicksal* 2015 für den Suhrkamp Verlag neu herausgegeben hat, lässt auf die prognostische Kraft des über hundert Jahre alten Textes nichts kommen: Scheffler habe die »DNA Berlins« und ganz nebenbei auch noch die »geheimen Codes« von Dresden, Hamburg, München, Danzig und London entschlüsselt. Dabei spricht Illies aus, was Urbanisten und Städtereisende schon seit dem 19. Jahrhundert bewegt: »Dank Scheffler lernt man jede Stadt als Individuum zu begreifen, von der eine bestimmte Stimmung ausgeht, eine bestimmte Temperatur, ein Duft, zusammengebraut aus einem jahrhundertelangen und jeweils einzigartigen Zusammenspiel von Lage, Herrschern, Kultur, Bürgergesellschaft und Traditionen.«[22] Auch Illies schließt sich Schefflers Befund an, »daß man in Berlin nicht darauf hoffen darf, daß Traditionen gewahrt werden. Die einzige Tradition, die hochgehalten wird, ist die der Traditionslosigkeit«. Und »so sehr ist diese Stadt in die Möglichkeiten verliebt, so wenig in die Wirklichkeiten, daß selbst die Bäcker *Brot & Mehr* heißen und die Spätkioske *Internet und mehr*. Es ist einfach nie genug.«[23]

Die feuilletonistische Verknappung ist verführerisch. Illies nimmt die Steilvorlage Schefflers dankbar an und verwandelt sie in eine Stadtanthropologie für das dritte Jahrtausend. Und doch fragt man sich, wie beliebig manche seiner Charakterisierungen Berlins letztlich sind. Warum eigentlich sollte es nicht Traditionspflege sein, wenn die Berliner ihr altes Hohenzollernschloss wiederaufbauen, sondern »prollige Berliner Großmannssucht«? Haben ausgerechnet die Berliner einfach nie genug oder könnte man das auch über die Münchner sagen, die sich einst in zehn

Minuten mitsamt ihrem Hauptbahnhof zum Flughafen katapultieren lassen wollten? Heißen die Bäcker in Hamburg, Würzburg oder Wuppertal nicht auch *Brot & Mehr*? Die Deutungen scheinen frei flottierend zu sein – und sind es doch nicht. Zweifellos ist an ihnen »etwas dran« – nur was? Es lohnt sich, an dieser Stelle für einen kurzen Moment in die Theorie des kulturellen Imaginären der Städte einzutauchen, bevor die große Reise nach Wien und Berlin beginnt.

Wie viel Wirklichkeit steckt im Klischee?

Bisher war viel von Klischees die Rede. Und in der Tat: Ist nicht die Erzählung vom natürlich gewachsenen Wien und vom künstlich geplanten Berlin, von der Wiener Gemütlichkeit und dem Berliner Geschäftssinn, der Musiktradition und der Traditionslosigkeit, ist nicht diese ganze Rhetorik billiger Reiseführer, die uns ins Herz der Habsburger Geschichte, der Moderne, der wilden 1920er oder der Gegenwart führen wollen, ein einziges Klischee? Ein schiefes Bild, das nur bestimmte Ausschnitte beider Städte wahrhaben will? Ein Bild für Tourist:innen, für die bestimmte Orte kommerziell zugerichtet und mit historischen Bildern überfrachtet werden: von Sissi und Wilhelm II., Sachertorte und Eisbein, Wiener Melange und Berliner Luft, Wiener Schmäh und Berliner Schnauze, Walzer- und Marschmusik, Kaffeehaus und Eckkneipe, Johann Strauss und Heinrich Zille? Sind das nicht alles folkloristische Zuschreibungen, erfunden im Feuilleton und geprägt von einer Optik, die sich auf die »Alleinstellungsmerkmale« einer Stadt fokussiert und nicht sehen will, dass es das lähmend langsame, stagnierende und unspektakuläre Berlin ebenso gibt wie das hektische, moderne und ungemütliche Wien?

Gerade in den letzten Jahren hat sich die soziologische und kulturwissenschaftliche Stadtforschung wieder mehr mit dem Problem auseinandergesetzt, wie man die Eigenarten bestimmter Städte wissenschaftlich fassen kann – nicht zuletzt, um künftige Entwicklungen besser einschätzen zu können. Die Meinungen dazu gehen weit auseinander: Während die einen davon überzeugt sind, dass man sozusagen den kulturellen Pfadabhängigkeiten der Geschichte folgen könne, die aus Städten unverwechselbare Gebilde mit einer eigenen Entwicklungslogik machen würden, bleiben die anderen skeptisch: Städte seien eben keine Personen, die in einer bestimmten Weise handeln würden, sie seien vielmehr Schauplätze einer unüberschaubaren Vielfalt menschlichen Handelns. Die Feinheiten dieser Diskussion brauchen hier nicht referiert zu werden.[24] Bei der Beschäftigung mit der Kulturgeschichte der Wien-Berlin-Beziehungen wird nämlich eines klar: Fast alle Protagonisten dieser Geschichte hatten eine überaus starke Auffassung von der Einzigartigkeit und der Unterschiedlichkeit dieser beiden Städte. Die Differenz zwischen Wien und Berlin ist so gesehen vor allem eine empirische Tatsache, eine Tatsache der sozialen Welt, denn – wie es der berühmte Satz der Soziologen William Isaac und Dorothy Swaine Thomas auf den Punkt bringt: »Wenn Menschen Situationen als real definieren, so sind auch ihre Folgen real.«[25]

Man macht es sich also zu einfach, wenn man die immer wieder überlieferten Klischees dekonstruktivistisch als Stadtmythologien abtut. Denn gerade wenn es um Städte geht, sind Klischee und Wirklichkeit schwer voneinander zu trennen. »Was immer über Berlin erzählt wird, stimmt höchstens halb«,[26] schreibt Jens Bisky in seiner neuen Berlin-Biographie. Die Klischees stimmen nur halb, das bedeutet auch: Sie sind nur zur Hälfte falsch. Ein Klischee, so könnte man schlussfolgern, nimmt also eine Art Zwischenstellung zwischen Realität und Fiktion ein, es bezeichnet ein spezifisches Mischungsverhältnis von beidem. Dass in Wien Musik in der Luft liegt, und die Berliner besonders rational seien, sind demnach erfundene Wahrheiten und wahre Erfindungen. Es sind Dinge, die natürlich so nicht stimmen, die sich aber trotzdem auf bestimmte Realitäten beziehen und an die – das ist das Wichtigste – *geglaubt* wird. Das Klischee hat in die-

Wiener Sehenswürdigkeiten als Souvenir auf Blech

sem Sinne eine wirklichkeitsprägende Kraft. Die Stadtforscher Rolf Lindner und Johannes Moser haben in einem schönen Aufsatz über Dresden darauf hingewiesen, dass der Begriff »Klischee« aus der Drucktechnik stammt.[27] Das Klischee ist eine alte Druckform, die im Hochdruckverfahren zur Anwendung kam, ein Prägestock, in den die Zeichen tief eingeprägt wurden und der das in ihn Eingeprägte seinerseits immer weiter reproduziert. Bilder und Texte über eine Stadt kommen so in Umlauf und sorgen dafür, dass sich Vorstellungen dieser Stadt immer weiter verfestigen. Und schließlich entstehen daraus wieder bestimmte Formen der Stadtplanung, der Architektur, der Kunst, der Alltagsästhetik, die als spezifisch »wienerisch« oder »berlinisch« wahrgenommen werden können.

Vielleicht ist es der Begriff des *Stils*, der diese Dinge am genauesten trifft. Denn über den Stilbegriff lässt sich der innere Zusammenhang erklären, der eine ästhetische Einheit ausmacht: Stil bezeichnet sozusagen die Magie, die dafür sorgt, dass man ein Bild von Max Beckmann, ein Gedicht von Friederike Mayröcker oder ein Comic von Carl Barks an seiner künstlerischen Handschrift erkennen kann. Wie der Begriff des Klischees aus der Drucktechnik kommt, hat auch das Wort Stil mit dem Schreiben zu tun: *stilus* bedeutet ›Schreibgerät‹ oder ›Griffel‹ und ist mithin ebenfalls etwas, das sich in die Dinge ein- sowie sich selbst immer weiter fortschreibt.

Diese Klischees entstehen niemals ohne den Blick auf andere. Gerade die Eigenart von Städten entwickelt sich im ständigen Vergleich mit Nachbarn, Konkurrenten und Vorbildern. Es ist deshalb logisch, dass die Außenperspektive auf Städte einen besonderen Stellenwert einnimmt. In seiner Theorie des Flaneurs schreibt Walter Benjamin:

> Wenn man alle Städteschilderungen, die es gibt, nach dem Geburtsort der Verfasser in zwei Gruppen teilen wollte, dann würde sich bestimmt herausstellen, daß die von Einheimischen verfaßten sehr in der Minderzahl sind. Der oberflächliche Anlaß, das Exotische, Pittoreske wirkt nur auf Fremde.[28]

Für eine Erkenntnistheorie der Städtebilder ist dieser Hinweis zentral. Denn das bedeutet, dass den meisten Städteschilderungen ein relationales Moment eingeschrieben ist, ein Blick *aus der einen auf die andere* Stadt. Was immer über eine Stadt erzählt wird, in welchen Bildern, Metaphern, Geschichten man über sie spricht, hängt also nicht zuletzt davon ab, von wo aus man spricht. Für das Verhältnis der Orte und Räume, das sich an dieser Schnittstelle herausbildet, gilt: Gegensätze ziehen sich an, Gegensätze provozieren Erzählungen. Gegensätze werden im Erzählen aber auch pointiert, zugespitzt, übertrieben. Sie beleuchten sich gegenseitig und werfen dabei scharf umrissene Schatten. Sie treiben sich voran, konstituieren einander. In diesem Fall greift auch die Metapher von den zwei Magneten wieder: Im Bann des Magnetfelds richten sich die Teilchen aufeinander aus, ihre Formation ist wesentlich dadurch bestimmt, wo sich der andere Pol gerade befindet. »Gibt es ein Wien ohne Berlin?«, hat Rolf Lindner vor einigen Jahren in einem Vortrag gefragt – und es versteht sich von selbst, dass dann auch die Umkehrung dieser Frage notwendig ist: »Gibt es ein Berlin ohne Wien?« Damit ist freilich nicht die blanke materielle Existenz dieser beiden Städte gemeint, sondern das, was man ihre symbolische Existenz nennen könnte: eben das kulturelle Imaginäre der Stadt, das ihre Geschichte wie ein geheimnisvolles *double* ihrer selbst begleitet.

Bei alledem ist klar: Das kulturelle Imaginäre der Stadt ist eine intuitive Kategorie, es wird imaginiert und gefühlt. Und die Einzigartigkeit der Städte hängt vom Sensorium ihrer Beobachterinnen und Beobachter ab. Es kann vorkommen, dass sich komplizierteste Verhältnisse in einem einzigen Sinneseindruck verdichten. »Alle großen Städte haben ihren Geruch«, schreibt Dezsö Kosztolányi in seinem 1933 in Ungarn erschienenen Roman *Die Abenteuer des Kornél Esti.* Für ihn roch das Budapest von damals nach Ersatzkaffee und Warschau nach Karamell, Madrid nach Schokolade und Brüssel nach Vanille, London nach Talg und Paris nach geschmolzener Butter. Berlin schließlich nach Rauch und Wien nach Gebäck.[29]

Auch der Klang einer Stadt hat einen Wiedererkennungswert, der Robert Musil beschäftigte. In der Eingangspassage des *Mann ohne Eigenschaften* fragt er, ob Städte eine unverkennbare Geräuschkulisse haben oder ob sie alle gleich klingen. Musil selbst scheint sich da nicht ganz sicher zu sein. Zunächst schildert er, wie sich das pulsierende Leben der Wiener Innenstadt an einem schönen Augusttag des Jahres 1913 anhört. Visuelles und Akustisches fließen ineinander:

> Autos schossen aus schmalen, tiefen Straßen in die Seichtigkeit heller Plätze. Fußgängerdunkelheit bildete wolkige Schnüre. Wo kräftigere Striche der Geschwindigkeit quer durch ihre lockere Eile fuhren, verdickten sie sich, rieselten nachher rascher und hatten nach wenigen Schwingungen wieder ihren gleichmäßigen Puls. Hunderte Töne waren zu

> einem drahtigen Geräusch ineinander verwunden, aus dem einzelne Spitzen vorstanden, längs dessen schneidige Kanten liefen und sich wieder einebneten, von dem klare Töne absplitterten und verflogen.

Und er setzt hinzu:

> An diesem Geräusch, ohne daß sich seine Besonderheit beschreiben ließe, würde ein Mensch nach jahrelanger Abwesenheit mit geschlossenen Augen erkannt haben, daß er sich in der Reichshaupt- und Residenzstadt Wien befinde.

Doch so plausibel es sich liest, wenn Musil den Wiener Vibrationen folgt – es ist nur die eine Seite der Medaille. Denn der gelernte Maschinenbauingenieur, Philosoph und Skeptiker Musil wäre nicht er selbst, wenn er seinen Befund nicht gleich wieder in Frage stellen würde. Wenn man sich das alles nämlich »nur einbilden sollte, schadet es auch nichts. Die Überschätzung der Frage, wo man sich befinde, stammt aus der Hordenzeit, wo man sich die Futterplätze merken musste.« Kurzum: »Es soll also auf den Namen der Stadt kein besonderer Wert gelegt werden.« Tatsächlich wird das konkrete Wien im Roman immer schemenhafter, der Name der Stadt kommt nicht mehr vor, und Österreich firmiert als rätselhaftes »Kaiserreich von Kakanien«, das von einem »sagenhaften alten Herrn« regiert wird. Aus der Perspektive des Chronisten ist die Stadt nun wieder eine von vielen, sie steht für den betriebsamen, in sich verwickelten urbanen Mikrokosmos schlechthin:

> Wie alle großen Städte bestand sie aus Unregelmäßigkeit, Wechsel, Vorgleiten, Nichtschritthalten, Zusammenstößen von Dingen und Angelegenheiten, bodenlosen Punkten der Stille dazwischen, aus Bahnen und Ungebahntem, aus einem großen rhythmischen Schlag und der ewigen Verstimmung und Verschiebung aller Rhythmen gegeneinander, und glich

> im Ganzen einer kochenden Blase, die in einem Gefäß ruht, das aus dem dauerhaften Stoff von Häusern, Gesetzen, Verordnungen und geschichtlichen Überlieferungen besteht.[30]

Was uns Musil damit wohl sagen will: Einerseits sind Städte viel zu komplizierte, verworrene, spannungsreiche und widersprüchliche Gebilde, um eine klar ablesbare Individualität haben zu können. Ihr Rhythmus, ihr Bewegungsmuster und ihr Klang sind von Entwicklungen in Gesellschaft, Ökonomie und Technik bestimmt, die weit über die einzelne Stadt hinausreichen. Und doch darf man sich einbilden, so wie hier sei es nirgends sonst. Mit seiner Bemerkung, dass man Städte an ihrem Gang erkennen könne wie Menschen, regt Musil zum Gebrauch der geographischen Phantasie an: Wenn alles gelingt und der Moment stimmt, dann schießen Erinnerungen, Bilder und Gefühle, Gelesenes und Gehörtes, Bewegungen, Oberflächen, Geräusche und Gerüche so zusammen, dass daraus ein unverwechselbarer Ort entsteht. Und das über den Moment hinaus: Im Diskurs über Städte gewinnen diese dann ein erstaunlich stabiles atmosphärisches Profil. Diese Magie des kulturellen Imaginären lässt sich mit historisch-kulturwissenschaftlichen Methoden allein nur unzureichend erschließen. Um sie zu verstehen, müssen wir in die Literatur, Kunst und Musik eintauchen – und ins Feuilleton, das letztlich nur eine besonders exakte Form der literarischen Wirklichkeitsbeschreibung ist.

02

KONTUREN EINER STÄDTEKONKURRENZ

Zwei Residenzstädte

Vienna Austriae Metropolis, Urbs Toto Orbe Notissima: ›Wien, Hauptstadt Österreichs, die Stadt, die in der ganzen Welt berühmt ist‹. So steht es im Buch *Städte der Welt* von Georg Braun und Franz Hogenberg aus dem Jahr 1572. Niemand hätte zu dieser Zeit Berlin mit einer ähnlichen Bezeichnung bedacht, obwohl es seit 1486 immerhin die feste Residenz der Markgrafen und Kurfürsten von Brandenburg war – und damit Sitz einer der sieben für die Kaiserwahl zuständigen souveränen Herrschaften des Heiligen Römischen Reiches Deutscher Nation. In Brauns und Hogenbergs Werk kommt Berlin nicht einmal vor. Und tatsächlich stellte die brandenburgisch-preußische Hauptstadt aus Wiener Perspektive mindestens bis Mitte des 19. Jahrhunderts keine ernsthafte Konkurrenz dar. Wien war über Jahrhunderte hinweg die unumstrittene Hauptstadt des Reiches, Hauptsitz der habsburgischen Kaiserfamilie und Zentrum eines Reichsverbandes, der etwa ein Fünftel Europas ausmachte. Ab 1806 firmierten die Habsburger zwar nurmehr als Kaiser von Österreich, herrschten aber immer noch über ein Territorium, das sich zeitweise von Tirol bis Siebenbürgen erstreckte, von Venetien bis Galizien. Das österreichische Städtenetz reichte von Mailand über Venedig und Budapest bis Lemberg, von Krakau über Pressburg bis Triest, von Prag über Agram bis Budva. Wien bildete nicht nur politisch, sondern auch ökonomisch und logistisch dessen Mittelpunkt.

In den numerischen Verhältnissen spiegelte sich dieser Vorrang Wiens. Um 1600 zählte man dort knapp 30 000 Einwohnerinnen und Einwohner, um 1700 waren es dann 113 000, um 1830 rund 400 000. In Berlin hingegen wohnten um 1600 nur etwa 12 000 Menschen, 1700 rund 50 000, 1830 dann knapp 250 000 Menschen. In aller Regel blickte man im Wien der Frühen Neuzeit auf Berlin als eine Stadt herab, die in etwa halb so groß war – und nicht einmal halb so bedeutend. Erst infolge der rapiden Urbanisierung des 19. Jahrhunderts konnte Berlin aufholen, und 1880 war der große Moment erreicht: Berlin und Wien hielten sich hinsichtlich der Bevölkerungszahlen die Waage, beide zählten etwa 1,1 Millionen Einwohnerinnen und Einwohner. Bis 1910 stiegen die Bevölkerungszahlen in beiden Städten relativ gleichmäßig an und erreichten in beiden Städten 2,1 Millionen. Von nun an war klar: Berlin konnte Wien nicht nur das Wasser reichen, sondern ging in vielerlei Hinsicht voran. Die deutsche Hauptstadt war das vibrierende Zentrum der neuen Zeit, während viele mit Wien eher ein Gefühl der Stagnation verbanden.

Bis dahin aber war das über Jahrhunderte hinweg entwickelte kulturelle Gewicht der österreichischen Haupt- und Residenzstadt unumstritten. Als der linksliberale Stadtplaner Werner Hegemann 1930 unter dem Titel *Das steinerne Berlin* seine beißende Kritik der Berliner Stadtentwicklung vorlegte, zog er selbstverständlich Wien zum Vergleich der Hauptstädte heran. Dabei griff er weit in die Geschichte zurück, und Berlin kam nicht sonderlich gut weg:

> Wien, wo Kaiser Mark Aurel 1000 Jahre vor Berlins Gründung starb, wurde schon so früh eine Hochburg deutschen Geistes und deutscher Waffen, daß der Ritter Walther von der Vogelweide sich rühmte, dort »singen und sagen« gelernt zu haben, lange bevor Berlin-Cölln aus den Sümpfen eines wendischen Nebenflüßchens aufzutauchen anfing. [...] Berlin besitzt keine bedeutende Kirche, und in seiner eigentümlichen geistigen Enge konnte sich auch eine Universität erst nach dem befreienden Eingriff Napoleons entwickeln. Dage-

> gen ist der Wiener St.-Stephans-Dom eine der herrlichsten Kirchen des Abendlandes, die mittelalterliche Bauhütte Wiens war weltberühmt, und die Wiener Universität, 450 Jahre älter als die Berliner, wetteiferte schon im Mittelalter erfolgreich mit den berühmten Hochschulen von Paris und Prag.[1]

In seiner polemischen Absicht, Wien gegen Berlin auszuspielen, spricht Hegemann der deutschen Hauptstadt im Grunde die historische Legitimität ab. Berlins Bedeutung, so lesen wir es auch in vielen anderen Texten, ist weder von der Geographie noch von der Geschichte abgesichert, sondern nur mit Blut, Eisen und Geld erkauft.

Im Jahr 1669, und damit hundert Jahre, nachdem Wien bei Braun und Hogenberg als weltberühmte Metropole hervorgehoben wird, nennt der französische Reiseschriftsteller und Arzt Samuel Chappuzeau Berlin eine »sehr schöne Stadt von mittlerer Größe, vortrefflich gebaut und befestigt, obgleich sie auf einem sandigen Boden steht, auf dem es nach menschlichem Ermessen unmöglich scheint, irgendein Bauwerk aufzuführen«.[2] Berlin erschien von Beginn an als ein städtebauliches Wagnis, eine geradezu unwahrscheinliche Siedlung in einem sumpfigen und sandigen Landstrich. Noch Jahrhunderte später hing Berlin der Ruf an, so etwas wie ein Hochstapler unter den Städten zu sein, präpotent und provisorisch. Einen König gab es in Berlin erst, als sich Kurfürst Friedrich III. 1701 zum König Friedrich I. in Preußen krönen ließ.

Der Krönung folgte ein Ausbau Berlins, das langsam, aber sicher zu königlichem Format heranwuchs: Erweiterungen des Berliner Stadtschlosses auf ehemals Cöllnischem Grund, das Schloss Charlottenburg, das neue Zeughaus und die Berliner Akademie unterstrichen den Berliner Anspruch, im Konzert der europäischen Hauptstädte mitzuspielen. Unter Friedrich II. kamen Ende des 18. Jahrhunderts die Königliche Oper, die Königliche Bibliothek und die Hedwigskirche hinzu. Da zu dieser Zeit

Die Berliner Hedwigskirche und der Opernplatz, 1786

noch rund 40 Prozent des städtischen Bodens unmittelbar in der Hand des Königs waren, entstand ein obrigkeitlich geplantes, relativ einheitliches Stadtbild, etwa in den Straßenzügen der Leipziger und der Königsstraße sowie Unter den Linden. Berlin spiegelte das preußische Großmachtstreben und wurde nebenbei zu einem der wichtigsten Zentren der europäischen Aufklärung.

Wien musste seine historische Bedeutung in dieser Zeit nicht eigens unter Beweis stellen. Nach den gewonnenen Kriegen gegen das Osmanische Reich und der Niederschlagung der ungarischen Kuruzen-Aufstände bildete die Stadt das Zentrum eines weit nach Südosten ausgreifenden Herrschaftsverbandes. Unter Karl VI. und Maria Theresia wurde sie in aller Pracht zur *vienna gloriosa* ausgebaut. Gemeinsam mit der Kirche, dem Hofstaat und einflussreichen Adelsfamilien verlieh das Kaiserhaus der Hauptstadt eine neue barocke Signatur aus Herrschafts- und Kirchengebäuden, Palais und Parks. Unter anderem entstand die Karlskirche als katholisches Herrschaftszeichen, und das Schloss Schönbrunn wurde zum großzügigen Sommersitz der kaiserlichen Familie erweitert.

Schloss Schönbrunn in einer Darstellung von Bernardo Bellotto, 1759/61

Allmählich aber verschoben sich die Beziehungen Wiens zum Reich. Vor allem Joseph II. konzentrierte sich auf Reformen innerhalb Österreichs und zog sich so unmerklich aus der Reichspolitik zurück. Umgekehrt löste das im Reich eine »Los-von-Wien«-Bewegung aus, die Bande zur Habsburgerresidenz lockerten sich immer weiter. Als dann das Heilige Römische Reich während der Napoleonischen Kriege 1801 in Lunéville einen Frieden schließen musste, der Frankreich die Vormachtstellung auf dem Kontinent einräumte, war das der Anfang seines Endes. 1804 nahm Franz den Titel eines nur noch österreichischen Kaisers an; Wien wurde von der Hauptstadt des Reiches zur Hauptstadt Österreichs und war während des Wiener Kongresses auch der Schauplatz einer Neuverhandlung der politischen Ordnung in Europa. Der damals entstandene österreichisch-preußische Dualismus verschärfte sich nach der Gründung des Deutschen Bundes 1815 zusehends. Es lag nahe, dass davon auch der Dualismus zwischen Wien und Berlin berührt wurde. Die beiden Residenzstädte Österreichs und Preußens nicht nur miteinander zu vergleichen, sondern in einen unversöhnlichen Gegensatz zueinander zu stellen, gehörte zu den festen Topoi der Stadt- und Reiseliteratur in der ersten Hälfte des 19. Jahrhunderts.

Im Wettbewerb der Residenzstädte bildete sich eine klare Rollenverteilung heraus: Berlin stand für den preußischen Obrigkeitsstaat und die Rationalität seiner Verwaltung, für militärische Organisation und einen vernunftorientierten Protestantismus. Die vieldiskutierte religiöse Toleranz war dabei nur die andere Seite der Staatsräson, zumal Berlin in seiner Entwicklung stark von Zuwanderern profitierte. Wien dagegen verkörperte den sinnenfrohen Katholizismus, es galt als Hort barocker Lebenslust und menschenfreundlicher Wärme. Und je mehr im Laufe des 19. Jahrhunderts deutlich wurde, dass Berlin und Wien die beiden unumstrittenen Zentren des deutschsprachigen Europa waren, desto mehr wurden diese beiden Städte als gegenläufige Mentalitätsmodelle begriffen. Mehr und mehr repräsentierten sie zwei unterschiedliche Wege in die heraufziehende Moderne. Auf der Frankfurter Nationalversammlung 1848 sprach man von Wien und Berlin als den beiden »Zentralsonnen« oder »Herzkammern« Deutschlands. Etwas anders benutzte der schwäbische Dichter Justinus Kerner die Körpermetaphorik, wenn er den beiden Städten gegensätzliche Funktionsbereiche zuordnete: »Dem deutschen Körper gab zum Kopfe Gott Berlin; / Als Herz doch legt er Wien, das herzliche, in ihn.«[3] Wie auch immer die politische Landschaft sich hier wie dort veränderte: Vom Schema »Kopf versus Herz« sollten beide Städte für lange Zeit nicht mehr loskommen.

Capua und Spree-Athen

Schon weit vor dem 18. Jahrhundert erarbeitete sich die Stadt Wien den europaweiten Ruf, eine Stadt des Genusses und der Genießer zu sein, ein Paradies des guten Essens und Trinkens. Der Berliner Aufklärer Friedrich Nicolai sah in Wien vor allem »Gemächlichkeit und […] Wollust des Lebens«, die Wiener »sitzen da, als ob sie bloß zum Essen geschaffen wären«.[4] Die Wiener Intellektuellen reagierten empört und wiesen darauf hin, dass Nicolai die Modernisierung der Stadt unter Joseph II. absichtlich ignoriert, zumindest aber missverstanden habe. Doch Nicolai stand mit seinem Urteil keineswegs allein. Friedrich Schiller sprach 1801 in Anspielung auf Homer von den »Phäaken« und meinte damit sorgenfrei dahinlebende Leute, die es sich stets gutgehen lassen. Dabei musste er nicht einmal den Namen der Stadt nennen, um sicherzugehen, dass er verstanden wurde. *Donau in O*** lautet der Titel des Distichons, in dem Schiller schreibt: »Mich umwohnet mit glänzendem Aug das Volk der Phajaken, / Immer ists Sonntag, es dreht immer am Herd sich der Spieß.«[5]

Doch auch in diesem Zusammenhang sind es wieder durchgehend die Deutschen, die vom Wiener Hang zum Genuss berichten. Das Stereotyp ist einmal mehr ein Heterostereotyp, eine Zuschreibung von außen. Wenn dazu auch noch persönliche Frustration der deutschen Autoren mitspielt, kann die Beschreibung der fremden Verhältnisse schnell zur Schimpftirade werden, wie etwa im interessanten Fall des Carl Ignaz Geiger, der bei seinen Versuchen, in Wien eine Kanzleistelle zu erhalten, wiederholt abgeblitzt war. Geiger rechnete dementsprechend rüde mit der Kaiserstadt ab:

> Der Abgott der Wiener ist – ihr Bauch. Sie kennen kein angenehmeres Vergnügen als zu fressen. Man kömt im Sommer in keinen Garten, wo nicht auf allen Tischen aus hochgehäuften Schüsseln gegessen wird; und zwar meist Händeln (junge Hühner) [...]. Ein Wiener ißt gewöhnlich zum Vesperstücke, in diesen Gärten, 3–4, auch mehr solche Händeln [...]. Der Wiener rennt nur stets nach dem Ziele seines Vergnügens, und hasset Fleis und Arbeitsamkeit. Man sieht nirgends mehr müssiges Volk, als in Wien. Sie liegen in den Koffeehäusern; oder stehen auf den Straßen herum und gaffen.[6]

Geiger, der übrigens auch eine satirische Schrift mit dem Titel *Reise eines Erdbewohners in den Mars* verfasste, schlüpft hier interessanterweise in die Rolle eines »Engelländers«, um den Wienern die Leviten zu lesen. Wir sehen: Auch die notorische Rede vom vorzüglichen Wiener Essen, der kulinarischen Seite der Wiener Gemütlichkeit, der Verfressenheit und Faulheit der Wiener verdankt sich einer komparativen Logik. Der asketische, arbeitsame Norden gegen den zügellosen Süden: Das Spiel mit geographischen und nationalen Stereotypen gehörte damals wesentlich dazu. Und stets ging es nicht nur darum, reale Verhältnisse zu beschreiben, sondern die einen wie die anderen an ihren empfindlichen Punkten zu treffen. So ist der Städtevergleich immer schon ein Medium der Kritik gewesen. Wer etwa seine Heimatstadt einem ausführlichen Vergleich mit anderen Städten unterzieht, will meistens mitteilen, was anderswo besser ist. Die Texte dieses Genres neigen daher zur radikalen Schelte. Selten geht es um ein vorurteilsloses Abwägen von Gemeinsamkeiten und Unterschieden. Und selten halten sich die Qualitäten der beschriebenen Städte die Waage. Der Städtevergleich ist in sich eine asymmetrische Angelegenheit.

Ansichtskarte der Brauhausrestauration Hütteldorf, Wien, 1908

Umso besser, wenn sich diese Kritik dann auch noch in das harmlose Format des Witzblattes oder das gediegene Register der hohen Literatur verpacken lässt. Schillers Distichon hat etwas von beidem. Etwas weniger scherzhaft gemeint war das zweite geflügelte Wort, das der Stadt Wien für lange Zeit nachhing: »Capua der Geister«. Franz Grillparzer prägte diese Formulierung 1843 in einem Gedicht mit dem Titel *Abschied von Wien.* Darin klagt er über die unproduktive Atmosphäre der Stadt, in der das Leben zu schön sei, um Kunstwerke schaffen zu können. »Schön bist Du, doch gefährlich auch / Dem Schüler wie dem Meister, / Entnervend weht dein Sommerhauch, / Du Capua der Geister. Auf deinen Fluren geht sich's weich, / Und Berg' und Wälder breiten / Rings um dich her ein Zauberreich, / Durch das die Ströme gleiten.« Das Fluidum Wiens verführe dazu, in den Tag hineinzuleben und die Arbeit sein zu lassen. Problematisch sei das vor allem für den Dichter, denn: »Man lebt in halber Poesie, / Gefährlich für die ganze [...], / Die Tafel bleibt, die Leinwand leer.«[7]

Bedenkt man, dass Grillparzer von 1832 bis zum Eintritt in den Ruhestand als Archivdirektor der k. u. k. Hofkammer tätig war, kann man sich darüber wundern, dass sein Wiener Leben allzu poetisch gewesen sein soll. Als Charakterisierung der Stadt aber wurde sein Gedicht berühmt. Die Formel vom »Capua der Geister« bezieht sich auf das antike Capua, damals eine der reichsten und luxuriösesten Städte Süditaliens. Einer historiographischen Legende zufolge verließ Hannibal und seine karthagischen Truppen nach dem Aufenthalt in dieser Stadt mit ihrer herrlichen Umgebung und ihrem Reichtum an Genüssen das Kriegsglück. Dass »Capua« sich als Synonym für Verweichlichung und *la dolce vita* etablierte, geht auf diese nicht belegte Episode zurück.

Grillparzer schrieb seinen *Abschied von Wien* kurz vor einer Reise nach Konstantinopel und Athen. Im Gedicht wirft er bereits einen Blick von außen darauf, er distanziert sich von der Stadt, in der er glaubt, nicht mehr schreiben zu können. Auch das erinnert uns daran, dass die Wahrnehmung von Städten immer

»Wiener Typen«, Nr. 1: »Fiaker, fahr' mer Euer Gnad'n«
des Fotografen Otto Schmidt, 1873.

eine Differenzwahrnehmung ist. Der Schriftsteller Eduard von Bauernfeld hat das früh erkannt. Er schrieb 1842, dass das alte Klischee vom üppigen Leben in der Wienerstadt wenig über Wien und Österreich, hingegen sehr viel über die deutschen Verhältnisse und Bedürfnisse aussage:

> Kein deutscher Literator, der im Solde seines Verlegers reist und seine dürftigen Anschauungen in Reiseskizzen zu Markte bringt, kehrt aus Wien zurück, ohne von den »gemüthlichen« Wienern, von Volksleben, Fiakern, Strauß und Lanner, vom Prater und Backhühnern zu erzählen.[8]

Interessant ist seine differenztheoretische Erklärung für diese populären Wien-Bilder:

> Alle diese Duodez-Touristen geben nur in Prosa und Versen kund, was ihnen selbst, in der Heimath und im Herzen, gebricht. Was Einem fehlt, davon spricht und singt er; worüber sich einer lustig macht, das fehlt ihm.[9]

Viele Reiseberichterstatter schrieben also über Wien und meinten Berlin, ihre Texte über Österreich sind in erster Linie als Kritik an den deutschen Verhältnissen zu lesen. Die Wien-Bilder und die Berlin-Bilder hängen eng zusammen. Weit über den reinen Vergleich hinaus bedingen sie einander, konstituieren sich gegenseitig, so dass man in der Tat fragen kann, ob es ein Wien ohne Berlin und ob es ein Berlin ohne Wien gäbe. Das betrifft auch die Rede von den Phäaken und dem Capua der Geister, die immer dann aufkam, wenn man die Unterschiede Wiens zu anderen Städten betonen wollte. Nicht immer zum Vorteil Wiens: Für den Schriftsteller und Journalisten Felix Salten etwa waren diese beiden Reminiszenzen an die Antike ein endloses Ärgernis, standen sie doch für ein ganzes Bündel an kulturellen Missverständnissen. »Phäaken und Capua. So oft ich so ein Wort lese, möchte ich's aus dem Text kratzen, auf den Boden werfen und drauftreten. Phrasenungeziefer.«[10]

Tatsächlich prägte dieses unselige Doppel auch die Berliner Perspektive auf Wien mit, wie ein Artikel Yella Wolffensteins im *Berliner Börsen Courier* von 1919 belegt:

> Viel geschadet hat dem Wiener in der Schätzung des ernsteren Deutschland das alte Vorurteil, als ob Wien nur die Stadt des lustigen und guten Lebens wäre. Im letzten Grund geht dies alles auf Grillparzer und Schiller zurück, die Schöpfer zweier Schlagwörter, die bis zum Krieg fortwirkten. [...] Dieses »Capua der Geister« und »die Stadt der Phäaken mit dem sich drehenden Spieß« spuken seit hundert Jahren in der Literatur.[11]

Auch Berlin ist mit einem Schlagwort bedacht worden, das in die Antike zurückführt. Als erstmals zu Beginn des 18. Jahrhunderts der Begriff »Spree-Athen« auftauchte, war es nichts Besonderes, dass man Städte, in denen Wissenschaften und Künste gefördert wurden, mit Athen verglich. Neben dem Pleiße- und Saale- und Leine-Athen gab es nun eben auch das Berliner Athen, in dem der preußische König Friedrich I. eine Societät der Wissenschaften und eine Akademie der Künste gegründet hatte. »Berlin möge Athen werden«, schrieb 1737 auch der Kronprinz, der spätere Friedrich II., an seinen Brieffreund Voltaire.[12] In seiner Regierungszeit fand das Schlagwort Eingang in das kulturelle Imaginäre Berlins. Spree-Athen wurde zu einem der wichtigsten Zentren der europäischen Aufklärung, mit Protagonisten wie Friedrich Nicolai, Moses Mendelssohn und Gotthold Ephraim Lessing. Am Giebel des neuen Opernhauses ließ Friedrich die Inschrift »FRIDERICUS REX APOLLINI ET MUSIS« anbringen: »König Friedrich [widmet dieses Gebäude] Apollo und den Musen.« Der eng an die griechische Antike angelehnte Klassizismus wurde zum Hauptstil der Berliner Repräsentationsarchitektur.

Letztere wurde in der ersten Hälfte des 19. Jahrhunderts von Karl Friedrich Schinkel fortgeführt, einer Schlüsselfigur der Berliner Kunstgeschichte. Schinkels Klassizismus folgte akribisch den griechischen Vorbildern, nach seinen Plänen entstanden beispielsweise das Schauspielhaus am Gendarmenmarkt oder das Alte Museum. Man könnte sagen, dass Schinkel wesentlich dazu beigetragen hat, das Spree-Athen, das zuvor nur eine Redensart war, zur architektonischen Realität werden zu lassen. Zusammen mit seinen Vorläufern wie Georg Wenzeslaus von Knobelsdorff, Friedrich Gilly und Carl Gotthard Langhans hat er Berlin eine griechisch-klassische Signatur verliehen. Mit dem geradezu funktionalistisch anmutenden Terrakottabau der Bauakademie schuf Schinkel in den 1830er Jahren außerdem eine wichtige Vorlage für die Berliner Architektur der zweiten Hälfte des 19. Jahrhunderts.

Unter dem Einfluss der Idee von »Spree-Athen« erwarb sich Berlin also den Ruf, eine Stadt der Rationalität zu sein, der vernünftigen Einrichtung der öffentlichen Verhältnisse und des aufgeklärten Diskurses. Eine Stadt, die bekannt war für Innovationen in Militär und Verwaltung, für die die Reformer Karl Freiherr vom Stein , Karl August von Hardenberg und August Neidhardt von Gneisenau standen, bekannt für August Wilhelm Ifflands Nationaltheater sowie die Salons von Henriette Herz und Rahel Varnhagen von Ense. Ein Zentrum der gebildeten Gesellschaft, mehr Hirn als Herz der deutschen Städtelandschaft. Zwar erhielt Berlin erst im Jahr 1810 eine Universität, dafür war es aber die Reformuniversität Wilhelm von Humboldts, die Vorbild für viele weitere Universitätsgründungen in Deutschland und darüber hinaus wurde.

Capua und Spree-Athen markieren zwei urbane Wahrnehmungsmuster, die nicht weiter auseinander liegen könnten. Auf der einen Seite das katholische, sinnenfrohe, bequeme und auch immer ein bisschen bequemliche Wien, in dem das Leben halb aus Poesie besteht, wie es bei Grillparzer heißt. Auf der anderen Seite das protestantische, strenge und rationale Berlin, in dem die Disziplin regiert. Der Gegensatz aus Barock und Klassizismus, Gefühl und Verstand, eignete sich perfekt für eine dualistische Stadtanthropologie, in der Wien und Berlin zwei grundverschiedene Pole darstellten. Im 19. und 20. Jahrhundert sollte dieser Dualismus noch viele Variationen erfahren.

Satiren und Antithesen

Um die Mitte des 19. Jahrhunderts trat das Thema Wien – Berlin in der Unterhaltungsliteratur und den satirischen Spalten der Presse immer mehr in Erscheinung. Für die humoristischen Schriftsteller der Zeit war dieses Thema ein gefundenes Fressen, da es Gelegenheit bot, innerdeutsche Differenzen zuzuspitzen und zu karikieren. Noch ahnte man nicht, dass sich Österreich und Preußen in den 1860er Jahren im Kriegszustand befinden würden. Und so witzelten die Autoren drauflos.

1834 erschien bei Carl Gerold in Wien ein kleines Bändchen mit dem Titel *Antithesen oder Herrn Humors Wanderungen durch Wien und Berlin. Eine Sammlung Skizzen aus dem Wiener und Berliner Volksleben, nach der Natur gezeichnet von Ritter Braun zu Braunthal.* Über Karl Johann Braun von Braunthal, streitbarer Kritiker und nebenbei Librettist von Conradin Kreutzers romantischer Oper *Das Nachtlager in Granada*, ist nicht allzu viel zu berichten, sein Buch aber ist in seiner Machart bemerkenswert. Ein langes Kapitel reiht Berlin-Wien-Vergleiche atemlos aneinander und bildet daraus starke Kontraste. Wie es der Titel andeutet, fungiert Berlin als Antithese zu Wien und Wien als Antithese zu Berlin. Hier eine Kostprobe:

> Berlin ist schön, Wien liegt schön. Berlin ist regelmässig, einfach, edel, groß; Wien ist pittoresk, bunt, fantastisch. Berlin ist klar, frei, durchsichtig; Wien ist gedrängt, verworren, aber mit herrlichen Zwischenräumen. Berlin ist ein Epos, das man nicht ohne Ermüdung durchlesen kann; Wien ist ein Boccaccio, den man verschlingt. Berlin hat 100 000 Einwohner zu

> wenig; es fehlt ihm an einem Thurme und anderen Kleinigkeiten; Wien hat Menschen genug und seinen gigantischen Stefansthurm. Berlin ist arm an Palästen, aber überreich an schönen, wonlichen Häusern; Wien hat viele Paläste, ist aber nicht so reich an einladenden Wonungen; in Berlin lebt darum Alles innen, in Wien Alles außen.[13]

Die Übertreibung hat in diesem Buch Methode. Braunthal folgt einem Differenzschema, das wir auch in vielen anderen Berichten und Glossen der Zeit finden. Wien und Berlin stehen sich diametral gegenüber, wobei die satirischen Texte stets auf die vorhandenen Klischees reagieren und diese noch in der Umkehrung reproduzieren. Schon in der Debatte um Friedrich Nicolai wusste sich die Wiener Seite wortreich zu wehren, indem sie im Grunde die Thesen des Berliner Kritikers reproduzierte:

> Wir genießen das Vergnügen; – Sie schwatzen davon. – Wir trinken Wein; – Sie besingen ihn. Wir heyrathen unsre schönen Mädchen; Sie – petrarchisiren von ihnen. Wir küssen den Busen, der uns gefällt; Sie machen Sinngedichte auf ihn. Wir werden mit Vergnügen Väter, Sie moralisiren von diesem Vergnügen. [...] Welcher von beyden ist nun der Vernünftigere?[14]

Dass der Seitenhieb gegen die Berliner Aufklärung und ihren »vernünftigen« Zugang zur Welt in diesem Beispiel in eine selbstgefällige sexistische Phantasie gekleidet ist, macht die Replik für die als moralinsauer gebrandmarkten Berliner nur umso ärgerlicher.

Wien lächele die Kritik einfach weg, schreibt wiederum Braunthal: »Der Wiener ist spassig, der Berliner bissig; jener genießt, dieser kritisirt; jener lacht, dieser lächelt.«[15] Und schließlich übernahmen viele Berliner die Sichtweise, dass die sinnenfreudigen Wiener gegenüber dem Leben eigentlich im Recht seien. Der Wiener, so meint nämlich auch Adolf Glaßbrenner,

»läßt Herz und Kopf gehen und ist überhaupt mehr Mensch als wir Norddeutschen«.[16] Das Klischee war fixiert, die Positionen waren verteilt. Da spielte es auch keine nennenswerte Rolle, dass die Revolution 1848 in Wien früher begonnen hatte und weitaus heftiger verlaufen war als in Berlin. Der Berliner Publizist Heinrich Pröhle hielt noch in seinem Rückblick auf die revolutionären Ereignisse in beiden Städten am Bild vom gemütlichen Wien fest: Ein »Land der Seligen«, dem scheinbar nichts etwas anhaben kann.[17]

Auch auf den europäischen Lustspielbühnen waren Städteklischees schon im frühen 19. Jahrhundert beliebt. Das komische Potential interurbaner Differenzen und Missverständnisse hat etwa der Breslauer Komödiendichter Karl von Holtei immer wieder genutzt: 1824 schrieb er zwei sozusagen spiegelverkehrte Stücke mit den Titeln *Die Wiener in Berlin* und *Die Berliner in Wien*, später kamen in ähnlicher Manier 1834 *Die Wiener in Paris* und 1840 *Die Pariser in Wien* hinzu. Das komödiantische Prinzip ist in allen diesen Stücken dasselbe: Holtei lässt Unterschiede von Sprache und Dialekt, Sitten und Gebräuchen lustvoll aufeinander los und führt die bekannten Klischees vor, indem er sie direkt miteinander konfrontiert. Ein weiterer Beleg dafür, dass Städtebilder nicht aus sich heraus, sondern nur in ihrer Beziehung zueinander zu verstehen sind. Und diese Beziehung ist stets ein attraktives Thema für ernsthafte und weniger ernsthafte Texte gewesen. Wenn Berlin, Wien und Paris bei Holtei auf die Bühne kommen, unterstreicht das den performativen Charakter der Städtebilder: Man muss sie inszenieren, vorführen, spielen, damit sie lebendig werden. Und sie müssen aufeinanderprallen, um ein interessantes Geräusch zu erzeugen. Der tatsächliche komische Ertrag bleibt bei Holtei allerdings eher gering: Über die standardmäßige Verwechslung von Knödeln und Klößen oder die enttäuschte Erwartung, man würde in Wien ein »Leben wie im Himmel« führen, gehen seine »Liederpossen« kaum hinaus.

Mit Anton Langer nahm später ein anderer Wiener Lustspieldichter offen Bezug auf Holtei, als er 1862 anlässlich des Juristentages in Wien die Posse *Vom Juristentage oder Ein Berliner in Wien* verfasste. Julius Bab und Willi Handl weisen darauf hin, dass die »Spannung zwischen den beiden Städten aus einer rein kulturellen nun doch sehr wesentlich eine politische geworden ist«.[18] Wenn im Stück der Wiener und der Berliner in Streit geraten, bezeichnen sie sich nun als »Würzburger« und »Gothaer«, nach den Kongressen der großdeutschen und der kleindeutschen Partei. So spielt die Politik nicht nur in die Witzblätter hinein, sondern liefert selbst neuen Stoff für komische Situationen.

Im Laufe des 19. Jahrhunderts kristallisierte sich auch eine Rollenverteilung zwischen Wien und Berlin heraus, die seither prägend geworden ist: Wien wurde zum Sehnsuchtsort für alle, die sich in Berlin nicht ganz wohlfühlten. Berlin hingegen war aus Wiener Perspektive so etwas wie der große Bruder, zu dem man aufsah, dessen wachsende Erfolge man aber auch skeptisch registrierte. Der Dichter Joseph von Eichendorff stammte aus einer schlesischen Adelsfamilie und kam schon in jungen Jahren viel in Mitteleuropa herum. Mehrmals hielt er sich in Wien auf, schloss dort auch sein Jurastudium ab und verliebte sich in die Stadt. Aus Berlin schrieb er 1815: »Ich weiß nicht, welche Zauberei dort ist, aber ich werde mein Heimweh nach Wien nicht los«. Dagegen sei die »enorme Langweiligkeit« Berlins »kaum zu überwinden«.[19]

Auch der gebürtige Berliner Adolf Glaßbrenner, der eine kaum überschaubare Menge an Büchern über seine Heimatstadt publizierte und zuweilen der »Vater des Berliner Witzes« genannt wird, veröffentlichte 1836 einen zweibändigen Bericht über Wien mit dem bezeichnenden Titel *Bilder und Träume aus Wien*. In den »Träumen« steckt auch eine Differenzwahrnehmung: Während man in Berlin lebte, ließ sich schon immer gut von Wien träumen. Der Witz lieferte für diese Träume eine gute Tarnung, und dieses Prinzip hielt sich auch dann noch, als die politischen Verhältnisse immer ernster wurden.

Zweierlei Gründerzeit

Im Juni 1866 marschierten preußische Truppen in das von Österreich verwaltete Herzogtum Holstein ein und annektierten es. Wenige Wochen später schlug die preußische Armee Österreich bei Königgrätz, was de facto die Durchsetzung der sogenannten kleindeutschen Lösung bedeutete. Berlin verlor gegen Wien einen kurzen, aber heftigen Krieg, nachdem es innerhalb des Deutschen Bundes keine Aussicht auf eine gleichberechtigte Stellung Preußens gegenüber dem dominanten Österreich gegeben hatte. Nach dem Krieg gegen Frankreich 1870/71 hinderte Bismarck schließlich nichts mehr daran, einen unter preußischer Regie stehenden Nationalstaat zu gründen.

Für die Beziehung zwischen Berlin und Wien bedeutete das unter anderem, dass Wien seinen Status als einzige Kaiserstadt im deutschsprachigen Raum verlor. Noch 1864 hatte Johann Strauss seine Polka *'S gibt nur a Kaiserstadt, 's gibt nur a Wien* komponiert, nun gab es plötzlich zwei Kaiserstädte, was auf österreichischer Seite erst einmal verarbeitet werden musste. Die Wiener Presse reagierte mit Ressentiments und ließ kaum eine Gelegenheit aus, die frischgebackene Kaiserwürde Berlins süffisant zu kommentieren. Für »klein und kleinlich« befand man die pompösen Berliner Siegesfeierlichkeiten von 1871 in der *Wiener Montags-Revue* und prognostizierte, »nie und nimmermehr« werde Berlin eine »Weltstadt« werden. Dass dort, »wo einst nur Heidekraut wuchs, […] der deutsche Kaiserthron nach 65jährigem Schlafe wieder aufgerichtet« wurde, löste Erstaunen und ironisches Bedauern aus, zumal Berlin »gerade nicht zum Horte der Mode geeignet sei«, bemerkte ein Korrespondent des gleichen Blattes. Und die Wiener Satirezeitschrift *Kikeriki* witzelte: »In Berlin fängt man bereits an, sich kaiserlich einzurichten. Ein Haus soll schon das Schild ›zum deutschen Kaiser‹ erhalten haben; maliciöser Weise ist dasselbe gerade ein Haus zum – ›Durchgehen‹.«[20]

Die Berliner Industrie wuchs unaufhörlich. Aus den Betrieben der Königlichen Eisengießerei und des »Lokomotivenkönigs« August Borsig entwickelte sich ein Produktionsschwerpunkt im Maschinenbau. Schon damals war die Berliner Tendenz zur Großindustrie klar erkennbar: Während Städte wie Wien oder Paris von kleinteiligeren Versorgungs- und Luxusindustrien geprägt waren, dominierten in Berlin Unternehmen von ungeheurer Kapazität – eine Entwicklung, die sich später auch in der elektrotechnischen und der chemischen Industrie wiederholte. Im Zuge der von Bismarck angezettelten Kriege der Jahre 1864 bis 1871 wurde auch das militaristische Berlin wieder stärker wahrgenommen.

Für Wiener Beobachter war das eine Gelegenheit mehr, ihre Heimatstadt als Hort des Friedens und der Kultur zu profilieren. So hat Alfred H. Fried genüsslich darauf hingewiesen, dass Berlin seinerzeit mit militärischen Denkmälern geradezu gepflastert war, während Wien nur sieben bewaffnete Denkmäler aufwies: Prinz Eugen und Erzherzog Karl am Heldenplatz, Erzherzog Albrecht vor der Albertina, dazu die Generäle und Admiräle Josef von Radetzky, Karl Philipp zu Schwarzenberg und Wilhelm von Tegetthoff sowie das Deutschmeister-Denkmal vor der Rossauer Kaserne. »Der übrige Marmor und das übrige Erz sind ausschließlich Dichtern, Musikern und bildenden Künstlern, Gelehrten oder Politikern gewidmet.« Auch in den Schaufenstern der Buch- und Kunsthandlungen dominierten in Berlin die Kriegsdarstellungen und die Uniformen. Ganz anders in Wien: »Soweit das Auge reicht – keine Uniform. Hingegen Beethoven, Schubert, Mozart, Wagner, Nietzsche, Schopenhauer, Goethe.«[21] Die Städtekonkurrenz erhält einen neuen Akzent: das kriegerische Preußen versus das kultivierte Österreich; die Politik der Zeit trägt dazu bei, den Stadtdiskurs zu konfigurieren.

Dass sich Wien nach 1871 über Berlin mokierte, ist nicht weiter verwunderlich. Doch auch innerhalb des neugegründeten Deutschen Reiches galt Berlin keineswegs als das unumstrittene Zentrum, es war nicht einmal klar, ob Berlin als echte Metropole durchgehen könnte. Der Historiker Heinrich von Treitschke schrieb 1874: »Wir Deutschen sind das einzige Kulturvolk, das ohne eine große Stadt sich die Stellung einer Großmacht erobert hat.«[22] Nun will es schon etwas heißen, wenn einem stramm deutschnational gesinnten gebürtigen Berliner keine große deutsche Stadt einfallen will. Der Satz verrät, dass Berlin seine unangefochtene Stellung im deutschen Städtesystem erst in den folgenden Jahrzehnten erreichte. Doch auch dann machte seine rasante Aufstiegsgeschwindigkeit noch viele Beobachterinnen und Beobachter misstrauisch. Das Bild von Berlin als »Parvenu der Großstädte« und »Großstadt der Parvenus«,[23] das Walter Rathenau 1899 in Umlauf brachte und das Karl Scheffler später übernahm, entsprach also einer weitverbreiteten Wahrnehmung in den Dekaden vor dem Ersten Weltkrieg: Man sah die Stadt als einen neureichen Emporkömmling, schnell zu Geld gekommen und immer ein bisschen angeberisch. Eine Stadt, in der man »den dicken Wilhelm machen« konnte, wie es 1904 in Paul Linckes Operettenschlager *Berliner Luft* hieß. In Wien hatte man es damals nicht nötig, dick aufzutragen – ein Unterschied, den Werner Sombart einmal an einem Detail erläutert hat: »In Wien nennt man große Avenuen noch Gassen, in Berlin ist jede Gasse eine Straße.«[24]

Wahrscheinlich könnte man die gesamte Geschichte der Stadt Wien in der zweiten Hälfte des 19. Jahrhunderts anhand von Polka- und Walzertiteln von Johann Strauss nacherzählen. 1870 jedenfalls brachte dieser ein Chorstück unter dem Titel *Neu-Wien* heraus, dessen Text sich zeitkritisch mit der Stadterweiterung auseinandersetzte. In diesem Jahr wurden die Grenzen der Stadt bis auf den sie umgebenden Linienwall ausgedehnt, wodurch acht neue Gemeindebezirke entstanden. Doch auch im Inneren der Stadt nahm ein neues Wien Formen an. Um den alten Stadtkern herum lag seit 1857 eine gewaltige Baustelle: Die Stadtmauer wurde beseitigt, und auf dem ehemaligen Glacis entstand die Ringstraße mit den repräsentativen Gebäuden der Staatsoper, der beiden Hofmuseen, des Parlaments, des Wiener Rathauses, des Burgtheaters, der Universität, der Votivkirche und der Börse, flankiert von privaten

Nobelpalais. Zugleich begannen die Planungen zu zwei neuen Flügeln der Hofburg, die den Heldenplatz einfassen und mit den Hofmuseen zu einem gewaltigen »Kaiserforum« zusammengefasst werden sollten.

Mit der Ringstraße erhielt Wien ein einzigartiges politisches Freilichtmuseum, das zugleich die Prachtentfaltung der späten Habsburgermonarchie und den Aufstieg des bürgerlichen Liberalismus repräsentierte. Einen besseren Spaziergang durch das 19. Jahrhundert könnte man sich kaum vorstellen. Angesichts all dieser Entwicklungen war es kein Wunder, dass Wien den Zuschlag zur Ausrichtung der Weltausstellung 1873 erhielt – eine perfekte Gelegenheit, der Welt zu zeigen, dass Wien nach wie vor ein wichtiger Knotenpunkt der europäischen und sogar der globalen Städtelandschaft war. In den Gründerjahren entstanden Hotels, die in ihren Namen das Selbstbild der Stadt widerspiegelten, vom Donau bis zum Regina, vom Metropol bis zum Imperial. 1872 vermeldete man selbstbewusst: »Der Anspruch, die schönste und zugleich die zweckmäßigst angelegte aller Großstädte zu sein, wird dem neuen Wien von keiner andern auch nur entfernt streitig gemacht.«[25]

Der Walzertitel *Neu-Wien* reflektiert diese urbane Entwicklung, er meint aber auch noch etwas anderes. Dieser Begriff markiert einen gefühlten Übergang zur Moderne, bei dem einiges auf der Strecke zu bleiben schien. So verfestigte sich als Komplement zu Neu-Wien die Vorstellung von einem Alt-Wien als der »guten alten Zeit«. Dieses Alt-Wien wurde in der Folge zum Lieblingsthema des Wiener Feuilletons und der sogenannten Sittengeschichte, eines populärwissenschaftlichen Vorläufers der Alltagsgeschichte. Eine 2004/05 gezeigte Ausstellung des Wien Museums bezeichnete dieses Alt-Wien sehr treffend als »die Stadt, die niemals war«. Es handelte sich weniger um eine historische Realität als vielmehr um eine urbane Erinnerungskultur, in der Fortschritt und Retrospektive miteinander verschmolzen. Wie so oft wurde das Alte entdeckt, weil das Neue überhandzunehmen schien: Gerade in einer Zeit rapider Modernisierung erfand man Wien als eine Stadt, die einen besonderen Draht zur Vergangenheit hat.

Bald wurde dieses Alt-Wien auch zum Exportartikel. Auf der Vergnügungsmeile der Weltausstellung 1893 in Chicago konnte man einen opulenten Nachbau des spätmittelalterlichen Wiener Stadtkerns unter dem Titel *Old Vienna* besuchen und in einem Wiener Wirtshaus einkehren, und auf der Expo 1900 in Paris wurde das noble, barocke Wien vorgeführt.[26] Wir können darin zwei wichtige Stränge der Wiener Stadtrepräsentation identifizieren: Wien als populäre Stadt des leichten Vergnügens und Wien als Hort der Hochkultur. Zusammengenommen verwies das auf eine Kulturmetropole, die höchsten Ansprüchen genügt und in der es sich gleichzeitig wunderbar leben lässt.

Zu der Zeit, als Wien seine Ringstraße erhielt, machte auch Berlin seine große städtebauliche Spekulation auf die Zukunft. 1862 nämlich trat der sogenannte Hobrecht-Plan in Kraft, der das gesamte unbebaute Land der Städte Berlin und Charlottenburg sowie der Gemeinden Wilmersdorf, Rixdorf, Lichtenberg, Weißensee und Reinickendorf als Stadterweiterungsgebiet auswies. Die von James Hobrecht geplanten Straßenzüge nahmen die Expansion der Stadt vorweg, sie waren die Blaupause für das Berlin der kommenden Jahrzehnte, und es war kein Wunder, dass sich die Immobilienspekulanten auf das neu ausgewiesene Bauland stürzten.

Hobrecht selbst meinte es durchaus gut. Mit dem Berliner Mietshaus wollte er eine Struktur schaffen, die für soziale Durchmischung sorgte: Die bessergestellten großbürgerlichen Familien im ersten Stock sollten »Schusters Wilhelm aus der Mansarde und die alte bettlägerige Frau Schulz im Hinterhaus«[27] als Nachbarn haben, daneben Beamte, Künstler und Gelehrte – eine solidargesellschaftliche Versuchsanordnung unter einem Dach. Doch es kam anders. Nachdem die Baupolizeiordnung von 1853 eine zu dichte Bebauung erlaubt hatte, zogen die reichen Hausbesitzer in eigene Villen rund um den Grunewald und überließen ihre Mietshäuser mit den engen Hinterhöfen denen, die sich nichts Besseres leisten konnten. Werner Hegemann, der 1930 die prominenteste Kritik an der Berliner Stadtplanung des 19. Jahrhunderts formuliert hat, urteilte, dass der Hobrecht-Plan »unabsehbare grüne Flächen der Umgebung Berlins für den Bau dichtgepackter großer Mietskasernen mit je zwei bis sechs schlecht beleuchteten Hinterhöfen amtlich herrichtete und vier Millionen künftiger Berliner zum Wohnen in Behausungen verdammte, wie sie sich weder der dümmste Teufel noch der fleißigste Berliner Geheimrat oder Bodenspekulant übler auszudenken vermochte«.[28]

Zwischen Gründerzeit und Jahrhundertwende etablierten sich Baustile, die dann als besonders typisch für die Architektur beider Städte gelten sollten. In Wien dominierte seit den 1880er Jahren das Neobarock, das der Wiener Kunsthistoriker Albert Ilg in einer einflussreichen Publikation als österreichischen »Nationalstil« festgeschrieben hatte. Diesen Stil wählten viele private Bauherren bei der Errichtung ihrer Zinshäuser; Verwaltungs- und Repräsentationsbauten zeigten sich in barockem Gewand, und zwischen 1889 und 1893 entstand der Michaelertrakt der Hofburg, der deutlich machte, dass das überbordende barocke Idiom nach wie vor als die legitime Herrschaftssprache des kaiserlichen Hofes angesehen wurde.[29] Als Adolf Loos 1910 am Michaelerplatz und damit direkt gegenüber der gewaltigen Kuppel des neuen Traktes dem Bekleidungsgeschäft Goldman & Salatsch eine glatte, schmucklose Fassade verpasste, war das ein Affront. Das Haus wirkte inmitten der wuchernden Barockornamentik des Platzes geradezu nackt, ein »Haus ohne Augenbrauen« als optische Beleidigung für den Hof. Der mittellose Kunstmaler Adolf Hitler, der damals in einem Wiener Männerwohnheim lebte, hat den Michaelerplatz 1911 oder 1912 in einer Zeichnung festgehalten, das neue Looshaus fehlt darauf allerdings. Hitler hielt sich lieber an ältere Vorlagen, als den Einbruch der Moderne in die barocke Stadtlandschaft zu dokumentieren.[30]

Der heftige Konflikt zwischen konservativer und moderner Ästhetik prägte die Wiener Kunstszene der Jahrhundertwende

Der Michaelerplatz mit dem Looshaus

zutiefst. Schon Otto Wagner und die Sezessionisten hatten ihre Architektur dezidiert in Auseinandersetzung mit dem barocken Nationalstil entwickelt. Der Wiener Jugendstil war auch und vor allem ein ästhetischer Protest gegen das schwülstige 19. Jahrhundert, und so wäre der gesamte kulturelle Komplex von »Wien um 1900« – von Hermann Bahr bis Hugo von Hofmannsthal, von Arthur Schnitzler bis Sigmund Freud, von Gustav Klimt bis Arnold Schönberg – ohne den konservativen Rahmen der alternden k. u. k. Monarchie, verkörpert durch den repräsentativen Makartstil der Wiener Gründerzeit, nicht denkbar gewesen.

Auch in Berlin zeigen sich die Fassaden der Palais und Mietshäuser der Zeit von 1870 bis 1914 in einem historistischen Gewand: viel Klassizismus, manchmal neobarocke und neogotische Formen, die passenden Stuckelemente konnten sich die Bauherren aus dem Katalog bestellen. In den Hauptstraßen des Berliner Westens fühlte sich Walter Rathenau um 1900 »wie im Fiebertraum«, so wirr wirkten auf ihn die durcheinandergewürfelten Baustile:

> Hier ein assyrischer Tempelbau, daneben ein Patrizierhaus aus Nürnberg, dann Reminiszenzen vom Broadway, von Italien, Ägypten – entsetzliche Frühgeburten polytechnischer Bierphantasien. Tausend mißverstandene Formen quellen aus den Mauern dieser kleinbürgerlichen Behausungen. In Nudeln, Kringeln, Zöpfen und Locken blüht und ballt sich die erliehene Herrlichkeit aus Gips, Stuck, Kunstmörtel und Zement.[31]

Neben diesem wilden Historismus verbreitete sich als eigenständige Dominante im Berliner Stadtbild die unverputzte Backstein- oder Klinkerfassade – eine Tradition, die von Schinkel her kam und die insbesondere der von 1872 bis 1896 amtierende Stadtbaurat Hermann Blankenstein fortführte.

Während Blankensteins Amtszeit wuchs die Stadt wie nie zuvor, die Einwohnerzahl Berlins verdoppelte sich innerhalb dieser 24 Jahre auf rund 1,7 Millionen. Und wie kein anderer prägte Blankenstein das architektonische Erscheinungsbild der expandierenden Metropole. Der Stadtbaurat war zuständig für Markthallen, Schul- und Verwaltungsbauten, Kranken- und Versorgungsanstalten sowie große öffentliche Einzelbauten wie das Polizeipräsidium am Alexanderplatz und den Zentralen Vieh- und Schlachthof an der Eldenaer Straße. Seine Bauweise war sparsam, pragmatisch und dennoch wirkungsvoll, wo es nötig war. Wie am laufenden Band entstanden Backstein- und Klinkerbauten mit Terrakottaschmuck aus rostroten und gelben Steinen, Mitte der 1890er Jahre standen in Berlin über 120 neue Blankenstein-Schulen. Die *Berliner Architekturwelt* schrieb 1900 sehr treffend über den Stil Blankensteins, er habe der Stadt Berlin gleichsam »eine städtische Livree oder Uniform«[32] verpasst. In der Tat wurde eine typisch berlinische Signatur entwickelt: Die zahlreichen Markthallen, Amtshäuser, Schulen, die Blankenstein und sein Charlottenburger Kollege Paul Bratring planten, waren an der historischen Architektur Berlins und der Mark Brandenburg orientiert, sie kopierten den strengen Stil der mär-

Aufriss der AEG-Hochspannungsfabrik in der Brunnenstraße, Berlin-Wedding, 1909

kischen Backsteingotik und verbanden ihn mit preußischem Verwaltungspragmatismus. Kritikerinnen und Kritiker, die an die Pariser Boulevards gewöhnt waren, sahen darin freilich Bauten von »altjungferlicher, trauriger Sprödigkeit«,[33] wie Walter Benjamin rückblickend über das von ihm besuchte Kaiser-Friedrich-Gymnasium in der Bleibtreustraße urteilte.

Hermann Blankenstein folgte der nicht minder einflussreiche Stadtbaurat Ludwig Hoffmann, der den Historismus modernisierte, und kurze Zeit später wurde auch die architektonische Moderne zu einem selbstverständlichen Element des Berliner Stadtbildes. Das hatte vor allem mit der Industriearchitektur zu tun, die in Berlin weitaus präsenter war als in Wien. Die neuen Bauten der Elektroindustrie, der AEG im Wedding und in Oberschöneweide sowie der Firma Siemens zwischen Spandau und Charlottenburg, standen mit ihren monumentalen, aber zugleich sachlichen und schlanken Formen für den Beginn des 20. Jahrhunderts. Vorbei waren die Zeiten, als Fabriken noch aussahen wie mittelalterliche Zwingburgen; die neuen elektrischen Antriebe entlasteten die Wandkonstruktionen von der Transmission der Kräfte und ermöglichten leichte, transparente Formen sowie große Fensterflächen. Wiederum etwas später entstanden auf den Produktionsarealen von AEG und Siemens beeindruckende, moderne Backstein- und Klinkerfassaden, und in den 1920er Jahren folgten die expressionistischen Architekturen von Eugen Schmohl oder Hans Poelzig sowie die Funktionsbauten der Verkehrs- und Energiebetriebe, die Berlin auch weiterhin das nüchterne Gesicht einer Backsteinstadt verliehen: die Kraftwerke, Umspannwerke und Bahngebäude von Hans Heinrich Müller oder Richard Brademann. Auch diesbezüglich gilt, dass es vom Klischee zu seiner Infragestellung nicht allzu weit ist: Backsteinfassaden gab es gerade auch in Wien, wo die Ziegelwerke am Wienerberg mitten in der Stadt besten Baustoff lieferten. Und neobarocke Pracht gab es umgekehrt auch in Berlin, wie allen voran die monumentalen Neubauten von Reichstag und Dom dokumentieren. Die historische Wahrnehmung aber folgt oft den bekannten Linien, und so wurde auch die Architektur immer wieder zu einem sprechenden Beleg des sinnenfrohen Wien und des kühlen, rationalen Berlin erklärt.

Rodenbergs Sommer in Wien

Obwohl Wien mit dem Gewicht seiner historisch-politischen Bedeutung zunächst noch die Nase vorn zu haben schien, war klar, dass der Wien-Berlin-Vergleich durch die Reichsgründung von 1871 zu einem noch brisanteren Thema wurde als zuvor. Der *Sonn- und Feiertags-Courier* brachte die Situation auf den Punkt: »Fragen ob Berlin oder Wien schöner oder ob Dies und Das in Berlin oder Wien besser ausgeführt wäre, kann keiner entgehen, es mag ein Wiener nach Berlin, oder ein Berliner nach Wien kommen.«[34] Einer der Zeitzeugen, die sich in den 1870er Jahren mit diesen Fragen beschäftigten, war der Journalist und Schriftsteller Julius Rodenberg. Der in Hannover geborene Rodenberg wohnte seit 1859 in Berlin und arbeitete dort für verschiedene

Zeitungen wie die *National-Zeitung*, die *Neue Preußische Zeitung* und die *Breslauer Zeitung.* 1873 wurde Rodenberg von den Wiener Kollegen der *Neuen Freien Presse* in die österreichische Hauptstadt eingeladen, um über die Weltausstellung zu berichten. Der Autor war in dieser Hinsicht kein Unbekannter: Schon 1860 und 1867 hatte er über die Weltausstellungen in London und Paris berichtet und dabei immer auch das städtische Leben beobachtet.[35]

Nun also war Wien an der Reihe, und aus der damals publizierten Artikelserie ist etwas später ein Buch entstanden: *Wiener Sommertage.* In dieses Buch nahm Rodenberg schließlich auch einen Vortragstext auf, den er 1874 in der Münchner *Allgemeinen Zeitung* veröffentlicht hatte und dessen Thema damals in der Luft lag: *Berlin und Wien.* Die Reportage eines Berliners über die Wiener Weltausstellung schien ihm der richtige Ort zu sein, um diesen Vergleich in aller Ausführlichkeit anzustellen, und eines war klar: Wien würde gut wegkommen, denn Rodenberg hatte dort zunächst eine ausgesprochen angenehme und anregende Zeit verbracht. »Wie von Schmetterlingen umflogen ging ich meinen Weg; und Sonnenschein und Sommerwärme waren überall um mich her.«[36] Überall sah Rodenberg in Wien »Bilder des Reichthums und Überflusses«, und die Pracht der neuen Ringstraße war »eine Überraschung für den Fremden, der Wien seit zehn Jahren nicht gesehen«.[37]

Die Weltausstellung übertraf für ihn an Schönheit und »Universalität« alles, was er auf den Ausstellungen der letzten Jahre gesehen hatte.[38] In diese Herrlichkeit der soeben eröffneten Schau brach der sogenannte Gründerkrach herein. Am 9. Mai 1873 platzte die Spekulationsblase, die vom Wiener Expo-Optimismus aufgepumpt worden war; noch am gleichen Tag meldeten über hundert österreichische Banken Insolvenz an. Die Atmosphäre in der Stadt änderte sich schlagartig. Nach dem Ende der ersten Panik sah Rodenberg ein »ruhiges, still in sich gekehrtes Wien«, von dem er sich erst recht angezogen fühlte, »von dem malerischen Reiz seiner alten Straßen, von dem Geheimnis und ehrwürdigen Dunkel seiner historischen Gebäude, von der Treuherzigkeit und Gemüthswärme seiner Bewohner«.[39]

Vor diesem Hintergrund resümierte Julius Rodenberg das Verhältnis zwischen den beiden deutschsprachigen Kaiserstädten, wie es sich auf dem Scheitelpunkt der Gründerzeit darstellte:

> Wien und Berlin! Welchem Deutschen drängt sich in dem gegenwärtigen Moment dieser Vergleich nicht unwillkürlich auf, und wer, der ihn anstellt, wird nicht gestehen müssen, daß er überall nur Verschiedenheiten, um nicht zu sagen, Gegensätze zu constatiren habe?

Rodenberg fasst zusammen, was wohl der damalige *common sense* in dieser Angelegenheit war:

> Wien, die alte herrliche Kaiserstadt, mit einer langen, glorreichen Vergangenheit, die Stadt voller Heiterkeit und Lebenslust, voll Musik und Poesie, die Stadt des Südens, die katholische Stadt; und Berlin, die kalte, nüchterne, prosaische Stadt, die Stadt des Nordens und des Protestantismus, des Fleißes und der Philosophie, die junge Kaiserstadt ohne Tradition und mit nicht viel mehr als einer Localgeschichte! Wir nennen den Namen »Wien« und alle Herzen fliegen ihm entgegen; aber wir sprechen den Namen »Berlin« nicht aus, ohne Vorurteilen zu begegnen.[40]

Der Begeisterung für die Stadt an der Donau kann sich Rodenberg allerdings voll und ganz anschließen. Sein Blick auf Wien ist schwelgerisch, seine Sprache überschlägt sich fast, wenn er schildert, was der Reisende sieht, wenn er sich der Stadt nähert:

> Kommt er aus Norden, so grüßen ihn von benachbarten Bergesgipfeln weiße Kapellen und Wallfahrtskirchen, welche – wenn nichts anderes – ihm die fröhliche Sage des Pfaf-

> fen vom Kahlenberge oder den Tag ins Gedächtnis zurückrufen, wo vor dem Kreuze der schimmernde Halbmond sank am Fuße des Leopoldsberges. Kommt er von Süden, über die Felspässe des Semmering, wo fast bis unter die Räder der Locomotive die Bergaurikel blüht und das Edelweiß leuchtet, während unten, in den Schluchten und Thälern, an brausenden Gießbächen jene zierlichen Alpendörfer lagern, jedes von ihnen wie aus Holz geschnitzt; hat er, abwärts steigend, die fruchtbare Ebene erreicht, wo die Weingärten von Vöslau ihren Duft und die Waldwiesen von Baden und Mödling ihr Grün fast noch mit dem Geruch der Alpenkräuter und den köstlichen Farben der Alpenblumen vermischen; hat er das Schloß von Laxenburg zu seiner Rechten und die Fliederhecken der Brühl zu seiner Linken zurückgelassen, so breitet sich nun auf einmal, am Ziel seiner Fahrt, ein Panorama vor ihm aus, zu schön, als daß es Worte beschrieben. Da liegt sie vor ihm, die kaiserliche Stadt mit ihren Domen und Palästen, ihre dunkeln Häusermassen überragt von Kuppeln und Thürmen, deren Kreuze golden in der Sonne funkeln, eingerahmt von blauen Bergesfernen, die das bewegte Spiel von Licht und Schatten reflectiren, und hingeschmiegt an die Windungen des Stromes, der Hügel und Wald und Thal und Stadt mit seinen Armen liebend umfängt.[41]

Rodenberg baut diese Szenerie ganz bewusst so eindrucksvoll auf, um sie im nächsten Satz mit der Banalität der Berliner Landschaft konfrontieren zu können: »Kein solches Bild hätten wir Ihnen zu zeigen, wenn Sie mit uns den Haufen beweglichen Sandes ersteigen, den der Berliner sich gefällt den ›Kreuzberg‹ zu nennen.«[42] Aus dem Duft und Glanz der Wiener Umgebung führt Rodenberg seine Leserinnen und Leser ganz unvermittelt wieder in die preußisch-deutsche Hauptstadt zurück, und die Landung dort fühlt sich hart an. Folgen wir Rodenbergs Schilderung des Berlin-Panoramas, wie es sich vom Kreuzberg aus bietet:

> Von keinem Baumwuchs behindert, schweift Ihr Blick über eine weite Ausdehnung, die keine Täuschung für ihn birgt, aber auch kein Geheimniß; über eine Fläche, die mit Häusern und Straßen bedeckt ist, wie mit aufmarschirten Regimentern, eins hinter dem andern, Fronten und Quarrés, ohne den Glanz goldschimmernder Türme, ohne die prunkvolle Ansammlung aristokratischer Hof- und Adelsbauten, ohne irgendeinen Punkt, der sich bemerkenswerth oder malerisch von der Gesammtheit abhebt, die vielmehr, ich möchte sagen, den Eindruck einer vollkommen demokratischen Gleichheit macht, die Willkür ausschließt, nichts einzelnes bevorzugt und alles einer strengen Ordnung unterwirft. Nicht gewachsen wie Wien erscheint Ihnen Berlin, sondern gemacht, mathematisch construirt: das, was der Mensch gemacht, den Gesetzen entsprechend, welche die Natur ihm dictiert. Kein noch so leises Ondulieren der Form bewegt die Landschaft, welche die Stadt an ihren äußersten Rändern, hier mit der schwachen Linie des Grunewaldes und den Resten des Schöneberger Feldes, dort mit den dunkeln Strichen der Hasen- und der Jungfernheide begrenzt, und da, wo sie sich aus dem Gesichtskreise verliert, in ihrer eintönigen Grundfarbe von grünlichem Grau, fast unterschiedslos mit dem Horizont zusammenfließt.[43]

Allein schon die Lage am mächtigen Donaustrom, »welcher das Abendland und das Morgenland verbindet«, habe Wien für eine besondere Rolle in der Geschichte prädestiniert, während Berlin, »gelegen an einem kümmerlichen Wasser, dem Nebenfluß eines Nebenflusses der Elbe«, sich seine Bedeutung gegen alle Widerstände der schlechten Lage erkämpfen musste.[44] Doch bei aller Begeisterung für die Schönheiten Wiens ist Rodenberg kein Romantiker. Er weiß, dass dem nüchternen Berlin die Zukunft gehört, »denn so ist die Signatur der Gegenwart. [...] Nach den Tagen der Poesie sind die Tage der Prosa gekommen, und Berlin ist in sein Recht eingetreten.«[45]

Wien oder Berlin? Das Spiel der Vergleiche

Wie erwähnt entwickelten sich die Einwohnerzahlen der Metropolen Wien und Berlin in den Jahrzehnten bis zum Ersten Weltkrieg etwa im Gleichschritt. Das änderte sich erst 1920, als die Bildung der Einheitsgemeinde Groß-Berlin die Einwohnerzahl der deutschen Hauptstadt auf knapp vier Millionen verdoppelte, während Wien stagnierte. Blickt man allerdings auf den Umfang des kulturellen Sektors, dann ergibt sich schon vor 1914 ein anderes Bild. Der Historiker Detlef Briesen hat anhand der von Joseph Kürschner herausgegebenen Literatur- und Gelehrtenkalender ermittelt, in welchen Städten die meisten deutschsprachigen Intellektuellen zwischen etwa 1880 und 1940 lebten und arbeiteten. Wenn man die Daten in Relation zueinandersetzt, dann lassen sich die kulturellen Konjunkturzyklen der beiden Städte beobachten: Während der Anteil Berlins am kulturellen Sektor der wichtigsten deutschsprachigen Metropolen von 35 Prozent im Jahr 1883 auf rund 45 Prozent im Jahr 1932 anstieg, verlor Wien von seinen knapp 25 Prozent zu Beginn der 1880er Jahre fast die Hälfte und lag im Jahr 1940 nur noch bei 10 Prozent. Mitte der 1920er Jahre wurde Wien als Standort von Wissenschaft und Literatur sogar von München eingeholt.[46]

Nun wäre es übertrieben, von einem Wiener Braindrain zu sprechen, einer massiven Abwanderung von Intellektuellen und Kulturproduzenten. Aber die Tendenz ist unbestreitbar: Wien war immer weniger die Stadt, in die man zog, um sich auf dem kulturellen Sektor einen Namen zu machen, in den 1920er Jahren war vielmehr klar: Man musste nach Berlin. Briesen argumentiert zwar, dass der Hype um Berlin retrospektiv überschätzt wird, dass es also im Schatten der Hauptstadt durchaus ein reiches und innovatives kulturelles Leben in Städten wie Hamburg, München, Frankfurt am Main und Köln gegeben habe. Aber zweifellos zog Berlin die Intellektuellen mehr an als jede andere deutschsprachige Stadt. Besonders gern kamen sie von der Donau an die Spree, nicht ohne Wien immer im Rückspiegel zu behalten und darüber nachzudenken, wo es sich eigentlich besser leben ließ.

Folglich spielten viele Intellektuelle des ausgehenden 19. und frühen 20. Jahrhunderts das große Spiel der Vergleiche mit: Wien oder Berlin? Dieser Wettstreit operierte mit den Klischees, die beiden Städten folgen wie ihre eigenen Schatten: Sentiment oder Rationalität, Schlamperei oder Disziplin, Tempo oder Gemüt, Vergangenheit oder Zukunft. Der Differenzbehauptung liegt dabei eine zirkuläre Logik zugrunde: Was verschieden ist, wird verglichen. Und wer vergleicht, sucht besonders nach den Unterschieden. Es liegt also schon im Genre begründet, dass Ähnlichkeiten ignoriert und Differenzen betont werden. Wer die diversen Bücher zur Hand nimmt, in denen Wien und Berlin verglichen werden, sollte das immer mitbedenken, denn es erklärt viele Übertreibungen, die darin zu lesen sind.

Alfred H. Fried leitete 1908 sein *Wien – Berlin*-Buch mit dem Argument ein, es handele sich um »grundverschiedene Städte«. »Wenn man Wien mit Berlin vergleichen will, muß man von dem Grundsatz ausgehen, daß man etwas völlig Ungleiches, [...] etwas völlig Fremdartiges miteinander vergleicht.«[47] Und wenige Seiten später heißt es nochmals unmissverständlich: »Von Ähnlichkeit ist keine Spur, alles unterschiedlich, alles anders, alles fremd und weltenfern voneinander getrennt.«[48]

Der umtriebige Friedensaktivist Fried musste es eigentlich wissen: Jahrelang war er zwischen Wien und Berlin hin- und hergereist, hatte in beiden Städten in prekären Verhältnissen gelebt und sich mal als Buchhändler, mal als Zeitschriftenherausgeber über Wasser gehalten. Zeitweise versuchte er sich sogar als Erfinder, der sich durchaus nützliche Dinge wie einen »hygienischen Müll-, Sammel- und Abführapparat«, ein selbstklebendes Kuvert oder einen Wahlatlas für das Deutsche Reich ausdachte.[49] Der in Wien geborene Fried war 1884 knapp 20-jährig nach Berlin gegangen, um dort – wie so viele andere – sein Glück zu machen. Die hohe Arbeitslosigkeit in Wien und die erhoffte soziale Mobilität in Berlin hatten die Entscheidung auf die deutsche Hauptstadt fallen lassen.

Anfang der 1890er Jahre konzentrierte sich Fried auf seine Aktivitäten im Rahmen der Friedensbewegung. Er brachte Bertha von Suttner nach Berlin, setzte sich für die Verbreitung der internationalen Plansprache Esperanto ein und arbeitete an Projekten zur deutsch-französischen Verständigung wie den *Annales Franco-Allemandes* sowie den pazifistischen Zeitschriften *Die Waffen nieder!* und *Die Friedens-Warte.* Doch im säbelrasselnden wilhelminischen Kaiserreich gab es viel Gegenwind, hinzu kamen Querelen innerhalb der deutschen Friedensbewegung. 1903 musste Fried nach Wien zurückkehren. Sein *Wien – Berlin*-Buch ist daher das Produkt eines Rückblicks auf Berlin, gefärbt von allen Erfahrungen, die er beim Pendeln zwischen beiden Städten gesammelt hatte.

Alfred H. Fried war in seinem Wien-Berlin-Vergleich sichtlich darum bemüht, keiner von beiden Städten den Vorzug zu geben. Dennoch ist vielen Formulierungen abzulesen, dass ihm seine Heimatstadt Wien mehr am Herzen lag als die Stadt, in der er fast zwanzig Jahre lang vergeblich versucht hatte, sich eine stabile Existenz als Publizist aufzubauen. Zwar lobt Fried die Infrastruktur Berlins: Wenn eine von der anderen Stadt profitieren könne, dann sei das zweifelsohne Wien. Was den Stand der Stadttechnik und Verwaltung angehe, könne nur Wien von Berlin lernen, nicht umgekehrt. Sein Kompliment an Berlin ist aber vergiftet: »Von Wien die Menschen nehmen und von Berlin die Einrichtungen, dann kann man in beiden Städten seelig werden.«[50] Was doch nichts anderes heißt als: Die Wiener sind angenehmere Zeitgenossen.

Im Feuilleton scheint sich dieses Bild seit der Jahrhundertwende immer mehr zu verfestigen. Wenn es um Berlin und Wien geht, dann ist es meistens Wien, das besser wegkommt. Es wird zum positiven Gegenpol der kapitalistischen Moderne, zum Sehnsuchtsort und zur Traumstadt all derer, die an der schnelllebigen Zivilisation im Allgemeinen und an Berlin im Besonderen leiden. Und stets sind es die Menschen, die dabei den Ausschlag geben. Seit man die rückwärtsgewandten Züge der Stadt Wien immer mehr zu schätzen gelernt hat, sind auch die faulen und vergnügungssüchtigen Wiener, die man aus den Witzblättern des 19. Jahrhundert kannte, zu ausgeglichenen, kunstsinnigen Mitmenschen mit Herz und Humor geworden, von denen man lernen kann, im Leben die richtige Balance zu halten.

In den verschiedensten Bereichen schwang die Städtekonkurrenz im Hintergrund mit. Als etwa der seit 16 Jahren amtierende Schachweltmeister Emanuel Lasker 1910 gegen seinen Wiener Herausforderer Carl Schlechter antrat, fand der Wettkampf zu gleichen Teilen in Wien und Berlin statt, in jeder Stadt wurden fünf Partien ausgetragen. Lasker war zwar nicht in Berlin, sondern »nur« in der westpommerschen Kleinstadt Berlinchen geboren, dennoch wurde sein Kampf gegen den gebürtigen Wiener Schlechter zu einer symbolischen Angelegenheit: Es handelte sich »nicht allein um einen Wettkampf zwischen zwei Menschen, sondern auch zwischen Wien und Berlin, den beiden wichtigsten Metropolen deutscher Kultur – auch schachlich«.[51] In ihrem Match agierten beide Schachmeister auf Augenhöhe, und der Herausforderer Schlechter erwies sich – der Kalauer sei erlaubt – keineswegs als schlechter: In der letzten Wettkampfpartie genügte eine etwas zu abenteuerliche Partieführung seitens des Wiener Meisters, um die Begegnung zum 5:5 auszugleichen. Nach den damaligen Regularien für Wettkämpfe um die Schachweltmeisterschaft hatte Lasker damit seinen Titel verteidigt. Einmal mehr schien sich – wenn auch nur mit hauchdünnem Vorsprung – Berliner Rationalität gegen Wiener Phantasie durchgesetzt zu haben.

Zu den ganz großen Wien-Bewunderern dieser Zeit gehörte der Nationalökonom und Soziologe Werner Sombart, der 1902 mit seiner zweibändigen Studie *Der moderne Kapitalismus* Furore machte. Geboren in dem kleinen Ort Ermsleben im Harz, studierte Sombart in Berlin, Paris und Pisa und lehrte ab 1890 als

Professor an der Universität Breslau. 1906 folgte er einem Ruf an die Handelshochschule Berlin, ein Jahr später publizierte er einen kurzen Text in der von ihm herausgegebenen Zeitschrift *Morgen*, in dem er Wien als »hohes, bewundernswertes Ideal« feierte.[52] »Wien ist Musik. Ist Harmonie. Und also wieder Kultur. Ganzheit, Ausgeglichenheit.« Berlin dagegen sei die »Wüste der modernen technischen Kultur«, ein »Vorort von New York«.[53] Es ist sicher kein Zufall, dass Sombart seine Liebe zu Wien genau in dem Moment entdeckte, als er wieder nach Berlin gezogen war. Er bezeichnet Wien in seinem Text als »regulative Kulturidee«, was bereits impliziert, dass es etwas zu regulieren, etwas auszugleichen gab: »An Wien und Wiener Art orientieren wir uns, wenn wir wissen wollen, was Kultur ist. An Wien erstarken wir wieder, wenn wir von Ekel über die moderne menschliche Entwicklung erfüllt werden«.[54] Im Hintergrund dieser Formulierungen steht unverkennbar die Diagnose des modernen Kapitalismus, die der Breslauer Gelehrte entwickelt hatte und in der er die Rationalisierung und Versachlichung seelischer Inhalte kritisierte.

Aus Sombarts Artikel spricht aber auch ganz deutlich die Haltung des Berlin-Renegaten. Einmal mehr stand Berlin exemplarisch für die Fehlentwicklungen der kapitalistischen Moderne, und einmal mehr fungierte Wien als das passende Antiserum.

> Wer verstehen will, was Wien für uns, für Deutschland, für die deutsche Kultur bedeutet, der muß es mit einem modernen Gebilde wie Berlin in Vergleich stellen. Man muss erst tief und schmerzvoll in seiner Seele erfahren haben, wie furchtbar rasch wir verarmen, wenn wir uns nur noch am Berliner Wesen begeistern.[55]

Das Berliner Wesen bedeutete für Sombart in letzter Instanz Amerika, und so sah er die moderne Seele schon auf dem großen »Kulturkirchhof« begraben, den New York oder Chicago für ihn darstellten. Das Wiener Wesen hingegen war für ihn –

wie für zahllose andere Kommentatoren – die reinste Musik: »In jedem Stein ein Lied, in jeder Straßenkrümmung, in jedem rebenumrankten Hof, in jedem alten Palazzo ein melodisches Tonstück.«[56]

Sombart lieferte in seinem Artikel ein Wien-Bild, das mit der Gegenwart der pulsierenden, expandierenden Stadt kaum etwas zu tun hatte. Dabei war sein Text die Replik auf einen ganz anderen Beitrag, den der Wiener Schriftsteller Felix Salten zwei Wochen vorher in derselben Zeitschrift veröffentlicht hatte. Salten hatte versucht, die antiquarische Vorstellung vom alten, morbiden und dabei leichtlebigen Wien zu demontieren. An Wien, so Salten, werde immer nur »das Törichte, Ungerechte und Rückständige« wahrgenommen, der soziale Fortschritt aber systematisch ausgeblendet. Verglichen werde immer nur, wenn Wien dabei schlecht wegkomme. Aber »daß bei uns zweimalhundertfünfzigtausend Arbeiter mit aufgerollten roten Fahnen über die Ringstraße ziehen durften, [...] während in Berlin das bloße Gerücht von einem beabsichtigten Umzug der Sozialisten hinreichender Anlaß war, den Lustgarten wie die Linden mit Garderegimentern und mit Kanonen zu sperren, regt unsere Besserwisser zu keinem Vergleich an«.[57] Salten plädierte im Sommer 1907 für einen frischen, von den immergleichen Formeln und Klischees befreiten Blick auf das moderne Wien. Denn »daß es mit Wien stark vorwärts geht«, werde laut Salten von der deutschen Presse ignoriert, die sich die Stadt immer nur als ein »weitläufiges Vergnügungslokal« vorstellen könne. »Sie sprechen von einem Wien, das nur in verstaubten Zeitungsblättern des vorigen Jahrhunderts, in den Büchern und Feuilletons verdrossener Lokalhumoristen existiert, und stellen sich an, als sei es das wirkliche Wien. [...] Diese Herren kennen Wien gar nicht. Und schreiben darüber.«[58] Man kann sich ziemlich sicher sein, dass Salten so auch über Werner Sombart dachte. Denn auch wenn Sombart kein nostalgisches Fiaker- und Fledermaus-Wien im Sinn hatte, in dem die ausschließliche Beschäftigung darin bestand, Walzer zu tanzen und gebackene Hühner zu essen, schob er doch der österreichischen Hauptstadt wieder nur die Traditionswerte zu. Wien sollte Wien bleiben, Hochburg der Kultur – dieser Slogan stand gegen Saltens Befund, dass sich Wien ebenfalls verändert habe und dass auch in der Habsburgermetropole längst die neue Zeit eingezogen sei.

03

DER GLATTE UND DER GEKERBTE RAUM

Berlin aus der Landschaft gesehen

Jede Stadt hat ein Double – einen Doppelgänger, in dem sich ihre Eigenheiten verdichten, in dem sie sich zugleich spiegeln und brechen. Dieser Doppelgänger ist das, was in diesem Buch als das kulturelle Imaginäre der Stadt beschrieben wird: ein Schatten, der die Biographie von Metropolen begleitet und in dem sich ihre Umrisse schärfer abbilden, als sie eigentlich sind. Im folgenden Kapitel geht es um die Frage, wie die konkreten geographischen und stadträumlichen Gegebenheiten Wiens und Berlins mit dem kulturellen Imaginären verknüpft sind: Was macht die Landschaft zu einer Wiener oder einer Berliner Landschaft? Und wie drücken sich das Wienerische und das Berlinische im Straßennetz und sogar auf den Oberflächen der Straßen aus? Der Schatten des kulturellen Imaginären folgt den Bewegungen der Stadt, aber er kann sich auch verselbständigen: als Schattenriss, als verfestigtes Klischee, das die Gestalt einer Stadt auf Dauer stellt, auch wenn sie sich selbst schon längst weiterentwickelt hat. Nie aber kommen die Städte von ihrem Schatten los, er muss also immer mitgedacht werden, nicht als *die* Wirklichkeit, aber doch als ein Abbild von ihr.

Viele der kulturellen Unterschiede zwischen Wien und Berlin, von denen in diesem Buch die Rede ist, haben ihre Bezugspunkte in der Landschaft. In zahllosen Texten wird der Wien und Berlin umgebende Naturraum sozusagen als spontane Metapher für die beiden Städte benutzt, und schon in den Reportagen Julius Rodenbergs war vom fundamentalen Gegensatz zwischen dem herrlichen Wienerwald und der Monotonie des märkischen Sandes die Rede. Dementsprechend fehlen in kaum einem Städtevergleich die geschichtsphilosophischen Spekulationen zur landschaftlichen Lage. Natur und Kultur spiegeln einander – ein altbewährter literarischer Kunstgriff dient der Klärung der Frage, wie Wien und Berlin zu dem wurden, was sie sind. Eine Kulturgeschichte dieser wechselseitigen Klischees muss daher die Landschaft miteinbeziehen. Eine Landschaft, die alles andere als politisch neutral ist, sondern die immer wieder dazu benutzt wurde, bestimmte ideologische Vorstellungen zu legitimieren, als Kulisse und als Medium von Politik.

Berlin liegt im flachen Gelände. Vor 20 000 Jahren war die Gegend bedeckt vom skandinavischen Eisschild, das nach seinem Abschmelzen das sogenannte Warschau-Berliner Urstromtal hinterlassen hat. Im Südwesten und Nordosten erstrecken sich zwei moderate Hochflächen, Teltow und Barnim, dazwischen fließen die Havel mit ihrer Seenlandschaft und die Spree mit ihren Nebenflüssen Panke, Dahme, Wuhle und Erpe. Es ist ein wasserreiches Gebiet mit geringen Höhenunterschieden: Die höchste natürliche Erhebung Berlins ist der Große Müggelberg mit seinen 115 Metern; im Innenstadtbereich markiert der Kreuzberg mit 66 Metern schon die Spitze. Die meisten anderen Berliner Hügel – vom Teufelsberg bis zu den kleinen Plateaus in den Volksparks Humboldthain und Friedrichshain – sind künstliche Berge aus Bauschutt sowie aus Trümmern des Zweiten Weltkriegs. An diesen Stellen setzt sich das Berliner Bodenprofil aus den Überbleibseln der Kriegs- und Gewaltgeschichte des 20. Jahrhunderts zusammen. Wer die Stadtrandgebiete Berlins durchquert, findet eine weitläufige Landschaft aus Wasserflächen und Flüssen, Forsten und Kleingartenkolonien, ein ausgefranstes Weichbild, zerschnitten von Schienennetzen und Bahndämmen. Der Untergrund Berlins besteht aus wasserreichem Geschiebemergel, Lehm und Sand. Dieser Boden lieferte zwar stets die nötigen Baustoffe für die Millionenstadt, war aber eigentlich kein besonders stabiles Fundament. Als Hitlers Chefarchitekt Albert

Speer dort die Reichshauptstadt »Germania« plante, musste man erst umständlich prüfen, ob der Boden die neuen Monumentalbauten der »Großen Achse« überhaupt würde tragen können. Als erratischer Überrest dieser kurzen Epoche steht noch heute im Grenzgebiet zwischen Tempelhof und Schöneberg der sogenannte Schwerbelastungskörper: ein begehbarer Stahlbetonklotz als Generalprobe für »Germania«, der zu massiv war, um nach dem Krieg einfach wieder beseitigt werden zu können.

Die weite Ebene, der sumpfige Grund und der märkische Sand fehlen in kaum einer Berliner Stadtbeschreibung. Zwar wird der Berliner Landschaft hin und wieder so etwas wie eine herbe Schönheit zuerkannt, insgesamt aber bleibt das Urteil über die Jahrhunderte vernichtend. Kopfschüttelnd meinte der französische Romancier Henri Beyle alias Stendhal 1806, er wisse nicht, wer darauf gekommen sei, inmitten dieses Sandes überhaupt eine Stadt zu gründen.[1] Der preußische Jurist Friedrich von Cölln gab zwei Jahre später in seinem Buch *Wien und Berlin in Parallele* die folgende anschauliche Landschaftsschilderung:

> Berlin liegt [...] in den Sandwüsten Arabiens; man mag nun hineinkommen, von welcher Seite man will, aus Ost oder West, aus Süd oder Nord, so wird man von den keuchenden Postpferden in einem Sandmeer fortgeschleppt; im Sommer brennt die Sonne auf diesem Sande doppelt stark, und einige von Raupen abgefressene Kieferstämme geben den einzigen dürftigen Schatten, der zu finden ist. Von Bergen findet das Auge weit und breit keine Spur, und wo man etwa Wasser findet, da ist es ein Sumpf, um den eine Schaar von Kiebitzen ihren angenehmen Gesang erhebt. [...] Man freut sich, wenn man endlich die Thurmspitzen von Berlin entdeckt; jetzt kommt aber nahe an der Barriere dem Reisenden ein pestilenzialischer Geruch entgegen, denn die Berliner laden allen ihren Unrath nahe vor den Thoren ab; [...] jeder kann sich also vorstellen, welch ein liebliches Gemisch von Gestank die

> Excremente von Berlin, und das Aas seiner crepirten Hausthiere, dem Reisenden hier entgegen duften.[2]

Cöllns vergleichendes Fazit zur landschaftlichen Lage lautete: »Für Wien that die Natur alles, für Berlin nichts.«[3] Und auch andere Beobachterinnen und Beobachter gingen so weit, der Stadt Berlin die Landschaft ganz abzusprechen. Berlin habe eigentlich gar keine Gegend, schreibt Karl Johann Braun von Braunthal 1834 und verweist dabei darauf, dass dieses Wort so viel wie »Gegnung« und »Begegnung« bedeute.[4] Er meint: Dort gibt es keinen Gegen-Stand für das Auge, kein Profil, auf das es stoßen kann, nur eine leere Fläche, die den Blick in die Ferne zieht. Im Übergang zum 20. Jahrhundert änderte sich an dieser Landschaftswahrnehmung nicht allzu viel. Als der französische Journalist Jules Huret 1906 und 1907 eine ausgedehnte Deutschlandreise unternahm, bot sich ihm in der deutschen Hauptstadt ein Bild, das er aus Paris so nicht kannte:

> Berlin ist auf einer weiten, einförmigen Sandebene inmitten der Provinz Brandenburg aufgebaut, von Norden, von Westen und von Osten allen Winden preisgegeben, die ihren kalten Odem ungehindert über diese karge Erde wehen lassen können. Der Horizont ist durch die steinerne Masse der Häuser gesperrt. Kein Ausblick wie der unserer Place de la Concorde beim Stern, keine Fernsicht, wie man sie von den Hügeln genießt, die sich um Paris, um Montmartre oder Sainte-Geneviève erheben, kein Ufergelände, gleich den Kais an der Seine oder der Themse. Die Spree [...] ist ein schmaler, schwärzlicher, träge fließender Wasserarm, dessen Ufer, nüchtern wie die eines Kanals, nichts an sich haben, woran das Auge sich laben könnte.[5]

Auch der 1911 erschienene *Gefühlvolle Baedeker* Kurt Münzers bescheinigt dem Berliner Umland keinerlei Schönheiten: »Verbrannter als das Land irgendeiner anderen Stadt erscheint dem

Reisenden die Landschaft Berlins.«[6] Der konservative Journalist Hermann Ullmann wiederholte 1932 das apodiktische Urteil über Berlin als »Stadt ohne Landschaft«: Allenfalls eine »Übergangslandschaft« zwischen Teltow und Barnim sei dort zu finden, ein Konglomerat aus »Orten ohne Eigenart«, in das sich seit dem 19. Jahrhundert eine »Surrogatlandschaft« aus Eisenbahnlinien, Vorortbahnen, Straßen und Wochenendhäusern hineingeschoben habe: »In dieses wenig widerstandsfähige, nirgend[s] vorgeprägte Land strömte diese Großstadt hemmungslos aus.«[7] Auch Karl Schefflers These von der »Kolonialstadt« Berlin war nicht zuletzt auf die Landschaft bezogen. Es sei, als hätte »die ungeheure Düne der Eiszeit, auf deren Sand Berlin erbaut ist«, den von Süden her kommenden »Strom deutscher Kultur« verschluckt.

> Solange dieses weite Land auch schon zum Reich gehört, immer scheint es noch Neuland zu sein, bewohnt von einem Geschlecht harter und trockener Pioniere. […] Berlin ist buchstäblich geworden wie eine Kolonialstadt, wie im neunzehnten Jahrhundert die amerikanischen und australischen Städte tief im Busch entstanden sind.[8]

Diese Stadt schien also aus dem Nichts gekommen zu sein. Offensichtlich war Berlin nicht das Ergebnis einer glücklichen naturräumlichen Lage, sondern das Produkt harter Arbeit, keineswegs mit der Natur gewachsen, sondern der Natur abgetrotzt. Mit den Städten des US-amerikanischen wilden Westens ist es durch ein kolonialistisches Prinzip verbunden, nur mit umgekehrten Himmelsrichtungen: Berlin erscheint als Vorposten des Westens, als Zivilisationsgrenze im Übergang zum weiten, wilden Osten. 1932 veröffentlichte der Philosoph Ernst Bloch einen Aufsatz, in dem er sich ausführlich mit der Landschaftlichkeit Berlins auseinandersetzte. In *Berlin aus der Landschaft gesehen* attestierte er der deutschen Reichshauptstadt »Ungewachsenheit, auch Unverfestigtheit«, und führte diese Eigenschaften in erster Linie auf ihren Untergrund zurück: einen Boden »aus Sumpf, worin Berlin schwimmt, aus Sand, worauf es gebaut ist«. »Die nicht entwickelte Landschaft trägt dazu bei, daß auch die kulturellen Gründungen darin locker bleiben und das Berlinische nie so recht ausgemacht ist.« Berlin sei geradezu eine Stadt »ohne Boden« – und damit eine Stadt, deren Verhältnisse immer ein wenig labil und prekär blieben, deren Charakter nie feststehe, sondern besonders wandlungsfähig zu sein scheine. Für Bloch verweisen der »natürliche Rahmen« und die »kulturelle Natur« stets aufeinander, und möglicherweise hatte der Philosoph auch den Kontrast zu Wien im Sinn, wenn er abschließend schreibt, Berlin liege »ungedeckt in der experimentellen Zeit, nicht täuschend warm in den Bergen und Kulturländern des gewordenen Raums [...]. Oft sind andere Städte nur Gespenster besserer Vergangenheit; das hohle Berlin ist möglicherweise – es bleibt keine Wahl – das Gespenst einer besseren Zukunft.«[9] In seiner suggestiven Berlin-Interpretation geht Bloch besonders weit: Während in den Bergen – wie trügerisch auch immer – die Vergangenheit nistet, liegt das flache, offene Berlin ungedeckt in der experimentellen Zeit. Seine Verhältnisse sind auf Sand gebaut, und sein permanenter Wandel erscheint als logische Folge seines ungesicherten Untergrunds.

Von hier aus war nur noch ein kleiner Schritt nötig, um von der Landschaft auf den Charakter ihrer Bewohnerinnen und Bewohner zu schließen. Denn scheinbar waren nur besonders zähe, fleißige und sparsame Kolonisten in der Lage, aus der öden Sandwüste etwas zu machen. Julius Rodenberg stellte sich einen Berliner vor, der auf dem lächerlichen Hügel des Kreuzberges steht, während er seinen Blick über die Häusermassen schweifen lässt, sich aber angesichts seiner »selbstgeschaffene[n] Heimat« doch sagen darf, »daß er ein fleißiger Arbeiter und ein guter Kämpfer gewesen sei«.[10] Auf diese Weise wurde Berlin immer wieder zu einem Ort der Disziplin, der Sachlichkeit und der Vernunft erklärt. Alfred Kerr dichtete in den 1920er Jahren: »Stets vernünftig soll man handeln, / Gibt es gleich nicht Busch noch

Wald – / Auf, ihr Lieben, laßt uns wandeln, / Wandeln bis zur Gasanstalt.«[11] Dass man aber gerade zur Gasanstalt einen eindrucksvollen Spaziergang unternehmen kann, das wussten die Autoren, die die Poesie der industriellen Moderne entdeckt hatten. Bei ihnen wurde die Stadt selbst zur Landschaft. Beispielsweise hat der 1920 von Wien nach Berlin gekommene Journalist und Romancier Joseph Roth das Berliner Gleisdreieck als industrielles Technotop gefeiert. Er schreibt in einem seiner Feuilletons aus dem Jahr 1930:

> Eiserne Landschaft, großartiger Tempel der Technik unter freiem Himmel, dem die kilometerhohen Schlote der Fabriken lebendigen, zeugungsträchtigen, Bewegung fördernden Rauch darbringen. Ewiger Gottesdienst der Maschinen […]. Man sehe in den klaren Nächten das Gleisdreieck, das von zehntausend Laternen durchsilberte Tal – es ist feierlich wie der gestirnte Nachthimmel: eingefangen darin, wie in der gläsernen Himmelskugel, sind Sehnsucht und Erfüllung. Es ist Etappe und Anfang, Introduktion einer schon hörbaren

Das Berliner Gleisdreieck auf einer zeitgenössischen Postkarte

> Zukunftsmusik. Schienen gleiten schimmernd – langgezogene Bindestriche zwischen Land und Land.[12]

Viele andere Autoren haben Berlin und dessen Zukunftsmusik um 1930 in ähnlicher Weise beschrieben, so etwa der Flaneur und Stadtbeobachter Franz Hessel, der sich vorgenommen hatte: »Ich muß eine Art Heimatskunde treiben.« Auch für ihn lag die Faszination der deutschen Hauptstadt im industriellen Dreiklang aus Stahl, Glas und Beton. Berlin, so Hessel, habe »seine besondere und sichtbare Schönheit, wenn und wo es arbeitet. In seinen Tempeln der Maschine muß man es aufsuchen, in seinen Kirchen der Präzision«.[13] Und Alfred Döblin plädierte in einem Vortrag über *Die Straße und das Kind* für einen Heimatbegriff, der »nicht an Sonnenaufgang, an Sterne, an Gewitter« denken lasse, sondern an Tram, U-Bahn, Autobus, Kinos und Asphalt.[14] Bereits zwanzig Jahre zuvor hatte sich der Pädagoge Johannes Tews in seinem Buch *Großstadtpädagogik* dafür eingesetzt, die Stadt als Lernumfeld für Kinder positiv zu sehen. Die Stadt sei zwar »eine Erzieherin mit ernsten, herben, eckigen Zügen«, aber das Aufwachsen in ihren Straßen »erweitert den Blick« und ist »eine Schule demokratischer und sozialer Weltanschauung«.[15] Es ist nicht verwunderlich, dass Tews diesen Ansatz ausgerechnet in Berlin entwickelt hatte – der Stadt, in der man sich wie nirgends sonst in Deutschland mit Schönheit und Schrecken der großen Stadt auseinandersetzte.

Wiener Topographien

Ganz anders klingen die meisten Landschaftsbeschreibungen aus Wien. Sie schildern eine reich gegliederte, interessante und abwechslungsreiche Gegend, eine einzige Augenweide. Die Stadt erscheint wie eine glänzende Perle, die in einer schönen Muschel sitzt. Der österreichische Dichter Adalbert Stifter beschreibt die Wiener Landschaft im Jahr 1844 folgendermaßen:

> Im Osten unserer Stadt zieht eine weite Ebene gegen die sanftblauen ungarischen Berge hin, und ist geschnitten, oder gleichsam mit Silberbächen eingelegt, durch den vielarmigen, vielgewundenen Strom der Donau, deren Glanz noch erhöht wird durch den dunkelgrünen Saum ihrer Auen, und durch das Land ihrer Inseln, die wie dunkle, weit hingehende Flecken in das wallende Silber eingestreut sind. Nördlich des Stromes, bis gegen Mähren hin, zieht das Marchfeld, im Westen durch das Kahlengebirge, im Norden durch den Mährischen Höhenzug und im Osten durch die March geschlossen, – ein Boden, reich an Getreide und Dörfern, drei Mal ein berühmtes Schlachtfeld, aber für das Auge des Landschafters erst ein gelblicher Fleck, dann ein duftiger Streifen; hie und da ist der Schatten einer Baumgruppe eingestreut, oder der weiße Blick eines Kirchthurmes. Im Westen dieses Feldes beginnt [...] das Kahlengebirge, und zieht einen mit Wald, Feld und Reben bedeckten Höhenzug halbmondförmig um die Stadt. Dieser Höhenzug setzt sich von Nord nach Süd streichend bin zu jener Alpenkette fort, die von West gegen Ost zwischen Österreich und der Steiermark zieht; er heißt der Wienerwald und ist eigentlich ein Arm der Steirer-Alpen, den sie nordwärts gegen die Donau strecken, ehe sie selber in den Ebenen Ungarns und in Oststeiermark ersterben.[16]

Stifter malt nicht nur in kräftigen Farben das Bild einer alten, florierenden Kulturlandschaft, sondern benennt dabei auch die prägenden Elemente der Wiener Topographie: die Auenlandschaft der Donau, die landwirtschaftlich ergiebigen Flächen im Norden und Osten und den Wienerwald, der die Stadt von Westen her umschließt. Drei eiszeitliche Terrassen erheben sich über das Flussniveau: die den Ersten Bezirk tragende Stadtterrasse mit 15 Metern Höhe über der Donau, die Arsenalterrasse mit rund 50 Metern und die Wienerberg- und Laaerbergterrasse mit bis zu 100 Metern. Diese übereinander geschichteten Terrassen geben der Stadtlandschaft ihr Profil nach Süden hin, der Wiener-

Jakob Alt, Blick auf Wien von der Spinnerin am Kreuz, 1817

wald mit einer Höhe von bis zu 400 Metern über der Donau gibt ihr den Abschluss nach Westen, während die vom Höhenzug herabfließenden Wienerwaldbäche die westlichen Vororte und Vorstädte durchschneiden und für ein profiliertes Gelände sorgen. So eröffnen sich beim Spazierengehen immer wieder Aus- und Durchblicke, von oben nach unten, von unten nach oben. Ein kleiner, in die Höhe führender Straßenzug, eine Stiege hinauf, und schon werden die Wiener Hausberge – Cobenzl, Kahlenberg und Leopoldsberg – sichtbar, an anderen Stellen streift der Blick weit über die Stadt bis über die Donau, ins Wiener Becken oder bis zum Leithagebirge. Dabei entsteht leicht der Eindruck, Wien sei eine besonders mit seiner Umgebung verbundene Stadt. Maler wie Rudolf von Alt, der unzählige Wiener Stadtveduten geschaffen hat, haben dazu beigetragen, diese Wahrnehmung der Wiener Topographie im kollektiven Bildgedächtnis zu verankern. Er porträtierte Wien »als Stadt, die aus der Landschaft hervorwächst«,[17] als Stadt der malerischen Perspektiven, in denen sich Natur und Kunst vereinigen. Hier eine Kirchenfassade, hinter der in duftigem Blau die Berge des Wienerwaldes aufsteigen, dort ein Panoramablick, der die geographische Lage der Stadt sinnlich erfahrbar macht.

Mit der reichen topographischen Gliederung des Wiener Stadtraums ist eine weitere vielbeschworene Eigenschaft verbunden: Wien ist eine kompakte, überschaubare Stadt, eine Stadt für Fußgängerinnen und Fußgänger. Sie ist überschaubar nicht nur im konkreten Sinn der vielen Blickbeziehungen, die sich beim Spazierengehen eröffnen, sondern auch im metaphorischen Sinn: Wien ist in seiner Stadtgestalt leicht zu greifen und zu begreifen. In einer halben Stunde lässt sich die Innenstadt mühelos durchqueren, in einer weiteren halben Stunde kann man von der die Innere Stadt umschließenden Ringstraße aus den Gürtel erreichen, der die alten Vorstädte von den ehemaligen Vororten trennt. Die Vorstädte und Vororte gruppieren sich konzentrisch um die Innere Stadt herum, der Wienerwald bildet den westlichen Horizont und schließt den Stadtkörper weithin sichtbar ab. Lediglich auf der anderen Seite der Donau, in Floridsdorf, in der Donaustadt sowie in Simmering läuft die Landschaft eher flach aus.

Ausgerechnet der Erfinder der US-amerikanischen Shopping-Mall, der österreichische Stadtplaner Victor Gruen, der 1938 aus Wien emigrierte und nach Los Angeles zog,[18] hat die überschaubaren Dimensionen der Stadt seiner Kindheit aus der Retrospektive hervorgehoben und erzählt, dass die Familie damals nie auf die Idee gekommen wäre, ein Fahrzeug anzuschaffen, so kurz waren die alltäglichen Wege des Vaters zwischen Wohnung, Anwaltskanzlei und Kaffeehaus, so kurz auch die Wege von Mutter und Kindern. Umso deutlicher war der Kontrast, den Gruen in Los Angeles erlebte. Die Familie besaß in den 1970er Jahren vier Autos, um Arbeitsplatz, Schulen und die – von Gruen selbst entwickelten – Einkaufskomplexe erreichen zu können. Doch die Mühen der langen Wege zwischen Vorort und Zentrum führten letztlich dazu, dass die Mobilität in Unbeweglichkeit umschlug: »In unserer Freizeit sind wir [...] Gefangene in unseren vier Wänden und im Garten.«[19]

Schließlich der Wienerwald. Dieser kleine Gebirgszug ist als letzter Ausläufer der österreichischen Alpen für die Identität der

Stadt Wien von besonderer Bedeutung. Hier fließen sie harmonisch zusammen: Provinz und Hauptstadt, Alpenland und Metropole. Der Wienerwald verbindet die Stadt sozusagen mit der österreichischen Landschaft, und viele Beobachter:innen empfanden ihn als eine Art Rückversicherung gegen die ungehemmte Urbanisierung. Bei dem Wiener Kunsthistoriker Hans Tietze liest sich das so: »Wir versinken nicht im Häusermeer der Stadt, solange wir instinktiv in der Gestalt seines Grundes noch deutlich den Zusammenhang mit der die Stadt nach der einen Seite umfassenden Voralpenlandschaft erkennen.«[20] Nicht zuletzt das machte die Beschwörung des Wienerwaldes für Generationen von Wiener Schriftstellerinnen und Schriftstellern so attraktiv. Schon Franz Grillparzer leitete sein Selbstverständnis aus dieser Landschaft ab: »Hast Du vom Kahlenberg das Land dir rings besehn / So wirst du, was ich schrieb und bin, verstehn.«[21]

Der ab 1897 regierende christlich-soziale Bürgermeister Karl Lueger, gewiefter Populist und notorischer Antisemit, hatte ein feines Gespür für solche Identitätsrhetoriken und wusste sie politisch für sich zu nutzen. Am 15. Mai 1904 gab Lueger einen Erlass an den damaligen Magistratsdirektor Richard Weiskirchner durch, in dem er »zur Erhaltung des landschaftlich schönen Rahmens, der Wiens Grenzen schmückt, [...] einen Wald- und Wiesengürtel an der Peripherie der Stadt [...] in entsprechender Breite von den Hängen des Leopold- und Kahlenberges bis zur Donau im Bezirksteile Kaiser-Ebersdorf« forderte. »Hierbei ist auch auf die Anlage einer aussichtsreichen, mit Baumreihen versehenen Hochstraße Bedacht zu nehmen.« Die geplanten stadtnahen Erholungsgebiete hatten indessen auch ihren ökonomischen Sinn: Das ebenfalls unter Lueger eingeführte elektrifizierte Straßenbahnsystem sollte die Wohnlagen am Wald- und Wiesengürtel mit dem Stadtzentrum verbinden und so »die Grundwerte heben«.[22]

1905 wurden die Anlage des Wald- und Wiesengürtels sowie der Bau der Höhenstraße im Gemeinderat beschlossen. Bis zur Umsetzung dauerte es allerdings lange: Der Erste Weltkrieg verhinderte die Bauarbeiten, und anstatt sich um die vom ehemaligen politischen Gegner Lueger projektierte Panoramastraße zu kümmern, konzentrierten sich die 1919 bis 1934 regierenden Wiener Sozialdemokraten auf wichtigere Fragen, vor allem ihr soziales Wohnungsbauprogramm. So wurde die Wiener Höhenstraße später – zeitgleich mit der Großglockner-Hochalpenstraße – zu einem Prestigeprojekt des austrofaschistischen Ständestaates; die erste Teilstrecke wurde 1935 eröffnet und bis 1938 erweitert. Festgelegt wurde auch, dass die neue Straße ausschließlich dem Fahrverkehr vorbehalten bleiben sollte, eine Paradestrecke für Automobile und Fahrräder hoch über den Dächern der Stadt, vorbei an Ausflugslokalen und Aussichtspunkten mit dazugehörigem Parkplatz. Die besondere Beziehung Wiens zur Landschaft, wie sie die Höhenstraße demonstrativ vorführen sollte, wurde zum Dreh- und Angelpunkt einer politischen Erzählung vom »organischen« Gemeinwesen.

Der Wiener Humangeograph Hugo Hassinger hat diesbezüglich das Bild von der »Stadtmuschel« benutzt. Einerseits umschreibt dieser Begriff die Geländeformation der Stadt Wien, deren Siedlungsbild sich in Form eines Amphitheaters oder eben einer Muschel in den Wienerwald und den eiszeitlichen Terrassenkranz im Süden hinauf entwickelt hat. Die Wiener Innenstadt liegt demnach »wie eine Perle in der Muschel«.[23] Andererseits wird diese Stadtmuschel bei Hassinger auch als eine Metapher für die Einheit von Stadt und Landschaft herangezogen, die zu einer Form verschmelzen. Die Metapher gibt die Stadtentwicklung als natürlichen Prozess aus, die Stadtgeschichte wird zur Naturgeschichte.

Hassinger stand dem Nationalsozialismus sehr nahe, und tatsächlich passte die Idee von einer organischen Einheit von Natur und Gesellschaft bestens zur NS-Ideologie. Auch Hitler sprach in seiner Anschlussrede im März 1938 auf dem Heldenplatz von Wien als einer »Perle«, der noch die richtige Fassung fehle, und die *Reichspost* sekundierte ihm kurz darauf mit der Feststellung: »Ja, Wien ist eine Perle, ein Organismus, ein kulturelles, soziales, naturhaftes Gebilde, einzigartig in seinem Wesen und seiner Gewachsenheit. Die Landschaft durchdringt diese Stadt und die Stadt ist eingebettet in die Landschaft wie keine andere Stadt.«[24] Der Wienerwald mit der Höhenstraße ist also keine ganz unschuldige Landschaft, sondern auch eine politische Figur, mit der immer wieder argumentiert wurde: für Heimat, Blut und Boden samt der gewachsenen, unverwechselbaren Kultur.

Für die Beziehungsgeschichte zwischen Wien und Berlin sind all diese Landschaftsdiskurse insofern von Bedeutung, als aus ihnen geradezu zwei entgegengesetzte Lesarten des städtischen Raums entwickelt wurden. Die französischen Theoretiker Gilles Deleuze und Félix Guattari haben in ihrem Monumentalwerk *Tausend Plateaus. Kapitalismus und Schizophrenie* ein Begriffspaar eingeführt, mit dem sich diese Differenz bemerkenswert gut beschreiben lässt: Sie sprechen vom »glatten« und vom »gekerbten« Raum.[25] Während der nach dem Modell von Wüste und Meer imaginierte »glatte« Raum ein tendenziell ahistorischer Raum ist, der sich dem kolonisatorischen und zivilisierenden Zugriff öffnet, ist der »gekerbte« Raum ein historisch gewachsener und kulturell erschlossener, durch Zeichen und Bedeutungen vielfach markierter Raum. Mit Deleuze und Guattari lässt sich die Berliner Landschaft meistens als glatt, die Wiener Landschaft dagegen als gekerbt beschreiben.

Das hat Auswirkungen auf die Art und Weise, wie über Stadtgeschichte und Stadtentwicklung geurteilt wurde. Der Geologe Eduard Süß schreibt in einer Abhandlung über den Wiener Boden 1862: »Keine Stadt Europa's besitzt eine so eigenthümliche, ihr ihre Rolle in der Geschichte menschlicher Cultur so scharf vorzeichnende Lage, als Wien.«[26] Die Landschaft gibt das »Schicksal« der Stadt vor, diese deterministische Denkfigur hat viele geopolitische Annahmen über Wien beeinflusst. Umgekehrt galt Berlin nicht nur als eine »Stadt ohne Landschaft«, sondern zugleich als eine »Weltstadt ohne Geschichte«,[27] wie es Hermann Ullmann einmal exemplarisch formulierte. Als angebliche Stadt ohne Geschichte aber eignete sich Berlin in besonderer Weise für den planerischen Zugriff – von James Hobrecht bis zu Hitlers »Germania«. Die weite, leere Landschaft ist *tabula rasa*, auf der nur der permanente Wandel, der ständige Neuanfang stattfinden kann. Die naturräumliche Lage einer Stadt wird so zur symbolischen Topographie. Es ist die deterministische Denkweise vom Raum als Schicksal, die vielen Klischees von Berlin und Wien zugrunde liegt. Die Landschaft erweist sich als politisch, sie fungiert als Argument. Wir werden in den nächsten Kapiteln sehen, dass das kulturelle Imaginäre beider Städte diesem Muster immer wieder gefolgt ist – und zwar gerade im Kontrast zueinander.

Gerade Straßen, krumme Gassen

Das Straßennetz ist gewissermaßen die Projektion der Landschaft in den Stadtplan hinein. Kein Wunder, dass Berlin und Wien auch in diesem Punkt immer als sehr verschieden wahrgenommen wurden: Überall in Wien die »alten, engen, gewundenen Straßen«, während für Berlin »nur eines charakteristisch« sei, nämlich »die senkrechten, graden und breiten Straßennetze« in ihrer »unorganischen Aneinanderreihung«.[28] Die Differenz zwischen angeblich natürlicher oder künstlicher Lage einer Stadt, die wir schon in den Texten über die Wiener und die Berliner Landschaft kennengelernt haben, kehrt in der Beschreibung der städtischen Topographie wieder. Die gekerbte, gefaltete und verwinkelte Stadt steht der glatten, flachen und geraden Stadt gegenüber. »Der steinerne Gesamteindruck der Stadt ist hier bunt, reich, winklig, alt, mannigfach, stark akzentuiert, – dort gleichförmig, scharf gekantet, zweckmäßig, farbenschwach«[29], so formulieren es Julius Bab und Willi Handl. Und auch diese Feststellung ist implizit mit der Behauptung verbunden, dass das eine für Geschichte und Vergangenheit steht, das andere für Gegenwart und Zukunft. Den gebürtigen Berliner Ernst Lissauer begeisterten in Wien ebenfalls die »engen Gassen, verdämmert, verbogen, verwinkelt«, und allenfalls die breite Mariahilfer Straße mutete ihn »fast schon berlinisch« an.[30]

Machen wir einmal die Probe aufs Exempel – nehmen wir die Stadtpläne von Wien und Berlin zur Hand. Wenn man die Innenstadtausschnitte direkt nebeneinanderlegt, dann ist der Gegensatz in der Tat offensichtlich: Einen verschachtelten, aus einer Abfolge größerer und kleinerer Straßenzüge, verschiedenartigster Platzanlagen, enger Gassen und Durchgänge gebildeten Stadtkern, wie wir ihn in Wien sehen, finden wir in Berlin nicht, weder im alten Zentrum um die Friedrichstraße und die Linden, noch im Zentrum des Berliner Westens rund um den Kurfürstendamm. In Wien zeigt sich ein langsam gewachsenes Stadtbild, das keinem einheitlichen Plan zu folgen scheint, in Berlin ein am Reißbrett entworfenes Raster mit breiten, meist parallel geführten Straßenzügen. Schon vor den Zerstörungen des Zweiten Weltkriegs war das so, selbst im mittelalterlichen Kern um die Marien- und die Nikolaikirche zeigt Berlin längst ein ziemlich geordnetes Siedlungsbild. Anders in Wien, wo man sich in den Passagen zwischen Fleischmarkt, Schönlaterngasse und Bäckerstraße verlieren oder auf der Mölker Bastei auf einen überraschenden, pittoresken Umweg geraten kann. Außerhalb des innerstädtischen Ersten Bezirks gibt es ebenfalls einige Inseln, die der Überformung durch das 19. und 20. Jahrhundert widerstanden haben: kleine barocke Kerne wie um St. Ulrich und am Spittelberg oder alte Vorstadtstrukturen wie in der Leopoldstadt nördlich des Donaukanals.

Entfernt man sich allerdings vom Stadtkern, so findet man sehr wohl auch in Wien die einförmigen Straßenraster der gründerzeitlichen Stadtplanung, etwa in Favoriten, Meidling, Ottakring oder auf der Schmelz. Zwischen Thaliastraße und Gablenzgasse oder zwischen Gudrun- und Quellenstraße erinnert nichts mehr an die »entzückende Ungeradheit«, die Alfred H. Fried so wienerisch fand. In der Bauordnung für die Kernstadt und die eingemeindeten Vorstädte war dieses Prinzip 1859 sogar festgeschrieben worden: »Bei Bestimmung der Baulinien *in be-*

stehenden Straßen und Gassen«, so heißt es, »muss von der Baubehörde hauptsächlich darauf Rücksicht genommen werden, daß die neuen Baulinien *möglichst geradlinig* seien«. In die folgenden Novellen dieser Bauordnung 1883 und 1890 wurde die Passage unverändert übernommen.[31] Der Wiener Sozialreporter Max Winter hat den zehnten Wiener Gemeindebezirk so beschrieben, wie man damals Berlin zu sehen gewohnt war:

> Da nahm Einer einmal ein Zeichenblatt her, Lineale und Bleistifte und machte auf das Blatt Längs- und Querstriche. [...] In ödester Einheitlichkeit reihen sich die immer grauen oder braunen, immer düsteren Häuser zu Straßen, zu Längs- und Querstraßen, die von Simmering bis Enzersdorf reichen [...]. Über dem ganzen lagert Rauch und Staub, und durch alle Gassen rast der Lärm der Industrie. Lichtblicke nirgends und nirgends auch Ruheplätze. Alles öde, alles nüchtern, grau in grau alles – das ist Favoriten.[32]

Auch so konnte Wien sein – eine Schilderung, wie sie in den Feuilletons ansonsten kaum zu finden ist.

Umgekehrt gab es stellenweise das idyllische, das pittoreske Berlin. So lassen sich im Berliner Stadtplan an vielen Stellen noch die alten Dörfer ablesen, die von der Urbanisierungswelle des späten 19. Jahrhunderts überrollt wurden: etwa in Moabit, in Rixdorf oder Reinickendorf, wo es mitten in der Stadt eine Dorfaue gibt. Auch im ehemaligen Scheunenviertel um den heutigen Rosa-Luxemburg-Platz sind alte Strukturen erhalten, von den Altstadtkernen in Spandau und Köpenick nicht zu reden. Und nebenbei bemerkt verdanken sich viele Rasterstrukturen in Berlin nicht etwa den Stadterweiterungen des 19. Jahrhunderts, sondern sind bereits das Ergebnis barocker Stadtplanung, etwa in der Dorotheen- und der Friedrichstadt sowie um das Schloss Charlottenburg.

Wir sehen also: Der Gegensatz zwischen den geraden Straßen in Berlin und den krummen Gassen in Wien ist immer auch eine Frage der Optik – es hängt eben ganz davon ab, wie und wo man hinschaut. Viele Autor:innen von Stadttexten über Wien und Berlin interessierten sich für solche Differenzierungen aber gar nicht. Zu verführerisch war die Aussicht, die städtebaulichen Kontraste als Ausdruck zweier grundverschiedener Stadt- und Regionalcharaktere zu deuten. So sah Alfred H. Fried im Straßenbild von Berlin und Wien den Gegensatz von Norddeutschland und Süddeutschland gespiegelt:

> Die geradlinigen, einem bestimmten Ziele ohne Umschweife zueilenden Straßen Berlins sind ebenso ein Abbild des norddeutschen Charakters, wie die krummen hügeligen, unregelmäßigen, in ihrem Verlauf durch den Zufall bestimmten Straßenläufe Wiens ein Abbild des süddeutschen Wesens sind.[33]

In Berlin habe der »berechnende, kühle Verstand« das Straßennetz bestimmt, in der »Winkelsucht« der Wiener Gassen dagegen seien »Zufall, Laune und Gelegenheit« am Werk gewesen. Mit leichter Hand konnte man sogar Querverbindungen zur Politik ziehen: In solchen Gassen kann man keinen militärischen Aufmarsch veranstalten. Berlin dagegen scheint wie geschaffen für die Parade, die große Geste, das Defilee.

Fried geht noch einen Schritt weiter. Aus der Physiognomie der Straßen leitet er ab, wie sich die Menschen im öffentlichen Raum bewegen. Sein Fazit: Der Berliner rennt, der Wiener spaziert. Anders als Robert Musil wollte Fried die Stadt nicht an ihrem Gang, sondern an dem ihrer Bewohnerinnen und Bewohner erkennen: »Wenn der Berliner auf die Straße geht, dann geht er eben irgendwohin, das ziellose Flanieren des Wieners kennt er nicht.«[34] In Berlin – so Fried – ist alles auf den »Kampf mit der Zeit« eingestellt, während in Wien »Muße und rücksichtslose Verachtung der Stunde« dominieren, und genauso verhalte es sich mit dem Straßenverkehr: In Berlin erlebe man ein »Hasten und Schieben«, in Wien »meint man einer Operette zuzusehen«, dort »sieht es immer so aus, als wenn die Leute spazieren gehen würden«. Und weiter: »Der Wiener hat eben Zeit, und da er nicht in dem Maße wie der Berliner die Chance hat, es einmal doch zum Millionär zu bringen, so legt er nicht soviel Gewicht darauf, es schließlich um eine Viertelstunde später zu werden.«[35] Wir kennen diese Argumentationskette, diesen Kurzschluss zwischen Raum, Topographie und Charakter, schon aus den zitierten Landschaftsbeschreibungen. Hier kehrt nun das gleiche Muster wieder: Unversehens wird aus dem Straßennetz eine ganze Anthropologie des Gemütlichen und des Ungemütlichen abgeleitet, eine Choreographie des städtischen Tempos. Die Gegensätze sind plakativ: Tief in die Falten seiner historischen Landschaft eingelagert geht das Wiener Leben gemächlich dahin, während die weiten, offenen Flächen Berlins dagegen als eine einzige offene Rennbahn erscheinen. »Hier muß man müssen, sonst darf man nicht« – auf diese Formel hat später Franz Hessel die Berliner Betriebsamkeit gebracht.[36]

Dass die gerade Straße auch im Wien des ausgehenden 19. Jahrhunderts die Norm war, lässt sich paradoxerweise am Werk des berühmten Wiener Stadtplaners und Städtebautheoretikers Camillo Sitte ablesen. Sitte waren nämlich gerade die strengen Strukturen der gründerzeitlichen Stadterweiterung ein Dorn im Auge. An einem Scheitelpunkt der industriellen Moderne kehrte er zurück zu den mittelalterlichen und barocken Formen. Er wollte eine anschauliche, greifbare Stadt schaffen, die man als Bildungslandschaft durchwandern konnte. 1889 publizierte Sitte sein Buch *Der Städtebau nach seinen künstlerischen Grundsätzen*, in dem er die Brechung der Gerade propagierte: die geschwungene Gasse und den malerischen Winkel, den stillen Platz und den überraschenden Durchblick. Ein Romantiker unter den Stadtplanern, der insofern nahezu perfekt nach Wien zu passen scheint. Bei genauerem Hinsehen aber treten auch Brüche und Widersprüche hervor: Die Stadt Wien ist von dem gebürtigen Wiener Camillo Sitte in keiner Weise städtebaulich geprägt worden. Das damalige Wien wollte modern sein – und das hieß: weit und luftig, gerade und großzügig. Zwar hatte Sitte einige Vorschläge für die Gestaltung der Platzanlagen an der Ringstraße vorgelegt, aber de facto wurden ihm in Wien keinerlei Planungsaufgaben übertragen. Seine praktische Expertise stammte aus Mittelstädten der Donaumonarchie wie Privoz, Laibach, Reichenberg und Mährisch-Ostrau, seine Vorbilder für nach künstlerischen Grundsätzen gestaltete Straßen- und Platzanlagen bezog er aus Städten wie Rothenburg, Nürnberg, Modena, Salzburg oder Schwerin. Ein Kleinstädter also, der um Wien einen Bogen machte, aber wie kaum ein anderer mit dem verwinkelten Wien in Verbindung gebracht wird. Das Wienerische an Camillo Sitte war sozusagen, dass er gegen das Wien seiner Zeit rebellierte.

Dagegen bestimmte ein anderer Architekt die Stadtanlage Wiens um die Jahrhundertwende viel stärker mit, als Sitte es tat, nämlich Otto Wagner. Er verstand sich mehr als Ingenieur denn als Künstler und war der prominenteste Akteur beim Ausbau Wiens zur modernen Metropole um 1900. Unter seiner Leitung entstand zwischen 1894 und 1908 die Stadtbahn, eine herausragende technische Errungenschaft, die zugleich einem innovativen und schönen urbanen Design folgte. Wagners Wien war stets weiträumig und monumental gedacht, ohne pathetisch zu werden. Als Wagner 1910/11 einen städtebaulichen Entwurf für einen neuen 22. Wiener Gemeindebezirk erarbeitete, setzte er – ungehindert von bestehenden Stadtstrukturen – voll und ganz auf das gerade Raster sowie die symmetrische Stadtanlage. Wagners Planskizze zeigt schnurgerade, breite Straßen, die einander rechtwinklig schneiden, in der Mitte ein rechteckiges Zentrum mit axial ausgerichteten, durch Platzanlagen voneinander getrennten Repräsentationsbauten. Er war überzeugt: »Parks, Kirchen, öffentliche Gebäude, Monumente, Aussichtspunkte werden dem Stadtbilde jede Langweiligkeit nehmen, die Orientierung erleichtern und uns bei den zwei wichtigsten modernen Factoren ›Zeit und Geld‹ sparen helfen.«[37] Orientierung, Zeit und Geld – das war kein Programm für eine romantische Stadtplanung, sondern ein

Versuch, das alte, verwinkelte Wien hinter sich zu lassen und eine gesunde, soziale und moderne Stadt zu schaffen.

Soziale Oberflächen: Pflaster und Asphalt

Auch das Material, aus dem die Straßen bestehen, hat einen enormen Einfluss auf die Stadtwahrnehmung – zumal es überhaupt erst den Kontakt zum Boden herstellt, auf dem gefahren, spaziert, flaniert wird. Gerade in den Partien der Wiener Innenstadt, die als besonders malerisch angepriesen werden, liegt noch immer Kopfsteinpflaster und trägt zur Imagination von »Alt-Wien« bei: etwa um die Ruprechtskirche herum oder zwischen Fleischmarkt und Donaukanal. Die Fiaker, in denen die Tourist:innen zwischen Burgtheater und Stephansdom hin und her kutschiert werden, meiden freilich die unbequemen Strecken und fahren vorzugsweise auf asphaltierten Straßen, um Tiere und Fahrzeuge nicht mehr zu beanspruchen als nötig. Die Kunsthistorikerin Monika Wagner, die sich immer wieder mit den materiellen Grundlagen der Kunst auseinandergesetzt hat, macht auf die »sozialen Oberflächen« der Stadt aufmerksam, auf die ästhetischen Codes und die mit ihnen verbundenen sozialen Bedeutungen, die in die Außenhaut von Straßen und Gebäuden eingeschrieben sind.[38] Es lohnt sich, dieser Perspektive einmal zu folgen, Berlin und Wien aus diesem Blickwinkel zu betrachten. Das Doppel von »glattem« und »gekerbtem« Raum kehrt damit in einer neuen Variante wieder.

Beginnen wir also beim Untergrund. In Wien war bis ins späte 18. Jahrhundert eine Katzenkopfpflasterung aus örtlichen Flusskieseln üblich, dann verwendete man Pflastersteine aus Sieveringer Sandstein, sogenannte Schärdinger Würfel oder Mauthausener Granit, der dann ab dem 19. Jahrhundert zum Standard wurde. Für die Stadt der Frühen Neuzeit war diese Art des Straßenbelags nichts Besonderes, von der immer wieder gelobten Qualität des Wiener Pflasters einmal abgesehen. Im Zuge der

Urbanisierung und der Expansion des städtischen Verkehrs stellten viele Metropolen allerdings auf ein neues Material um, das höhere Verkehrssicherheit, Sauberkeit, Geruchs- und Staubfreiheit garantierte: erst den sogenannten Makadam, dann den stark bitumenhaltigen Asphalt. Die meisten europäischen Metropolen übernahmen diese Innovation ab der Mitte des 19. Jahrhunderts recht schnell, die Stadt Wien aber hinkte bei der Asphaltierung der städtischen Verkehrsflächen deutlich hinterher. Erst 1872, in Vorbereitung auf die Wiener Weltausstellung des kommenden Jahres, begann man mit asphaltierten Fahrbahnflächen zu experimentieren, zuerst in der Kärntner Straße und in der Johannesgasse. Viel Anklang fand das klebrige und witterungsunbeständige Material nicht, daher zählte man 1892 in Wien erst 55 asphaltierte Straßenkilometer, während es in Berlin bereits 771 waren. 1907 waren 1,7 Prozent der Wiener Straßenflächen mit Asphalt gedeckt, 1914 2 Prozent. In Berlin hingegen hatte man bis 1914 bereits 44,3 Prozent des Straßenraums asphaltiert.[39]

Für die Zunahme des motorisierten Massenverkehrs war der Asphalt eine wichtige Voraussetzung; die Anmutungsqualitäten des neuen Bodenbelags machten die Turbulenzen der rapiden Urbanisierung im Alltag erträglich. Man brauchte nur einen Gang durch die Straßen zu unternehmen, um das sofort zu spüren. Asphalt war sauber und schluckte nicht so viel Staub; er ermöglichte einen schnelleren Verkehr, eine raschere Zirkulation von Menschen und Waren; zugleich dämpfte er die Fahrgeräusche erheblich. Aus einer schmutzigen und lärmenden Stadt, in der unablässig Pferdehufe und eiserne Radreifen auf Kopfsteinpflaster schlugen, wurde eine Stadt, die leicht zu reinigen war und in der man auf Gummireifen weich über geteerte Flächen rollte. Auch gesundheitliche Argumente waren im Spiel: Wer verstanden habe, dass das geräuschlosere Pflaster eine »nervenhygienische Notwendigkeit« sei, betonte der Arzt Dr. Konrad Rumpf bei einem Vortrag im Jahr 1902, werde »die Überzeugung nicht von sich weisen können, dass die Tage der seit geschichtlicher Zeit datierenden Herrschaft des Steines gezählt sind. Andere grosse Städte haben diese Erkenntnis bereits gewonnen, wir Wiener aber wollen auch zu ihr gelangen.«[40]

Und viele Wiener wollten das. Für die Annehmlichkeiten des ruhigen und sauberen Asphaltbelags hätte beispielsweise der *Fackel*-Herausgeber Karl Kraus gerne die ganze Alt-Wiener Nostalgie hergegeben. 1919 vermerkte er: »Ich verlange von einer Stadt, in der ich leben soll: Asphalt, Strassenspülung, Haustorschlüssel, Luftheizung, Warmwasserleitung. Gemütlich bin ich selbst.« Ein berühmter Satz, der gleich auf mehrere Debatten über die städtische Infrastruktur anspielt. So war nicht nur die Asphaltierung der Wiener Straßen 1919 noch nicht sehr weit vorangeschritten, auch die Reform des sogenannten »Hausmeisterwesens« stand noch aus: Bis 1923 hatten Mieterinnen und Mieter in Wien noch kein gesetzliches Recht auf einen eigenen Haustorschlüssel, wie es in Berlin längst der Fall war. Vielmehr musste man nach der Sperrstunde um 22 Uhr beim Hausbesorger klingeln und sich das Tor öffnen lassen – selbstverständlich gegen Entrichtung einer kleinen Gebühr, des legendären »Sperrsechsers«. Dass dieses System die Entfaltung eines lebhaften großstädtischen Nachtlebens behinderte, kann man sich unschwer vorstellen.[41] Wien galt bis weit ins 20. Jahrhundert hinein als eine Stadt, in der ab zehn Uhr abends sprichwörtlich die Gehsteige hochgeklappt wurden.

Über all die technischen, praktischen und medizinischen Erwägungen hinaus hatte der glänzende Asphalt eine enorme symbolische Ausstrahlung. Er diente geradezu als Metapher für moderne Urbanität, besonders in Berlin. Der 1929 in die Kinos gekommene Großstadtfilm *Asphalt* von Joe May präsentierte eine eindrucksvolle bewegte Collage aus Menschenmassen, Leuchtreklamen, Schaufensterauslagen und Automobilen. Angeblich wurden für diesen Film in einem Studio des Neubabelsberger Ufa-Geländes eigens 2500 Quadratmeter Asphalt verlegt. Auch Werner Ruttmann hat sich in *Berlin – Die Sinfonie der Großstadt* besonders für den Asphalt und seine optischen Materialwirkungen interessiert. Im Zusammenspiel mit dem künst-

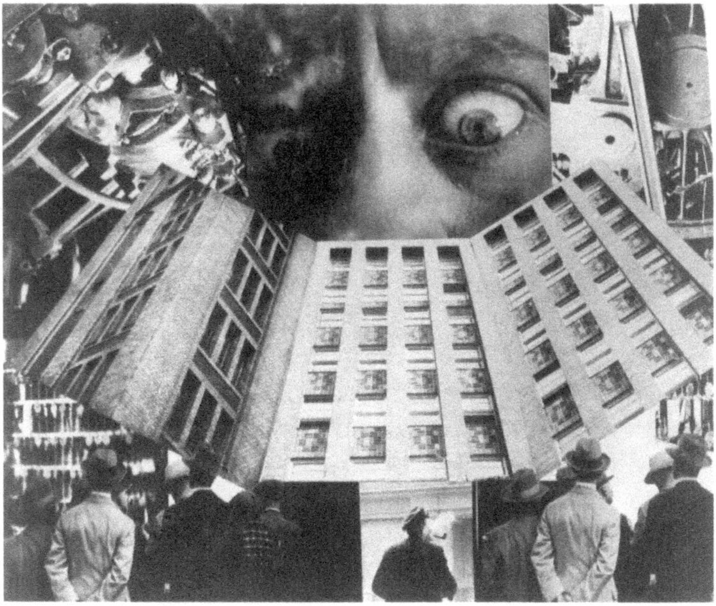

Montage zu Walter Ruttmanns Film *Berlin – Die Sinfonie der Großstadt*, 1927

lichen Licht, das in den 1920er Jahren die Großstadtnächte beherrschte, wurde der Asphalt zu einem Topos fortschrittlicher urbaner Ästhetik. Für Christian Jäger und Erhard Schütz bildeten der glänzende Asphalt und die glänzende Druckerschwärze zwei miteinander verbundene Symbole der Verkehrs- und Medienmetropole Berlin in den 1920er Jahren.[42] Gleichzeitig schien der Asphalt auch Gefahren zu bergen, etwa wenn Walter Benjamin in seinem Buch *Berliner Kindheit um Neunzehnhundert* schreibt, er habe sich als Kind »in die asphaltenen Bänder der Straße hoffnungslos verstrickt« gefühlt.[43] Faszination und Furcht gehen dabei eine Verbindung ein, die exemplarisch für viele Großstadterfahrungen der Zeit steht.

An eine bestimmte Eigenschaft des neuen Straßenbelags knüpften schließlich völkisch-nationalistische Deutungsmuster an: Der Asphalt versiegelte den Boden, schob sich als undurchlässige Schicht zwischen die menschlichen Siedlungen und den Untergrund. Für die Agrarkonservativen in Deutschland, deren Parole der »deutsche Boden« war, und erst recht für die Nationalsozialisten, die von »Blut und Boden« phantasierten, wurde der Asphalt damit zu einem Problem. Der Psychologe und antiliberale Politiker Willy Hellpach beispielsweise meinte in seinem 1939 erstmals erschienenen Buch *Mensch und Volk der Großstadt*: »Die ›Appretur‹, welche am Stadtboden üblich ist, sperrt uns ja vom natürlichen Boden sozusagen hermetisch ab«, die »dem Kraftwagenverkehr zuliebe immer umfänglicheren Teerdecken vernichten den Kontakt des Fussgängers mit den letzten Spuren von Naturboden«.[44] Journalisten und Feuilletonisten, Autoren von Großstadtromanen und -lyrik wie Alfred Döblin, Lion Feuchtwanger und Bertolt Brecht wurden von den Nationalsozialisten als »Asphaltliteraten« denunziert – analog war auch von »Asphaltpolitikern« die Rede. Bissig schlug Brecht in einem Geburtstagsgruß für Lion Feuchtwanger, geschrieben 1934 im US-amerikanischen Exil, zurück:

> Warum sollen wir also nicht das Wort Asphaltliteratur ruhig akzeptieren? Was spricht gegen den Asphalt, außer diesen Unheilbaren, denen kein Heil! helfen kann? Nur der Sumpf erhebt Anklage gegen seinen großen schwarzen Bruder, den Asphalt, den geduldigen, sauberen und nützlichen.[45]

Doch es nützte nichts: In Deutschland waren vorerst wieder die Zeiten der Scholle angebrochen.

Drinnen und draußen

Nicht nur der Untergrund, sondern die gesamte Stadt lässt sich als komplexes Ineinander sozialer Oberflächen lesen. Darin herrschen bestimmte Ordnungen des Innen und Außen: Innen, das sind die Häuser und Gehäuse, die Geschäfts- und Wohnräume, die repräsentativen Bauten der Institutionen. Außen, das sind die Straßen und Plätze, die Grün- und Brachflächen. Und dann gibt es zahllose Raumeinheiten, die irgendwo dazwischen liegen: Vorplätze und Hinterhöfe, Passagen und Durchgänge. Diese Ordnungen des Innen und Außen sind stets mit Vorstellungen darüber verbunden, was öffentliche und was private Angelegenheiten sind. Aus dem Zusammenspiel von bebautem und unbebautem Raum ergibt sich nicht nur die materielle Gestalt der Stadt, sondern auch das Alltagsleben der Stadtgesellschaft, die sich permanent über die Grenzen zwischen Privatheit, Öffentlichkeit und Halböffentlichkeit verständigen muss. Stadtspezifische Unterschiede im Umgang mit diesen Grenzen sind immer wieder festgestellt worden, natürlich auch im Hinblick auf Berlin und Wien. In Berlin lebe alles innen, in Wien alles außen – so hatte es Karl Johann Braun von Braunthal 1834 zugespitzt. Und auch Alfred H. Fried kommt zu einem ähnlichen Ergebnis, wenn er schreibt:

> Der Wiener mit seinem größeren Hang zur Geselligkeit, seinem lebhaften Temperament, seinen südlicheren Allüren gravitiert [...] mehr nach außen, der Berliner mit seiner größeren Reserviertheit, seinem verschlosseneren Wesen, seinem Hang nach Behaglichkeit und Komfort findet im Heim seinen Stütz- und Mittelpunkt.[46]

Nun ist diese These einerseits nicht ganz ernst zu nehmen, weil sie ganz im Stil des 18. und 19. Jahrhunderts das »Temperament« der Stadtbewohnerinnen und -bewohner zur Erklärung struktureller Unterschiede heranzieht. Interessant wird es allerdings, wenn Fried im Folgenden auf die Besonderheiten der Wohnarchitektur zu sprechen kommt. Er geht auf die Berliner Vorliebe für das freistehende Einfamilienhaus und die Villenkolonie ebenso ein wie auf die Vorherrschaft der »Zinskaserne« in Wien. Vor allem aber gibt er eine detaillierte Beschreibung Berliner und Wiener Mietshäuser. Das beginnt beim Hauseingang: »Das in

Berlin so beliebte verschlossene Haus ist in Wien fast unbekannt.« Die Türe steht dort laut Fried tagsüber offen, und auch »der neugierige Portier, der den Eintretenden in Berlin mit allerhand Fragen belästigt«, sei in Wien »gar schwer zu finden«. Wichtiger noch erscheint der Befund, dass »das Wiener Haus nur *einen* Aufgang kennt und die undemokratische Berliner Reserve ›nur für Herrschaften‹ dort ganz wegfällt. Ein und dieselbe Treppe ist für alle Kategorien von Menschen da, und die Gnädige im Theatersortie muß es sich gefallen lassen, dem Kohlenmann mit der schweren Last, dem Rauchfangkehrer oder Geschäftsboten zu begegnen«.[47]

In der Tat war es in den Wiener Zinshäusern des ausgehenden 19. und beginnenden 20. Jahrhunderts üblich, dass die Wohnungen nur über ein einziges Stiegenhaus erschlossen wurden, von dem aus auf jeder Etage lange Flure in die hinteren Gebäudetrakte führten. Auf diese Weise entstand ein weitläufiger, vom Hof aus belüftbarer Zwischenraum, der die Wohnungen miteinander verband – ein Gang, auf dem Kinder spielten und Nachbarn sich trafen. Da viele Küchen in diesen Doppeltraktern direkt an diesem Gang lagen, wurde das Küchenfenster zum »Beobachtungspunkt der Parteien. Man sieht jeden Vorübergehenden, [...] man beobachtet sich und guckt sich aufmerksam in die Töpfe«, half einander aber auch aus, wenn eine Zutat fehlte. Frieds Schlussfolgerung: »So ist die Wohnnachbarschaft im Wiener Leben eine gar wichtige Institution, während sie im Leben des Berliners fast gar keine Rolle spielt.«[48]

Zeigt sich schon in dieser Hinsicht ein unterschiedliches Verhältnis zwischen drinnen und draußen in beiden Städten, so überträgt Fried diesen Befund auf das Stadtleben allgemein. So herrsche in Berlin die Tendenz zur gegenseitigen Abschließung der häuslichen Sphäre, man sei gerne für sich. Und das habe Folgen für den Status des öffentlichen Raums. Für Fried haben die Berliner Straßen vor allem eine trennende, die Wiener Straßen vor allem eine verbindende Funktion. Auch diesbezüglich übertreibt der Autor seine Beobachtungen wieder so, dass ein diametraler Gegensatz entsteht. Die Straße in Berlin wirke als »Grenzmauer«, für den Wiener sei sie aber »der Schauplatz seines Lebens, das sich zum großen Teile dort abspielt«. Das Wiener Kaffeehaus integriert Fried mühelos in diese Theorie, wenn er schreibt, es sei »ein Stück unter Dach gebrachte Straße«.[49] Wenn sich das Leben von innen nach außen verlagert, wird der öffentliche Raum zum Ersatz für das Wohnzimmer. Der Wiener Schriftsteller und Kunstkritiker Joseph August Lux hat 1907 das Wiener Stadtbild in genau diesem Sinne beschrieben: »Die Plätze sind die Gemächer einer Stadt.« Gerade für die Alt-Wiener Plätze gelte das ganz besonders.

> Wie schöne, stille Gemächer tun sie sich auf, darin alles wohlgestellt ist. Die Wohnhäuser, die Kirchen, die Paläste, die Monumente, die Brunnen. Wie die Möbel eines Saales stehen sie da […]. Als hätte man durch eine Tür in ein wohlgeordnetes Gemach geblickt, geht man weiter, beglückt und von aller Müdigkeit entlastet.[50]

Solche Qualitäten wurden an den Berliner Boulevards und Platzanlagen eher vermisst. Verglichen mit den abwechslungsreichen Wiener Innenstadtplätzen wirkten sie schnell formlos wie der Alexanderplatz, schematisch wie der Leipziger Platz oder kalt wie der Gendarmenmarkt. Überhaupt erschien der Stadtraum zu wenig durch Plätze gegliedert, die Baufluchten wirkten auf viele Beobachterinnen und Beobachter einförmig, streng und unwirtlich. Laut Karl Scheffler treten die Häuser in Berlin nie zurück, »sie ordnen sich nicht raumhaft schön, und man kommt nicht zum freien Durchatmen«.[51] Dieser Eindruck war es auch, der Werner Hegemann zwanzig Jahre später zu der Formel vom »steinernen Berlin« inspirierte.

Der Wiener Camillo Sitte hatte in seinem 1889 erschienenen Buch *Der Städtebau nach seinen künstlerischen Grundsätzen* für eine Stadtgestaltung plädiert, die den Bedürfnissen des überforderten modernen Menschen nach Individualität und Geborgenheit entgegenkam: Indem er die geschwungene Straße als malerische Passage und den Platz als Ruhepunkt einführte, implementierte Sitte mittelalterliche und barocke Strukturen in die Stadterweiterungsgebiete seiner Zeit. In den 1920er Jahren traten zwei Wiener Architekten auf den Plan, die Sittes Ideen sozusagen in das Innere des Hauses hereinholten: Josef Frank und Oskar Strnad, Begründer einer neuen Wiener Schule der Architektur. Sie vertraten einen moderaten Funktionalismus in der Baukunst, lehnten die »Volkswohnpaläste« des Roten Wien ab und bevorzugten demgegenüber eine sozial sensiblere Siedlungsarchitektur. Im Zentrum stand die Idee individueller Wohnumwelten, mit denen sich die Bewohnerinnen und Bewohner identifizieren konnten. Die Parallelen zu Sitte sind frappierend: Nachdem Sitte Elemente der Innenarchitektur wie Stiegen, Erker, Lauben, Hallen, Säulenumgänge und Raumfluchten in die Stadtplanung übernommen hatte, ging insbesondere Josef Frank genau den umgekehrten Weg: Er übertrug Prinzipien der Stadtplanung auf den Grundriss der von ihm geplanten Häuser, etwa bei der zwischen 1929 und 1931 nach Plänen von Frank und Oskar Wlach entstandenen Villa Beer in der Wenzgasse 12 in Hietzing, die demnächst als Hausmuseum der Öffentlichkeit zugänglich gemacht werden soll.

Was für Sitte die Gärten und Höfe waren, die den städtischen Raum gliedern und beleben sollten, das waren für Frank die Stiegenarme und Podeste, die Nischen und Winkel, die Dachateliers und Dachterrassen, die ein Haus erst interessant machten. In einem Artikel über *Das Haus als Weg und Platz* schrieb Frank 1931: »Ein gut organisiertes Haus ist wie eine Stadt anzulegen mit Straßen und Wegen, die zwangsläufig zu Plätzen führen, welche vom Verkehr ausgeschaltet sind, so daß man auf ihnen ausruhen kann.« Was Sitte 1889 über die ästhetischen Qualitäten der wohlgeordneten mittelalterlichen Stadt schreibt, das verwendet Frank also vierzig Jahre später für seine Weiterentwicklung der architektonischen Moderne:

> Es ist sehr wichtig, daß dieser Weg ohne auffallende Mittel, ohne dekorativ-planartige Mittel vorgezeichnet wird, so daß der Besucher nie auf den Gedanken kommen kann, daß er geführt wird. Ein gut angelegtes Haus gleicht jenen schönen alten Städten, in denen sich selbst der Fremde sofort auskennt und, ohne danach zu fragen, Rathaus und Marktplatz findet.[52]

Ob es einen tieferliegenden Grund hat, dass diese architektonischen Leitbilder ausgerechnet in Wien entstanden sind, bleibt natürlich Spekulation. Die Planungen Sittes und Franks belegen aber, dass man in Wien stets daran weitergearbeitet hat, das Primat der Kunst über die Funktion durchzusetzen. Sie zeigen auch: Wien ist nicht von Natur aus malerisch, es wurde dazu gemacht. Und es waren die Leistungen von Generationen von Architekt:innen, Stadtplaner:innen und Denkmalpfleger:innen, die dafür gesorgt haben, dass man Wien an seinen krummen Gassen, seinen verwunschenen Winkeln und seinen festlichen Plätzen zu erkennen meint. Freilich haben weder Sitte noch Frank in der architektonischen Gestalt der Stadt Wien nennenswerte Spuren hinterlassen. Beide haben aber zu der Leitidee einer mit künstlerischem Anspruch gestalteten, lebenswerten Umwelt beigetragen, für die Wien exemplarisch steht. Sehr viel später sollte dann übrigens der Wiener Maler Friedensreich Hundertwasser auf eine ähnliche Idee kommen: Keine rechteckigen Zimmer mehr, keine geraden Wände, sondern eine »menschenfreundliche Architektur« der geschwungenen Form, im Einklang mit der Natur. Dass aus Hundertwassers Idee ein schematisches Gestaltungsprinzip wurde, das fast schon im industriellen Stil auf alle möglichen Orte und Bauten übertragen und entsprechend kommerziell vermarktet wurde, ist wieder eine andere Geschichte.

04

BERLINER TEMPO UND WIENER GEMÜT

Das Abenteuer Berlin

Die Fenster auf! Dort drüben liegt Berlin!
Dampf wallt empor und Qualm, in schwarzen Schleiern
hängt tief und steif die Wolke drüber hin,
die bleiche Luft drückt schwer und liegt wie bleiern …
Ein Flammenherd darunter – ein Vulkan,
von Millionen Feuerbränden lodernd,
Ein Paradies ein fruchtbar Kanaan, –
Ein Höllenreich in Schattendunst vermodernd. […]

Vorbei, vorüber, und ein greller Pfiff!
Weiß fliegt der Dampf, … ein Knirschen an den Schienen!
Die Bremse stöhnt laut unter starkem Griff …
Langsamer nun! … Es glänzt in allen Mienen.
Glashallen über uns und lautes Menschenwirrn …
Halt! Und »Berlin«! Hinaus aus engem Wagen.
»Berlin!« »Berlin!« Nun hoch die junge Stirn,
ins wilde Leben laß dich mächtig tragen.[1]

In diesen Zeilen sprach der Dichter Julius Hart 1882 aus, was viele dachten: Berlin! Berlin! Die gespannte Vorfreude, die industrielle Kulisse der Stadt, verheißungsvoll und bedrohlich zugleich, die Einfahrt des Zuges in den glasgedeckten Bahnhof, das wilde Leben als Versprechen. Niemandem wäre es damals eingefallen, Wien in dieser Tonlage zu schildern. Eine vergleichbare

Atmosphäre von Aufbruch und Abenteuer strahlte die österreichische Haupt- und Residenzstadt zu keinem Zeitpunkt ihres Bestehens aus. Und das ist auch kein Wunder, denn das rasante Entwicklungstempo und die Vitalität des gründerzeitlichen Berlin waren europaweit etwas Besonderes.

In dieser Zeit begann sich ein Migrationsmuster zwischen Wien und Berlin herauszubilden, das die kommenden Jahrzehnte bestimmen sollte: Vor allem für die Intellektuellen, die Kunst- und Kulturschaffenden wurde Berlin zum großen Magneten. Eine Liste der prominenten Grenzgänger:innen, die von Wien nach Berlin zogen, wäre vermutlich zehnmal so lang wie die entsprechende Liste der Berlinerinnen und Berliner, die nach Wien abgewandert sind. Während die alte Stadt an der Donau eher aus der Distanz angeschwärmt wurde, schlug man in Berlin seine Zelte auf, um als Künstler:in zu reüssieren oder sonstwie vom boomenden Weltstadtgetriebe zu profitieren. Vor allem aber wollte man das intensive Leben spüren, das die werdende deutsche Metropole versprach.

Auch für den jungen Stefan Zweig war Berlin das große Abenteuer. Zum Sommersemester 1902 wechselte er aus Wien an die Friedrich-Wilhelms-Universität zu Berlin – weniger, um dort tatsächlich zu studieren, als um »eine höhere und noch vollkommenere Art der Freiheit« zu erleben, weit entfernt von den gehobenen bürgerlichen Kreisen, in denen er sich in Wien gefangen fühlte. »Ich wollte sogar einmal ausgesprochen ›schlechte‹ Gesellschaft, eine ungezwungene, unkontrollierte Form der Existenz.« Berlin schien dafür genau das richtige Pflaster zu sein. Um die Jahrhundertwende überkreuzten sich dort die Milieus, die Biographien und Existenzen; es ist bezeichnend, dass Zweig von einer »neuen Welt« spricht und damit eine Analogie zu den USA herstellt:

> Während meine Wiener Freunde fast alle aus dem Bürgertum stammten und sogar zu neun Zehnteln aus der jüdischen Bourgeoisie, wir somit uns nur duplizierten und multipli-

zierten mit unseren Neigungen, kamen die jungen Menschen dieser neuen Welt aus ganz gegensätzlichen Schichten, von oben, von unten, preußischer Aristokrat der eine, Hamburger Reedersohn der andere, der dritte aus Westfälischem Bauerngeschlecht, ich lebte plötzlich in einem Kreise, wo es auch wirkliche Armut mit zerrissenen Kleidern und abgetretenen Schuhen gab, eine Sphäre also, die ich in Wien nie berührt. Ich saß am selben Tisch mit schweren Trinkern und Homosexuellen und Morphinisten, ich schüttelte – sehr stolz – die Hand einem ziemlich bekannten und abgestraften Hochstapler [...], und je schlimmer eines Menschen Ruf war, um so begehrlicher mein Interesse.

Auf diese Weise erlebte Stefan Zweig seine Zeit in Berlin als einen radikalen Einbruch der Realität in sein bislang so behütetes Leben. Er bewegte sich durch die Nachtlokale, schloss sich einem Künstlerzirkel mit dem Namen *Die Kommenden* an, der in einem Café am Nollendorfplatz zusammenkam, lernte so unterschiedliche Persönlichkeiten wie Peter Hille und Rudolf Steiner kennen. Seine bis dahin geschriebenen Texte genügten ihm nun nicht mehr. So spürte er »seit dieser Berührung mit der Wirklichkeit bei meinen ersten Novellen einen Geruch von parfümiertem Papier«. Und mit dem Manuskript eines Romans, der bereits bis auf das letzte Kapitel fertiggestellt war, heizte er in Berlin seinen Ofen an, »denn mein Glaube an die Kompetenz meiner Gymnasialklasse hatte einen harten Stoß bekommen mit diesem ersten Blick in das wirkliche Leben«.[2]

Sicher brauchte man als 20-Jähriger nicht unbedingt Berlin, um sich von seiner Familie und seinem Herkunftsmilieu zu emanzipieren. Aber besonders gut ging das dort: Für Stefan Zweig zumindest wurde das Berlin um 1900 zu einer entscheidenden Schule des Lebens, einem Grundkurs in Wirklichkeit, den er bitter nötig hatte. Als Zweig 1927 seine Novelle *Verwirrung der Gefühle* veröffentlichte, kehrte er zurück zu seinen eigenen Erfahrungen von damals, zu dem Abenteuer, das Berlin für ihn darstellte. In dieser »ungeduldigen, kraftausströmenden Stadt« wandert der Protagonist umher, »meine Neugier umlief hastig ihren ganzen steinernen und doch warmen Leib – von früh bis nachts trieb ich mich um in den Straßen, fuhr bis an die Seen, durchpirschte ihre Verstecke: wirklich, Besessenheit war es, mit der ich mich, statt des Studiums zu achten, in das Lebendig-Abenteuerliche des Auskundschaftens warf«.[3]

Stefan Zweigs frühe Biographie lässt ahnen, wie sich für viele Zeitgenossen um 1900 der Wechsel von Wien nach Berlin angefühlt haben könnte. Während in Wien die sozialen Kreise eher geschlossen waren und insbesondere das gebildete Bürgertum wenig Berührung mit anderen Klassen hatte, kam man in Berlin sehr viel schneller aus dem heraus, was man heute als intellektuelle *filter bubble* bezeichnen würde. Das Eintauchen in verschiedene soziale Milieus wird dementsprechend von vielen Zugereisten als Kern ihrer Berlin-Erfahrung geschildert. Dafür sorgte schon die unübersehbare proletarische Prägung der Industriestadt Berlin. Dass gerade dort der deutschsprachige Sozialroman entwickelt wurde, ist vor diesem Hintergrund nicht erstaunlich. 1886 formulierte Theodor Fontane in einer Rezension noch den Satz: »Es fehlt uns noch ein großer Berliner Roman, der die Gesamtheit unseres Lebens schildert.«[4] Er selbst hatte dazu zwar einige Ansätze geliefert, aber letztlich nur die gute Gesellschaft des reichen Westens porträtiert, ebenso Paul Lindau mit seinem bekanntesten Titel *Der Zug nach dem Westen.*

Der Autor Max Kretzer hingegen, der für sich in Anspruch nahm, das Genre des Berlin-Romans begründet zu haben, lieferte mit *Die Verkommenen* (1883) ein »Sittenbild« über den sozialen Abstieg der Arbeiterfamilie Merk und siedelte seinen Roman damit explizit im proletarischen Milieu an. In *Meister Timpe* (1888) werden die sozialen Verwerfungen thematisiert, die ein Handwerksmeister im Prozess der Hochindustrialisierung erlebt – die Stadt wird zur Bühne erbitterter sozialer Auseinandersetzungen. Georg Hermann schließlich wandte sich in *Kubinke*

(1910) der unspektakulären Welt der kleinen Leute zu: Ein Berliner Friseur ist der tragische Held des Romans, der sich aufgrund einer unglücklichen Liebesgeschichte selbst umbringt.

Gegenüber all diesen Berlin-Büchern aus dem Umkreis des Naturalismus hat der Wiener Gesellschaftsroman nichts Vergleichbares zu bieten. Die entsprechenden Romane von Robert Musil und Arthur Schnitzler, Robert Müller und später Heimito von Doderer bewegen sich zumeist in den geschlossenen sozialen Zirkeln von Adel und Bürgertum, damit spiegeln sie weniger die gesellschaftliche Realität ihrer Zeit als vielmehr die Vorstellungen von Wien als einer durch und durch aristokratischen Stadt. Soziale Abenteuer waren, so schien es, in Wien nicht zu erwarten. Und tatsächlich wagten sich nur wenige bürgerliche Beobachter wie Max Winter, Emil Kläger oder Emil Bader in die Wiener Unterwelten hinein. Von ihnen wird noch zu berichten sein.

Heinrich Mann hat von der »ungeheuren Menschenwerkstatt Berlins«[5] gesprochen, und das bezog sich auf die soziale Dynamik der Stadt ebenso wie auf ihre Migrationsgeschichte und ihre besondere Rolle bei der Herausbildung spezifisch großstädtischer Wahrnehmungs- und Verhaltensmuster. In Berlin schien alles möglich, dort versuchten die seltsamsten Abenteurer, ihr Glück zu machen. Anfang der 1920er Jahre kam der Zauber- und Lebenskünstler Hermann Steinschneider aus Wien nach Berlin, der sich Erik Jan Hanussen nannte. Eine Karriere als Gesellschaftsreporter in Wien war fehlgeschlagen, weshalb sich Hanussen als Schauspieler, Clown, Artist, Mentalist und Hypnotiseur auf die Reise machte. Er betrieb ein »elektrisches Karussell«, das in Wirklichkeit von versteckten Kindern bewegt wurde, arbeitete als Hellseher und schrieb einen Fortsetzungsroman. In Berlin erregten vor allem seine telepathischen Kunststücke Aufsehen. Die »ausgerissene Halbwaise aus einer mittellosen jüdischen Schaustellerfamilie«[6] in Wien-Ottakring gab eine ausverkaufte Vorstellung nach der anderen, wurde zu einem reichen Mann, einem Paradiesvogel der Berliner Gesellschaft, und bandelte schließlich ungeachtet seiner jüdischen Herkunft mit den Berliner Nationalsozialisten an, unter anderem dem örtlichen SA-Chef Wolf-Heinrich von Helldorf. All das nützte ihm wenig: Am 23. März 1933 wurde Hanussen in seinem »Haus des Okkultismus« in der Lietzenburger Straße verhaftet und kurz darauf tot in einem Waldgebiet bei Zossen aufgefunden.

In seinen Erinnerungen gab Steinschneider alias Hanussen zu Protokoll, was ihn von Wien weg- und nach Berlin hingezogen hatte: Er liebe Berlin am meisten »von allen Städten der Welt. Man mag auf die Preußen schimpfen, soviel man will, mir gefallen sie großartig. [...] Beim Berliner weiß man wenigstens, woran man ist. Er ist kotzengrob und hat die größte Fresse von der Welt. Trifft er aber einen, der eine noch größere Fresse hat, wird er ganz klein und zierlich. In Berlin ist alles da, Amerika und Nizza, Port Said und Lemberg, alles ist da, und darum liebe ich diese Stadt wie keine zweite in der Welt.«[7]

Berlin war die perfekte Stadt für Betrüger:innen, und einigen erschien die Stadt selbst als ein einziger Schwindel. Vielleicht ist der Hochstapler sogar die Figur, die wie keine andere für den Berliner Betrieb der 1920er Jahre steht, in dem der Schein das Sein ersetzte. Bertolt Brecht, der damals ausgesprochen gut darin war, sich ein erfolgreiches Image als literarischer Rebell zu verpassen, schrieb: »Der Schwindel Berlin unterscheidet sich von allen anderen Schwindeln durch seine schamlose Großartigkeit.«[8] Schamlos zu sein, dafür war gerade das Berliner Nachtleben weltweit bekannt. Es zog zahllose Besucher:innen an, zumal Berlin in den 1920er Jahren für Menschen aus dem Ausland ein unverschämt billiges Pflaster war. So kamen weitere Abenteurer:innen in die Stadt, etwa die jungen englischen Schriftsteller Christopher Isherwood und W. H. Auden, die die Atmosphäre und die Freizügigkeiten der Stadt sehr genossen. »Berlin ist der Traum eines jeden Schwulen. Es gibt hier 170 von der Polizei überwachte Männerbordelle.« Doch neben den sexuellen Möglichkeiten war für Isherwood und Auden ebenso entscheidend, dass sie ihren sozialen Horizont erweitern und sich in ganz anderen Milieus bewegen konnten. Nachdem sie in England in großzügigen bürgerlichen Verhältnissen aufgewachsen waren, stürzten sie sich nun ganz bewusst in das proletarische Berlin. Sie entdeckten die rauen Seiten der Stadt, liebten deutsche Zigaretten wie Salem Aleikum sowie deutsches Bier wie Schultheiss-Patzenhofer und verbrachten ihre Nächte in deren Dunst. Das Cozy Corner im Arbeiterviertel um das Hallesche Tor wurde ihr Stammlokal; Isherwood lernte dort »Bubi« kennen, einen arbeitslosen Jungen tschechischer Herkunft. Berlin war für ihn ein idealer Spielplatz für sexuelle Eskapaden, aber auch eine Bühne, auf der er jemand ganz anderes sein konnte als der, der er in England gewesen war. Für alle, die sich ausprobieren wollten, ein ideales Terrain.

Die schnellste Stadt der Welt

»Die schnellste Stadt der Welt«: Unter dieser Überschrift präsentierte sich 1987 eine ganze Abteilung der großen stadtgeschichtlichen Begleitausstellung zur 750-Jahr-Feier der Stadt Berlin. Gezeigt wurden Exponate der Kommunikationstechnik, der Presse- und Verkehrsgeschichte, Bilder der Pressegiganten Mosse, Ullstein und Hugenberg sowie der Journalisten Theodor Wolff und Georg Bernhard, eine Rotationsmaschine und ein Ferndrucker, Telegraphen und Telefonapparate. Dazu gab es Filmplakate von Joe Mays *Asphalt* und Fritz Langs *Metropolis*, Ansichten der Kaufhäuser Tietz am Alexanderplatz und Karstadt am Hermannplatz, von Wertheim und vom Kaufhaus des Westens, Modelle von Straßenbahnen und U-Bahn-Zügen, Materialien über Tankstellen, Motorradrennen auf der Avus und den Flughafen Tempelhof, den Taxistand und den Verkehrsturm mit Ampel am Potsdamer Platz. Angesichts der 230 im Katalog angeführten Exponate dieser Abteilung könnte diese Liste leicht verlängert werden.[9] Sie umreißt das Bild einer Stadt, die vor allem eines ist: modern, schnell, immer *up to date.* Eine »absolute

Nachtaufnahme des neu in Betrieb genommenen Verkehrsturms auf dem Potsdamer Platz in Berlin, 1924

Stadt«, wie sie der Stadtforscher Rolf Lindner genannt hat.[10] »Was zum Kuckuck gibt denn dieser Stadt ihren Charme?«, fragte der britische Diplomat Harold Nicolson 1929, der damals als Chargé d'Affaires in Berlin tätig war. Und er gab eine klare Antwort: »In erster Linie das Tempo. Keine Stadt ist so ruhelos wie Berlin. Alles ist in Bewegung.«[11]

Vielleicht war es Mark Twain, der als Erster auf die Idee verfiel, Berlin als das »europäische Chicago« zu bezeichnen. 1891 besuchte der amerikanische Schriftsteller die Stadt – und kam aus dem Staunen nicht mehr heraus. In Berlin war dieses Deutschland so gar nicht romantisch und verwunschen, wie es viele Amerikaner:innen zu sehen gewohnt waren, es zeigte sich radikal neu und modern, roch nach frischem Putz und feuchter Farbe. Der Vergleich mit Chicago lag vor allem wegen des ungeheuren Entwicklungstempos beider Städte auf der Hand: 1871 hatte ein Großfeuer die Innenstadt Chicagos verwüstet, weshalb man die Stadt in kurzer Zeit neu aufbauen musste. War dieses

Chicago in der öffentlichen Wahrnehmung die neueste Stadt auf dem amerikanischen Kontinent, so erschien nun Berlin als die neueste Stadt Europas. Verglichen mit Berlin, so Twain, wirke Chicago »geradezu ehrwürdig«, und auch der Franzose Charles Huard attestierte Berlin, »sogar jünger als Chicago« zu sein.[12] Für den Kunstkritiker und Publizist Wilhelm Hausenstein schließlich schien die Stadt so sehr Gegenwart zu sein, dass er erschrak, wenn er dort eine echte gotische Kirche sah.[13]

Aus Spree-Athen wurde um 1900 also Spree-Chicago. Und ganz besonders an Amerika erinnert fühlten sich in Berlin diejenigen, die Amerika gar nicht kannten. Werner Sombart gehörte dazu, und auch Karl Scheffler sah einen grundlegenden »Amerikanismus« am Werk,[14] der so weit fortgeschritten sei wie nirgendwo sonst in Europa. Der Kunstkritiker Scheffler verband damit natürlich wenig Gutes: viel Zivilisation und wenig Kultur, Hektik statt Konzentration, Quantität statt Qualität, und »nirgend ist man im Literarischen zugleich so bildungshungrig und so ungebildet wie in Berlin«.[15] Plötzlich sah man alles, was man an Amerika nicht mochte, in Berlin gespiegelt, die Klischees verdoppelten sich auf diese Weise. Amerika – oder das, was man dafür hielt – diskreditierte Berlin. Im Kontext von Schefflers Berlin-Theorie hatte diese These eine zwingende Logik: Die Kolonialstadt Berlin, die Stadt ohne Traditionen und ohne Geschichte, ganz den Kräften des Kapitals und des freien Marktes ausgesetzt, musste ja prädestiniert sein für den Amerikanismus. Amerika und Berlin, das war eine kulturelle Homologie, beiden lag scheinbar das gleiche Entwicklungsgesetz zugrunde: Fortschritt um jeden Preis. Das strukturierte auch viele Witze über die Reichshauptstadt, die im permanenten Umbau begriffen war und jeder technischen Neuheit hinterherlief. Im 1903 gezeigten Revuetheaterstück *Neuestes! Allerneuestes!* etwa stürzt ein Berlin-Tourist dreimal ab, »in ein Gasloch, in ein elektrisches Loch und ein Telephonloch«.[16] Im Baustellenhumor der Berliner Republik kehrten solche Motive dann überraschend wieder.

Das Image von Berlin als der »schnellsten Stadt der Welt«

stammt aus dem ausgehenden 19. Jahrhundert, erfuhr aber in den 1920er Jahren nochmals eine Steigerung. Spätestens dann wusste die ganze Welt über das Berliner Tempo Bescheid, und das lag nicht zuletzt an den neuesten Entwicklungen der Kulturindustrie. Berühmt war Berlin für den rasanten Pulsschlag seiner Tagespresse. Die Stadt hatte damals die weltweit schnellsten Rotationsdruckpressen, und die standen kaum einmal still: In den Häusern Mosse, Scherl und Ullstein wurden pausenlos Tageszeitungen produziert, manche Blätter erschienen bis zu viermal pro Tag, als Morgen-, Mittags-, Abend- und Nachtausgabe. Zeitweise erschienen allein in Berlin rund neunzig Tageszeitungen.

Daneben war es aber besonders der Film, der den Rhythmus vorgab, die immer schnelleren Schnitte der Regisseure suggerierten eine Stadt in unaufhörlicher, atemloser Bewegung. Der bereits erwähnte Großstadtfilm *Asphalt* von Joe May gehörte zu den Streifen, die die Berliner Geschwindigkeit besonders eindrucksvoll in Szene setzten – laut dem Historiker Peter Borscheid ein »Dokument der hysterischen Dynamik des jungen 20. Jahrhunderts mit Automobilen und nochmals Automobilen, mit schnell flutenden Menschenmassen und geradezu tobsüchtigen Zuckungen von Tausenden von Lichtern, ein Spiegelbild der Stadt des Tempos«.[17] Allerdings hat schon Siegfried Kracauer in seinen Kritiken zu den Berliner Straßenfilmen der Weimarer Zeit eingewandt, dass diese neue Darstellungsweise nicht unbedingt die Stadt selbst abbilde. Vor allem sei sie ein ästhetisches Prinzip, das einer eigenen Logik folge. So sei das ganze »blöde Getriebe« im Film *Berlin – Die Sinfonie der Großstadt* »zum Glück nicht Berlin selbst [...], sondern nur eine Summe verworrener Vorstellungen, die Literatengehirne über die Großstadt ausgebrütet haben, wie sie nach ihren Begriffen sein soll«.[18] Dass Idee und Drehbuch zu diesem ikonischen Berliner Großstadtfilm der ausgehenden 1920er Jahre wiederum von einem Österreicher stammten, nämlich dem gebürtigen Grazer Carl Mayer, ist in diesem Zusammenhang eine eigene kleine Pointe.

Glaubt man Kracauer, dann machte die Kinoästhetik der

1920er Jahre die Stadt Berlin jedenfalls noch schneller und hektischer, als sie war, und die Literatur tat es dem Film nach. Die Collagetechnik Alfred Döblins in *Berlin Alexanderplatz* (1929) ist das wohl bekannteste Beispiel, aber die Texte der Neuen Sachlichkeit insgesamt imitierten die Stadt, wie sie damals im Kino zu sehen war. In der Wahrnehmung der Zeitgenossen kristallisierten sich bestimmte Punkte der Stadt heraus, an denen sich das Berliner Tempo verdichtete, sie tauchen in fast allen Stadtbeschreibungen auf: allen voran der Potsdamer Platz und der damalige Auguste-Viktoria-Platz um die Kaiser-Wilhelm-Gedächtniskirche, am Schnittpunkt von Kurfürstendamm, Hardenbergstraße und Tauentzien. Eine Verkehrszählung im Jahr 1928 ermittelte in zwölf Stunden eines Tages 33 037 Fahrzeuge am Potsdamer Platz und sogar 39 998 Fahrzeuge bei der Gedächtniskirche. Dabei waren in ganz Berlin damals erst knapp über 80 000 Kraftfahrzeuge gemeldet, etwa eines pro 50 Einwohner.[19]

Neben Presse, Film und Verkehr gab es noch ein weiteres Leitmotiv, auf das sich die Idee von der »schnellsten Stadt der Welt« bezog, nämlich die besondere Rolle Berlins als Welthauptstadt der Elektroindustrie. Ab den 1890er Jahren machten Unternehmen wie Siemens & Halske, die AEG und Osram die deutsche Hauptstadt zur »Elektropolis«. Auf der Gewerbeausstellung in Treptow von 1896, die Dimensionen einer veritablen Weltausstellung hatte, wurden die Wunder der Elektrizität als eine der Hauptattraktionen vorgeführt. Siemens & Halske errichtete dort ein eigenes Kraftwerk, die AEG bestückte das Gelände mit Tausenden Glühlampen, und elektrische Bahnen pendelten zwischen der Innenstadt und dem Ausstellungsgelände.[20] Für viele Beobachter:innen markierte die Treptower Leistungsschau zwei Übergänge: die Ablösung des Maschinenbaus durch die Elektrotechnik als Berliner Leitindustrie und den endgültigen Aufstieg zur Weltstadt. Das neue Berlin stand unter Strom, so die Botschaft, und wie ihre elektrischen Anlagen standen auch die Berliner:innen immer unter Strom, immer unter Spannung.

Ein Essay, den Klaus Strohmeyer 1987 für eine Anthologie

zum 750-Jahr-Jubiläum Berlins verfasste, greift dieses Motiv auf. Strohmeyer leitet die Mentalität der Berliner ganz unmittelbar aus der industriellen Prägung der Stadt her und stellt dabei die Elektroindustrie in den Mittelpunkt:

> Berlin überschlägt sich in seiner Entwicklung zum Industriezentrum, ist immer im Aufbruch, ruhelos, mobil, veränderungswütig. Diese brachiale Dynamik teilt sich seinen Bewohnern mit: hektisch, schlagfertig und ganz und gar unsentimental passen sich die Berliner der Bewegung der Stadt an. Die explosive Beweglichkeit, die keine Tradition achtet, wird zur Metapher: Berliner Tempo! […] Die Berliner wurden die nervösesten und vergnügungshungrigsten Menschen in Deutschland, immer unter Strom, als würden sie von Akkumulatoren gespeist, die nur regelmäßig aufgeladen werden müssen. Wie elektrisiert bewegten sie sich von Termin zu Termin, von der eigenen Motorik beherrscht, die Ansprüche der Stadt haben sie zu ihren eigenen Ansprüchen gemacht. Wer ihre Kreise störte, wurde ein Hindernis, besonders die Fremden aus der Provinz, deren Uhren noch langsamer liefen. Selbst Feierabend und Erholung, Nacht und Wochenende werden mit gleicher Geschwindigkeit praktiziert, um nicht aus dem Rhythmus zu kommen.[21]

Der Kurzschluss von der Elektrizität auf die Mentalität mag ein Trick sein, um der Kulturgeschichte Berlins ein wenig mehr Farbe und Dynamik zu geben. Allerdings haben schon die Zeitgenossen im ersten Drittel des 20. Jahrhunderts ausgiebig mit diesem Motiv gespielt. Stefan Zweig verarbeitete eigene Erfahrungen seiner Studienzeit, wenn er in *Verwirrung der Gefühle* schrieb, dass Berlin »aus allen Steinen und Straßen Elektrizität vorsprühte«. Seinen Protagonisten lässt er sagen: »Beide, die Stadt und ich junger ausfahrender Bursche, vibrierten wir wie ein Dynamo von Unruhe und Ungeduld.«[22] Und als der Moabiter Pastor Günther Dehn kurze Zeit später über die proletarische Jugend der von ihm gegründeten Lehrlingsvereine schrieb: »Es steckt Elektrizität in ihr, Unternehmungsgeist«,[23] übertrug er gleich zwei Leitmotive der Berliner Industriegeschichte auf den Habitus der Stadtbewohner. Unternehmungsgeist war etwas, das man schon den Wirtschaftspionieren der »Kolonialstadt« Berlin nachgesagt hatte – und Schlagfertigkeit, Witz und Schnauze schienen ebenso selbstverständlich ein Berliner Produkt zu sein wie die Turbinen und Starkstromleitungen von Siemens und der AEG. »Dass der Berliner Junge ›helle‹ ist, hat weniger mit der Aufklärung als mit der Elektrizität zu tun«, schreibt Rolf Lindner.[24]

Das deutsche »Elektropolis«, die Stadt des Tempos, des Lichts, der Reklame und der Massenpresse, wurde folgerichtig zur »Hauptstadt der Popularmoderne«, deren Kennzeichen die »Taktung aller Lebensbereiche« war. Arbeit, Verkehr, Kommunikation, Konsum, Mode und Vergnügen folgten festgelegten Rhythmen.[25] Dass diese Rhythmen auch krank machen konnten, belegen die damals geführten Debatten über Neurasthenie, eine Erschöpfungserkrankung, die man auf monotone, wiederkehrende Reize zurückführte. In seiner Studie *Berlin Electropolis* weist der Historiker Andreas Killen nach, dass das Krankheitsbild der Neurasthenie besonders in Berlin thematisiert, sogar als eine Berliner Spezialität angesehen wurde. So wie die Diagnose der Hysterie mit dem Paris und Wien des ausgehenden 19. Jahrhunderts verknüpft war, wurde die Neurasthenie mit Berlin assoziiert.[26] Das Berliner Tempo, so scheint es, hatte durchaus seine Nachteile.

Slow Down You Crazy Child!

Während Berlin nach 1870 zur sprichwörtlich schnellsten Stadt der Welt aufstieg, verbanden viele Beobachter:innen mit Wien ein schleichendes Gefühl der Stagnation. Das beginnt bei dem politischen Gebilde, dessen Hauptstadt Wien war: Das Gefüge der Habsburgermonarchie erhielt immer mehr Risse, Ungarn löste sich 1867 aus dem Reichsverband und wurde zur gleichberechtigten Monarchie, und auf dem Balkan brodelte es in regelmäßigen Abständen. Die Wiener Weltausstellung 1873 ging in einem gewaltigen globalen Börsenkrach zu Ende, und die hochfliegenden kaiserlichen Pläne, in Erweiterung der Hofburg ein riesiges Kaiserforum zu errichten, kamen nie so recht voran. Aus bürgerlicher Sicht war es sehr wohl eine Welt der materiellen Sicherheit, eine beste aller Welten, wie sie Stefan Zweig in seinem Buch *Die Welt von gestern* beschrieben hat, aber man konnte schon spüren, wie diese Welt allmählich zu einer hohlen Kulisse wurde.

In den Romanen Joseph Roths etwa kann man dem alten Österreich-Ungarn beim Untergehen zusehen. In *Radetzkymarsch* und *Kapuzinergruft* ist die Atmosphäre des Zerfalls fast mit Händen zu greifen, wobei die Haupt- und Residenzstadt Wien als Epizentrum des Niedergangs vorgestellt wird. Franz Kafkas 1914 formulierte Wendung von Wien, dem »absterbenden Riesendorf«[27], verdankt sich speziell dem Vergleich mit Berlin, entsprach aber einer weit verbreiteten Wahrnehmung, selbst bei denen, die dieser Stadt den Vorzug gaben: »Wien schreitet nicht fort«, schrieb etwa Werner Sombart in seinem Wien-Artikel von 1907.[28] Dass es dort so scheinen konnte, als sei die Zeit stehengeblieben, hat aber niemand so eindrücklich festgehalten wie der Schriftsteller Arthur Holitscher, der Mitte der 1890er Jahre von Wien nach Paris ging. Holitscher beschreibt in seiner *Lebensgeschichte eines Rebellen* den Moment, in dem dieser Entschluss für ihn unausweichlich wurde:

> Eines Abends, zu Beginn des neuen Jahres, kehrte ich spät aus der Bank heim. Um noch ein wenig zu gehen, machte ich einen Umweg, ging durch die innere Stadt, wollte erst über den Ring heim nach meiner Stube in der Schwarzspaniergasse. Auf dem etwa halbstündigen Wege kam ich an vier beleuchteten Turmuhren vorbei. Die erste wies auf ein Viertel vor elf.

> Etwa zehn Minuten später wies die zweite auf ein Viertel vor elf. Nach einem weiteren Zeitraum, den ich nicht zu bestimmen weiß, las ich von der dritten, bald darauf von der vierten dieselbe Minute, dieselbe Stellung der beiden Zeiger auf der hellerleuchteten runden Scheibe. Ich erinnere mich genau an den lähmenden Schreck, der aus diesem trivialen Zufall sich meiner bemächtigte, mir in die Glieder fuhr. Die Zeit stand still. Vielleicht war ich überhaupt längst schon tot. Daheim setzte ich mich an meinen Tisch und teilte meinem Vater mit, daß ich bei der Direktion um meine Entlassung einkommen werde. [...] Sobald wie möglich wollte ich nach Paris fahren und ein Buch schreiben.[29]

Wenn sich das Berlin der klassischen Moderne als die »absolute Stadt« darstellt, in der alles extrem war – das Tempo des Verkehrs und der urbanen Transformation, der Pulsschlag der Technik, der Umgang mit der Zeit –, dann war in Wien vielleicht alles relativ. Robert Musil schreibt in seinem Roman *Der Mann ohne Eigenschaften*, in »Kakanien« und seiner traditionsreichen Hauptstadt »gab es auch Tempo, aber nicht zuviel Tempo«, natürlich »rollten auf diesen Straßen auch Automobile; aber nicht zu viele Automobile«. Man »ließ hie und da ein Schiff nach Südamerika oder Ostasien fahren, aber nicht zu oft. [...] Man entfaltete Luxus; aber beileibe nicht so überfeinert wie die Franzosen. Man trieb Sport; aber nicht so närrisch wie die Angelsachsen.« Und schließlich war Wien »um einiges kleiner als alle andern größten Städte der Welt, aber doch um ein Erkleckliches größer, als es bloß Großstädte sind«.[30]

Nicht zu viel und nicht zu wenig von allem: Die Vorstellung von einer moderaten, in sich ausbalancierten Moderne, in der die menschlichen Bedürfnisse den Takt des Fortschritts bestimmen und nicht die Technik über die Bedürfnisse herrscht, lässt sich als die kulturelle Tiefengrammatik aller Wien-Stereotypen bezeichnen. Wissen, wo man hingehört, und das menschliche Maß der Dinge bewahren: Diese Idee liegt dem Wiener Humor ebenso zugrunde wie der Wiener Gemütlichkeit. Alfred H. Fried hat Letztere dementsprechend bestimmt als die »Kompromißfähigkeit des Charakters«, als die »Fähigkeit, das starre Recht der Person von Fall zu Fall modifizieren zu können, zum Zwecke einer höheren Harmonie des Ganzen«.[31]

Diese Gemütlichkeit fand zu allen Zeiten ihre Freunde, vor allem in Deutschland. 1899 kam der Kunstkritiker Franz Servaes aus Berlin nach Wien, bereits ein Enddreißiger, gebürtiger Rheinländer, etwas beleibt, mit Vollbart und Kneifer. Er schrieb für mehrere deutsche Kulturblätter, darunter die berühmte Münchner Zeitschrift *Jugend*, auf die die Bezeichnung »Jugendstil« zurückgeht. Angeworben wurde Servaes von Hermann Bahr, dem österreichischen »Propheten der Moderne«,[32] der die neuen literarischen Tendenzen um Hofmannsthal, Schnitzler, Altenberg und andere zu einer Bewegung zusammengefasst hatte. Beide kannten sich über publizistische Projekte, bereits im Januar 1897 hatte Servaes in der *Zeit* einen Artikel über die neueste Wiener Kunst und Literatur veröffentlicht: »Jung-Wien. Berliner Eindrücke«. Nun bewegte er sich selbst in den Kreisen der Wiener Moderne, vor allem aber legte er seine Outsider-Perspektive bemerkenswert schnell ab. Binnen weniger Jahre fühlte er sich in Wien so heimisch, dass er, wie der Wiener Großkritiker Karl Kraus süffisant bemerkte, schon von »unserem Zumbusch« und »unserem Radetzky« sprach.[33] Servaes wollte Wiener werden, seine »Mimikry« an diese Stadt war erstaunlich.[34]

Für die Frage nach der Wiener Gemütlichkeit ist Servaes insofern interessant, als es kaum einen stärkeren Apologeten der »Wiener Seele« gab als ausgerechnet diesen zugereisten Preußen. 1908 veröffentlichte er seine Hommage an Wien in Buchform, wobei er das traditionelle Format der fiktiven Briefsammlung wählte: *Wien. Briefe an eine Freundin in Berlin.* Der Titel zeigt die Blickrichtung an – hier soll Wien explizit den Reichsdeutschen erklärt werden, eine Aufgabe, der sich der zum Wahl-Wiener gewordene Wahl-Berliner Servaes gewachsen fühlte. Obwohl sie nicht gerade einfach war:

> Ja, da haben Sie's: mit dem Verstande können Sie dem Wiener sicherlich nicht beikommen. Sie müssen ihn erfühlen, müssen bis zu einem gewissen Grade seinesgleichen werden, müssen ihn ans Herz drücken. Dann wird er für flüchtige Augenblicke Ihnen offenbar werden.[35]

Obwohl Franz Servaes die Wiener künstlerische Moderne aus nächster Nähe verfolgte, fällt sein Wien-Bild außerordentlich traditionell, um nicht zu sagen trivial und sentimental aus. Die »Seele der Stadt« findet er stets »im Uralten und Abseits-Verborgenen; im Gewinkel enger Gäßchen und draußen auf den Höhen des Kahlengebirges«. Ihn faszinieren »wunderliche Höfe mit überdeckten Treppen und käfigartigen Balkonen; halbverfallene Brunnen im schirmenden Schatten hundertjähriger Baumriesen; prachtvolle verwitterte Portale, deren barocke Phantastik unter Spinngeweben träumt; putzige alte Gäßchen mit malerisch übereinandergeschachtelten Häuschen und Dächern«. Und damit nicht genug. Inmitten der pittoresken Szenerie der Inneren Stadt findet Servaes auch noch die Leute, die ganz nach seinem Geschmack sind: »alte, gute Mütterchen, die mit großen Gebetbüchern tagtäglich zur Kirche humpeln; drollige Hagestolze mit schnurrigen Angewöhnungen und kinderseligen Herzen; brave Familiensöhne, die ehrbar mit ihrem Schatz Sonntags spazieren gehen und im Übrigen getreulich ihr Erspartes den alternden Eltern in die Kasse liefern; süße blonde Kinder in verschossenen Kleidchen, die still und freundlich am Fenster hocken oder fröhlich und lachend im Hof sich tummeln.«[36] Spätestens an diesem Punkt wird die Idylle unheimlich. Im modernen, internationalen Wien des Jahres 1908 träumt Servaes seinen naiven Traum vom einfachen Volk bis an die Grenze zur Selbstpersiflage. Wir sehen: Gerade für konservative Beobachter aus dem Norden war die österreichische Hauptstadt so etwas wie eine letzte Bastion der guten alten Zeit, ein Hort all dessen, was in der Moderne unter die Räder zu kommen schien.

Im letzten Kapitel seines Wien-Buches legt Franz Servaes schließlich offen, worum es ihm geht: Er möchte, dass Berlin von Wien lernt, das Alte zu schätzen und die Tradition hochzuhalten. Schließlich sei Wien »Deutschlands verantwortungsvollste Bewahrerin«. Berlin wolle immerfort werden, Wien aber solle Wien bleiben, auf diese Formel bringt er den Unterschied zwischen den beiden Städten, und diese Formel erklärt laut Servaes auch ihr unterschiedliches »Entwicklungstempo«.[37] Politisch wird das Fazit des Buches insbesondere dort, wo es die Figur der Amerikanisierung ins Spiel bringt. Denn vor allem solle Wien »ein Damm und Bollwerk wider den eindringenden Amerikanismus« sein, es werde »allem Vagen und Überstürzten, allem Gewaltsamen und Reklametrompetenden die gelassene und unerschütterte Macht seiner aus Jahrtausenden erwachsenen und darum tief auf sich selbst beruhenden Kultur entgegenzuhalten haben«.[38] Letztlich also geht es um eine Pflege des Eigenen und eine Abwehr des Fremden – diese antimoderne, rückwärtsgewandte und xenophobe Vision macht den Kern des von Servaes gepflegten Wien-Bildes aus. Dazu passt, dass der Autor den Antisemiten Karl Lueger als echten »Volksmann« feiert, und es war einmal mehr Karl Kraus, der den Mechanismus hinter der Überidentifikation des Franz Servaes mit Österreich durchschaut hat:

> Es gibt keine besseren Österreicher als die Norddeutschen. Wenn sie hier nur erst eingelebt sind, streifen sie außer dem Dialekt alles ab, was des deutschen Mannes Schmuck und Zier bildet. Der Wiener entwickelt sich in Berlin nicht wesentlich; nur daß seiner leichtern Zunge der fremde Dialekt geläufig wird. Der Preuße aber, der sich in der Regel hier wohler fühlt als der Wiener in Berlin, öffnet williger seines Wesens Pforten, lernt allzu rasch das Behagen der Gesinnung vorziehen und überösterreichert den Österreicher. [...] Ein krasser Fall von Verwandlung eines norddeutschen Gemütes ist auch die Karrière des Herrn Franz Servaes, Kunstkritikers

der »Neuen Freien Presse«. Von kundiger Hand dem deutschen Literaturleben entrissen, plätschert er heute, ein munterer Serwas-Franz, behaglicher als irgend ein Zögling der Wiener journalistischen Schule im Schlammwasser unserer Machenschaften.[39]

In seiner Österreich-Verzauberung hat Franz Servaes Bilder von Wien geliefert, wie sie sonst allenfalls in den zuckersüßen Wien-Feuilletons der Gründerzeit auftauchen, als man »Alt-Wien« als Gegenbild zu den Umbrüchen der heraufziehenden Moderne entdeckte. Das Motiv der »Stadt mit Seele« finden wir aber nicht nur dort, die Wiener Gemütlichkeit kommt in der ein oder anderen Form in fast allen einschlägigen Stadttexten vor. Die kulturwissenschaftliche Stadtforschung hat sich daher mit der Frage auseinandergesetzt, wie und warum ausgerechnet Wien zur entschleunigten, gemütlichen Stadt par excellence geworden ist. Für Lutz Musner etwa ist die Wiener Gemütlichkeit eine »symbolische und alltagskulturelle Reaktionsbildung auf die widersprüchliche soziale Gemengelage [...], die die Industrialisierung mit sich gebracht hatte«. Die »Besinnung auf tempogedrosselte Alltagspraktiken« in Kaffeehäusern, Heurigenlokalen und Gasthäusern sollte »die sozialen Entfremdungsphänomene und den Schock der neuen Arbeits- und Zeitrhythmen des industriellen Paradigmas ausgleichen«.[40]

Gemütlichkeit als Praxis der Komplexitätsreduktion angesichts der beschleunigten Moderne: Das klingt plausibel, erklärt allerdings noch nicht die Herausbildung einer spezifischen *Wiener* Gemütlichkeit; neue Arbeits- und Zeitrhythmen gab es schließlich auch anderswo. Eine Ausstellung des Historischen Museums der Stadt Wien hat 2001 etwas weiter ausgeholt und den lokalspezifischen Umgang mit Uhrzeit und Zeitmessung nachgezeichnet. Im scharfen Gegensatz zur »protestantischen Zeitnutzungsethik« habe sich im katholischen Wien eine Kultur »geringer Aufmerksamkeit gegenüber den Zwängen der Uhrzeit im Alltag« herausgebildet, was sich dann unter anderem darin niedergeschlagen habe, dass »Wien um 1900 als einzige Metropole Europas die weltweite Einführung der neuen Zeitzonen nur widerwillig und mit auffallender Verzögerung vollzog«.[41] Neben dem Katholizismus sei außerdem die höfische Prägung der Wiener Stadtgesellschaft ein ausschlaggebender Faktor; ein Kapitel des Ausstellungskatalogs ist so auch dem »Kaiserhof als Taktgeber der Wiener Zeitordnung«[42] gewidmet.

Folglich ist die Wiener Gemütlichkeit viel älter als die klassische Moderne. Bei einer Spurensuche stoßen wir regelmäßig auf die vergleichende Perspektive, die zeigt, dass Berlin und Wien immer auch als zwei spezifische Varianten von Norddeutschland und Süddeutschland betrachtet wurden – oder, allgemeiner gesprochen, von Norden und Süden überhaupt. Spätestens seit Johann Joachim Winckelmann und Johann Wolfgang Goethe hatte das deutsche Lesepublikum gelernt, dass es südlich der Alpen lockerer, menschlicher zugeht als im zugeknöpften Norden, und in diese Vorstellung vom Süden wurden mit der Zeit Österreich und insbesondere Wien mit eingeschlossen. Auf diese Weise entstand die Idee von Wien als einer Stadt der Lebensfreude, wie sie sich in den Formulierungen von den »Phäaken« und dem »Capua der Geister« spiegelt. Diese Idee war ambivalent, denn sie hatte immer auch einen kritischen Kern. Lebensfreude grenzte so gesehen immer an Faulheit und Vergnügungssucht.

Man kommt der historischen Genese der Wiener Gemütlichkeit vielleicht am nächsten, wenn man sie als die positive Umdeutung eines negativen Heterostereotyps liest. Oder besser gesagt: Sie war eine Kippfigur, in der sich Zustimmung und Ablehnung abwechselten. Zwischen Tempo und Gemütlichkeit entstand ein Magnetfeld, das die einen hierhin, die anderen dorthin zog, immer im Austausch und Wechselspiel. Herbert Eulenberg meinte 1924 in der *Vossischen Zeitung*, die Gelassenheit Wiens und der Wiener sei wohl das, »was die Dichter und Künstler Deutschlands [...] stets hergezogen hat«. Weiter schreibt er: »Es ist ja nicht nur Schlamperei in diesem stillen Sichfügen ins

Unvermeidliche, sondern auch ein gut Teil Lebensweisheit und tapferer Weltanschauung.«[43] Vielen anderen war diese weise Gelassenheit indessen zu langweilig, sie sehnten sich nach dem Berliner Getriebe. Wieder andere brauchten beides und pendelten deshalb zwischen den Städten hin und her, ohne sich entscheiden zu können. So gaben die mit Wien und Berlin verknüpften Muster von Be- und Entschleunigung vielen Biographien ihren Rhythmus.

In den 1920er Jahren erreichte die Gegenüberstellung von Berliner Tempo und Wiener Gemüt zweifellos ihren Höhepunkt. Das hatte realhistorische Gründe: Allzu unterschiedlich schienen das expandierende, vibrierende Berlin und das stagnierende Wien der Nachkriegszeit, in ihrer Atmosphäre und ihrem Lebensgefühl drifteten sie auseinander. Der zwischen beiden Städten hin- und hergerissene Alfred Polgar hat diese Differenz 1922 in einem Essay wunderbar auf den Punkt gebracht:

> Berlin, lautes, eckiges, liniiertes, zerfilmtes Berlin, unsüße, unbarmherzige, scharfe, gierig wollende, mit Zähnen und Fäusten das Leben haltende und zwingende Stadt, ich denke liebevoll dein, wieder hinabgetaucht in die Stadt voll Staub und Wunden, in das fidele Grab an der Donau, in die gemütlichste Katakombe Mitteleuropas, wo man, daß Leben ist, nur an den Erschütterungen der Decke merkt.[44]

Die berühmte Wiener Entschleunigung konnte man auch außerhalb Wiens finden. So gab es für viele Beobachter:innen Enklaven, die mitten im hektischen Berlin ein bisschen Wien, ein bisschen Österreich konservierten. Anton Kuh berichtete 1926 in der *Stunde*, für die damals auch Billie Wilder schrieb, von einer »Wien-Insel in Berlin«, einem Ort, an dem die Uhren anders gehen würden. Gemeint war das Filialgeschäft des Wiener Herrenschneiders Knize in der Wilhelmstraße. Das Wienerische daran liege in einem ganz bestimmten »Geschäftstempo«, der »ruhigen Feudalität, in der Mischung aus Rendezvousplatz und Geschäftsraum, Plausch und Kauf«, die man in Berlin ansonsten vergeblich suche. »An einem Tischchen vorn trinkt Baron Rothschild mit Grafen Wedel sein Glas Tee. Ein original echter, persischer Thronanwärter kampiert daneben; im Hintergrund, nach Bedarf, Filmsterne, bei einem Fläschchen Kognak.«[45] Wienerisch mutet in dieser Beschreibung nicht nur das Betriebstempo an, sondern auch die Mischung des Publikums: eine ganz besondere Mischung aus Vorgestern und Heute, die es so – glaubt man den Feuilletonisten und der großen Literatur von Musil bis Doderer – vielleicht nur in Wien gab.

Die Stadt, in der die Uhren anders gehen: Wie langlebig solche Vorstellungen sein können, zeigt exemplarisch ein Song aus den 1970er Jahren. Als der Singer-Songwriter Billy Joel damals nach Wien kam, um seinen dort lebenden Vater zu besuchen, war es eben das gedrosselte Tempo der Stadt, das ihn beeindruckte. Mit dem 1977 veröffentlichten Soloalbum *The Stranger* gelang Joel der internationale Durchbruch, mit dabei war die Ballade *Vienna Waits for You* – eine Hymne auf die Stadt, in der sich alles um die Idee dreht, einmal aus der Hektik und dem Getriebe eines durchgetakteten Lebens auszusteigen. Die Empfehlung des geborenen New Yorkers Joel ist heute unvermindert aktuell:

> Where's the fire, what's the hurry about?
> You better cool it off before you burn it out. [...]
> Slow down, you're doing fine
> You can't be everything you want to be.

Und weiter heißt es in dem Song:

> Too bad but it's the life you lead
> You're so ahead of yourself
> That you forgot what you need [...]

Slow down you crazy child
Take the phone off the hook
And disappear for a while
It's alright you can afford to lose a day or two
When will you realize
Vienna waits for you.

Figuren der Stadt – von Girardi bis Waldoff

Jede bedeutende Stadt ist mit einem Geflecht aus Mythen, Erzählungen und Bildern verbunden, das ihre Einzigartigkeit unterstreicht. Der Blick in einen beliebigen Reiseführer genügt, um einige dieser Stadtmythen kennenzulernen, andere sind eher Gegenstand der alltäglichen Kommunikation vor Ort. Ihre historische Rekonstruktion verlangt die Auswertung regelrechter Materialberge, wie beispielsweise der Romanist Karlheinz Stierle in seiner über tausend Seiten umfassenden Monographie *Der Mythos von Paris* demonstriert hat. Wie sich die vielen Fragmente von Geschichten und Erinnerungen zu einem Gesamtbild der Stadt zusammensetzen, damit hat sich auch der Stadtforscher Gerald D. Suttles auseinandergesetzt. Er spricht von einer »kumulativen Textur« der Stadt, zu der auch Alltägliches und scheinbar Nebensächliches gehört wie Redensarten, Schlager, Verse, Witze, T-Shirts und Sticker. All diese Dinge machen zusammengenommen so etwas wie die Folklore einer Stadt aus, in der sich die Stadt selbst erfindet und spiegelt. Hinzu kommen soziale Gruppen und prägnante Figuren, die das Besondere einer Stadt repräsentieren, seien es Berliner Droschkenkutscher oder venezianische *gondolieri*, legendäre Kunstfiguren wie der liebe Augustin, städtische Originale sowie Schauspieler:innen und Chansonniers verschiedenster Couleur, die immer auch ihre Stadt auf die Bühne bringen: etwa Edith Piaf für Paris, Amália Rodrigues für Lissabon, Hildegard Knef oder Harald Juhnke für Berlin.[46]

Unter den populären Künstlerinnen und Künstlern, die im ausgehenden 19. Jahrhundert das Wiener Wesen verkörperten, war Alexander Girardi mit Abstand der bekannteste. Dabei war Girardi überhaupt kein gebürtiger Wiener. 1871 kam der angehende Schauspieler aus seiner Heimatstadt Graz nach Wien und erhielt dort ein Engagement am neugegründeten Strampfer-Theater, etwas später wechselte er an das Theater an der Wien, wo er in den Operetten der Wiener »goldenen Ära« glänzte, in Stücken wie Carl Millöckers *Bettelstudent*, Carl Zellers *Vogelhändler* oder dem *Zigeunerbaron* von Johann Strauss. Besonders erfolgreich war Girardi in den komödiantischen Zauber- und Märchenstücken des Biedermeierautors Ferdinand Raimund. Berühmt wurde seine Interpretation des *Hobelliedes*, einer Blaupause für die berühmte morbide Wiener Lässigkeit:

Zeigt sich der Tod einst mit Verlaub
und zupft mich: Brüderl, kumm!,
da stell ich mich am Anfang taub
und schau mich gar nicht um.
Doch sagt er: Lieber Valentin,
mach keine Umständ', geh!
dann leg ich meinen Hobel hin
und sag der Welt ade.

Diese Einstellung schien exemplarisch für den Wiener Umgang mit dem Tod, und Girardi muss dieses Lied wie alle seine Raimund-Rollen so kongenial dargeboten haben, dass er vom Kritiker des *Neuen Wiener Tageblatts* als »echtester Darsteller des Volksgemüthes« mit »Herzenseinfachheit und Herzensinnigkeit« gefeiert wurde.[47]

Dabei ist auch in seinem Fall das Einfache das Komplizierte, das Volksgemüt ein Kunstprodukt. Niemand hat darauf deutlicher hingewiesen als Felix Salten in seinem 1908 in Berlin erschienenen Buch *Das österreichische Antlitz*, in dem es über Girardi heißt: »Das Wienertum, das er gibt, ist im Grunde nicht das wirkliche, sondern es ist ein Wienertum, das er ganz allein erfunden hat. [...] Dieses Wienertum, das Girardi gibt, hat vorher nicht existiert. Seit er es ersonnen hat, wird es nachgeahmt. Die Leute haben im Theater von ihm gelernt, wie man wienerisch ist, und haben es nachher kopiert.« Am Ende spielt »jeder zweite junge Herr [...], jeder Fiakerkutscher, jeder Briefbote, jeder Spießbürger eine Girardi-Rolle«.[48]

Um den Zirkulationsprozess zwischen Klischee und Wirklichkeit zu verstehen, ist diese Bemerkung Saltens sehr aufschlussreich. Mit seinem Schauspiel traf Girardi einen Nerv, es kam beim Publikum an. Indem er dem alten Wiener Volkstheater zu einer neuen Hochkonjunktur verhalf, wurde er zu einem Repräsentanten des Wienerischen und prägte einen Stil, der dann wiederum nachgeahmt wurde. Am Ende dieses Prozesses stehen dann die realen Fiakerkutscher und Briefboten, die nun endlich wissen, wie man sich echt wienerisch gibt, und die wiederum als Verkörperungen des Wienerischen gelesen werden: »Das sind eigentlich die typischen Wiener, die Fiakerfahrer. Wenn man denen zuhört, weiß man, was wienerisch ist«,[49] so formuliert es ein Interviewpartner in Cornelia Ehmayers Studie zum *Wesen von Wien*. Auf diese Weise folgt nicht nur das Klischee der Wirklichkeit, sondern die Wirklichkeit selbst folgt auch dem Klischee – oder besser gesagt: Es ist gar nicht mehr so einfach, beide auseinanderzuhalten. Die vermeintliche Essenz der Stadt ist eine Sache ihrer performativen Inszenierung geworden.

Dass wir es dabei nicht nur mit unschuldiger Folklore zu tun haben, sondern auch mit einer geradezu perfiden politischen Technik, hat ebenfalls Felix Salten herausgestellt. Denn im Populismus des Wiener Bürgermeisters der Jahre 1897 bis 1910, Karl Lueger, spielte die Performanz des Wienerischen eine zentrale Rolle:

> Dieses ist seine Macht über das Volk von Wien: daß alle Typen dieses Volkes aus seinem Mund sprechen, der Fiaker und

der Schusterbub, der Veteranenhauptmann, der gute Advokat, die Frau Sopherl und der Armenvater. Und alle Volkssänger mit dazu. Vom Guschelbauer an bis zum Schmitter. Man hört Schrammelmusik aus der Melodie seines Wortes, das picksüße Hölzl und die Winsel, hört das Händepaschen und ein jauchzendes Estam-Tam klingt in seiner Stimme beständig an.[50]

Dieser Mann regiert nicht Wien, sondern er *ist* Wien, das war die Botschaft. Und in der Tat hat es kein Bürgermeister seit Lueger geschafft, die Folklore der Stadt so für sich arbeiten zu lassen.

Figuren, die die Stadt als Ganzes repräsentieren, finden wir auch in Berlin. Vielleicht die Ersten, die in der Unterhaltungspresse dezidiert als Berliner Typen eingeführt wurden, waren »Schultze und Müller«, deren fiktive Reiseberichte seit 1848 eine eigene Rubrik im *Kladderadatsch* füllten. Sie kommentierten das Weltgeschehen mit Berliner Witz und sorgten dafür, dass man Berlin in diesen Witzen wiedererkannte. Später war es unter anderem der Zeichner und Fotograf Heinrich Zille, der aus der sozialen Wirklichkeit seiner Stadt das Berlinische herausfilterte. Seine Szenen spielen in Berliner Eckkneipen und Destillen, Hinterhöfen und Proletarierküchen, in den engen Behausungen im alten Krögel oder in den Weddinger Arbeiterquartieren und zeigen charakteristische Figuren dieses Alt-Berlin: Polizisten und Kutscher, Gastwirte und Eckensteher, Gassenjungen und Hausmeister. Zille wurde bald zu einer regelrechten Marke: Es gab Zille-Abende, Zille-Tassen, Zille-Hosenknöpfe, Zille-Zigaretten und Zille-Liköre, und mit diesem Logo konnte man fast alles als »urberlinisches« Produkt verkaufen.[51] Ähnlich wie Alexander Girardi in Wien lieferte auch Heinrich Zille zahllose Vorlagen, wie man berlinisch reden, fühlen, aussehen, gestikulieren konnte. »Zille war stets auch Anleitung zum berlinischen Rollenspiel.«[52]

Ein ähnlich wirkmächtiges Berliner Phänomen war die Sängerin und Schauspielerin Claire Waldoff. Auch sie galt als perfekte Verkörperung all dessen, was Berlin ausmachte; Walter Kiaulehn schreibt über Waldoff, sie sei die erste Volkssängerin der Stadt gewesen. Schon nach ihrem ersten Auftritt 1907 im neu gegründeten Kabarett Roland von Berlin stieg sie zum »Stern von Berlin« auf. Mit Titeln wie »Hermann heeßt er«, »Du mein geliebtes Schmackeduzchen«, »Wer schmeißt denn da mit Lehm« und »Nach meene Beene is ja janz Berlin varickt« verkaufte sie Herz und Schnauze, Schlagfertigkeit und Ironie als Berliner Markenzeichen. 1930 schrieb ihr Willi Kollo ein schlichtes und anrührendes Lied auf den Leib, das den Bezug zu Heinrich Zille herstellte und damit nebenbei das Prinzip des berlinischen Rollenspiels offenlegte: das *Lied vom Vater Zille* mit den Zeilen »Und ich selber steh / Hier als dein Milljiöh. / Wie du selbst es tatest schildern / Bin ein Bild aus deinen Bildern.« Diese Hommage an Zille lässt zugleich durchblicken, von wem die Sängerin ihren Berliner Habitus gelernt hatte. In den Varietés Scala und Wintergarten gastierte Waldoff häufig; sie und ihre Lebensgefährtin Olga von Roeder wurden zu einem Mittelpunkt des lesbischen Berlin.

Mit Alexander Girardi verbindet sie übrigens die Tatsache, dass beide nicht in der Stadt geboren wurden, deren Aushängeschilder sie später wurden. Waldoff stammte aus einer Gelsenkirchener Gastwirtsfamilie und musste sich ihre Berliner Schnauze erst erarbeiten. Vielleicht aber war es sogar andersherum: Gerade weil Girardi kein Wiener und Waldoff keine Berlinerin war, konnten sie diese beiden Städte so überzeugend verkörpern. Sie nahmen das Lokalkolorit, formten es um und setzten ihren Stil dann als neue Norm, an der niemand mehr vorbeikam. Später wiederholte sich dieses Phänomen bei Brigitte Mira, die aus Hamburg stammte, überhaupt erst mit Anfang 30 nach Berlin ging und trotzdem nach 1945 wie keine andere zur »incarnation of Berliner schnauze« wurde, wie es der britische *Guardian* in seinem Nachruf formulierte.

Claire Waldoff

Claire Waldoff erreichte den Höhepunkt ihrer Popularität in den 1920er Jahren – einer Zeit, in der im Berliner Kulturbetrieb die Wien-Begeisterung um sich griff. Der Berliner Lokalpatriotismus reagierte darauf mit einer charakteristischen Trotzreaktion. Er gab auf die Frage »Wat braucht der Berliner, um glücklich zu sein?« eine klare Antwort: Eigentlich braucht man nämlich nur Berlin. Und das trotz oder sogar wegen all der Fehler, die diese Stadt hat. Dementsprechend zeichnet sich die ältere und neuere Berlin-Folklore dadurch aus, dass sie ausdrücklich die Defizite der Stadt benennt, um dann die Perspektive umzudrehen: Berlin ist liebenswert, obwohl es nicht perfekt ist – oder gerade deshalb. Die Germanistin Agathe Lasch, die 1928 eine bemerkenswerte Untersuchung über die berlinische Sprache vorgelegt hat, nannte diese Haltung die »zweifelnde Überlegenheit« der Berliner.[53] Kann schon sein, dass es woanders viel schöner ist, aber Berlin bleibt halt Berlin. »Wat braucht der Berliner 'nen Heurigen Wein, wenn vor ihm sein Weißbierglas steht?«, fragt Werner Hassenstein in seinem 1929 publizierten Lied. Aus der Defensive heraus, in einem Gestus scheinbarer Bescheidenheit, entfaltet sich dann das Berliner Selbstbewusstsein, das sich niemals unterkriegen lässt.

Das gilt bereits für die Figuren des Berliner Stadtromans des ausgehenden 19. Jahrhunderts, die als »Berliner Typen« ins Stadtgedächtnis eingegangen sind, etwa den biederen Leberecht Hühnchen, dem der Schriftsteller Heinrich Seidel drei Bände gewidmet hatte, oder die nicht minder biedere, aber schlagfertige Wilhelmine Buchholz, die Julius Stinde in seiner Familiensaga *Aus dem Leben der Hauptstadt* schildert. Es gilt auch für die vielen Lieder, Songs und Schlager, in denen die Hauptstadt besungen wird. Hier wie dort regiert das gleiche Prinzip: Das Eigene wird ironisch heruntergespielt und gleichzeitig geadelt, wie etwa in Willi Kollos Lied *Berlin, dir bleib ich treu* von 1926, das sogar die fehlerhafte Grammatik als Identitätsressource in Stellung bringt: »Ob wir ›mir‹ und ›mich‹ verwechseln, ist uns ganz egal. Wie wir's sagen, klingt es kolossal.« Wenn also Berlin anderen Städten überlegen ist, dann liegt das nicht etwa daran, dass Berlin schöner, prächtiger oder gemütlicher wäre, sondern daran, dass es trotzdem niemand mit den Berliner:innen aufnehmen kann. Dieser Mechanismus ist fest in die Texte eingeschrieben, so wie bei Willi Kollos Song von 1930: »Ihr braucht uns gar nichts vorzugaukeln von dem berühmten Wiener Charme, wir werden das Kind schon schaukeln, wir nehm' euch alle auf den Arm. Es gibt nur ein Berlin und das ist mein Berlin.«

Gerade im Vergleich mit Wien ist dieser Befund nicht uninteressant. So unterscheiden sich viele der historischen Lieder, Couplets und Schlager, die auf Wien und Berlin geschrieben wurden, nicht nur im Tonfall und der musikalischen Signatur, sondern auch in der Art und Weise, wie die Einzigartigkeit der Stadt hergeleitet und begründet wird. Das traditionelle Wienerlied dreht sich zumeist um die Herrlichkeiten der Wienerstadt, »die hat, was keine hat«. Das »Wien, Wien, nur du allein« hat affirmativen Charakter, es unterstreicht schwärmerisch die Vorzüge des Ortes. Wienerlieder handeln von der Mutter, die dem Kind zum ersten Mal den Blick vom Kahlenberg zeigt und es damit fürs Leben prägt: »Mei Mutterl war a Wienerin, drum hab i Wien so gern.« »Herrgott, wie schön bist du Wien!«, ruft Franz Allmeder im gleichnamigen Wienerlied aus. »Vindobona, du herrliche Stadt, an dir sieht sich mein Auge nicht satt [...], ewig bleibst die Perle du vom Reich, dir is gar keine Stadt net gleich«, dichtete Josef Schrammel. »Der Herrgott hat die große Welt an allen Orten herrlich g'macht, doch unser Wien hat er fürwahr besonders schön und reich bedacht«, heißt es bei Franz Paul Fiebrich, der an anderer Stelle meinte, das »Wienerherz« sei doch »dem Herrgott sein Meisterstück«.

Im klassischen Wienerlied kommt Kritik an der Stadt nicht vor, nicht einmal im Scherz. Das unterscheidet es grundlegend von vielen Berliner Liedern, deren prägendes Element die Selbstironie ist. Als Experte für musikalische Wien-Berlin-Klischees wusste Ralph Benatzky darüber sehr genau Bescheid:

> Der Wiener hat kein Empfinden für Selbstironie. Er will die Süßigkeit des Steffl, die Schönheit seiner Stadt, die Goldigkeit seines Herzens immer wieder fingerdick um die Goschen geschmiert haben, und nimmt Selbstpersiflage, wie in den *Fünf Musikanten*, bitter ernst, betrachtet das als ein Unrecht, das ihm zugefügt wird [...]. Ganz anders der Berliner, der für Selbstsatire, für »Sichselbstverhohnepipeln«, und nur für das eigentlich, das meiste übrig hat![54]

Ein Befund, den auch Paul Morgan bestätigt hat, der Wiener Schauspieler und Kabarettist, der im Berlin der 1920er Jahre seine größten Erfolge feierte: »Der Berliner lacht selbst am meisten, wenn man sich über ihn lustig macht. Er liebt die Selbstpersiflage.« Wehe aber, wenn es ein Berliner wagen würde, das Wiener Gemüt durch den Kakao zu ziehen.[55] So unterschiedlich ist die Stadtfolklore beider Städte gestrickt, dass man Berliner und Wiener Lieder einfach nicht verwechseln kann, man erkennt sie am Tonfall. Die Probe aufs Exempel beweist das: »Berlin, du Stadt meiner Träume« würde ebenso komisch klingen wie »Was kann ich denn dafür, dass ich ein Wiener bin?«

Daraus resultiert eine eigenwillige Dialektik: Während man Wien immer deshalb liebt, weil es dort viel schöner ist als anderswo, liebt man Berlin, *obwohl* es anderswo viel schöner ist. Das bedeutet auch, dass sich Berlin in den Liedern von anderen Städten absetzen muss. »Selbst Rom ist schön, det merken Blinde, / Jemütlich lebt es sich in Wien. Doch ich ruf laut in alle Winde, / 'ne dufte Stadt ist mein Berlin.« Die beiden folgenden Strophen dieses Walter-Kollo-Liedes handeln dann vom stinkenden Flüsschen Panke und den überfüllten Berliner Vorortzügen. Ähnlich funktioniert das bekannte Lied *Ich hab noch einen Koffer in Berlin*: »Wunderschön ist's in Paris auf der Rue Madeleine, / schön ist es im Mai in Rom durch die Stadt zu gehen, / oder eine Sommernacht still beim Wein in Wien. / Doch ich denk, wenn ihr auch lacht, heut' noch an Berlin.« Auch darin wird deutlich: Wer angesichts der Schönheiten von Paris, Rom und Wien am liebsten an

Berlin denkt, muss sich rechtfertigen. Es ist immer ein »Doch« dabei, ein »Dennoch« und ein »Trotzdem«. Die exemplarische Haltung ist das »Na und?« Egal, was dem gebeutelten Bolle im wahrscheinlich berühmtesten Berliner Lied zustößt – ob er in Pankow nichts zu essen bekommt oder auf der Schönholzer Heide verdroschen wird –, er behält seine unverwüstliche gute Berliner Laune: »Aber dennoch hat sich Bolle janz köstlich amüsiert.«

1926 publizierte Hans Brennert seine Gedichtsammlung *Die Asphaltharfe*. Schon der Titel ist ein Hinweis auf Berlin, so sehr wurde gerade diese Stadt mit dem Asphalt in Verbindung gebracht. Und tatsächlich handeln die Texte fast durchgehend von der Reichshauptstadt und der unverbrüchlichen Liebe zu ihr. In einem der Gedichte beschreibt Brennert die Freuden einer Reise nach Venedig, um plötzlich innezuhalten: »Da saß ich und starrte auf die Säulen / Des Markusdomes, und darüber glimmte / Der Ostermond – schön war es zum Heulen – / Und war mir doch, als ob etwas nicht stimmte«.«[56] Man ahnt es schon: Was hier nicht stimmt, ist, dass das lyrische Ich sich nicht in Berlin befindet. So wird im Folgenden das Heimweh nach dem schmutzigen, stinkenden Berlin antithetisch aus den Schönheiten Venedigs hergeleitet: »Was hilft mir die laue venetische Nacht / Und der Adriamond, der so golden lacht? / Es macht ja doch nur heimwehkrank. / Hier fehlt mir ja alles! Was gäbe man jetzt / Für eine Nase Benzingestank – / Wie habe ich das stets unterschätzt! / Kratzt ihr Zigeuner auch Costa und Tosti, / Ich wollte, ich säße jetzt bei Josty. / Und schlürfte zum Pilsener mit Verlaub / Einen Mund voll Asphaltstaub.«[57]

Berlin schätzt man, so die Moral von der Geschichte, nicht irgendwelcher äußeren Vorzüge, sondern seines Charakters und seiner Echtheit wegen. Dieses Leitmotiv der Berlin-Folklore findet sich auch in neueren Liedern. Das Berlin der Hildegard Knef beispielsweise ist eine Stadt, die ausdrücklich wegen ihrer Unzulänglichkeiten geliebt wird. Es ist »die Frau mit der Schürze« und »viel zu flach geraten für die Schönheitskonkurrenz«. Die Stirn liegt in »Dackelfalten« und der Mund ist viel zu groß: *Berlin, dein Gesicht hat Sommersprossen* ist ein Liebesbekenntnis wider alle Wahrscheinlichkeiten. Knefs Titel *In dieser Stadt* beginnt mit einem Genrebild, das man in einem Chanson über Paris oder Wien eher nicht finden würde: »Leere, bunte Zigarettenschachteln und zerknülltes Butterbrotpapier« säumen den Schulweg, und der Geburtstagsblumenstrauß für die Mutter wird auf dem verdreckten Grünstreifen vor dem Bahnhof zusammengeklaubt. Schließlich bekennt auch die Knef: »Ich brauch kein Venedig« und reduziert das, was man wirklich braucht, auf ein Minimum: »Ich brauch meine Straße, die muffige Kneipe, ich brauch' meine Beichten beim Nachtklubportier. Ich brauch meinen Hut mit nilgrüner Schleife, die zugige Ecke, in der ich jetzt steh.« Diese Haltung lässt sich in einer Linie mit vielen anderen Motiven sehen: der unwirtlichen Kolonialstadt, die sich nicht auf ihre historische Substanz verlassen kann, sondern im Zweifelsfall auch aus dem Nichts etwas machen muss. Der Hut mit nilgrüner Schleife ersetzt den Glanz der Tradition, und nur wem die zugige Ecke als Ersatz für die sternklaren Nächte des Südens genügt, qualifiziert sich als echte Berlinerin.

Dass man Venedig ebenso wenig braucht wie Wien, ist bei einem anderen Berliner Liedermacher ebenfalls Thema, in Reinhard Meys 2016 erschienenem Song *Heimweh nach Berlin.* Und auch darin kommt das Heimweh immer exakt dann auf, wenn es anderswo schöner ist: »Da ist die schöne blaue Donau und dieser göttliche Schmäh, / Da ist ein Reinhard noch was wert, ›Küss die Hand, Herr Chansonnier!‹ / Da ist der Bräunerhof, die Sissi und das Burgtheater, / Da ist der Heurige, da ist der Heurigenkater, / Ein Hauch von Kaiserschmarrn und Blunzengröstl überall, / Und eine Mischung von Zentralfriedhof und Opernball. / Ich sage es grad heraus, die schönste Stadt der Welt ist Wien, aber geh, verzeih«, – und nun ahnt man es schon – »Ich habe trotzdem Heimweh, ich habe grässliches Heimweh, ich habe Heimweh nach Berlin.« Reinhard Mey lässt kaum eines der klassischen Wien-Klischees aus, und zwar nur aus einem einzigen Grund: Je schöner es in Wien ist, desto besser ist es in Berlin. Trotzdem und gerade deshalb.

Phantasien über das weibliche Wien

Zur historischen Vorstellung vom gemütlichen Wien gehört eine kulturelle Figur unabdingbar hinzu: die gemütliche Wienerin. Überhaupt kam kaum ein feuilletonistisches Reise- oder Städtebuch des 19. und frühen 20. Jahrhunderts ohne ein Kapitel über die Frauen aus. Zahlreiche – fast durchweg männliche – Autoren ließen sich ausführlich über die typische Wienerin oder Berlinerin aus, und sogar ganze Monographien zu diesem Thema waren auf dem Markt. Dass es dabei keineswegs um die progressive Idee ging, die Stadt einmal aus weiblicher Perspektive zu betrachten, wird bei der Lektüre schnell deutlich. Ein frühes und besonders plumpes Beispiel stammt von dem Berliner Adolf Glaßbrenner, der nach seiner Reise in die österreichische Hauptstadt 1836 *Bilder und Träume von Wien* veröffentlichte. Eine Kostprobe:

> Das Wort »liebenswürdig« scheint eigens für die Wienerinnen erfunden zu sein; es gibt kein Epitheton, das sie treffender bezeichnet. Sie hüpfen heiter und wohlgemut, voll Mutterwitz und reizender Natürlichkeit in die Welt hinein, pflücken hier und da eine Blume, legen sich an die Herzen der Männer, schäkern und kosen, und hüpfen ebenso froh wieder aus der Welt hinaus, denn sie glauben, im Himmel gäbe es lauter schöne, geistreiche und galante Männer. Das erste Wort, das sie buchstabieren lernen, ist: Mann; der letzte Seufzer, der in ihren Seelen zittert: Mann! Sie wären Atheisten, wenn sie sich Gott nicht als ein männliches Wesen dächten; sie leben und weben, atmen und denken, zittern und fühlen nur für die Männer, und das ist recht, das ist liebenswürdig, entzückend!

An Ignoranz und Selbstbezüglichkeit des männlichen Blicks ist diese Passage kaum zu überbieten, und es geht gerade so weiter, wenn Glaßbrenner seine Auslassungen über das weibliche Wien in die Form des Städtevergleichs bringt:

> Die Wienerinnen sprechen am liebsten mit Männern, die Berlinerinnen *von* Männern. [...] Die Wienerinnen sind ganz Weib, die Berlinerinnen bis zum Kopfe. Die Wienerinnen sind voll Leben, die Berlinerinnen voll Lebensregeln. Die Wienerin sagt: ich liebe Dich! die Berlinerin: ich will es nicht leugnen, daß ich eine Neigung für Sie empfinde.[58]

In solchen Texten werden Stereotypen von Stadt und Geschlecht so miteinander verkoppelt, dass sie sich gegenseitig bestätigen und einander Anschaulichkeit verleihen. Indem ein bestimmter Frauentyp als Essenz einer Stadt beschrieben wird, wird der angebliche Geist der Stadt lebendig. Es wäre falsch zu denken, dass dieses krude Prinzip der Stadtbeschreibung auf das 19. Jahrhundert beschränkt blieb. In seinem berühmten Artikel von 1907 bezeichnet Werner Sombart Wien als »eine der ganz wenigen Städte, die Frauen, besondere, ursprüngliche Frauen hat, Frauen, die man schmecken kann, die etwas Eigenes an sich tragen wie eine schöne Blume, wie ein schönes Tier«.[59] Noch etwas schlüpfriger liest es sich bei Franz Servaes, der Wien für die »weiblichste aller deutschen Städte« hielt und behauptete: »Gleichviel ob ich in ein Zimmer trete oder die Straßen durchstreife, oder ob ich den Blick auf der Hügelkette ruhen lasse, die in wohlig-geschweifter Linie das Stadtbild umsäumt, mich berührt jene Atmosphäre von Weiblichkeit, mit der ich das Stadtbild angefüllt fühle.«[60]

Zitate dieser Art könnte man fast endlos anführen. In völkisch-nationalen Kreisen wurde das Klischee vom weiblichen Wien zeitweilig auch als aggressive Negativzuschreibung benutzt. Das betraf vor allem die Literatur- und Kunstszene. Autoren wie Hugo von Hofmannsthal und Peter Altenberg wurden als »mädchenhaft« denunziert, der völkisch-nationale Publizist Arthur Moeller van den Bruck warf der Stadt 1902 einen ausgeprägten »Feminismus« vor und schrieb apodiktisch: »In Wien wird man wie ein Weib hysterisch und sentimental.« In ähnlicher Weise attestierte der deutsch-völkische Autor Hans Sittenberger der literarischen Szene Wiens »weibische [...] Ichliebe« und »Erschlaffung«.[61]

Eine wichtige Vorlage zum Diskurs um das »weibliche Wien« hatte Arthur Schnitzler geliefert, der in seinen Theaterstücken immer wieder den Typus des »süßen Wiener Mädels« auftreten ließ:

> Prototyp einer Wienerin, reizende Gestalt, geschaffen zum Tanzen, ein Mündchen [...] geschaffen zum Küssen – ein paar glänzende lebhafte Augen. Kleidung von einfachem Geschmack und dem gewissen Grisettentypus – der Gang hin und her wiegend – behend und unbefangen – die Stimme hell – die Sprache in natürlichem Dialekt vibrierend.[62]

Viele andere Autoren haben dieses Bild fortgeschrieben und dabei stets die Verbindung zur Stadt betont. Ohne Wien wäre diese Wienerin undenkbar, denn »der Duft ihrer Stadt witterte um sie, die Musik der Stadt wiegte ihren Schritt«.[63] Eine klassenlose Erscheinung war das »süße Mädel« allerdings nicht, vielmehr setzte diese Figur ein gewisses soziales Gefälle voraus: Das ideale »süße Mädel« ist die hübsche Kleinbürgertochter, die dem besseren Herrn aus der Stadt als Affäre dient – ein Dienstmädchen vielleicht, eine Schneiderin, Verkäuferin oder Schauspielschülerin. Diese sehr durchschaubare Männerphantasie wurde von unzähligen Autoren weitergetragen, und viele Verarbeitungen dieses Motivs in Reportagen, Städtebüchern und Reiseführern nahmen es mit der Grenzziehung zwischen literarischer Fiktion und Wirklichkeit nicht sehr genau.

Einer der wenigen, die sich dieser Phantasie offen verweigerten, war der Feuilletonist Ludwig Hirschfeld, der immerhin zugab: »Frauen zu definieren, das ist immer eine heikle, eine undankbare Sache.« Hirschfeld benennt die »Kunst- und Literaturvorurteile«, die in den Vorstellungen vom weiblichen Wien stecken:

> Der Fremde, der nie in dieser Stadt war, kennt die Wienerin sozusagen nur aus Reproduktionen und Stilisierungen: Bilder, Theaterstücke, Romane, Liedertexte. Er stellt sich daher unter einer Wienerin immer das vor, was ihm die Kunst und die Belletristik seit Jahrzehnten einreden.

Gerade die Schnitzler-Figuren wie die Christine, die Schlager-Mizzi, die Bianca und die Kora hätten mit dem Wien der Gegenwart kaum etwas zu tun. »Das süße Mädel? Das werden Sie im Wien von 1928 ganz vergebens suchen.«[64]

Auch die neuen Körperbilder des 20. Jahrhunderts, wie sie etwa durch Sport und Alpinismus befördert wurden, hatten ihre Auswirkungen auf die Wahrnehmung der angeblichen idealtypischen Wienerin. Und wieder einmal war es der Blick von außen, durch den Berichterstatter der in Berlin ansässigen *Vossischen Zeitung*, der die Veränderungen registrierte und aus den Weiblichkeitsklischees eine kleine Sozialgeschichte der Stadt Wien destillierte.

> Die große Frau, imposant, die vor dem Krieg in den Prater kutschiert [wurde] und dem Fremden als eine Eigentümlichkeit auffiel, scheint tatsächlich in Wien seltener geworden, obschon noch vorhanden – nur nicht hier auf dem Sportplatz, wo der Typ süßes Mädel, Stupsnase und nicht zu groß, aber sonst entzückend [...], überwiegt. Daß das süße Mädel auf Muskeln ausgeht, sich trainiert, ist neueren Datums. Es war früher auf sanften Flirt eingestellt, auf Jausen im Wiener Wald und abends auf einen Heurigen in Grinzing. Jetzt sind die großen Märsche die Mode geworden, die Hochtouristik auf Schneeberg und Rax.[65]

Andere Autoren versuchten das Klischee durch eine Aktualisierung zu retten. Dieses Inbild einer Wienerin gebe es nach wie vor, schrieb Erwin Rainalter in der *Deutschen Allgemeinen Zeitung*, nur sei eben »das süße Mädel des Jazz eben ein anderes als das des

Walzers«.[66] Wenn man die Wiener Frauen selber fragte, dann ergab sich allerdings nochmals ein anderes Bild. Die Kunststudentin Marion Handl schrieb in einem Statement für die Zeitschrift *Querschnitt*, am gängigen Bild des süßen Mädels seien nur Operette und Film schuld. »Ob dieses Mädchen wirklich einmal gelebt hat, weiß ich nicht. Ich bin keinem begegnet und halte es für eine schlechte Erfindung zur Hebung des Fremdenverkehrs.«[67]

Wie auch immer man Realitätsgehalt und Modernisierungspotential des »süßen Mädels« einschätzte: In der populären Städteliteratur wurde die moderne, in immer weiteren Lebensbereichen emanzipierte Frau natürlich weiterhin ignoriert. Insbesondere zum nationalsozialistischen Frauenbild passte der traditionelle Diskurs über die weiblichen Seiten der Stadt bestens. In den späten 1930er und den 1940er Jahren brachte die Frankh'sche Verlagsbuchhandlung in Stuttgart eine Reihe von Bänden heraus, die »Frauen als typische Erscheinungen in ihrer Heimatstadt oder ihrem Heimatland« vorstellten.[68] Erschienen sind in dieser Reihe auch ein Band über *Die Wienerin* von Ann Tizia Leitich sowie ein weiterer Band mit dem Titel *Die Berlinerin* von Paul Fechter.

Auch in diesem Zusammenhang erscheinen die Städte Wien und Berlin als kategorial voneinander unterschieden, die Wienerin und die Berlinerin als zwei völlig unterschiedliche Wesen. Erneut tritt Wien als weibliche Stadt par excellence auf, Berlin als männliche. Die karge und strenge Geschichte Berlins, so Paul Fechter, habe »schlechte Voraussetzungen für Frauen« geschaffen, denn »die Berlinerinnen der Vergangenheit sind Opfer der preußischen Grundtugenden der Sachlichkeit, Nüchternheit und Objektivität geworden«. Berlin sei im Grunde eine Stadt der Männer, und deshalb sei es »nicht leicht, ein Buch über die Berlinerin zu schreiben«.[69]

Ein vergleichender Blick in das Buch von Ann Tizia Leitich über Wien ergibt das umgekehrte Bild: Bei Leitich ist die Wiener Frau alles andere als sachlich. Sie ist entweder Ehefrau, Geliebte, Stubenmädchen, Hausfrau und vollendete Gastgeberin – oder sie ist Hofdame, Walzertänzerin und Schauspielerin. »Lebenslust und Farbe und Lachen« sind ihre Insignien, denn diese Haltung ist »die seelische Voraussetzung für die weibliche Kunst, sein Haus zu bestellen, nicht nur in Küche und Speisezimmer, sondern auch im übertragenden Sinn, Phantasie und Gemüt der Gäste befeuernd; Behaglichkeit, Schönheit verbreitend; die Ödnisse und Härten des Lebens abzuschleifen, seine Möglichkeiten zu vertiefen und leuchten zu machen. Es ist eine Kunst, die höchst wichtig ist für die Ausgestaltung der menschlichen Gemeinschaft und ihrer Beziehungen nach außen.«[70] Das »Wesen der Stadt« Wien wird einmal mehr als »besonders weiblich« charakterisiert, was Leitich auf die angebliche Verankerung der »Wiener Frau« in Natur und Geschichte zurückführt: »Sie ist ein tief verwurzeltes Geschöpf, und auch heute nicht eigentlich das, was man sich unter einer Großstädterin vorstellt, die zwischen Beton und Stein immer mehr von der Erde abgedrängt wird, die Natur höchstens im Auto erlebt und ähnlich diesem von einer metallisch-schimmernden und kühl verstandesmäßig ausgewogenen Schönheit ist.«[71] Nein, sie ist so sehr Natur, dass sie die Schönheiten der Wiener Landschaft in sich aufnimmt und wieder abstrahlt: »Die Farbe des herbstlichen Wiener Waldes spiegelte sich in ihrem Haar, das Blau der Donau in ihren Augen.«[72]

Als ein besonders raffinierter Griff in die literarische Trickkiste lässt sich das kaum bezeichnen. Und doch waren diese Bilder überaus wirkmächtig. Sie haben teilweise sogar Bestand bis in die neueste Zeit: Als die Stadtpsychologin Cornelia Ehmayer in einer Untersuchung zur kulturellen Physiognomie Wiens 2003 fragte, ob das »Wesen Wien« als Person männlich oder weiblich wäre, ergab sich ein merkwürdig eindeutiger Befund: Wien sei »auf jeden Fall eine Frau«.[73] Als Ehmayers Forschungsergebnisse dann von einer Kostümbildnerin szenisch umgesetzt wurden, zeigte sich immerhin, dass die Zeiten des »süßen Mädels« vorbei sind. Die Wienerin von heute war vielmehr eine Frau, die schon bessere Tage gesehen hatte. Grantig, wurschtig und in einem Aufzug, der längst aus der Mode ist. Zumindest darin war dann doch wieder eine kleine Portion Selbstironie zu erkennen.

05

EIN FEUILLETONSTOFF PAR EXCELLENCE

Zwei »Halbheiten deutschen Wesens«

»Die Wiener haben keinen guten Ruf in der deutschen Welt«, klagte der Wiener Theaterkritiker Willi Handl 1915, mitten im Ersten Weltkrieg. Es war eines der publizistischen Anliegen Handls in dieser Zeit, den Bündnispartner Österreich auch mental wieder nahe an das Deutsche Reich heranzurücken. *Der deutsche Österreicher* lautet einer seiner Artikel für die *Schaubühne*, in dem er versuchte, Franz Grillparzer als Vorzeigedeutschen in Stellung zu bringen und den Krieg als Chance zum nationalen Schulterschluss mit dem Nachbarland zu feiern. Ganz einfach war das nicht, zumal man in Preußen gerade in militärischen Dingen den Österreichern und speziell den Wienern nicht allzu viel zutraute. Andererseits war seit Kriegsbeginn die Gelegenheit für solche Einheitsbekundungen so günstig wie nie zuvor.

Die damals um sich greifende Kriegsbegeisterung der deutschen und auch der österreichischen Intellektuellen ist für uns heute kaum noch vorstellbar. Viele Hunderte prominenter Schriftsteller und Künstler hier wie dort haben den Krieg publizistisch angeheizt und als erhebendes nationales Erlebnis gefeiert. Der aus Linz stammende Autor und Kritiker Hermann Bahr, der seit den 1890er Jahren zwischen Wien und Berlin hin- und herpendelte, veröffentlichte bereits im ersten Kriegswinter einen Sammelband mit Kriegsaufsätzen unter dem vielsagenden Titel *Kriegssegen*. Darin erklärt Bahr den alten österreichisch-preußischen Dualismus für aufgehoben: »Uns« – also den Österreichern – »ist das deutsche Wesen erschienen«, und er geht noch weiter: »Wir haben uns wieder, nun sind wir nichts als deutsch.«[1] Wo immer sich ein solches Gefühl auf den Straßen der Stadt artikulierte, wurde es von den Intellektuellen begierig aufgenommen. So berichtete Felix Salten für das *Berliner Tageblatt*, wie sich im Juli 1914 in Wien die Nachricht verbreitete, dass Serbien die österreichischen Forderungen abgelehnt habe, man erwartete die Kriegserklärung. Inmitten einer Menschenmenge ging Salten die Ringstraße entlang, über den Schwarzenbergplatz, ohne dass ihm klar war, wohin dieser spontane Zug führen sollte. »Dann aber singen alle: ›Heil Dir im Siegerkranz …‹ Wir sind vor der deutschen Botschaft.«[2]

Im weiteren Verlauf des Krieges nutzte sich die deutschnationale Jubelrhetorik allerdings merklich ab, und es schob sich wieder die alte Idee von Wien und Berlin, den gegensätzlichen und komplementären Metropolen, in den Vordergrund. 1917 veröffentlichte Bahr eine Artikelserie, in der er darauf drang, dass Berlin und Wien voneinander zu lernen hätten, wobei einerseits die Berliner Disziplin und Tatkraft, andererseits das »österreichische Wesen« in die Waagschale geworfen werden. In Anspielung auf den Barockprediger Abraham a Sancta Clara nennt Bahr drei seiner Artikel *Merk's Wien, Merk's Berlin* und *Merkt's alle beide* und redet den beiden Hauptstädten stellvertretend für die beiden im Krieg vereinten Mittelmächte ins Gewissen. In weiteren Texten reflektiert Bahr schließlich über das Staatsgebilde, das aus dem siegreichen Krieg unter deutscher Führung hervorgehen sollte. Es handelte sich um das sogenannte Mitteleuropa, das Friedrich Naumann zu Beginn des Krieges in die Kriegszieldebatte eingebracht hatte und dessen Modell wiederum der in der Habsburgermonarchie zusammengefasste Vielvölkerstaat war.

Im Zuge dieser Idee wurden Österreich und Wien von Bahr in einer kuriosen argumentativen Kehrtwende rehabilitiert. Wenn das »deutsche Wesen« herrschen sollte, dann bitte auf österreichische Art: »Der Weltdeutsche, den diese Zeit verlangt, wird nicht umhin können, ein vergrößerter Österreicher zu sein, hoffentlich stark und gut vergrößert.«[3] Ähnlich liest es sich bei dem Dichter Richard Schaukal, der ebenfalls zunächst die wesensmäßige Einheit und »Blutsbrüderschaft« zwischen Österreichern und Deutschen gefeiert hatte und schon 1916 wieder einen Katalog der Differenzen aufblätterte, in dem einige der notorischen Wien-Berlin-Stereotypen versammelt waren: »Dort Weichheit, hier Härte, dort Biegsamkeit, hier Sprödigkeit, [...], dort Geist, hier Humor, dort Spottsucht, hier Ernsthaftigkeit, dort Lässigkeit, hier Ausdauer, dort Zierlichkeit, hier Würde, dort Geschmack, hier Bildung, dort Wolkigkeit, hier Klarheit«.[4] Die Klischees hatte auch die lautstarke Vereinigungsrhetorik von 1914 nicht kleingekriegt.

1918 erschien bei der Deutschen Buchgemeinschaft in Berlin *Vergleichendes zur Kulturgeschichte der beiden deutschen Hauptstädte Mitteleuropas.* Das Buch *Wien und Berlin* war eine Koproduktion des Wieners Willi Handl und seines Berliner Kollegen Julius Bab, eines binationalen Autoren-Duos mit einem klaren Anliegen: Im Zeichen des Krieges wollte man Wien und Berlin zu zwei gleichberechtigten Polen des neuen, aus dem Krieg hervorgehenden Deutschland erklären. Bab und Handl hatten die Vision, »daß Wien als die Hauptstadt deutscher Schönheit und Anmut neben Berlin, der Hauptstadt deutschen Denkens und deutscher Kraft, in höchsten Ehren dasteht. [...] Und jener zweifache Aufstieg auf verschiedene Gipfel von gleicher Höhe wird sich, als eine große deutsche Hoffnung, nur umso schöner vollenden, je reiner und offener da und dort der ursprüngliche Quell des Gedeihens bleibt: Österreichische Natur und preussischer Geist.«[5]

Seit Alfred H. Frieds Wien-Berlin-Analyse hatte es kein Buch mehr gegeben, das sich dem Städtevergleich in derselben Ausführlichkeit gewidmet hätte wie die Kulturgeschichte Babs und Handls, die 1926 in einer zweiten, veränderten Auflage erschien. An die Stelle des unterdessen verstorbenen Willi Handl trat nun Hermann Kienzl, ein gebürtiger Grazer, der den größten Teil seines Berufslebens in Wien verbrachte. Interessant ist, wie die beiden Autoren im Vorwort der neuen politischen Lage Rechnung zu tragen versuchen. Nun war es nicht mehr das Naumannsche Mitteleuropa, in dem den »deutschen Weltstädten Berlin und Wien« eine führende Rolle hätte zukommen sollen, sondern der Blick richtete sich wieder auf die Chancen einer »deutsch-österreichischen Anschlußbewegung«.[6] Insbesondere Kienzl, der die Kulturgeschichte der beiden Städte in einem neu verfassten Schlusskapitel bis in die Gegenwart hinein verfolgte, betonte nun die gegenseitige Liebe zwischen Wien und Berlin – eine Liebe, die aus der Nachkriegsnot geboren schien.

Als unmittelbar nach Kriegsende in Wien eine drastische Hungerkrise herrschte, organisierte Berlin Hilfe für die »Kinder von Wien«; unter anderem riefen sämtliche Berliner Theater zu Beginn ihrer Vorstellungen dazu auf, zu spenden. Umgekehrt kamen auf dem Höhepunkt der Inflation in Deutschland Lebensmittelpakete aus Österreich nach Berlin, ein Austausch, aus dem dann auch die Landverschickungsaktionen des Kinderhilfswerks hervorgingen.[7] Die alten Differenzen zwischen Wien und Berlin hatten sich, glaubt man dem Beobachter Hermann Kienzl, in diesen Jahren etwas nivelliert:

> Wien und Berlin – die Verkörperungen norddeutscher Tatkraft und südlicher Begabung und Anmut. Doch auf so einfache gegensätzliche Formeln lassen sich die beiden Städte nicht mehr einwandfrei bringen. Auch Wien hat unter drohendem Tode gelernt, die Kraft der Selbstrettung zu üben; und Berlin ist nicht mehr die große Kaserne der Garde-Grenadiere und -kürassiere.[8]

So steht das kulturgeschichtliche Werk von Bab, Handl und Kienzl ganz im Zeichen der Anschlussfrage. Es zielt auf eine mögliche Vereinigung Deutschlands und »Deutsch-Österreichs« in einem gemeinsamen Staat. Wien und Berlin als »die zwei sich ergänzenden Halbheiten deutschen Wesens«[9] zu bezeichnen, hat in diesem Kontext eine klare Funktion: Im Bild der beiden Hauptstädte sollten sich politische Visionen für die Zukunft abzeichnen.

Vorerst aber ließen die Verträge von Versailles und Saint Germain solche Gedankenspiele gar nicht zu, zumal die Regierung in Berlin gegenüber etwaigen Anschlussplänen ohnehin skeptisch war. In Kienzls Worten wurde Österreich zu einer Republik degradiert, die »nicht leben und nicht sterben kann«.[10] Ums tägliche Überleben kämpften aber vor allem die Menschen. Im Winter 1918/19 ging der Krieg zu Ende, und in Berlin wie auch in Wien waren Hunderttausende mit existenziellen Problemen konfrontiert. Hier wie dort musste eine vom Krieg traumatisierte Gesellschaft mit der Pandemie der Spanischen Grippe kämpfen, die Versorgungslage war prekär, Kohle war schwer zu bekommen, viele Familien wussten nicht, wovon sie am nächsten Tag leben sollten. In Berlin wurden Lebensmittel rationiert: 2350 Gramm Brot und 300 Gramm Fleisch in der Woche mussten ausreichen.[11] Die politische Landschaft war zerklüftet, radikale Gruppierungen schossen nur so aus dem Boden, Streiks, Krawalle und politische Unruhen waren an der Tagesordnung.

Schlimmer noch war die Situation in Wien. Carl Jacob Burckhardt, der damals als schweizerischer Gesandtschaftsattaché in Wien war, bilanzierte später: »Die Stadt bot einen Anblick, bei dem man überhaupt nicht mehr annahm, daß noch irgendetwas in ihr geschehen könne.« Von allem Elend in Europa war damals, so Burckhardt, »das Wiener Elend das schrecklichste, die Erschöpfung der Kaiserstadt die tiefste, die Aussicht des alten Österreichs die hoffnungsloseste«.[12] Und ähnlich schrieb ein Zeitungsredakteur des Deutschen Gewerkschaftsbundes: »Das Wiener Elend der Gegenwart ist in Mitteleuropa ohnegleichen.«[13] Der Kriegswitz von 1918, dass man die allgemeine Lage in Berlin als ernst, aber nicht hoffnungslos, in Wien dagegen als hoffnungslos, aber nicht ernst einschätzte, war wieder einmal nur ein Bonmot, in dem sich Mentalitätsunterschiede abbilden sollten. Dahinter lag eine harte Realität, die hier wie dort ernste und hoffnungslose Züge aufwies.

Die politischen Rahmenbedingungen hatten sich innerhalb weniger Jahre so dramatisch verändert wie nie zuvor. Das Deutsche Kaiserreich und die österreichisch-ungarische Monarchie hatten Seite an Seite den Ersten Weltkrieg verloren und waren politisch am Ende. Kaiser Franz Joseph war 1916 gestorben, sein Thronfolger Karl I. verzichtete am 11. November 1918 auf die Regierungsbeteiligung und besiegelte damit das Ende der Monarchie in Österreich, und der deutsche Kaiser Wilhelm II. flüchtete nach der Ausrufung der Republik tief enttäuscht ins niederländische Doorn. Gebietsabtretungen und Staatsneubildungen veränderten die politische und wirtschaftliche Geographie Europas. Österreich war davon besonders betroffen: Das Land verlor seine wichtigsten Agrar- und Industriegebiete, die Haupteisenbahnlinien des ehemaligen Habsburgerreiches wurden plötzlich zu Provinzstrecken degradiert. Die ehrwürdige Hauptstadt Wien wirkte nun wie der dysfunktionale Wasserkopf eines viel zu kleinen Körpers.

Auch Deutschland wurde nach der Revolution 1918/19 zu einer Republik, die mit den Kriegsfolgen noch lange zu kämpfen hatte. Gleichzeitig bildete sich in dieser Zeit der hervorgehobene Status Berlins heraus, das nun wirklich zur »Weltstadt« aufstieg. Zuvor war Berlin von respektablen eigenständigen Städten wie Charlottenburg, Schöneberg und Lichtenberg umgeben gewesen. Nun kam es zu einer groß angelegten Fusion: Durch das Inkrafttreten des Groß-Berlin-Gesetzes am 27. April 1920 überschritt die deutsche Hauptstadt die Marke von vier Millionen Einwohnern und wurde zur zeitweise drittgrößten Stadt der Welt, mit der innerhalb Deutschlands weder Köln noch Hamburg, Leipzig oder München auch nur annähernd konkurrieren konnten. Damit war Berlin als Metropole, wie wir sie heute kennen, eigentlich erst entstanden. Die Stadt wurde zum politischen, sozialen und kulturellen Experimentierfeld der Weimarer Republik.

Das zeigte sich in der Art und Weise, wie sich in Berlin die politischen Konflikte der Nachkriegszeit verdichteten; ideologische Graben- und Straßenkämpfe zwischen verschiedensten rechtsradikalen und linken Gruppierungen waren an der Tagesordnung. Die Spitze dieses Eisbergs waren die aufsehenerregenden politischen Morde der Weimarer Republik: Im Januar 1919 trieben die Leichen von Rosa Luxemburg und Karl Liebknecht im Landwehrkanal, 1922 wurde Reichsaußenminister Walter Rathenau unweit seiner Villa am Halensee im offenen Wagen erschossen. Die Republik geriet immer mehr unter Druck von rechts. 1926 wurde schließlich der aufstrebende Nationalsozialist Joseph Goebbels als Gauleiter von Berlin-Brandenburg in die Reichshauptstadt beordert. »Alle wollen mich nach Berlin als Retter. Ich danke für die Steinwüste«, schrieb er am 10. Juni in sein Tagebuch.[14]

In Berlin war die NSDAP bislang nur eine politische Randerscheinung gewesen, desorganisiert und zerstritten, ohne wirklichen Einfluss in der Öffentlichkeit. Goebbels sollte das ändern, und er nahm die Herausforderung an. Unter seiner Leitung waren die Berliner Nationalsozialisten nun nicht mehr zu übersehen: Sie probten den Gewaltexzess, wo es nur ging, mischten Versammlungen auf und zettelten gezielt Straßen- und Saalschlachten an. Gleichzeitig kopierte Goebbels den Stil der radikalen Linken, er gab sich als rebellischer Volkstribun im Ledermantel, fast wie ein Bolschewik, von Bertolt Brecht in dieser Zeit äußerlich kaum zu unterscheiden. Der Kampf um die Insignien der Straße war in vollem Gange; Berlin wurde zum Hexenkessel, in dem die unterschiedlichsten Lebensentwürfe und Lebensstile, Ideologien, Parteien und Splittergruppen ein toxisches Gemisch ergaben.

Ein Experimentierfeld eigener Ordnung war aber auch das berühmte fieberhafte Nachtleben der deutschen Hauptstadt. Nach 1918 fielen dort die Hüllen wie noch nie, und speziell die homosexuelle Szene Berlins wurde bereits kurz nach dem Krieg zu einer regelrechten Touristenattraktion. Der Historiker Felix Gilbert berichtet in seinen Memoiren, dass viele Berlin-Besucher aus dem Ausland immer zuerst das unmoralische Berlin sehen wollten, über das sie so viel gehört hatten. Neben dem Flughafen Tempelhof, dem Sechstagerennen und den einschlägigen Künstlerlokalen waren es vor allem die Etablissements und Tanzsäle der schwulen und lesbischen Halbwelt, die mehr oder weniger stolz vorgeführt wurden. 1931 erschien daher der Reiseführer für alle, die sich für die Halb- und Unterwelten Berlins interessierten: Curt Morecks *Führer durch das lasterhafte Berlin.* Eine Parodie auf den bildungsbürgerlichen Baedeker und zugleich ein Buch, das dazu beitrug, das Berliner Nachtleben salonfähig zu machen, indem es in gehobener Diktion durch Lokale wie das Eldorado, das Voo-Doo, die Zauberflöte und das Bürger-Casino führte, in »Nacht-Badeanstalten« und den »Kaschemmenbetrieb« der Ringvereine.

Aktuelle Fernsehserien wie *Babylon Berlin* zeigen heute ein historisches Berlin zwischen Verbrechen und Exzess und bieten damit ein denkbar einseitiges Bild der urbanen Realität der 1920er Jahre. Allerdings wurde dieses Image schon damals be-

Ein Transvestitenpaar tanzt 1926 in der legendären Bar Eldorado

wusst gepflegt. Der Schriftsteller Christopher Isherwood, selbst einer der schillerndsten Akteure des Berliner Nachtlebens um 1930, hat einen hellsichtigen Hinweis darauf gegeben, wie wir das unmoralische Berlin der späten Weimarer Republik lesen müssen: War die berühmte Berliner Dekadenz nicht, so fragt Isherwood, eine kommerzielle Marke, die die Stadt im Wettstreit mit Paris entwickelt hatte? Paris war die klassische Stadt der heterosexuellen Liebe, ein in Europa fast konkurrenzloser *straight girl market*, also blieb Berlin nichts anderes übrig, als seinen Besuchern eine »Maskerade der Perversionen« anzubieten. Isherwood stellt damit in Rechnung, dass sich Städte immer auch in Konkurrenz zueinander entwickeln, dass sie Alleinstellungsmerkmale auf den kulturellen und subkulturellen Märkten brauchen.

Wien hat Isherwood nicht erwähnt, dennoch ist klar, dass die österreichische Hauptstadt in diesem Netz der kulturellen Bezüge eine besondere Rolle spielte. Auch Wien war dezidiert ein Topos der romantischen, heterosexuellen Liebe. Als der Operettenkomponist Ralph Benatzky zum ersten Mal im Februar 1924 nach Berlin kam, sah er dort Dinge, die er aus Wien nicht kannte:

> Männer als Frauen und Männer, die Männer lieben. [...] Links ist rechts und unten ist oben. Die »Daisy«, die »Lilli«, die »Hansi« – Männer. Zweie tanzen, ganz eng, ganz ganz ineinander, Genital auf Genital, einer dem anderen in kurzen, geschickten Schrittchen, Stößen, Reibungsflächen bietend.[15]

Für Beobachter wie Benatzky war es, als hätte man die unbewussten Phantasien, denen der gelernte Nervenarzt Dr. Sigmund Freud in der Wiener Berggasse nachspürte, plötzlich von innen nach außen gekehrt: Alles war sichtbar, alles lag offen zutage.

Berlin boomte und verlieh dem Bild von den »goldenen« 1920er Jahren zwischen Währungsreform und Weltwirtschaftskrise seinen Glanz. Einen vergleichbaren Bedeutungsschub erlebte Wien, die »Hauptstadt ohne Reich«,[16] in dieser Zeit nicht. Dort hatte man vor allem den Eindruck, dass eine Ära unwiederbringlich zu Ende gegangen war. Zum Jahresende 1919 stellte die tschechische Journalistin Milena Jesenská der österreichischen Hauptstadt eine niederschmetternde Diagnose:

> Wien liegt in den letzten Zügen seines Ruhmes; wovon es getragen wird, ist die alte Tradition der Großstadt, ist nichts als der Umstand, dass seit Jahren alles in Gang ist, dass die öffentlichen Gebäude bereits gebaut sind, auch die Hotels, Restaurants, Bars, Theater, dass der ganze Mechanismus auch da funktioniert, wo er leerläuft.[17]

Eine provinziell gewordene Hauptstadt mit bedeutender Kulisse, ein Weiterleben im Standby: Das prägte aus Sicht vieler Beobachter die Atmosphäre der Stadt. Für Gustav Renker standen die ehemals kaiserlichen Gebäude in der Stadt herum »wie Skelette, von denen das Fleisch abgefallen ist«.[18] Curt Glaser attestierte Wien stellenweise nur noch das »Scheinleben eines balsamierten Leichnams«.[19] »Der Prater wird zertrampelt und das Riesenrad wird verkauft«,[20] schrieb Felix Salten 1920 erschrocken und resigniert im *Berliner Tageblatt*.

Von dieser allgemeinen Untergangsstimmung blieb auch eine andere Wiener Ikone nicht verschont. Im Dezember 1920 wurde in Paris das Orchesterstück *La Valse* von Maurice Ravel uraufgeführt: Ein Auftragswerk des russischen Impresarios und Ballettkönigs Sergej Djagilew, in dem Ravel das Thema »Wien und seine Walzer« bearbeiten sollte. Heraus kam ein wildes Stück, in dem die Wiener Ballatmosphäre des 19. Jahrhunderts in einen Strudel aus roher Gewalt übergeht. Ravel wollte sein Stück schlicht und einfach *Wien* nennen, aber der Titel *La Valse* war in Paris unverfänglicher. Ein treffender Kommentar zum Zustand der Stadt kurz nach dem Weltkrieg war es auf jeden Fall.

Die große Tradition schien nur noch ein Schatten zu sein, die

Gegenwart lag im Chaos. Karl Scheffler, der 1910 seine große Berlin-Kritik verfasst hatte, erlebte Wien nur noch als liebenswertes »Museum«, eine Stadt, »in der die Vergangenheit herrlich aufglänzt – und die Zukunft ganz dunkel ist«.[21] Und als Ralph Benatzky zusammen mit seiner Frau Josma Selim im April 1925 wieder nach Wien zurückkehrte, war er zwar froh, wieder zu Hause zu sein, aber enttäuscht von der »kleinstädtischen Kleinlichkeit«, die in Wien mittlerweile herrschte. Für ihn erlebte die Stadt insgesamt einen sozialen Abstieg: »Wien ist in einer Position, wie eine alternde Kokotte, die einen Handwerker geheiratet hat.«[22]

Der Handwerker, von dem Benatzky in seinem bissigen Bonmot spricht, hat einen greifbaren realhistorischen Hintergrund. Denn während die neugegründete erste österreichische Republik auf Bundesebene von den Christlichsozialen regiert wurde, übernahm in Wien die Sozialdemokratie das Ruder. Die Hauptstadt wurde zu einem der wichtigsten Zentren der Arbeiterbewegung in Europa, einer politisch »roten« Insel in einer »schwarzen« Umgebung. Dabei blieben revolutionäre Ansätze absolut in der Minderheit: Eine Rätedemokratie wie in München war dort nie im Gespräch, und Spartakisten wie in Berlin gab es ebenfalls kaum. Die Politik der sozialdemokratischen Stadtregierung setzte auf einen umfassenden Ausbau kommunaler Sozialpolitik, vor allem wurden Zehntausende günstiger Wohnungen errichtet. Die stolze Aufschrift »Erbaut aus den Mitteln der Wohnbausteuer« « findet man heute noch an den Fassaden der kommunalen Wohnanlagen. Sie ist so prominent platziert, weil sie dokumentiert, dass dort wirklich eine soziale Umverteilung der Ressourcen stattgefunden hat: Wohnbausteuer mussten alle Eigentümer von Immobilien bezahlen, egal ob sie Wohnungen vermieteten oder für sich selbst großzügige Häuser nutzten. Sie war eine der insgesamt 18 Luxussteuern, die der amtsführende Stadtrat für das Finanzwesen, Hugo Breitner, eingeführt hatte.

Die neue sozialdemokratische Stadtpolitik erfuhr bald auch eine ganz offizielle Unterstützung durch tonangebende Wiener

Intellektuelle: Im April 1927 unterschrieben 39 Prominente aus Wissenschaft, Kunst und öffentlichem Leben eine *Kundgebung des geistigen Wien*, in der sie die »große soziale und kulturelle Leistung der Wiener Stadtverwaltung« würdigten. Von Sigmund Freud und Alfred Adler über Robert Musil und Alfred Polgar bis hin zu Hans Kelsen, Alfred Lichtblau und Alma Mahler versammelte sich eine illustre Gruppe um die Vorhaben des Roten Wien, die als »Ringen um eine höhere Menschlichkeit« und »überpolitische[s] Werk« geadelt wurden.[23] Man kann in dieser Erklärung durchaus die Geburtsstunde einer sehr wienerischen Allianz zwischen sozialdemokratischer Stadtregierung und Kulturbürokratie sehen, die bis heute spürbar ist. Nicht zuletzt in kulturellen und kulturpolitischen Fragen ist Wien im Verlauf der letzten 100 Jahre eine durch und durch »rote« Stadt geblieben.

Auch in Berlin ist der Wohnungsbau der 1920er Jahre berühmt geworden, allen voran die mittlerweile zum UNESCO-Weltkulturerbe erklärten Berliner Großsiedlungen Carl Legien und Schillerpark, die Hufeisensiedlung und die Ringsiedlung in Siemensstadt sowie die Weiße Stadt in Reinickendorf. Dabei sind die Wiener Gemeindebauten mit der vom Bauhaus beeinflussten Berliner Moderne kaum zu vergleichen. Konservative und progressive Bauformen wechseln sich im Roten Wien ab, schon der erste Wohnkomplex zeigt das deutlich: Die Mareschsiedlung auf der Schmelz imitiert eine Kleinstadt mit einem Hauptplatz, an dem sich Wirtshaus, Kaufladen, Kino und SDAP-Parteilokal um einen kleinen Brunnen gruppieren. Zu den Wohnungen gehören Selbstversorgergärten, die Abschlüsse der Siedlung nach allen Seiten hin sind als Tordurchfahrten gestaltet. Ganz anders wirkt dagegen der Metzleinstalerhof am Gürtel, der »Ringstraße des Proletariats«, denn es handelt sich um einen der ersten Superblocks, dem viele weitere folgen sollten: etwa der Reumann-Hof, der Karl-Seitz-Hof und der Goethehof. 1930 wurde in Heiligenstadt der über einen Kilometer lange Karl-Marx-Hof eröffnet, damals der längste zusammenhängende Wohnbau der Welt. Andere wiederum sind wieder mehr als

Der Karl-Marx-Hof, um 1930

Stadt in der Stadt gestaltet, so der Sandleitenhof in Ottakring an den Hängen des Wilhelminenbergs mit seinen malerischen Durchgängen und Platzanlagen sowie Kindergarten, Bibliothek und zentraler Wäscherei.

Manche dieser Gemeindebauten wirken wie Festungen des Proletariats, wie gemacht für den Kampf des republikanischen Schutzbundes gegen die rechtskonservativen Heimwehrverbände, der vor allem während der bürgerkriegsähnlichen Zustände im Februar 1934 offen ausbrach. Baukörper wie monumentale Schiffsrümpfe, zackige Fassaden, Innenhöfe als Versammlungsorte. Zur Oberfläche der Gemeindebauten gehört auch ein reichhaltiger Fassadenschmuck aus Skulpturen und Reliefs, die den stilisierten Alltag der Werktätigen zeigen: die harte Arbeit auf dem Land und in der Fabrik, die vielen Frauen, die ihre Familien in schweren Zeiten über die Runden brachten. Man kann die Bedeutung dieser Architektur für die Stadt Wien kaum überschätzen. Denn das feudale, imperiale, bürgerliche Stadtbild erhielt dadurch ein bedeutendes Gegengewicht, das die Stadt bis heute prägt. Da in diesem Fall die Gemeinde Wien selbst Bauherrin war und die Wahl der Bauplätze keinen Marktgesetzen folgte, liegen die Gemeindebauten wirklich in der ganzen Stadt verteilt und sorgen für eine gewisse soziale Mischung, die es in Paris, London und auch Berlin so nicht gibt. Auch in den nobleren Bezirken wie in der Josefstadt und auf der Wieden, in Hietzing oder in Währing findet man zwischen den Villen und repräsentativen Mietshäusern immer wieder Gemeindebauten; der berühmte Karl-Marx-Hof steht sogar im ansonsten piekfeinen Döbling. Viele Oberflächen der Stadt tragen also eine sozialdemokratische Signatur: die Figuren, die Reliefs und Mosaiken, die roten Aufschriften, mit denen sich die SPÖ-Funktionäre verewigt haben.

Obwohl durchaus versucht wurde, das Rote Wien als Marke gegen die »Weltstadt Berlin« zu positionieren,[24] gehörte es noch lange nicht zum offiziellen Wien-Bild dazu. Vom Roten Wien und der Wiener Arbeiterbewegung mochte kaum jemand reden, dem es um den pointierten Gegensatz zu Berlin ging. Folglich blieben Feuilletons, Glossen, Revuen und Operetten viel lieber beim gemütlichen Wien und reproduzierten Bilder, die schon um 1900 eigentlich veraltet gewesen wären. Man kann auch daraus einiges über die Funktionsweise von Städtebildern lernen: Das Imaginäre der Stadt hinkt seiner Zeit meist hinterher. Und es folgt bestimmten Logiken, die sich der Konkurrenz zu benachbarten Städten verdanken. Im Gegensatz zum barocken Wien oder dem Wien um 1900 hat das Rote Wien jedenfalls lange gebraucht, um Eingang ins Imaginäre zu finden. Und vielleicht ist es dort noch immer nicht ganz angekommen.

Spiegelreflexe im Journalismus

Offensichtlich verliefen die Karrieren der beiden Städte nach dem Ersten Weltkrieg sehr unterschiedlich. Berlin hatte seinen alten Rivalen klar überholt, Wien schien in der Metropolenkonkurrenz kaum noch satisfaktionsfähig. Der Historiker Detlef Briesen hat sogar argumentiert, dass sich in den 1920er Jahren eine neue Polarität zwischen Berlin und München herauszubilden begann, welche die alte zwischen Berlin und Wien allmählich ablöste.[25] Gleichzeitig hatten viele Beobachter den Eindruck, dass sich die alten, fundamentalen Unterschiede im Stadtcharakter seit Kriegsende nivelliert hatten. Die soziale Not, die Proletarisierung weiter Kreise der Bevölkerung, der Pragmatismus des Roten Wien schienen darauf hinzudeuten. Der deutsche Reichstagspräsident Paul Löbe meinte, Wien und Berlin seien mittlerweile »Schwesterstädte« geworden, »die die gleiche soziale Struktur aufweisen und die gleichen Probleme haben«.[26]

Blickt man in die Feuilletons der Zeit, bestätigt sich dieses Bild allerdings nicht. Obwohl oder vielleicht auch gerade weil sich die beiden Städte nach dem Ersten Weltkrieg sehr unterschiedlich entwickelten, war das Thema Wien-Berlin in den 1920er Jahren so populär wie nie zuvor. Und weiterhin wurden die Differenzen zwischen den beiden Städten breitgetreten; plakative Vergleiche und wechselseitige Bezüge zwischen Wien und Berlin waren im Feuilleton der Weimarer Republik ein echter Renner. Als Arthur Kahane, Freund und Mitarbeiter des Theatermagnaten Max Reinhardt, 1926 im *Berliner Börsen-Courier* einen Text unter dem Titel *Die zwei Städte* publizierte, wussten alle Leser sofort, was gemeint war. Und es war ja auch ein dankbarer Stoff: Wie schon im 18. Jahrhundert oder zur Zeit des Deutschen Dualismus, wie schon zur Gründerzeit oder zur Zeit der Berliner und Wiener Moderne konnte man auch in den 1920er Jahren ganz nebenbei viele andere Themen verhandeln, wenn das Stichwort Wien-Berlin fiel. Das machte den Städtevergleich immer auch zu einem politischen Thema, und das nicht nur im Feuilleton. 1926 etwa kam ein Unterhaltungsfilm des deutschen Regisseurs Hans Steinhoff unter dem Titel *Wien – Berlin* heraus, eine harmlose Alltagsgeschichte zweier Familien aus zwei Städten, die in ihrer angeblichen Gegensätzlichkeit vorgeführt werden, sich dann aber aber wunderbar zusammenfinden und ergänzen. Das Kritikorgan *Paimann's Filmlisten* schrieb dazu, der Stummfilm punkte durch seine »gelungenen Gegenüberstellungen«, ein Titel allerdings spreche »den Anschlußgedanken, den der ganze Film in sehr delikater, dem Beschauer beinahe nicht zum Bewusstsein kommender, Art propagiert, unverhüllt aus und läßt ihn damit beinahe auf politisches Gebiet hinüberspielen«. So oder so: Das Spiel mit den Städteklischees eignete sich bestens, um politische Zeitkritik im Plauderton zu liefern und kulturelle Entwicklungen der Zeit satirisch aufzuspießen. Nach wie vor standen Wien und Berlin für zwei Arten, sich das gute und richtige Leben vorzustellen, und die Zahl der prominenten Grenzgänger:innen, über die man herziehen konnte, wurde von Jahr zu Jahr größer.

»Es sind jetzt sehr viel Wiener in Berlin«, schreibt Alfred Polgar 1922 lakonisch. Doch schon vor dem Krieg war die Präsenz von Wiener Künstlerinnen und Künstlern ein großes Thema in der Stadt gewesen. In Herwarth Waldens einflussreicher Künstlerzeitschrift *Der Sturm* erschien 1911 der Artikel eines namentlich nicht genannten »Spezialberichterstatters«, hinter dem wohl Walden selbst steckte. Der Text vermittelt einen satirisch überzeichneten, aber dennoch lebendigen Eindruck vom Innenleben des Berliner Café des Westens, in dem sich die Kunstszene der Hauptstadt traf:

> Dort, wo die Joachimsthalerstraße den Kurfürstendamm schneidet, haben sie den Sitz der Hölle aufgeschlagen. [...] Cassirer hat die Wände mit Klimtschen Satanswerken ringsum behängt. [...] Getische und Gestühle und alles Geschirr und Geräte, der letzte Schrei der Wiener Werkstätten. [...] Männer mit langen Haaren, schlangenhaft geringelten Locken, wildflatternden Kravatten, sezessionistischen Socken und alkoholfreien Unterhosen leben sich aus [...] und bringen durch ruchloses, dekadentes Kaffeetrinken die deutsche Kunst an den Rand des Abgrunds. [...] Altenberg kann leider das Reisen nicht vertragen, aber Hermann Bahr kommt zwei-

mal die Woche herüber, und Alfred Kerr steht in ununterbrochener telephonischer Verbindung mit der modernen Clique, während Karl Kraus von der Wiener Fackel Depeschen sendet […]. So vergeht der Tag, bis abends die große Orgie der täglichen modernen Nacht beginnt: die markzerfressende Zersetzungsarbeit der Caféhausliteraten.[27]

Auch wenn diese Passage natürlich satirisch überzeichnet ist, dokumentiert der »Spezialberichterstatter« den intensiven Austausch zwischen Wiener und Berliner Moderne in den Jahren vor 1914. Gustav Klimt, die Wiener Werkstätte und die Wiener Sezession dominieren das Interieur des legendären Lokals, der »Wiener Stil« wurde dort für kurze Zeit chic. Seit ihrer erfolgreichen Ausstellung mit neuestem Wiener Design 1904/05 in Hermann Hirschwalds Hohenzollern-Kunstgewerbehaus in der Leipziger Straße waren Josef Hoffmann und Koloman Moser in den sezessionistischen Berliner Kreisen ein fester Begriff.[28] Des Weiteren aber wird am Text deutlich, dass viele Wiener noch keinen dauerhaften Wohnsitz in Berlin hatten, sondern sich zwischen Wien und Berlin hin- und herbewegten. Die Aufenthaltsdauer war oft nur kurz; einige Künstler wie beispielsweise Oskar Kokoschka verbrachten lediglich eine Saison in Berlin, knüpften dort aber entscheidende Kontakte und erschlossen sich einen Kunstmarkt, der ihnen von Wien aus nicht zugänglich gewesen wäre. Kokoschka, der sich im März 1910 in Berlin niederließ und schon gegen Ende desselben Jahres wieder nach Wien zurückkehrte, wickelte von da an seine lukrativsten Verkäufe über die Galerien von Herwarth Walden und Ernst Cassirer ab, darüber hinaus publizierte er in Waldens *Sturm*.[29]

Nach dem Ersten Weltkrieg zogen viele Wiener:innen, die Berlin bisher nur sporadisch besucht hatten, die deutsche Hauptstadt als Hauptwohnsitz in Betracht. Grund dafür war die gewaltige Anziehungskraft Berlins, ein anderer Grund lag in den rigiden Luxussteuern des Wiener Finanzstadtrats Breitner, zu denen auch eine Abgabe gehörte, die vor allem die Kulturschaffenden im Bereich des Theaters und des Kabaretts schwer traf. Anton Kuh meinte dazu: »Eine mörderische Lustbarkeitssteuer hat die lachende Muse vertrieben.«[30] Aber auch andere Branchen wanderten ab. Nachdem in den frühen 1920er Jahren die nach der Oktoberrevolution emigrierten Russ:innen die weitaus zahlenstärkste Zuwanderergruppe gebildet hatten und das »russische Berlin« legendär geworden war, wurden sie laut Angaben des *Berliner Börsen Courier* im Jahre 1928 schließlich von den Österreicher:innen übertroffen. Zum Jahreswechsel zählte man demnach in Berlin 132 273 Ausländer:innen, »von den Angehörigen fremder europäischer Staaten waren Österreicher mit 26 218 am stärksten vertreten«.[31] Wenn der Wiener Romancier Heimito von Doderer einen seiner Essays mit dem Titel *Nicht alle zogen nach Berlin* überschrieb,[32] dann heißt das auch so viel wie: Fast alle zogen nach Berlin. Stephan Ehrenzweig meldete 1930, der Anschluss Österreichs an Deutschland sei nun immerhin im Feuilleton Wirklichkeit geworden. Damit sprach er für viele seiner Kolleginnen und Kollegen: »Angezogen von einem Chaos, das reizvoller scheint als der zauberhafteste Friedhof [...], sind wir hier eingezogen.«[33]

Viele Übersiedler hatten bestimmte Erwartungen an Berlin, die nicht immer erfüllt wurden. Allein das begründete schon ein eigenes journalistisches Genre. In seinem Feuilleton *Ein Wiener sieht Berlin* trug Paul Elbogen 1927 eine ganze Reihe der damals gängigen Klischees über Berlin in eine Tabelle ein, selbstverständlich immer vor dem Hintergrund der Wiener Verhältnisse. Elbogens Tabelle hatte zwei Spalten: »Die Lügen« und »Die Wahrheit«. Der Lüge »Das Essen in Berlin ist ungenießbar« steht die Wahrheit gegenüber: »Das Essen in Berlin ist international.« Der Lüge »Alle technischen Dinge sind vollkommen« steht die Wahrheit gegenüber: »Jeder zweite Lift ist kaputt.« Lüge: »Der Straßenverkehr ist verwirrend und gefährlich.« Wahrheit: »Der Straßenverkehr ist faszinierend und viel ungefährlicher als der um neun Zehntel geringere Wiens.« Lüge: »Man behandelt den Wiener als Übergang vom Münchener zum Menschen.« Wahrheit: »Man behandelt den Wiener bewusst höflicher als den Berliner.« Schließlich ringt sich der Wiener Journalist Elbogen zu einem seltenen Kompliment der Berliner Kaffeequalität durch: Lüge: »Der Kaffee ist sächsisch.« Wahrheit: »Der Kaffee ist (fast) wienerisch.«

In der Summe ergibt sich ein Bild, das auch erklären soll, warum Berlin trotz allem die bessere Stadt ist. Lüge: »Man kann in Berlin nicht leben, die neue Zivilisation um jeden Preis erdrückt einen.« Wahrheit: »Man kann in Wien nicht leben, die alte Kultur um jeden Preis schlägt einen tot.«[34] Das lustvolle Spiel mit öffentlichen Meinungen ist halb scherzhaft, halb ernst, und genau deshalb entfaltet es im Rahmen des Feuilletons seine Wirkung: Man weiß nie so genau, was nun wirklich stimmt, aber der spielerische Vergleich zieht eine ganz eigene Ebene der Wirklichkeit ein, in der man die Dinge schärfer sieht, als sie eigentlich sind.

Einer der Pendler, die sich am Gegensatz von Wien und Berlin besonders intensiv abgearbeitet haben, war der Journalist und Schriftsteller Joseph Roth, der das marode Wien der frühen 1920er Jahre hinter sich lassen wollte, aber über Berlin später den interessanten Satz sagte: »Ich bin fremd in dieser Stadt, darum war ich hier so heimisch.«[35] Sein Leben lang war Roth unterwegs, zwischen Wien, Berlin, Paris und den Stationen seiner vielen Reisen durch Deutschland, Frankreich, Russland und die Landschaften der eben erst zerfallenen Habsburgermonarchie. Berlin war indessen der Schauplatz seines beruflichen Erfolgs, dort wurde er zum angesehenen Feuilletonisten und nebenbei zum bekennenden Sozialisten, der auch für den *Vorwärts* arbeitete. In seinem Roman *Die Flucht ohne Ende* lässt Roth den ehemaligen Oberleutnant der österreichischen Armee Franz Tunda über Berlin sagen, diese Stadt liege »außerhalb Deutschlands, außerhalb Europas. Sie ist die Hauptstadt ihrer selbst. Sie nährt sich nicht vom Lande. […] Es ist der Inbegriff einer Stadt. […] Sie hat keine Gesellschaft. Aber sie hat alles, was überall in allen anderen Städten erst durch die Gesellschaft entsteht.«

Gerade aus Wiener Perspektive erscheint Berlin also weniger als festgefügte soziale Struktur, basierend auf althergebrachten

Veza und Elias Canetti

Hierarchien, sondern vielmehr als als offener Schauplatz heterogener und immer wieder überraschender Ereignisse. Das perfekte Jagdrevier für einen gelernten Reporter, dem es darum geht, die Widersprüche und Absurditäten der Gegenwart aufzuspießen:

> Wir sahen in einigen Tagen: einen Amokläufer und eine Prozession; eine Filmpremiere, eine Filmaufnahme, den Todessprung eines Artisten Unter den Linden, einen Überfallenen,

> das Asyl für Obdachlose, eine Liebesszene im Tiergarten am helllichten Tag, rollende Litfaßsäulen, von Eseln gezogen, dreizehn Lokale für homosexuelle und lesbische Paare […], einen Mann, der Strafe zahlte, weil er quer über einen Platz gegangen war, statt im rechten Winkel, eine Versammlung der Zwiebelessersekte und die Heilsarmee.[36]

Diese ungeheure Dichte der Eindrücke wirkte anziehend auf alle, die ihr tägliches Brot mit den Beobachtungen, Anekdoten und Sensationen des städtischen Alltags verdienten. Und so strömten in den 1920er Jahren die Journalisten aus dem ausgebluteten Wien nur so in die deutsche Reichshauptstadt. Nicht wenige Edelfedern führender Zeitschriften der Weimarer Republik waren Österreicher:innen: Neben den Stars Joseph Roth und Alfred Polgar, Anton Kuh und Egon Friedell, Hermann Bahr und Felix Salten waren das unter anderem Stefan Großmann, Albert Ehrenstein, Stephan Ehrenzweig, Paul Elbogen, Arnold Höllriegel, Lina Loos, Bruno Frei, Victor Wittner und Robert Müller. Sie schrieben für die *Weltbühne* und das *Tage-Buch*, den *Querschnitt* und die *Literarische Welt*, und sie versorgten die alte Theorie, dass das Feuilleton in Wien entstanden sei oder zumindest dort populär wurde, mit neuen Belegen. Siegfried Jacobsohn hatte bereits bei der Gründung der Wochenzeitschrift *Schaubühne* im Jahr 1906 zahlreiche Mitarbeiter aus Wien rekrutiert, und nach der Umbenennung der Zeitschrift in *Weltbühne* im Jahr 1918 intensivierte sich nicht nur der Austausch, sondern viele der österreichischen Beiträger residierten nun an der Spree.

Sie kultivierten eine Haltung, die erklären sollte, warum sie nach Berlin übersiedelt waren, obwohl sie Berlin nicht so richtig mochten. Sie nahmen, wie es Christian Jäger und Erhard Schütz mit Blick auf Karl Kraus und andere formulierten, Berlin in Kauf, weil sie in Wien nicht mehr leben konnten.[37] Aus dieser Ambivalenz speiste sich das Schreiben vieler Autoren zwischen den Städten. Die einen stürzten sich in den Berliner Betrieb, weil er immerhin viel mehr Zukunft versprach als das kleine Österreich. Andere kultivierten schließlich gleichermaßen den Blick zurück, so auch Joseph Roth, der sich immer mehr dem Schauplatz Wien zuwandte. Im *Vorwärts* erschien von Juli bis August 1924 sein Roman *Die Rebellion*, der im Wien der Habsburgermonarchie spielt, später, in den 1930er Jahren, sollten die Österreich-Romane *Radetzkymarsch* und *Die Kapuzinergruft* folgen – ein später, nostalgisch gefärbter Triumph der alten k. u. k. Monarchie über das vibrierende Berlin. Es war eine Rückkehr ins alte Österreich, die ohne Berlin so nicht denkbar gewesen wäre, und damit spielte Roth in seinen letzten Jahren seinen Traum von der guten alten Habsburgermonarchie gnadenlos gegen die nüchterne preußische Gegenwart aus. Preußen, resümierte Roth 1937 in einem Brief aus dem französischen Exil, habe er »immer verachtet. [...] Für mich war dieses Dreckland das, was Kalifornien einem Goldgräber ist.«[38]

Berlin als Eldorado der Oberflächlichkeit, in dem man die schnelle Mark machen kann: Diese Vorstellung hatten viele österreichische Autoren, die gleichsam als ›Gastarbeiter‹ in den Norden zogen. Ähnlich wie Roth – allerdings nicht ganz so bissig – hat sich zunächst auch der Journalist Stefan Großmann über Berlin geäußert. Am 18. Mai 1914 schrieb er seiner Frau aus Berlin nach Wien: »Ester, hier in Berlin sind wir doch nur ein paar Jahre. Um reich zu werden. In fünf Jahren sind wir spätestens wieder in Wien.«[39] In diesem Punkt irrte sich Großmann. Bis zu seiner Ausweisung durch die SA 1933 blieb er fast durchgehend in Berlin und stieg dort zu einem der wichtigsten Publizisten der Weimarer Republik auf, zunächst als Feuilletonchef der *Vossischen Zeitung*, dann als Gründer und Herausgeber der linksliberalen Kulturzeitschrift *Tage-Buch*.

Der größte literarische Gegenspieler des Wieners Großmann war indessen der Wiener Karl Kraus. Als 1930 seine Autobiographie *Ich war begeistert* erschien, reagierte Kraus in der *Fackel* mit einem Verriss unter dem Titel *Ich war angewidert*. Seinerseits angewidert zeigte sich Großmann von Kraus, den er als »tragischen Zwerg« bezeichnet hatte, aber auch von der Reichshauptstadt Berlin, dem Schauplatz seiner großen beruflichen Erfolge: »Nein, fort, fort, fort«, schreibt er 1922 an seine Frau. »Die Deutschen sind zu blöde. Hier kann man nicht bleiben. Schaff eine Wohnung in Wien.«[40] Gleichzeitig genoss Großmann natürlich den Berliner Betrieb, in dem er sich eine Schlüsselrolle erobert hatte. Der Literaturwissenschaftler Bernhard Fetz hat darauf hingewiesen, dass Großmann wie kaum ein anderer auf Wien- und Berlin-Stereotypen zurückgriff, um darüber seine eigene Position als kritischer Publizist zu bestimmen. Berlin stand für das harte, asketische Geschäft, Wien für die aristokratische Lebenskunst. Um in seinem Metier erfolgreich zu sein, brauchte Großmann beides, und erst die Balance zwischen Berlin und Wien – oder dem, was man damals dafür hielt – machte ihn als Geschäftsmann und Autor aus.

Die Stadt, die Talente frisst

Der König des gehobenen Feuilletons und Großmeister der Sprachkritik, Karl Kraus, bewegte sich seinerseits auch zwischen Wien und Berlin. Er war publizistischer Alleinherrscher der Zeitschrift *Die Fackel* und unbarmherziger Kritiker der gesamten deutschsprachigen Presselandschaft. Wien war unbestritten seine Operationsbasis, aber er nutzte Berlin, um eine produktive Distanz zum verkrusteten Wiener Betrieb zu gewinnen. Unreflektierte Wien-Begeisterung war ihm ein Dorn im Auge. So karikierte er in einer seiner Glossen 1924 den »Berliner in Wien«, der Wien zum Ziel seiner Träume stilisiert, und hält fest: »Das Wiener Paradies ist jetzt als Gegenstück zur Berliner Hölle ein vielbegehrter Artikel, den zu schreiben sich kein deutscher Publizist entgehen lässt.«[41]

Den Anlass zu dieser Tirade bot Theodor Wolff, einflussreicher Herausgeber des *Berliner Tageblatts*, der in einem Artikel geschrieben hatte, in diesen Zeiten nach Wien zu kommen, sei, »als ob der hin und her geworfene Odysseus die Insel der Phäaken betritt«. Da sind sie wieder einmal, die Phäaken, die schon Felix Salten auf die Palme gebracht hatten, und es geht noch weiter, denn »die wirklichen Wiener Bürger und Bürgersfrauen verzehren dort Schnitzel, so groß wie Bettdecken, und Berge von Kaiserschmarrn, während ein prächtiges Bier in hohen Gläsern vor ihnen steht«.[42] Kraus kommentiert diese Idylle nur zynisch: »Sehn's, so heiter is das Leben bei uns in Wien, wenn der Berliner nachschauen kommt.«[43] Mit den Blickbeziehungen zwischen beiden Städten kannte sich Karl Kraus bestens aus. Selbst ein Pendler zwischen Wien und Berlin, gehörte er gleichfalls dem Kreis um Herwarth Waldens *Sturm* an, war mit Brecht befreundet und ging in den einschlägigen Künstlerlokalen der deutschen Hauptstadt ein und aus. Gleichzeitig betreute er in Wien die *Fackel* als Ein-Mann-Betrieb, von den Kollegen entweder verehrt oder verachtet.

Was allerdings die Frage angeht, ob Kraus letztlich Wien oder Berlin favorisierte, so fällt die Antwort eindeutig aus: Berlin war für ihn so etwas wie das kleinere Übel. Seine Berliner Rolle war die eines Wien-Flüchtlings, der sich aus dem »Unwesen« in die »Wesenlosigkeit« gerettet hatte. Und er phantasierte von einem nie geschriebenen Buch über Wien und Berlin, in dem er die alten Klischees gern durcheinandergerüttelt hätte:

> Ich würde die Idyllen der Leipziger Straße schildern und die Gefahren der Himmelpfortgasse. Und es risse mich hin, dieser antiquierten Schönheitssucht, die sich in krummen Gassen weidet, die Poesie der graden Linie vorzuziehen und diesem Leben, das auf Krücken zu seinen Wundern kriecht, das Leben der mysteriösen Selbstverständlichkeit.[44]

Denn, so die bissige Pointe seiner Aphorismenserie *Von zwei Städten*: »In einem Trödlerladen kann ich nicht wohnen. Lieber bin ich beim Parvenü zu Gast, der imstande ist, die ganze alte Kultur zu kaufen.«[45]

»Wie lebst du?« Diese Anfrage erhielt Stefan Großmann im

November 1918 von einem weiteren bekannten Wiener Feuilletonisten, der sich mit dem Gedanken an eine Übersiedlung nach Berlin trug. »Wenn man wieder reisen kann, komme ich nach Berlin. Bei Euch mag es schlimm zugehen. Aber von der unerträglich dumpfen, armen, trostlosen Atmosphäre hierorts kannst Du Dir doch kaum eine Vorstellung machen.«[46] Alfred Polgar, von dem diese Zeilen stammen, reiste in den 1920er Jahren zwischen Wien und Berlin hin und her und verkehrte in den Intellektuellenkreisen beider Metropolen. In Wien traf man ihn in der altbekannten Runde im Café Herrenhof, mit Ernst Polak, Leo Perutz, Anton Kuh, Otto Soyka und anderen. In Berlin hielt er sich im Kreis um die *Weltbühne* rund um Carl von Ossietzky, Kurt Tucholsky und Walter Mehring auf sowie in der Bar des Hotel Eden am Kurfürstendamm, in der eine bunte Wien-Berliner Melange zu finden war: Die Schaupieler Fritzi Massary und Max Pallenberg verkehrten dort ebenso wie Erich Maria Remarque und Marlene Dietrich.[47]

Als einer der wenigen prominenten Autoren, die sich 1914 jeder Kriegsbegeisterung verweigert hatten, und als brillanter Meister der kleinen Form genoss Polgar hier wie dort allen Respekt. Dabei galt er in Berlin als Prototyp des Wieners und alles Wienerischen – im besten Sinne. Der Kritiker Hans Sahl bezeichnete ihn als »Chargé d'Affaires einer Wiener Kultur, die in den 20er Jahren nach Berlin übersiedelte, angezogen von der künstlerischen Dynamik dieser Stadt und der witzigen Lebensart ihrer Bewohner, was jedoch sie, die Wiener, nicht daran hinderte, ihre Überlegenheit in Fragen des kulinarischen Geschmacks mit Wendungen wie ›Ein Volk, das‹ usw. auszuspielen; zum Beispiel ›Ein Volk, das sich nicht scheut, den Tafelspitz mit etwas, das sie Soße nennen, eine Art von Mehlpampe, die bei uns behördlicherseits verboten ist, zu begießen, verdient es nicht, dass …‹«.[48]

Alfred Polgar gehörte sicherlich zu denjenigen Exilanten, die ihre Herkunft mit einem gewissen aristokratischen Stolz kultivierten. Als Parade-Wiener war er in Berlin zu einer Marke geworden. Oft aber erwiesen sich gerade die Parade-Wiener als Berliner – und umgekehrt. Der brillante Feuilletonist Anton

Kuh, der in den 1920er Jahren zunächst in Prag und Wien, dann ab 1928 in Berlin lebte, hat dieses Wechselspiel so scharf beobachtet wie kaum ein anderer. Schon seine eigene Übersiedlung begründete er mit der bissigen Auskunft, er wolle lieber in Berlin unter Wienern als in Wien unter Kremsern leben. Während Kuh sich in der Hauptstadt des klein gewordenen Österreich an der »kremserischen« Provinzialität stieß, regten ihn die Wiener in Berlin vor allem dadurch auf, dass sie sich als Berliner gebärdeten. Die Pointe dieser doppelten Polemik ist offensichtlich: Die echten Wiener gibt es gar nicht mehr, in Wien sind sie Kremser und in Berlin sind sie Berliner. Überhaupt galt allen »zugereisten Patentberlinern vom Schlage eines Kisch, Bronnen, Fränkel, Kortner«[49] seine besondere Verachtung.

Im Februar 1927 nun berichtete Kuh, der ein kongenialer Stegreifredner war, von einer seiner Vortragsveranstaltungen in Berlin. Einige Presseberichterstatter hatten sich ausgerechnet über seine wienerische Art mokiert:

> [D]aß ich, hihi, so der richtige Wiener sei, lose Zunge, weicher Kopp; Dampfplauderer ohne sachliches Rückgrat. [...] Denn es gibt in den Berliner geistigen Betrieben (Literatur, Theater, Kino) augenblicklich – und kennzeichnenderweise genau seit der Markstabilisierung und dem Zuzug aus Österreich – eine ganz deutliche ›Anti-Wien‹-Stimmung; aller Orten verziehen sich die Gesichter über die naja, kennwaschon, eure liebenswürdige, plauderhafte, espritvolle, duselige Note. Blickt man näher hin, horcht man genauer – sind's Wiener.[50]

Kuh, dessen Selbstbewusstsein mindestens so groß gewesen sein dürfte wie sein Redetalent, schließt den Artikel nicht ab, ohne seine Kritiker so richtig durch den Kakao zu ziehen: In Wien seien sie zweite, dritte, vierte Garnitur gewesen, in Berlin hätten sie Erfolg dank ihrer als Sachlichkeit missverstandenen Farblosigkeit. Und nun, zum Schluss, der Paukenschlag:

Billie Wilder, um 1926

> Mimikry? Nein. Oder nicht allein. Es wird, kommen Sie noch näher an mein Ohr, es müssen nicht alle hören, schon noch etwas anderes sein, nämlich: Angst vor der »ersten« Garnitur. Kenn ich euch Pappenheimer? Die ihr namens des Ethos bis in die Knochen eures Untalents zittert, wenn einer lauter und kühner redet als ihr?[51]

Ein journalistisches Phänomen eigener Klasse war der junge Billie Wilder, der sich seine Ausbildung als Drehbuchschreiber und Regisseur buchstäblich auf der Straße verschaffte: als Sensationsreporter bzw. Journalist im Wien und Berlin der 1920er Jahre. Er passt in kein Wien-Berliner Schema: Mit der Last der Tradition hielt er sich nicht lange auf, sein Zugang zu beiden Städten war ausgesprochen pragmatisch. Kaum aus der Schule, brachte es Wilder einmal zustande, an einem einzigen Morgen Sigmund

Freud, Alfred Adler, Arthur Schnitzler und Richard Strauss zu interviewen.[52] Und als 1926 die weltberühmten Tiller Girls am Wiener Westbahnhof eintrafen, war es selbstverständlich der erst 19-jährige Wilder, der sie dort zu einem Interview empfing. Dass der Zug mit den Tiller Girls ausgerechnet aus Berlin kam, spricht für sich. Zwei Monate später gastierte Paul Whiteman, der König des Symphonic Jazz, mit seinem Orchester in Wien. In einer Zeit, als Jazz in Europa noch so gut wie unbekannt war, ein großes Ereignis. Whiteman gefiel der gewandte Jungreporter, und irgendwie brachte Wilder es fertig, von Whiteman nach Berlin mitgenommen zu werden, um über dessen dortige Auftritte zu berichten. Wilder packte seine Sachen und kam für lange Zeit nicht mehr nach Wien zurück.[53]

In Berlin nahm ihn der »rasende Reporter« Egon Erwin Kisch unter seine Fittiche. Wilder wohnte in der Güntzelstraße 3 in Wilmersdorf in einem möblierten Zimmer, ein Stockwerk unter Kisch, und im Romanischen Café durfte er am berühmten »Tisch von Kisch« sitzen, wo er Filmideen auf Papierservietten notiert haben soll. Wilders berühmteste Story war der in der *B. Z.* erschienene vierteilige Bericht »Herr Ober, bitte einen Tänzer!«, den er auf der Basis eigener Erfahrungen verfasst hatte. Als bezahlter Tanzpartner tröstete er alternde Gesellschaftsdamen und schrieb darüber – ein Job, der ihm letztlich eine Anstellung als Nachtredakteur beim *Berliner Börsen-Courier* verschaffte. Schließlich sollte Wilder beim Ullstein-Verlag an einem neuen Boulevardblatt mitarbeiten, dessen Name Programm war: *Tempo.* Auf diese Weise trug Wilder nicht wenig zu dem Bild bei, das die Metropole der 1920er Jahre abgab: Er begeisterte sich für Kino, Jazz, Sport und alles, was aus Amerika kam, er mischte den Berliner Pressebetrieb auf und schrieb Drehbücher.

Seine erste Arbeit dieser Art war das Skript zu Ernst Laemmles Spielfilm *Der Teufelsreporter* von 1928. Mit dem Protagonisten Eddie Polo schuf sich Billie Wilder ein Alter Ego, und es ist wohl kein Zufall, dass dieser Teufelsreporter im Film bei einer Zeitung mit dem Namen *Rapid* arbeitet. Berlin ist in diesem

Film eine atem- und rücksichtslose Stadt der Moderne, eine Stadt des Asphalts, der Automobile und des Telefons.[54] Doch Wilder bildete auch die ruhigere Seite des modernen Berlin ab: 1930 wurde nach seinem Skript *Menschen am Sonntag* gedreht – ein Streifen über die Freizeit der neuen Mittelschicht, der Angestellten. Man verabredete sich am Bahnhof Zoo, an der sogenannten Normaluhr, die Wilder in einer seiner Reportagen als beliebten Treffpunkt beschrieben hat: Jeder starrt dort auf die Uhr, manchmal geht sie zu schnell, manchmal zu langsam.

Billie Wilder hatte sich in atemberaubender Geschwindigkeit von seiner Heimatstadt emanzipiert. Paul Whiteman war sein Ticket nach Berlin gewesen, und Berlin wiederum war für ihn, der später einer der erfolgreichsten Regisseure Hollywoods werden sollte, das Ticket in die weite Welt. Dort wurde dann aus dem »Billie« ein »Billy«, mehr Verwandlung war nicht nötig. Eine solche Blitzkarriere brachten freilich nur wenige zustande. Dennoch war klar, dass man aus Wien wegmusste, um sich zu entfalten.

> Alle in Wien gebliebenen sind nichts geworden, alle ins Ausland gegangenen sind etwas geworden, das darf ich ohne weiteres sagen. Weil ihnen Wien genügt hat, sind sie nichts geworden zum Unterschied von denen, denen Wien nicht genügt hat und die im entscheidenden Augenblick aus Wien weg in das Ausland gegangen sind, dachte ich auf dem Ohrensessel.[55]

Der Protagonist aus Thomas Bernhards Roman *Holzfällen*, in dem ein ganzes Wiener Künstlermilieu desavouiert wird, fasst mit diesen Worten zusammen, was schon viele vorher gedacht und ausgesprochen haben. In der Tat haben die Karrieren vieler Wiener Kulturschaffender erst im Ausland Fahrt aufgenommen, und vielen erschienen gerade die 1920er Jahre als der »entscheidende Augenblick«, um Wien in Richtung Berlin zu verlassen. Dabei war ein Platz an der Sonne dort keineswegs garantiert, vielmehr spielten sie *va banque* und hofften auf eine Chance.

Carl Zuckmayer erinnert sich daran, wie das Berlin der 1920er Jahre mit seinen Neuankömmlingen umging:

> Diese Stadt fraß Talente und menschliche Energien mit beispiellosem Heißhunger, um sie ebenso rasch zu verdauen, kleinzumahlen und wieder auszuspucken. Was immer in Deutschland nach oben strebte, saugte sie mit Tornado-Kräften in sich hinein, die Echten wie die Falschen, die Nuller wie die Treffer, und zeigte ihnen erst mal die kalte Schulter.[56]

Was man neben einer gehörigen Portion Talent brauchte, um auf dem literarischen Parkett zu reüssieren, waren die richtigen Kontakte. Eine der Wiener Schlüsselfiguren in Berlin war der Bankierssohn und Autor Georg Fröschel, dem das Kunststück gelang, gleich seine ersten Romane *Der Schlüssel zur Macht* und *Die Geliebte Roswolskys* als Filmstoffe zu verkaufen. Die UFA war an dem jungen Erfolgsautor interessiert, und so siedelte Fröschel 1921 von Wien nach Berlin über, stieg ein Jahr später sogar zum Chefdramaturg der UFA auf und wechselte 1924 als Lokalreporter zur *B. Z. am Mittag*, für die er unter anderem über den berüchtigten Serienmörder Fritz Haarmann berichtete. Das beschleunigte seine publizistische Karriere nochmals, bis er 1927 im Herzen des Berliner Pressebetriebs angekommen war: bei Ullstein.

Als leitender Redakteur der *Berliner Illustrirten Zeitung* wurde Fröschel für viele Autoren aus Österreich, die nach Berlin kamen, zu einer wichtigen Schaltstelle. Er förderte Robert Musil, Leo Perutz und Otto Soyka und vermittelte nicht nur Victor Wittner die Anstellung als Chefredakteur des *Querschnitt*, sondern auch Otto Zoff und Vicki Baum wichtige Schriftleiterposten im Hause Ullstein. Eine weitere Schriftstellerin, die von Fröschel entscheidend gefördert wurde und mit der er zeitlebens eng befreundet war, ist Regina Wiener, bekannt unter dem Namen Gina Kaus. Im Leben der gebürtigen Wienerin spielte Berlin eine Schlüsselrolle – es ist charakteristisch, dass sie das einleitende Wien-Kapitel ihrer Autobiographie mit dem Satz beginnt: »Im Januar 1915 fuhr ich zum ersten Mal nach Berlin.« Berlin, das war auch für Gina Kaus ein Ort, in dem der Erfolg in der Luft zu liegen schien. Über ihren ersten Besuch im Café des Westens und die dort geführten Gespräche schreibt sie: »Jeder Satz, der gesprochen wurde, schien mir eine Tür zu öffnen.«[57]

Jahrelang lebte Kaus ein Leben zwischen den Städten, verkehrte im Café Herrenhof und im Café Central in Wien, war Freundin und Reisegefährtin von Karl Kraus, wurde zweifache Mutter, schrieb für mehrere Zeitungen und gewann 1921 für ihre erste Novelle *Der Aufstieg* den Fontane-Preis für Kunst und Literatur. Als 1933 in Berlin die Romane von Gina Kaus verbrannt wurden, bezog sie zusammen mit ihrem zweiten Ehemann, dem Rechtsanwalt Eduard Frischauer, wieder eine Wohnung in Wien. Es war nicht irgendeine Wohnung: Da die Paramount Kaus kurz zuvor den unvorstellbaren Betrag von 15.000 Dollar für die Verfilmung ihres Romans *Überfahrt* angeboten hatte, konnte sich Kaus eine Wohnung im Philipphof leisten, in bester Innenstadtlage, am Platz gegenüber der ehrwürdigen Albertina. Später, im März 1938, als im Radio durchgesagt wurde, dass Adolf Hitler triumphal in Linz Einzug gehalten hatte, verlor Kaus auch diese Wohnung. Überstürzt reiste sie nach Zürich ab, wo sie Alfred Polgar und seine Frau Elise auf dem Bahnsteig in Empfang nahmen. Die Polgars waren abends zum Hauptbahnhof gegangen, einfach um zu sehen, wer vor der nationalsozialistischen Machtübernahme in Wien geflüchtet war. Man kannte sich natürlich von früher, aus den Wiener Kaffeehäusern und den Berliner Künstlerlokalen. Ein bitteres Wiedersehen an der Schwelle zum Exil: »Polgar und ich weinten hemmungslos.«[58]

Gastronomische Blickwechsel

Auch die Liebe zur Stadt geht durch den Magen. So sind es immer wieder die Küche und die Gastronomie, von denen vergleichende Betrachtungen zu Wien und Berlin ausgingen. Reiseliteratur und Feuilleton stürzten sich schon früh auf dieses Thema und spießten die kulinarischen Eigenheiten beider Städte ironisch auf. In seinem 1875 publizierten Weltausstellungsbericht vermerkt schon Julius Rodenberg: »Was auf so einer wiener Speisekarte sich herumtummelt mit ›Pofesen‹ und ›Ribisel‹ und ›Hetschabetsch‹ und ›Nockeln‹ und ›Kren‹ und ›Marillen‹ [...], das geht über allen norddeutschen Verstand.«[59] Überhaupt wurden Essen und Trinken, Küche und Gastronomie gern herangezogen, um den Geist einer Stadt zu umschreiben. Glaubt man den vielen historischen Reportagen über die Wiener und die Berliner Küche, dann ist in diesem Zusammenhang die Wien-Berliner Differenz in Reinkultur zu erleben: Hier der lebensfrohe Süden, dort der asketische Norden. Hier aristokratischer Genuss, dort proletarischer Notwendigkeitsgeschmack. Hier die verfeinerte Wiener Küche, in der höfische Standards mit Einflüssen aus der gesamten Habsburgermonarchie zu einer Einheit verschmolzen wurden, und dort eine durch Lokalpatriotismus aufgewertete Grobkost, basierend auf Pökelfleisch, Würsten und Sülzen, Kartoffelstampf, Sauerkraut und Erbspüree.

»Das Essen ist für den Berliner nur [...] das Mittel, die Maschine in Gang zu halten, beim Wiener ist es Selbstzweck«, schreibt Alfred H. Fried. Die Wurststulle repräsentiert für ihn die kulinarische Kultur der deutschen Hauptstadt – aus seiner Sicht ein Beleg dafür, dass Berlin eigentlich gar keine eigene Küche hat. Ein anderer Wiener, nämlich der Kabarettist und Kulturhistoriker Egon Friedell, hat das ähnlich empfunden und die Qualitätsunterschiede auf folgende Formel gebracht:

> In Wien bekommt man, genau genommen, in allen Restaurants nur Gulasch zu essen, aber es schmeckt immer anders. In Berlin bekommt man alles, was es gibt: Austernpastete, warmen Hummer, Ananascreme, gebackene Trüffeln, aber es schmeckt alles wie Sülzkotelette.[60]

Dass das Wiener kulinarische Niveau in Berlin weit unterboten wurde, daran lassen auch die Berliner Autoren keinen Zweifel.

Doch wichtiger noch als die Frage, *was* es zu essen gab, war die Frage, *wo* und *wie* man speiste. Viele Autoren operieren an dieser Stelle mit dem Gegensatz zwischen dem Wiener Kaffeehaus und den in Berlin in den 1890er Jahren etablierten Schnellrestaurants der Gebrüder Aschinger. Dieser Kontrast bot eine ideale Gelegenheit, die geläufigen Vorstellungen vom unterschiedlichen urbanen Betriebstempo in Berlin und Wien am konkreten Beispiel vorzuführen. So schreiben Bab und Handl, im Wiener Kaffeehaus werde »nicht das Verzehren, sondern das Verweilen [...] als Zweck des Lokals empfunden«. Die »geschäftigen und ungemütlichen Aschinger-Stehbierhallen« hingegen seien »nur die sehr praktische Durcharbeitung einer im Ausland entstandenen Form«.[61]

In der Tat verweist das Berliner Unternehmen der Brüder Aschinger auf die internationale Entstehungsgeschichte des Schnellrestaurants. Nur sieben Jahre vor der ersten Berliner »Bierquelle« war im September 1885 mit dem *Exchange Buffet* an der New Yorker Wall Street das erste Selbstbedienungsrestaurant der Welt eröffnet worden. Aschinger zog nach, und kurz darauf wurde Berlin sogar weltweit zum Vorreiter auf dem Gebiet der »Automatenrestaurants«, als Ludwig Stollwerck 1896 in der Leipziger Straße sein erstes Haus eröffnete. Die Speisen wurden dort nach Münzeinwurf vollautomatisch ausgegeben, ohne dass die Kunden Kontakt zum Personal hatten. Lokale wie bei Aschinger und Stollwerck standen für die radikale Rationalisierung der Gastronomie – wenn man so will, der totale Gegenentwurf zur Wiener Gemütlichkeit. Der spätere Außenminister und Reichskanzler der Weimarer Republik Gustav Stresemann hat in seiner Dissertation über das Berliner Flaschenbiergeschäft die Aschingerschen Bierquellen als Beispiel für die Beschleunigung des städtischen Konsumverhaltens beschrieben: Dort herrsche »ein ewiges Hasten und Treiben, Kommen und Gehen, die einzelnen kaum sich Zeit lassend, um Platz zu nehmen, sondern im Stehen eines der obligaten belegten Brötchen oder ein Glas Bier hinunterstürzend und mit dem Blick auf die Uhr nach einigen Minuten wieder forteilend«.[62]

Aschingers Bierquellen waren Anlaufstellen für die Arbeiter und kleinen Angestellten. Zu Erbsensuppe und Bier konnte man sich dort so viele Schrippen nehmen, wie man wollte – ein simples Prinzip, um für wenig Geld satt zu werden. Der Zulauf war garantiert. Kasseler Rauchfleisch, Brühkartoffeln, Wurststullen, Bockwurst mit Kartoffelsalat, Hackepeter mit Brötchen waren die Klassiker, unkompliziertes, nahrhaftes Essen für den kleinen Geldbeutel. Aschinger, das war auch ein Inbegriff für die vielen kleinen Freiheiten, wie sie nur die Metropole bieten konnte. Selbst wenn man sich kaum etwas leisten konnte, hier durfte man sein. Für den Schweizer Robert Walser war das eine Befreiung:

»Da die Leute rasch wechselten, gab es viel zu sehen«: In einer Filiale des Schnellrestaurants Aschinger (1930er Jahre)

> Das Schönste ist: Man kann stundenlang am Fleck stehen, das verletzt niemanden, das findet kein einziger von all denen, die kommen und gehen, auffällig. Wer hier an der Bescheidenheit Geschmack findet, der kann auskommen, er kann leben, es hindert ihn niemand. Wer keine gar so besondere Herzlichkeit beansprucht, der darf ein Herz haben, man erlaubt ihm das.[63]

Als billiges Schnellrestaurant der kleinen Leute wurde der Aschinger also auch zu einem sozialen Universum für sich, und es gab nicht wenige Zeitgenossen, die gerade das zu schätzen wussten. Für Schriftsteller und Menschenkenner bot sich hier ein idealer Beobachtungsposten, und da durfte es dann auch einmal ganz gemächlich zugehen: Mit seiner Berliner Bekanntschaft Isaak Babel, dem frankophilen sowjetischen Autor, der dann in der Spätphase des stalinistischen Staatsterrors ums Leben kam, frequentierte Elias Canetti vorzugsweise die Bierquellen, um zu sehen und zu beobachten.

> Da standen wir dann nebeneinander und aßen sehr langsam eine Erbsensuppe. Mit seinen kugelrunden Augen hinter den sehr dicken Brillengläsern sah er sich die Leute um uns an, jeden einzelnen, alle, und hatte nie von ihnen genug. Es war ihm lästig, daß die Suppe zu Ende ging, er hätte sich einen Teller gewünscht, der unerschöpflich war, denn alles, was er wollte, war weiterschauen, und da die Leute rasch wechselten, gab es viel zu sehen.[64]

Für ihre bessergestellte Kundschaft hatten die Brüder Aschinger ebenfalls einiges zu bieten, vor allem das Flaggschiff ihrer Restaurantkette, das 1905–1907 errichtete Weinhaus Rheingold zwischen Bellevuestraße und Potsdamer Straße, eine Ikone der Berliner Gastronomie. In insgesamt vierzehn unterschiedlich ausgestalteten Sälen konnten bis zu 4000 Personen nach Belieben speisen, auch wenn anspruchsvolle Gäste wie der Franzose

Jules Huret die Qualität der Küche nicht überzeugte: »Wo bin ich? In welcher teutonischen Burg, in welchem gigantischen Kloster? In welcher buddhistischen Krypta oder in welcher Walhalla? Ich bin in einem Restaurant mit schlechter Küche und verbilligten Preisen.«[65]

Noch übertroffen wurde das Weinhaus Rheingold vom 1928 eröffneten Haus Vaterland in unmittelbarer Nähe. Dieses Etablissement beherbergte eine ganze Reihe spektakulärer Themenrestaurants – vom bayerischen Löwenbräu über das Türkische Café, die Spanische Bodega, die Japanische Teestube und die Bremer Kombüse bis hin zu einer Arizona-Bar. Im berühmten Lokal Rheinterrasse war das Rheintal nachgebaut, inklusive Modelleisenbahn und an Schnüren bewegten Miniaturflugzeugen; dazu wurde alle Stunde ein Showgewitter mit Donner, Blitz und Wolkenbrüchen inszeniert. Dass eine Wiener Heurigen-Abteilung unter der Bezeichnung Grinzing ebenfalls vorhanden war, versteht sich fast von selbst. Mit Häusern wie dem Weinhaus Rheingold und dem Haus Vaterland war der Potsdamer Platz das Herz der Berliner Erlebnisgastronomie, und weitere legendäre Häuser wie das Hotel Esplanade, das Weinhaus Huth und das Café Josty befanden sich zeitweise ebenfalls dort.

Nicht nur die Grinzing-Attrappe bei den Aschingers, sondern auch andere Lokale verraten die Vorliebe der Berliner für alles Wienerische. Bezeichnenderweise wurde mit dem Café Kranzler Unter den Linden bereits in den 1820er Jahren eines der bekanntesten Berliner Lokale von einem österreichischen, in Wien ausgebildeten Konditor gegründet. Johann Georg Kranzler folgte bei der Einrichtung seines Etablissements Vorbildern aus Wien, und die Straßenterrasse fürs Kaffeetrinken unter freiem Himmel – in Wien als Schanigarten bezeichnet – war für Berlin damals ein absolutes Novum. Auch der Wiener Gastronom Karl Kutschera, der nach verschiedenen anderen Stationen schließlich 1919 das Café Wien am Kurfürstendamm 26 eröffnete, war enorm erfolgreich.

Das *Berliner Tageblatt* berichtete am 6. Oktober 1925 unter dem Titel »Wien am Kurfürstendamm. Der österreichische Einfluß auf Magen, Mode und Muse« über die Popularität der Wiener Gastronomie in Berlin: »Das Publikum von 1925 sieht auf Qualität. Das bedeutet Hochkonjunktur für den Wiener Cafetier. […] Berlin hat sich die Diktatur Wiens schon immer gefallen lassen.«[66] Gemeint war nicht nur, aber vor allem das Unternehmen der Familie Kutschera, die das Wienerische als Marke für den Berliner Geschmack aufbereitete. Zehn Jahre später ließ Kutschera die Kellerräume des zwischenzeitlich von ihm erworbenen Gebäudes ausbauen und eröffnete dort zusätzlich das Restaurant Zigeunerkeller mit ungarischer Küche. Nachdem 1936 das nationalsozialistische Hetzblatt *Der Stürmer* gegen Kutschera mobil gemacht und vom »Judeneldorado am Kurfürstendamm« phantasiert hatte, geriet das Unternehmen unter Druck und musste schließen. Karl Kutschera und seine zweite Frau Josephine überlebten später das Konzentrationslager Theresienstadt, verloren aber ihre beiden gemeinsamen Kinder, die in Auschwitz ermordet wurden.

Die Präsenz der Donaumonarchie-Kulinarik in Berlin war mit der tragischen Geschichte der Kutscheras eng verbunden. Doch auch anderswo in der Stadt wurde österreichische Küche geboten. In der Marburger Straße gab es das Restaurant Mutzbauer, laut Alfred Polgar einer der wenigen Orte in Berlin, wo der »entspannte Mensch« zu Hause war. »Im fruchtbaren Tal des Mutzbauer, wo die Wiener weiden«, könne man lernen, wie man den »Stromkreis der Berufsinteressen« auch einmal unterbrechen konnte – eine Lebenskunst, die den Berlinern anscheinend nicht in die Wiege gelegt worden war.[67] Im Mutzbauer konnte man gut und billig essen, es lockte vor allem Filmleute an wie Fritz Lang, Billie Wilder, Peter Lorre, Carola Neher, Elisabeth Bergner, Gerda Maurus und Sibylle Binder. Die meisten von ihnen stammten aus Wien und ließen sich die dort gebotene Wiener Küche schmecken. Unweit des Mutzbauer befand sich übrigens bis 1925 das Künstlerlokal Schlichter, bekannt als Stammlokal von George Grosz und Bertolt Brecht.

Aufschlussreich ist, was einige Autoren über die Frage nach dem kulinarischen Luxus in Wien und Berlin zu sagen haben. In der »vergleichenden Kulturgeschichte« von Bab und Handl wird vor allem die selbstverständliche Vornehmheit des Wiener Kaffeehauses hervorgehoben, es liege »ein Stempel von Luxus« auf allem, was dort geschieht. Der Berliner Luxus hingegen stamme eigentlich gar nicht aus Berlin selbst, sondern er werde »mit bayrischen Bierstuben, rheinischen Weinstuben und amerikanischen Bars bestritten«.[68] Ein ungerechtes Urteil, konnte man in Berlin doch schon vor 1914 hervorragend dinieren – und das sogar vergleichsweise günstig, wie Alfred H. Fried betont hat:

> Es ist wahr, man kann nirgends für wenig Geld so luxuriös essen, als in Berlin in den eleganten Hotels und Weinrestaurants inmitten eines prunkvollen Rahmens, aus feinen Schüsseln und mit stilvollem Zubehör, in ein Meer von Licht versenkt. Diese Hurra-Restaurants bilden aber nicht die Norm im Leben des Berliners, sondern nur die Ausnahme, die die Regel bestätigt. Das billige Luxusessen Berlins spricht gerade für die Genußunfähigkeit des Berliners. Er meint, im äußern Glanz liege dieser Genuß, und er findet Freude an dem eleganten Drum und Drauf, wenn es nur nicht zu teuer kommt. […] Der Berliner isst bei Kempinski »panierte Bananen«, nicht weil er sie liebt, sondern weil sie 30 Pfennige kosten, weil es nach etwas aussieht und andern imponiert.[69]

Dieses Lob des erschwinglichen Luxus war erkennbar vergiftet. Das hatte Methode: Gerade bei kulinarischen Themen ließen die Wiener Autoren kaum eine Gelegenheit aus, den Parvenü Berlin auf seinen Platz zu verweisen: eine Stadt ohne Stil, die sich mit Imitaten zufriedengebe, weil sie das Echte gar nicht zu schätzen wisse. Doch auch weit über das Kulinarische hinaus galt als ausgemacht, dass es in Berlin wenig kultiviert zuging. Nur der Kaiser Wilhelm habe dort Geschmack, hieß es gallig,

Heinrich Zille, Wurstmaxe

aber halt einen sehr schlechten. Hermann Ullmann, der aus der österreichisch-ungarischen Monarchie stammte und in den 1920er Jahren für die völkisch-konservativen Kräfte der Weimarer Republik arbeitete, attestierte Berlin »in Bauen, Wohnen, Sitten, Geselligkeit, Arbeitsmethoden, Ausdrucksweise, bis hinein in die Feinheiten der Sprache, des täglichen Umgangs und der inneren Einstellung zum Leben überhaupt« eine fundamentale Stillosigkeit.[70]

Dieses Motiv fand man fast überall, wo es um Berlin und Wien ging, sogar in der Sportberichterstattung. Albert Ehrenstein berichtete im *Berliner Börsen-Courier* von einem Hockeymatch zwischen Wien und Berlin, das zwar unentschieden endete, aber im Spielstil der beiden Mannschaften himmelweite Unterschiede offenbart habe: »kapriziöse Artisten, reich an hieratischen Gebärden und wirklichem Können« die einen, »rauhe Naturprodukte« die anderen.[71] Man muss nicht dazu sagen, wer jeweils gemeint ist. Dass das literarische Schwergewicht Ehrenstein in diesem Fall als Sportreporter *de luxe* fungiert, spricht – nebenbei bemerkt – für das hohe journalistische Niveau der 1920er Jahre.

Einen eigenwilligen Beitrag zur interurbanen Kulinarik publizierte das *Berliner Tageblatt* übrigens am 20. September 1927. In dem namentlich nicht gekennzeichneten Artikel geht es um einen Krieg der Würste zwischen Berlin und Wien. Auf der einen Seite die Berliner Institution des Wurstmaxe, der den heißen Kessel vor dem Bauch trägt und die Würste direkt auf der Straße verkauft. Auf der anderen Seite das traditionsreiche Wiener Selchwarengeschäft Piowati am Franz-Josefs-Kai, das in den 1920er Jahren den Sprung nach Berlin wagte. »Ein Zeichen unserer Zeit« sieht der Journalist in der Ansiedlung Piowatis, denn »nach den Wiener Cafés, den Wiener Restaurants, den Wiener Mehlspeisen, nach der Wiener Melange und dem Wiener Schmus, welches letzteres speziell österreichisches Überzeugungsmittel eine immer größere Rolle im Berliner Leben zu spielen beginnt, erscheint nun auch Piowati auf dem Plan, um dem guten alten Wurstmaxe den Garaus zu machen und unseren leiblichen Genüssen die Wiener Krone aufzusetzen.«[72] Der drohende Siegeszug von Kaiserfleisch und Wiener Geselchtem auf dem Kurfürstendamm wird als signifikant für die kulinarische »Verwienerung« Berlins dargestellt.

Unvorstellbar war indessen, dass in umgekehrter Richtung Berliner Spezialitäten in Wien angeboten werden könnten. Die Currywurst war noch nicht erfunden, und eine Eisbeinhütte vor dem Hotel Sacher mochte man sich lieber gar nicht vorstellen. Erst in neuester Zeit hat sich in Wien ein Berliner Lokal etabliert: Dicht an die Kirche St. Laurenz in der Schottenfeldgasse schmiegt sich seit einigen Jahren der Imbissstand Berliner Döner, neuerdings erweitert durch ein Berliner Restaurant auf der anderen Straßenseite. Das Berlin, das man darin findet, ist allerdings ein türkisch-arabisch geprägtes Berlin – und das ist nun wieder eine andere Geschichte.

Was nicht im Baedeker steht

Viele der in diesem Buch zitierten Feuilletons bewegen sich in den Bahnen der tradierten Wien- und Berlin-Wahrnehmung. Sie setzen an der touristischen Benutzeroberfläche der Städte an, um sie hier und da humoristisch zu verfremden, insgesamt aber bleiben die Stadterzählungen erstaunlich intakt, gerade in der komparativen Perspektive. Ein publizistisches Unternehmen aus dem ersten Jahrzehnt des 20. Jahrhunderts scherte aus dieser Spur ganz aus: die von dem Journalisten Hans Ostwald begründete Reihe der *Großstadt-Dokumente.* Zwischen 1904 und 1908 erschienen in schneller Folge 50 Bände; alle drei bis vier Wochen kam eine neue Ausgabe heraus.

Die meisten Bücher bezogen sich auf Berlin und leuchteten mit viel Sinn für das Kuriose und Abseitige die verschiedensten urbanen Milieus aus. Die Titel waren knapp, aber reißerisch: von Ostwalds *Dunkle Winkel in Berlin*, das 1904 als erster Band der

Reihe herauskam, über *Berliner Tanzlokale*, das *Zuhältertum in Berlin, Berliner Schwindel, Schwere Jungen, Geisterbeschwörer und Wahrheitssucher* bis hin zu *Geschlecht und Verbrechen* und *Neu-Berlin*, das die Reihe als Band 50 abschloss. Die *Großstadt-Dokumente* suchten und fanden ihre Sensationen bevorzugt im urbanen Souterrain, im Reich der zwielichtigen Gestalten und Großstadtexistenzen. »Eine Serie von Büchern, die über die dunklen Winkel und Eigentümlichkeiten, über die dunklen Persönlichkeiten und Bevölkerungsgruppen und über die sonderbaren sittlichen und sozialen Zustände unserer europäischen Großstädte Licht verbreiten sollen«, so werden die Bände vom Verlag Hermann Seemann Nachfolger beworben. Es gehe um jene Gebiete der Stadt, »an denen man meist mit zugehaltenen oder neugierigen Augen, bald schaudernd, bald verständnislos vorübergeht«.[73]

Der Herausgeber Hans Ostwald war selbst eine schillernde Figur. Aufgewachsen in einer Berliner Arbeiterfamilie, wohnte er in den Hinterhöfen des Wedding, später in Schöneberg und Kreuzberg, sieben Jahre lang auch in Stargard in Westpommern. Eine Goldschmiedlehre schloss er zwar erfolgreich mit dem Gesellenbrief ab, doch anschließend trieb er sich eher in den unseriösen Nischen seines Gewerbes herum, wenn er Perlen und Edelsteine in der Zentralmarkthalle am Alexanderplatz verkaufte. Er war Zeitungskolporteur sowie Komparse einer Wanderbühne und gab im Herbst 1894 zeitweise sogar seine feste Existenz in Berlin auf, um als Wandergeselle loszuziehen. Fasziniert von seinen Erfahrungen auf der Landstraße, begann er Sozialreportagen zu schreiben, erst über Berlin, dann über die Lage der Arbeiter auf den ostelbischen Gutsherrschaften. Er fand Anschluss an die Boheme-Kreise um Ernst von Wolzogens Kabarett »Überbrettl« und wurde ein enger Freund des Sexualforschers Magnus Hirschfeld. Schließlich verfasste er eine fast unüberschaubare Anzahl an Milieustudien sowie kultur- und sittengeschichtlichen, humoristischen und belletristischen Publikationen, Bücher wie *Rinnsteinsprache, Erotische Volkslieder aus Deutschland* und *Berlin und die Berlinerin.* Ostwald ist in der neueren Forschung als »geistiger Landstreicher« und »intellektueller Vagabund«[74] bezeichnet worden, der bei seinen vielen Unternehmungen vor allem eines lernte: »Entdeckungsreisen können noch in unserer nächsten Nähe in unser Volk hinein gemacht werden.«[75] Damit wandte Ostwald das ethnologische Prinzip der Erkundung des Fremden auf die eigene Gesellschaft an; er vermittelte dem Lesepublikum einen grundlegend anderen Blick auf die Stadt, und das hieß zunächst: auf Berlin.

1905 nahm Hans Ostwald eine weitere Metropole ins Programm der *Großstadt-Dokumente* auf. Die Erkundung der unbekannten urbanen Terrains sollte nun nicht mehr auf Berlin beschränkt bleiben, und es lag aus verschiedenen Gründen nahe, dass die Wahl auf Wien fiel. Zum einen hatte Ostwald in der österreichischen Hauptstadt ein paar freundschaftliche Kontakte, die sein Vorhaben in praktischer Hinsicht erleichterten. Zum anderen versprach er sich von stadtethnographischen Explorationen aus Wien wohl einen besonderen publizistischen Knalleffekt. So zeigen gerade die Wien-Bände der *Großstadt-Dokumente* deutlich, was Ostwald beabsichtigte: einen neuen Blick auf die Stadt abseits der Klischees, ein »Abweichen von der üblichen Schablone«, bei dem sich die Autoren ganz auf die eigenen »Beobachtungsmaterialien« verlassen sollten.[76] Mehr als Berlin war Wien eine Stadt, die man durch bestimmte Schablonen wahrzunehmen gewohnt war, und darüber hinaus war der Berlin-Wien-Vergleich eines der heißen Themen der Zeit. Indem Ostwald den Berliner Reportagen Wiener Pendants zur Seite stellte, generierte er für sein gesamtes Projekt neue Aufmerksamkeit.

In der Tat waren die insgesamt sechs von zehn geplanten Wien-Bänden der Reihe ein besonderer Verkaufserfolg. Den Anfang machte der Wiener Sozialreporter Max Winter mit seinem Heft über *Das goldene Wiener Herz,* kurz darauf folgte *Im unterirdischen Wien.* Winter war Sozialdemokrat, arbeitete als Redakteur bei Victor Adlers *Arbeiter Zeitung* und war für seine

Rollenreportagen bekannt, für die er sich im Elendskostüm unter die Obdachlosen, Wärmestubenbesucher oder Ziegelarbeiter der Stadt mischte, um möglichst authentisch berichten zu können. Wenn Winter sarkastisch vom sprichwörtlichen goldenen Wiener Herz sprach, dann steckten dahinter kritische Berichte über die unzulängliche städtische Sozialpolitik und Sozialfürsorge unter dem konservativen Bürgermeister Karl Lueger, und seine Texte über geheime Schlafplätze in den unterirdischen Abwasserkanälen schockierten die Öffentlichkeit.

Andere Autoren setzten die Wiener Serie fort: Ein weiterer Band zum Thema *Wiener Verbrecher* stammte von Emil Bader, seinerseits Gerichts- und Polizeireporter der Wiener Tagespresse, der seine Leser kenntnisreich durch Unterweltkneipen, Hehlerdepots und Treffpunkte halbkrimineller Jugendbanden führte. Otto Herschmann schrieb über *Wiener Sport*, was insofern auf der Hand lag, als kurz zuvor ein Band über *Berliner Sport* erschienen war, und Alfred Deutsch-German verfasste einen Band über *Wiener Mädel*, der den festgefahrenen Topos von der hübschen Kleinbürgertochter aus der Vorstadt mit der krassen sozialen Realität junger Frauen aus den unteren Schichten konfrontierte. Einen Sonderfall in der gesamten Reihe der *Großstadt-Dokumente* stellt der Band *Wiener Adel* dar, für den Ostwald den bekannten Wiener Autor und Gesellschaftsreporter Felix Salten gewinnen konnte. Dieser Band ist der einzige, der sich den Spitzen der sozialen Hierarchie widmete, seine Funktion innerhalb der Serie lag wohl darin, die ganze Spannweite der sozialen Ungleichheit vorzuführen. Das Wien der Gegenwart erschien dadurch als eine sozial gespaltene, in sich widersprüchliche Stadt. Die scharfen Einblicke in ein urbanes Leben zwischen Kanalisation und High Society bilden den größtmöglichen Gegensatz zum Gemütlichkeitskitsch der zeitgenössischen Reiseliteratur.[77]

Hans Ostwald und seine Mitarbeiter in Berlin und Wien waren nicht die einzigen, die sich vorgenommen hatten, die Hochglanzbilder der Stadt gegen den Strich zu bürsten. In Wien wurde zwanzig Jahre nach den *Großstadt-Dokumenten* nochmals ein ähnliches Projekt begonnen, diesmal unter dem sehr ähnlichen Titel *Großstadt- und Menschheitsdokumente.* Mit Karl Franz Kocmatas Reportage *Die Prostitution in Wien* erschien 1925 ein erster Band dieser Reihe, dann wurde sie offensichtlich eingestellt.[78] Doch auch im Mainstream der deutschen Verlagslandschaft entdeckte man das Format des alternativen Stadtführers. Ludwig Hirschfeld, dem wir schon im vierten Kapitel kurz begegnet sind, gehört zu den unbekannteren Größen des Wiener Feuilletons, seine brillanten Stadttexte aus den 1920er Jahren wurden erst vor einigen Jahren wieder neu aufgelegt. Sein Schreiben zeichnet sich durch einen klaren Blick auf gesellschaftliche Verhältnisse und eine gesunde Distanz zu den einfachen Stereotypen aus, und das schon vor dem Ersten Weltkrieg.

1912 kritisierte Hirschfeld die selektive Wahrnehmung der marktgängigen Wien-Reiseführer. In seinem Buch *Die klingende Stadt* breitet er zwar auch die nostalgische Erzählung vom guten, alten Wien aus, macht aber zugleich deutlich, dass dieses Wien nicht mehr viel mit der Gegenwart zu tun habe. Es sei nicht zuletzt ein Produkt der Fremdenverkehrswerbung:

> Noch immer schwärmt man hauptsächlich von unserem Leichtsinn, vom guten Essen und Trinken, den schönen Frauen, der Ringstraße, dem Kahlenberg und so weiter. Als ob nicht noch andere, größere und wichtigere Dinge da wären. Als ob Wien nicht zum größten Teil eine sehr nüchterne und ernsthafte Stadt wäre, wo genau so gejagt und gesorgt und gekämpft wird wie anderswo. Das ist eben das wirkliche tagtägliche Wien, in dem wir alle leben, und das ist in den Reisehandbüchern nicht zu finden. Was dort drin beschrieben wird, das ist eine ganz andere Stadt, für Fremde geordnet und geputzt wie eine Schmetterlingssammlung.[79]

Es war nur konsequent, dass Hirschfeld später einen eigenen Wien-Reiseführer vorlegte, und zwar in der programmatischen Reihe des Piper-Verlags *Was nicht im Baedeker steht.* Die Bände dieser Reihe sollten deutsche Städte und europäische Metropolen vorstellen, so wie sie abseits der touristischen Wahrnehmung waren, in einem lockeren feuilletonistischen Ton. Auch wenn die krassen Szenerien der *Großstadt-Dokumente* darin nicht zu finden sind, sollten gesellschaftliche Verhältnisse mit abgebildet werden; die Reihe passt damit bestens zum literarischen Programm der Neuen Sachlichkeit. Als die ersten zwei von siebzehn Bänden erschienen im Jahr 1927 Eugen Szatmaris *Berlin* und Hirschfelds *Wien* – auch in dieser Verlagsproduktion wurden beide Städte also buchstäblich in einem Atemzug genannt.

Als sich Hirschfeld an die Recherchen zu seinem Wien-Führer machte und seine alten Aufzeichnungen durchsah, stellte er fest, dass das alte Wien, über das er so viel schon geschrieben hatte, schlicht und einfach nicht mehr da war. Für ihn ein Anlass mehr, »durch das von Schlagworten und Redensarten verrammelte Baedeker-Wien hindurchzukommen zum wahren Wien«[80] der Gegenwart. Und so suchte Hirschfeld ausdrücklich nach dem modernen Wien, dessen Freizeiteinrichtungen und dem Nachtleben, für das die Stadt nicht gerade berühmt war. Der Ertrag fiel aber eher konservativ aus: Man wird »von den Philharmonikern zum Heurigen« geführt und bekommt das Bierbeisl, das Kaffeehaus und die Staatsoper als Attraktionen vorgeführt. Unter der Überschrift »Eigentümlichkeiten, an die man sich gewöhnen muß«, wird mitgeteilt, dass man auf den Wiener Gehsteigen neuerdings links zu gehen habe und die ganze Stadt fortwährend über den streitbaren Finanzstadtrat des Roten Wien, Hugo Breitner, spreche. So harmlos geht es dahin, und man wird den Eindruck nicht los, dass dieser Autor unbedingt gegen die Klischees anschreiben will, aber für sein Vorhaben in der Wirklichkeit kaum Stoff findet. Immerhin: Ein Kapitel reicht »vom Burgtheater zur Nacktrevue«, aber wer nun damit rechnet, endlich in die moralischen Abgründe der Wienerstadt geleitet zu werden, wird enttäuscht, zumal es wirklich nur um eine einzige Revue geht. Mehr, so erfährt man, hatte Wien anno 1927 in dieser Hinsicht nicht zu bieten. Lediglich auf der Bühne des Stadttheaters in der Skodagasse gebe es – unter der Intendanz der Komiker Fritz Grünbaum und Karl Farkas – die »richtige Mischung von Dekorations- und Kostümluxus, jungen Frauen, alten Witzen, Toilettenmangel und Busenüberfluß«.[81] Dass Hirschfeld selbst ein eingefleischter Wiener ist, daraus macht er keinen Hehl. »Man kann uns auf die Dauer nicht böse sein«, reklamiert er, und am Ende sagt er »auch gar nicht Adieu, sondern auf Wiedersehen. Denn auch Sie kommen sehr bald wieder – trotz allem.«[82]

Hirschfelds Buch aus der Reihe *Was nicht im Baedeker steht* dokumentiert die Schwierigkeiten, die sich bei der Suche nach einem alternativen Wien-Narrativ einstellen können – zumindest dann, wenn man sie nicht so konsequent angeht wie die Autoren der *Großstadt-Dokumente.* So leicht wird man den eingespielten Tonfall der alten Wienliteratur nicht los. Das wird gerade im Vergleich mit dem Berlin-Band von Eugen Szatmari deutlich, der die Künstlerkreise, die Kinos, Kaschemmen und Nachtlokale weit ausführlicher darstellt, als es Hirschfeld tut – auch weil es in Berlin dafür die passende literarische Tradition gab. Eine Stadt für den Baedeker war Berlin ohnehin nie gewesen, weder übten das Berliner Stadtschloss oder die wenigen erhaltenen gotischen Kirchen eine vergleichbare Anziehungskraft wie Hofburg und Stephansdom aus, noch waren es die Kunstsammlungen der Hohenzollern, für die Berlin über die Grenzen hinaus berühmt wurde. Berlin war immer schon eine Stadt zum Leben gewesen, und das schloss schon früh den Blick auf die Niederungen der Vergnügungskultur und des Nachtlebens mit ein. In den 1920er Jahren war ein Berlin-Buch ohne Schilderungen des Nachtlebens dann kaum noch denkbar. Man könnte auch sagen: Ein neues Klischee löste die alten ab.

06

LEBEN UND SCHREIBEN ZWISCHEN DEN STÄDTEN

Musikstädte im Wettstreit

Im September 1911 erschien in Alfred Kerrs Zeitschrift *Pan* ein reichlich reißerischer Aufruf: »Der Tonsetzer Arnold Schönberg lebt in Wien. Seines Bleibens ist dort nicht länger. [...] Er wird hierherkommen, wenn sich genügend Schüler melden. Dies mitzuteilen, ist der Zweck unserer Worte. Junge Leute, die Musik studieren, sollen sie lesen.«[1] Damit wird Berlin im Handstreich zur Metropole der musikalischen Avantgarde erklärt, und im übernächsten Heft des *Pan* legte der Musikkritiker Georg Gräner mit einer Behauptung nach, die man in Wien sicher nicht gern gelesen hat: »Berlin ist die Hauptstadt der Musik. Ein wimmelnder Sammelpunkt des Guten und Bösen der modernen Musikkultur.« Bei dieser Gelegenheit wurde denn auch Schönberg in Berlin begrüßt, »dessen Werke in Wien bespöttelt, belacht und bewundert wurden«.[2]

Schönberg lebte bis 1915 in Berlin, wurde dann zum Kriegsdienst eingezogen und ließ sich später wieder in Mödling bei Wien nieder. Diese Berliner Zeit war indessen nicht seine einzige: Bereits von 1901 bis 1903 war Schönberg in Berlin gewesen, um dort im Kabarett Überbrettl Ernst von Wolzogens mitzuarbeiten, und 1926 zog es ihn ein drittes Mal an die Spree, diesmal wurde er als Leiter einer Meisterklasse an die Preußische Akademie der Künste berufen. Schönberg gehörte zweifellos zu den Künstlern, die sich in Wien missverstanden fühlten und die sich in die phänomenale geistige Offenheit Berlins flüchteten. In

Wien war Schönberg im großen Saal des Musikvereins vom konservativen Operettenkomponisten Oscar Straus öffentlich geohrfeigt worden, in Berlin schätzte man ihn als großen musikalischen Experimentator. »Sie glauben gar nicht, wie berühmt ich hier bin«,[3] schrieb er 1913 begeistert an einen Wiener Bekannten.

Die provokante Frage, ob Wien oder Berlin die Hauptstadt der Musik sei, kam bereits im ausgehenden 19. Jahrhundert auf, als man angesichts der stürmischen Entwicklung des Berliner Kunst- und Musikbetriebs die Vorrangstellung Wiens in Zweifel zu ziehen begann. Traditionell war Wien stets die bedeutendste Musikstadt im deutschsprachigen Raum gewesen, der Ort, an dem Joseph Haydn, Wolfgang Amadeus Mozart, Franz Schubert, Ludwig van Beethoven, Anton Bruckner und Johannes Brahms ihre besten Werke geschrieben hatten. Auch um die Jahrhundertwende lebten und arbeiteten dort bedeutende Komponisten sowie Dirigenten: Gustav Mahler und Hugo Wolf,

Arnold Schönberg mit Ehefrau und Freunden in einer Berliner Bar. Von links: Adolf Loos, Arnold Schönberg, Gertrud Schönberg, Oskar Kokoschka

Alexander von Zemlinsky und Erich Wolfgang Korngold, schließlich Arnold Schönberg, Alban Berg und Anton von Webern. Der Wiener Musikverein und die Hofoper waren Häuser von internationaler Reputation, das Wiener Philharmonische Orchester gehörte zu den besten seiner Zeit. Wiener Operetten und Wiener Tanzmusik waren eine Marke, die man weltweit wiedererkannte.

Die Aura der Musikstadt Wien wirkte auf zahlreiche Musiker aus dem Norden überaus anziehend. Schon als Kind blickte der Dirigent Bruno Walter auf den Berliner Fernbahnhöfen sehnsüchtig den nach Wien abgehenden Zügen hinterher, und als er dann 1897 zum ersten Mal in die Stadt kam, fühlte er sich sofort heimisch: »Ich gehörte nach Wien [...]. Der Seele nach war ich Wiener.«[4] Im Hinblick auf diese Zeit charakterisierte der emigrierte Musikkritiker Max Graf Wien als die »einzige Stadt der Welt, die undenkbar war ohne die Musik«.[5] Berlin holte aber auf; es etablierte sich mehr und mehr als vitaler Ort des Musiktheaters und des Konzertlebens. Deshalb zog es immer mehr Musiker aus Wien nach Berlin, so dass die *Deutsche Allgemeine Zeitung* 1930 eine Umfrage veranstaltete, welcher Stadt denn nun der »Vorrang als europäische Musikstadt« zukomme, Wien oder Berlin. Drei Prominente gaben Auskunft, als Erster von ihnen Schönberg, der im Hinblick auf seine eigenen Erfahrungen als Avantgardekünstler schrieb:

> Schon vor dem Krieg war man in Wien mit Recht und Unrecht stolz und beschämt darüber, weniger regsam zu sein als Berlin. Schon damals zeigte sich in Berlin ein emsiger Fleiß des Erkennens und Lehrens der Symptome des Kunstwerkes, an welchem es in Wien wieder fehlte, dank einer hundertjährigen Komponierpraxis. Schon damals wurde in Berlin das Neue nach mehrmaliger, in Wien nach einmaliger Aufführung verlacht, notfalls sogar an beiden Orten ohne Aufführung.[6]

In Schönbergs Replik kommen beide nicht gut weg, Wien und Berlin. Vor dem Hintergrund seiner Erfahrungen als vielgescholtener Komponist der Avantgarde kann er nur sarkastisch reagieren. Anders der Wiener Kritiker und Musikredakteur Paul Stefan. Er nahm die Frage ernst und verwies auf die Gefahr einer Wiener Arroganz in Musikfragen. Man unternehme in Wien zu wenig gegen die Abwanderung heimischer Talente, weil man zu sehr in der großen Vergangenheit lebe. Berlin hingegen sei, das gibt der Wiener Kritiker unumwunden zu, die Stadt mit dem europäischen Primat in Sachen Musik. »Das ist die große Stadt mit dem großen Publikum, vor allem aber mit der eisernen Energie aller Verantwortlichen, die das Beste von überallher an sich ziehen.«[7] Einmal mehr spielte Wien den Part der Vergangenheit, Berlin aber den der Gegenwart und der Zukunft.

Schließlich kam mit Ernst Krenek ein weiterer Komponist zu Wort. Auch er teilte deftig gegen seine Geburtsstadt Wien aus, namentlich gegen die »in Presse und Gesellschaft wuchernde Koterie von Mittelmäßigkeiten, die unter der Devise des Traditionalismus und der Heilighaltung der überlieferten Kunstgüter das öffentliche Bewußtsein immer wieder zum Kampf gegen jede lebendige Bestrebung aufruft«. Auch für Krenek ist Wien die Stadt, die sich selbstbewusst ihrer »Musikatmosphäre« rühmt und darüber alle neuen Entwicklungen verschläft. Berlin dagegen empfindet Krenek als einen Ort, der von der Geschichte kaum belastet und daher offen für neue Möglichkeiten ist: Die Stadt »hat weder Gesicht noch Tradition, sie hat kein homogenes Publikum, sie ist irgendwie völlig wesen- und beziehungslos. Aber sie hat einen fieberhaften Tatendrang auf jedem Gebiet, weil sie in einer Atmosphäre existiert, in der das Leben fast gar keinen, die Arbeit aber einen […] krankhaften Eigenwert hat, und weil sie eine Ansammlung von Menschen ist, die […] viel vor sich zu haben glauben, weil sie nichts hinter sich haben.«[8]

Ein entscheidender Faktor für diesen Berliner Tatendrang auf musikalischem Gebiet war der Pianist und Bildungsreformer Leo Kestenberg: Zu einem Flaggschiff seiner progressiven Musikpolitik wurde die ab 1927 von Otto Klemperer musikalisch geleitete Krolloper, in der moderne Inszenierungen und zeitgenössische Stücke zu sehen waren. Aber auch die Staatsoper unter dem gebürtigen Wiener Erich Kleiber glänzte mit bedeutenden Premieren der Gegenwartskunst wie Alban Bergs *Wozzeck* oder Leoš Janáčeks *Jenůfa*, und der vitale Musikbetrieb auf allen Ebenen zog zahllose Künstler an. Sie kamen nicht aus Berlin, aber sie gingen nach Berlin, und das machte die Qualität einer Musikstadt aus, in der gerade die Traditionslosigkeit der größte Trumpf zu sein schien.

Es ist erstaunlich, wie exakt sich die Stadterzählungen vom traditionellen Wien und dem geschichtslosen Berlin in den Stellungnahmen der drei Musikexperten Schönberg, Stefan und Krenek widerspiegeln. Das liegt nicht zuletzt daran, dass einige dieser Erzählungen eine zentrale Rolle bei der Verwandlung der Stadt in eine wiedererkennbare Marke spielten. Im Jahr 1908 hatte der Wiener Gemeinderat die Gründung eines Ausschusses zur Hebung des Fremdenverkehrs beschlossen. Den Wien-Tourismus sah man nämlich in einer Krise, Wien gelte im Ausland mittlerweile als Stadt, »deren Besuch die Mühe kaum lohnt«.[9] Der Ausschuss sollte das ändern, und er entschied sich für die Positionierung Wiens als Kulturstadt, genauer: als Musikstadt. »Wenn Weimar und Jena«, so hieß es da, »die ehrwürdigen Stätten der Blütezeit der deutschen Dichtung sind, so ist Wien die klassische Stätte der Blütezeit der deutschen Musik, die Musikstadt par Excellence.«

Auf diese Weise versuchte die christlich-soziale Stadtregierung der Vorkriegszeit, das kulturelle Kapital nutzbar zu machen, das Wien im Laufe von mehreren Jahrhunderten Musikgeschichte angesammelt hatte. Doch auch die Wiener Sozialdemokraten setzten nach 1918 diesen Kurs fort, indem sie sich speziell um das musikalische Erbe der Stadt bemühten. Die Fremdenverkehrsmanager des Roten Wien setzten vor allem auf eine soziale Expansion des Musikstadtkonzepts: Musikfeste, die Hoch- und Populärkultur zusammenführen sollten, Konzerte für ein Massenpublikum in Parks und Musikhallen. Sukzessive baute man außerdem die Infrastruktur der Musikergedenkstätten in der Stadt aus: Geburts-, Wohn- und Sterbehäuser der großen Komponisten sollten die Stadt zusätzlich zur »Welthauptstadt des Musiktourismus« machen.[10] Für viele praktizierende Musiker war diese Musealisierungswelle ein Grund mehr, der Musikstadt Wien den Rücken zu kehren. Wien, wo nun selbst die Arbeiterklasse mit Mozart und Johann Strauss glücklich gemacht werden sollte, schien an seinen musikalischen Traditionen geradezu zu ersticken.

Ernst Krenek gehörte zu den vielen Musikschaffenden, die im Laufe der 1920er Jahre von Wien nach Berlin übersiedelten. Ein weiterer, der ihm in einiger Hinsicht ähnlich, von dem er in anderer Hinsicht aber auch völlig verschieden war, war der zwei Jahre ältere Hanns Eisler. Zwei Wiener Komponisten, die in ihrer musikalischen Arbeit extrem vielseitig waren, zwei Meister der verschiedensten Stilrichtungen, die sie gekonnt miteinander kombinierten, irgendwo zwischen radikaler Avantgarde und intensiven Anklängen an die populäre Musik der Zeit. In ihren politischen Auffassungen standen sich Krenek und Eisler nicht nahe: Eisler war zeitlebens bekennender Sozialist, Krenek blieb dem linken Spektrum gegenüber skeptisch. Befreundet waren sie ebenso wenig, auch wenn sie sich persönlich kannten. In seinen Lebenserinnerungen beschreibt Krenek den Kollegen als »im Grunde abstoßend, aber daher zugleich höchst unterhaltsam«. Insbesondere konnte Krenek nicht verstehen, dass sich der bei Arnold Schönberg ausgebildete Eisler in den 1920er Jahren einer »ziemlich langweiligen Art kommunistischer Gebrauchsmusik« zuwandte.[11]

Nach Berlin gingen sie beide, weil sie sich von der deutschen Metropole neue berufliche und künstlerische Perspektiven erhofften. Ihre Berliner Erfahrungen fielen aber denkbar unterschiedlich aus: Während Eisler sich im Kreis um Bertolt Brecht, Ernst Busch und das Berliner Ensemble am Schiffbauerdamm etablieren konnte, durchlebte Krenek in Berlin eine persönlich schwierige Zeit. Mit der Stadt und ihrer Atmosphäre konnte er sich nie anfreunden.

Krenek geht, Eisler bleibt

Der Komponist Ernst Krenek ist heute vor allem für ein Stück bekannt, mit dem er in das nationalsozialistische Strafregister der »entarteten Kunst« aufgenommen wurde: die Oper *Jonny spielt auf*. Im österreichisch-deutschen Kulturbetrieb der 1920er Jahre machte das Werk Furore. Die Uraufführung am 10. Februar 1927 in Leipzig war ein durchschlagender Erfolg, das Stück wurde Hunderte Male gespielt, Krenek wurde über Nacht zu einem der bekanntesten Musiker der Weimarer Republik. Den entscheidenden Impuls zu dieser Zeitoper hatte ein Gastspiel der US-amerikanischen Revue *Chocolate Kiddies* mit Musik von Duke Ellington gegeben, das Krenek zu Silvester 1925 in Frankfurt am Main besucht hatte. Die *Minstrel Show* regte Krenek an, in einer Oper ein paar Jazz-Anklänge zu verarbeiten, das war aber im Grunde schon alles. Das Erfolgsrezept lag in der Mischung: ein bisschen Romantik und ein bisschen Moderne, ein bisschen Europa und ein bisschen Amerika – oder was man eben in Europa dafür hielt.

Während *Jonny spielt auf* in Leipzig oder Berlin zum umjubelten Dauerbrenner wurde, schlugen die Rechtskonservativen und Nationalsozialisten in Wien und München Alarm. Ein paar Großstadtszenen, ein Bahnhof als Schauplatz und ein schwarzer Jazzgeiger auf einer Opernbühne, das reichte schon aus, um Krenek als üblen Modernisten zu diskreditieren. Vor der Wiener Staatsoper kam es Ende 1927 zu Schlägereien, die Nazis plakatierten Boykottaufrufe, in denen von einer »frechen jüdisch-negerischen Besudelung« des ehrwürdigen Hauses die Rede war, und auch die konservative Presse heulte auf – wie im folgenden Jahr, als Josephine Baker nach Wien kam und das *Neue Wiener Tagblatt* über die »Kakophonien der Jazzband« und die »Vernegerung« Europas phantasierte.[12] Trotzdem war die Oper auch in Wien ein erheblicher Erfolg und wurde an der Staatsoper rund 50-mal wiederholt.

Selbst George Gershwin kam 1928 nach Wien, um *Jonny spielt auf* zu sehen – vom Jazzgehalt des Werkes dürfte er aller-

Jonny spielt auf, Cover der Erstauflage für Klavier, 1926

dings enttäuscht gewesen sein. Der erste Akkord – laut Krenek »ein vollkommen harmloser Dominanttredezimakkord mit ausgelassener Undezime« –[13] klingt ein wenig nach Boulevard, ansonsten bietet die Partitur eine solide Mischung aus spätromantischer und neusachlicher Tonsprache, in die nur ab und an ein kurzer Jazzrhythmus hereinschneit. Dass *Jonny spielt auf* im Nationalsozialismus verboten wurde, ist also in gewisser Weise einer sehr oberflächlichen Rezeption geschuldet. Denn der eigentliche Held der Geschichte, der Komponist Max, ist ein bodenständiger Österreicher, der seine Inspiration aus den Alpen bezieht. Jonny dagegen bleibt eine Karikatur des Amerikanismus, eine eher groteske Figur, von der es im Libretto Kreneks heißt, dass sie herumtanzt »wie eben ein Neger«.

Ende des Ersten Weltkriegs war der kaum 20-jährige Wiener Ernst Krenek ein Kompositionsschüler von Franz Schreker gewesen, einem Opernspezialisten, der mit schwelgerisch-klangsinnlichen Werken wie *Der ferne Klang* und *Die Gezeichneten* berühmt geworden war. Als Schreker 1920 zum Direktor der Berliner Akademischen Hochschule für Musik berufen wurde, zog Krenek – wie andere Schüler des Meisters – mit in die deutsche Hauptstadt. Da er, wie er von sich selbst sagte, »nicht den geringsten Abenteuergeist« in sich hatte, sah er diesem Umzug allerdings mit Entsetzen entgegen. Für Kreneks sentimentale Bindung an die Heimatstadt Wien ist charakteristisch, was er über die Reise von Wien über Prag nach Berlin erzählt:

> Ich hatte Proviant für den Tag mit und eine Flasche des berühmten Wiener Wassers, das durch mehr als hundert Kilometer lange Rohrleitungen in die Stadt kam, aus dem Gebiet des Schneebergs und des Hochschwabs in der Steiermark. Aus irgendeinem Grund beschloß ich, dieses Wasser nicht anzurühren, und ich bewahrte es in Berlin mehrere Monate lang auf, als das einzige Lebendige, das mich mit meiner Heimat verband. Es wurde trüb und grün von allerlei Mikroben, aber ich brachte es nicht über mich, es wegzuschütten.[14]

Dass Krenek sein letztes Wiener Wasser wie ein Heiligtum aufbewahrte, hatte damit zu tun, dass ihm Berlin wie eine feindliche Umgebung vorkam: Alles erschien ihm monströs, großspurig, abweisend und zu teuer. Er bezog ein Zimmer in einem sogenannten Berliner »Gartenhaus«, was gleich ein Missverständnis verursachte, denn natürlich erwartete sich Krenek eine hübsche Unterkunft im Grünen. In Berlin verstand man unter einem »Gartenhaus« aber das hintere Quergebäude eines Mietshauses, meist in einem luft- und lichtlosen engen Hinterhof gelegen. Krenek sah darin einen Ausdruck der deutschen Neigung zur »Vorspiegelung falscher Tatsachen«. »Vom ersten Augenblick an habe ich mich über diese falsche Bezeichnung geärgert, als wäre sie erfunden worden, um mich persönlich zu täuschen.«[15] Im Stadtzentrum erschien ihm alles »häßlicher, wenn auch viel größer als in Wien«, und die Berliner Kaffeehäuser gefielen ihm überhaupt nicht, da sie teuer und luxuriös waren – anders als die »demokratischeren« Lokale in Wien, in denen man stundenlang bei einer Schale Kaffee verweilen und dazugehören konnte.[16] Im Norden und Nordwesten der Stadt sah Krenek »nichts als Industrievororte von auffallender Häßlichkeit«, die Berliner Wohnhäuser teilt er in drei Kategorien ein: »pompös, semipompös und ultrapompös«. Dennoch waren sie für ihn »alle gleich aussehend, trotz der verzweifelten Versuche der Architekten, ihre Phantasie spielen zu lassen und zum Beweis für den Reichtum und die Herrlichkeit ihrer Auftraggeber Dächer und Fassaden mit albernen Ornamenten zu überschütten«.[17]

Krenek spult in seiner Beurteilung Berlins alle verfügbaren Klischees ab: eine Kolonialstadt, ein Spiegelbild amerikanischer Verhältnisse und eine Stadt ohne Landschaft, »flach wie ein Küchentisch«.[18] Besonders litt Krenek unter dem Essen, das in der Gemeinschaftsküche im Untergeschoss der Akademie der Künste serviert wurde und das er mit maximaler Abscheu schildert: »unbeschreiblich scheußlich«, bestehend aus einem »gräulichen Mischmasch, mit rosa Fleischfetzchen bestreut, der in riesigen Kübeln angeliefert und mit dem Schöpflöffel an die Kunden ausgeteilt wurde […]. In Aussehen und Geschmack erinnerte die Masse an blutige Exkremente, die die Folge einer bösen, durch den Verzehr dieser Nahrung ausgelösten Krankheit hätten sein können.«[19] Für einen Wiener Feinschmecker, wie Krenek durchaus einer war, war das wohl eine mehr als harte Prüfung.

Nichts wie weg hier: Diese Haltung spricht fast durchgehend aus Kreneks Berliner Berichten. So beschreibt er bissig den Anhalter Bahnhof als sein »liebstes Bauwerk« in Berlin, denn »von dort fuhren die Expreßzüge in den Süden, in die Berge und nach Österreich«.[20] Auch vom Café Telschow beim Bahnhof Zoologischer Garten aus beobachtete er die Züge nach Westdeutschland und nach Paris, dabei träumte er davon, irgendwo zu sein, nur nicht in Berlin. In späteren Jahren, so vermerkt es Krenek in seiner Autobiographie, wuchs sich dieser »unbestimmte Widerwille gegen Berlin zu einer veritablen und eindeutigen Aversion gegenüber der Hauptstadt des Deutschen Reiches aus«.[21] Berlin war für Krenek ein Markt für Kunstangelegenheiten, aber kein Ort zum Leben. Dort konnte man von der verkitschten Operette bis zur anspruchsvollen Avantgarde mehr oder weniger alles verkaufen, und für jede ästhetische Richtung gab es die entsprechenden Netzwerke, Mäzene und Künstler:innenzirkel, in denen man sich bewegen konnte. Als Krenek auch an diese Kreise keinen Anschluss fand, ergriff er die nächste sich bietende Gelegenheit, die Stadt in Richtung Schweiz zu verlassen und seine Zelte in Zürich aufzuschlagen. Freilich blieb auch das eine Episode, und 1927 kehrte Krenek wieder nach Wien zurück.

Im Frühling 1929 komponierte Ernst Krenek ein Stück, in dem er seine misslungenen Auslandserfahrungen auf seine Weise verarbeitete. Das *Reisebuch aus den österreichischen Alpen* schrieb Krenek innerhalb von 20 Tagen nach einer ausgedehnten Entdeckungsfahrt durch Österreich, die ihn und seine Frau Berta von Mariazell über Admont, Bad Aussee, Hallstatt, Gmünd, Spittal und den Großglockner nach Lienz in Osttirol führte. Der Liederzyklus ist ein Bekenntnis zu Franz Schubert, markiert die Rückkehr Kreneks zur Tonalität und beginnt mit dem Satz: »Ich reise aus, meine Heimat zu entdecken.« Text und Musik, die beide von Krenek stammen, illustrieren diese Reise ins Eigene, melancholisch und fröhlich, herb und heiter, mit einer reflektierenden Distanz zum Leben, manchmal reichlich banal, aber auch mit dem nötigen Mut zur Banalität. Das vierzehnte der insgesamt zwanzig Stücke ist mit »Heimweh« überschrieben, es handelt von der Erinnerung an Wien.

> Manchmal, in all dem Großen, gewaltig Schönen empfind ich Heimweh nach meiner Stadt. Einfach und grad ist alles, groß und gewaltig auch in diesen Alpen – dort aber ist um alles noch ein Geheimnis, der Zauber dunkler, wirrer, prächtiger Geschichte. In verborg'nen kleinen Dingen spiegelt sich noch heute Größe, Glanz und Trauer alter, lang vergang'ner Zeiten. Diesem alten Boden, seinem unverwüsteten Duft, der in ewig neuer Gestalt Geist werden läßt, spielend wie ein Gott mit Kostbarkeiten, ihm vertrau' ich, nicht der neuen Idee.

Zwei Jahre nach dem internationalen Bestseller *Jonny spielt auf*, dem Großstadtstück, in dem Ernst Krenek zumindest mit einem Auge nach Amerika geschielt hatte, nun also wieder die Verherrlichung der österreichischen Landschaft und der dunklen, wirren, prächtigen Geschichte der Stadt Wien. Die ungeliebte Berliner Zeit war längst passé, und auch der »neuen Idee« erteilte er eine Absage: Gemeint ist wohl die sozialistische Stadtpolitik des »Roten Wien«, die 1929 gerade auf ihrem Höhepunkt war. Krenek, der Wiener mit böhmischen Vorfahren, fällt zurück in ein merkwürdiges, altösterreichisches Lebensgefühl. »Österreich«, schreibt Krenek über diese Zeit, »wurde für mich ein sonderbar teurer Begriff, in dem sich auf seltsame Art Alltagsleben und traumhafte Unwirklichkeit mischten. Ich begann, es zu lieben, wie man ein kleines Kind oder einen liebenswürdigen alten Herrn lieben würde.«[22] Im Oktober 1937 brach Krenek mit seiner Frau Berta nach Amerika auf, um dort ein umfangreicheres musikalisches Engagement anzunehmen. Er sollte nicht wieder zurückkehren. 1945 nahm Ernst Krenek die US-amerikanische Staatsbürgerschaft an; ab 1966 verbrachte er die letzten 25 Jahre seines Lebens in Palm Springs in Kalifornien, nicht ohne sich immer wieder nach Wien zurückzusehnen.

Ganz anders verlief die Berliner Karriere des Komponistenkollegen Hanns Eisler, was vielleicht auch damit zu tun hatte, dass er nicht wie Krenek mit 20, sondern erst mit 27 Jahren in die Spreemetropole übersiedelte. 1898 geboren, wuchs Hanns Eisler wie Krenek im Wien der Jahrhundertwende auf, in einem musikalischen Umfeld, das damals aus einer seltsamen Versammlung aus »Vorstadtgenies, Gesangslehrer[n], Kirchenorganisten, Klavierpädagogen und schwer zu beschreibende[n] Spinner[n]«[23] bestand, in der man sich auf den Lorbeeren der Vergangenheit auszuruhen pflegte: »Eine auf Eigenlob spezialisierte Publicity hatte jedem Wiener bewußt gemacht, daß er aufgrund des ruhmreichen Erbes von Haydn, Mozart, Beethoven, Schubert und so weiter bis Bruckner ein musikalisches Genie war.« Die Moderne galt dort dagegen als »Erfindung des Teufels«.[24] Der politisch interessierte Hanns Eisler bezog gegen dieses traditionalistische Musikleben Position, indem er sich dem Avantgardisten Arnold Schönberg und seinem Kreis anschloss. Jahrelang pendelte er mit der Badener Bahn hinaus nach Mödling im Wiener Süden, um von Schönberg privaten Kompositionsunterricht zu erhalten, zeitweise galt er als der erklärte Lieblingsschüler des strengen »Meisters«. Treffpunkt des Schönberg-Kreises war damals das Café Museum am Karlsplatz; dort lernte Eisler auch seine spätere Frau Charlotte Demant kennen, die er im August 1920 heiratete.

Im Herbst 1925 ging Eisler nach Berlin und nahm eine Stelle am renommierten Klindworth-Scharwenka-Konservatorium unweit des Berliner Tiergartens an. Schon seine beiden Geschwister Gerhart und Elfriede alias Ruth Fischer waren in Berlin zu Funktionären der KPD aufgestiegen, nun zog Hanns nach, der eigentlich Johannes hieß, sich aber das härter und sachlicher klingende »Hanns« zulegte. Der Abschied von Wien fiel ihm nicht schwer, zumal Eisler sich vom Wiener Ästhetizismus zunehmend entfremdet hatte: »Der Weg eines ernstlichen modernen Künstlers«, notierte Eisler 1924, laufe dort notwendigerweise auf eine »sensationell sensitive, überkultivierte Geistigkeit«

hinaus.[25] Das harte, politische Berlin bot da viel mehr Anknüpfungspunkte für den jungen sozialistischen Musiker.

Für die Schüler des Pianisten Artur Schnabel schrieb Eisler zur Zeit seines Umzugs nach Berlin die Reihe der acht *Klavierstücke op. 8*, in denen überraschend oft Marschmotive zu hören sind. Wenn man so will, kündigt sich darin schon der Einfluss einer »Musik der Straße« an, die für Eisler in Berlin immer wichtiger werden sollte. Musik der Straße, das war eine Musik, die für den politischen Gebrauch in der Öffentlichkeit bestimmt war. Dass die KPD zu dieser Zeit gerade die Kulturpolitik für sich entdeckte und eine »Kulturkampffront« ausrief, kam Eisler sehr gelegen. Er schloss sich einer kommunistischen Agitpropgruppe an; in der Marxistischen Arbeiterschule gründete Eisler eine Arbeitsgruppe »Dialektischer Materialismus und Musik«. Als Musiker stieß Eisler damit in eine Nische, denn anders als in der Literatur oder auch der bildenden Kunst war eine explizit sozialistische Kunstmusik noch Mangelware. In der *Roten Fahne* schreibt Eisler darüber am 15. Oktober 1927: »Es gibt bis heute keinen wirklich revolutionären Musiker, keinen Komponisten, der ein wirklich revolutionäres Werk geschaffen hätte. Bei den Musikern macht sich ausschließlich ein breiiges Kleinbürgertum breit oder ein mondäner Nihilismus.«[26]

Die Musik seines Lehrers Schönberg nahm Eisler von einer solchen Grundsatzkritik stets aus, obwohl er dessen konservative politische Auffassung überhaupt nicht teilte. Bemerkenswerterweise kühlte sich das Verhältnis zwischen Schönberg und Eisler genau zu der Zeit ab, als beide nach Berlin gingen. Nachdem er schon vor 1914 verschiedentlich versucht hatte, sich in Berlin niederzulassen, wurde Schönberg schließlich 1925 vom legendären preußischen Bildungspolitiker Leo Kestenberg als Professor an die Preußische Akademie der Künste berufen, wo er bis zu seiner Emigration 1933 blieb.

Während der nach Wien zurückgekehrte Ernst Krenek gerade die österreichischen Alpen und die Lieder Franz Schuberts neu für sich entdeckte, verkündete Eisler in Berlin seinen »Abschied von der bürgerlichen Konzertlyrik« und schrieb einen Liedzyklus, der sich über die Konventionen des Genres hinwegsetzte: die *Zeitungsausschnitte* op. 27. Ein stärkerer Bruch mit der Tradition des Kunstlieds war kaum denkbar, denn wie der Titel nahelegt, verwendete Eisler für diesen Zyklus keine Gedichte mehr, sondern Berichte aus der Tagespresse, Werbeanzeigen und andere Alltags- und Gebrauchstexte. »Sie sind absolut Lieder der großen Städte, und für sie auch geplant gewesen. Sie schockierten das Konzertpublikum bei der ersten Aufführung ganz enorm«,[27] sagte Eisler selbst über dieses Werk. Die darin angewandte Technik der Collage, der dekontextualisierten und neu zusammengesetzten Wirklichkeitsschnipsel, schien kongenial zur Medienmetropole Berlin zu passen, in der die Extrablätter mehrmals am Tag erschienen und Künstler wie George Grosz, Kurt Schwitters oder John Heartfield ebenfalls mit Collagen arbeiteten. Alfred Döblin verwendete für seinen zeitgleich entstandenen Großstadtroman *Berlin Alexanderplatz* eine ähnliche Montagetechnik.

Sozialist und Pazifist war Eisler schon in Wien gewesen, genau wie seine Geschwister. Nun aber nahm seine Karriere als politischer Künstler erst richtig Fahrt auf. Losgelöst vom Schönberg-Kreis und dessen bürgerlichem Ästhetizismus tauchte Eisler in die Zirkel um Bert Brecht und Erwin Piscator ein; zudem wurde er einer der wichtigsten künstlerischen Freunde und Wegbegleiter des Arbeitersängers Ernst Busch. Ab 1928 entstanden in dichter Folge Arbeiterlieder wie das berühmte *Solidaritätslied* oder das *Lied der Arbeitslosen*, für das Eisler folgende Vortragsanweisung gibt: »Dieses Lied singt man eigentlich am besten so: Zigarette im Mundwinkel, Hände in den Hosentaschen, leicht grölend, damit es nicht zu schön klingt und niemand erschüttert wird.«[28]

Der »Barrikaden-Tauber« Ernst Busch war der kongeniale Interpret dieser Lieder, für die sich der Oberbegriff *Auf den Straßen zu singen* etablierte: »Weg da! Wir treten das Pflaster, marschieren die Straße entlang! Wir reißen ein Loch in den Himmel

Eisler und Brecht 1950 in Berlin

mit unserm Gesang! Weg da! Wir marschieren gegen die ganze Welt! Verdammt! Wer sich uns entgegenstellt!«[29] Hinter dem Pseudonym des Textdichters dieser Zeilen, David Weber, steckte der Tausendsassa Robert Winterfeld, der auch unter anderen Namen publizierte. Vor allem verfasste er als Robert Gilbert zahllose Schlager von *Liebling, mein Herz lässt Dich grüßen* bis *Ein Freund, ein guter Freund* und die Liedtexte von Operetten wie *Im weissen Rößl.* Dass der vielseitige Winterfeld nicht nur seichte Unterhaltungsmusik schrieb, sondern auch Eislers Agitprop-Chöre belieferte, zeigt, wie verflochten der damalige Kulturbetrieb war: mit fließenden Übergängen zwischen E-Musik und U-Musik, Kunst und Politik, Unterhaltung und Propaganda. Und dass Bertolt Brecht damals auch Werbetexte für Steyr-Automobile und die Berliner Stadtwerke verfasste, ist nur eine von vielen weiteren Anekdoten, die das belegen.

Den Filmmusiken, die Eisler ab 1927 in Berlin komponierte, lagen ebenfalls politische Ideen zugrunde. Eisler wollte den Realismus des Films mit einem musikalischen Realismus verbinden. Der trotzige, vorwärtsdrängende Ton der Musik beispielsweise zu *Kuhle Wampe* (1932) probt sozusagen die revolutionäre Auflehnung und liefert einen ganz eigenen Kommentar zum proletarischen Sozialdrama. Aus seinen Kompositionen für den Film stellte Eisler Konzertsuiten zusammen, die auch unabhängig von den Filmen gespielt werden konnten. Seine 1931/32 entstandene *Kleine Sinfonie* klingt wie ein solcher Zusammenschnitt von Filmmusik – eine mit Jazzanklängen durchsetzte »scharfe präzise Musik«, die bemüht ist, nie in »symphonische Rauschzustände« zu verfallen.[30] Diese Unterhaltungsmusik kann man auch heute noch mit großem Vergnügen hören.

1929 schrieb Eisler ein Stück, das die Berliner Großstadterfahrungen besonders deutlich widerspiegelte, und zwar schon im Titel: *Tempo der Zeit* ist eine Kantate für Orchester, gemischten Chor, Alt, Bass und einen Sprecher. Doch Eisler wäre nicht Eisler, wenn das Berliner Tempo darin nicht vor allem ironischkritisch hinterfragt würde: »In dieser Zeit, in der die Schnelligkeit der Aeroplane beginnt, mit der Schnelligkeit der Erdumdrehung in einen Konkurrenzkampf zu treten, ist es notwendig, die Nutzbarmachung des technischen Fortschritts für die Allgemeinheit zu überprüfen«, heißt es da. Jedenfalls gab Berlin dem Komponisten Eisler die Themen seiner Musik vor, die sich grundlegend von denen seiner Wiener Werke unterschieden: die Presse, die Werbung, die Straße, das Tempo der Zeit fanden erst in Berlin systematischen Eingang in seine Musik.

Eislers 1920er Jahre zerfallen insofern – auch zeitlich – exakt in zwei Hälften: Nach seiner Übersiedlung Ende 1925 nach Berlin war es mit der bürgerlich-avantgardistischen Moderne vorbei, mit den *Zeitungsausschnitten* begann eine völlig neue Schaffensperiode. Der Gegensatz ist fast zu drastisch, um wahr zu sein: Während die Morgenstern-Liedzyklen, die *Galgenlieder* von 1917 und *Palmström* von 1924, mit ihren atonalen Harmonien oder Zwölftonreihen und ihrem abgründigen Humor eindeutig nach Wien gehören, stammen die *Zeitungsausschnitte*, das *Tagebuch, Tempo der Zeit* oder *Auf den Straßen zu singen* unverkennbar aus einer anderen Erfahrungswelt, dem Berlin der ausgehenden 1920er mit seinem erhöhten Puls und seinen schroffen politischen Gegensätzen.

Auch wenn sich im Werk Ernst Kreneks keine solche klaren Brüche feststellen lassen, kann man doch mit einigem Recht behaupten, dass die Musik beider Komponisten damals im Spannungsfeld zwischen Berlin und Wien entstanden ist, als wechselseitiges Ergebnis der kulturellen Anziehungs- und Abstoßungskräfte beider Städte. Das Vorwärtsmarschieren der proletarischen »Einheitsfront« in Eislers Liedern und der nostalgische Rückblick auf die Wiener Weinberge in Kreneks *Reisebuch* gehören – so gesehen – zusammen: als konträre Bestandteile der einzigartigen Konstellation Wien/Berlin. Dass Krenek nach Wien zurückkehrte und Eisler in Berlin blieb, sagt einiges über den kulturellen Markt der 1920er Jahre aus, es zeigt aber auch, dass es immer eine ganz persönliche Entscheidung war, ob man gehen oder bleiben wollte. Auch für die Liebe zu Städten gilt: Beziehungsgeschichten lassen sich nicht immer erzwingen.

Die Übersetzung der Stadt in Literatur

Einer der bedeutendsten Stadt- und Gesellschaftsromane des 20. Jahrhunderts spielt in der Reichshaupt- und Residenzstadt Wien, dem Zentrum des phantastischen »Kakanien«, das unschwer als das Österreich der k. u. k. Monarchie vor 1914 zu erkennen ist. *Der Mann ohne Eigenschaften*, zwei Bände, ist über 2000 Seiten stark. Die Entstehungsgeschichte dieses Buches hat allerdings sehr viel mehr mit Berlin zu tun, als man denken könnte. Denn als der Autor Robert Musil in seinem Tagebuch 1904 erste Notizen zu seinem Mammutvorhaben machte, war er gerade Student der Philosophie in Berlin. Und als er sich an die Abfassung des zweiten Bandes machte, rund ein Vierteljahrhundert später, da zog er gerade zusammen mit seiner Frau Martha ebenfalls wieder nach Berlin, in die Pension Stern am Kurfürstendamm 217, um dort in der Atmosphäre der Weltstadt Berlin arbeiten zu können. Aber warum musste man unbedingt nach Berlin gehen, um einen Wien-Roman schreiben zu können?

Eine erste Antwort darauf gibt der Roman selbst. Denn an einer Stelle spricht Musil von einem imaginären Ort, an dem man sein Leben zubringen möchte oder, wie er einschränkend hinzufügt, »wo es Stil hat, zu verweilen, selbst wenn man fühlt, daß man für seine Person nicht gerade gern dort wäre«. Dieser Ort ist sozusagen eine Stadt ohne Eigenschaften:

> Eine solche soziale Zwangsvorstellung ist nun schon seit langem eine Art überamerikanische Stadt, wo alles mit der Stoppuhr in der Hand eilt oder stillsteht. Luft und Erde bilden einen Ameisenbau, von den Stockwerken der Verkehrsstraßen durchzogen. Luftzüge, Erdzüge, Untererdzüge, Rohrpostmenschensendungen, Kraftwagenketten rasen horizontal, Schnellaufzüge pumpen vertikal Menschenmassen von einer Verkehrsebene in die andre; man springt an den Knotenpunkten von einem Bewegungsapparat in den andern, wird von deren Rhythmus, der zwischen zwei losdonnernden Geschwindigkeiten eine Synkope, eine Pause, eine kleine Kluft von zwanzig Sekunden macht, ohne Überlegung angesaugt und hineingerissen, spricht hastig in den Intervallen dieses allgemeinen Rhythmus miteinander ein paar Worte. Fragen und Antworten klinken ineinander wie Maschinenglieder, jeder Mensch hat nur ganz bestimmte Aufgaben, die Berufe sind an bestimmten Orten in Gruppen zusammengezogen, man ißt während der Bewegung, die Vergnügungen sind in anderen Stadtteilen zusammengezogen, und wieder anderswo stehen die Türme, wo man Frau, Familie, Grammophon und Seele findet.[31]

Es ist nicht schwer herauszufinden, an welchen Ort der Wahlberliner Musil bei dieser Beschreibung wohl gedacht hat. Und es liegt in der Logik der Zeit, dass er sein vielschichtiges und erfahrungsgesättigtes Bild des alten Österreich kurz vor dem Ersten

Weltkrieg vor der Kontrastfolie ausgerechnet dieses Ortes zeichnet: Unverkennbar ist – wenn auch in verschlüsselter Form – von Berlin die Rede, wo Musil vom 21. November 1931 bis zum 21. Mai 1933 wohnte und arbeitete. Dort, so beschreibt es Musil selbst in seinem *Curriculum Vitae*, waren damals »die Spannungen und Konflikte des deutschen Geisteslebens fühlbarer [...] als in Wien«.[32] Den zweiten Band seines Romans konnte der Schriftsteller daher nur in Berlin zu Ende bringen – in Wien eben nicht, denn dort sei er »der Welt des Romans zu nahe« und »zu weit abseits von den Ereignissen unserer Tage, zu sehr wie in der Provinz, wo alles stagniert. Die Spannungen in unserer heutigen Welt werden eher hier in Berlin ausgetragen, oder man spürt sie wenigstens besser. Das ist ein günstigeres Klima für meine Arbeit.«[33] Musil benötigte also Berlin, um das Wien seines Romans zum Schauplatz eines umfassenden Zeitpanoramas machen zu können. Er brauchte die Stadt ohne Eigenschaften (oder zumindest die »soziale Zwangsvorstellung« von ihr), um die Stadt mit Eigenschaften über sich selbst und ihre Provinzialität hinauswachsen lassen zu können.

Viele Personen und Situationen im *Mann ohne Eigenschaften* beziehen sich direkt oder indirekt auf Berliner Verhältnisse, wie etwa die Figur des deutschen Finanzmagnaten und Schriftstellers Arnheim, in der Musil Walter Rathenau porträtiert. Auch in diesem Fall gilt: Es ist kein Wien ohne Berlin. Und: Von Berlin muss man immer wieder zurück nach Wien. Denn der Strudel der *überamerikanischen* Metropole nimmt irgendwann überhand:

> Was da vorbei fliegt, fliegt vorbei, weil es nicht anders sein kann, aber bei aller Ergebenheit gewinnt ein unangenehmes Gefühl immer mehr Gewalt, als ob man über das Ziel hinausgefahren oder auf eine falsche Strecke geraten wäre. Und eines Tags ist das stürmische Bedürfnis da: Aussteigen! Abspringen! Ein Heimweh nach Aufgehaltenwerden, Nichtsichentwickeln, Steckenbleiben, Zurückkehren zu dem Punkt, der vor der falschen Abzweigung liegt! Und in der

guten alten Zeit, als es das Kaisertum Österreich noch gab, konnte man in einem solchen Falle den Zug der Zeit verlassen, sich in einen gewöhnlichen Zug einer gewöhnlichen Eisenbahn setzen und in die Heimat zurückfahren.[34]

Den Eheleuten Robert und Martha Musil selbst blieb eine solche Heimkehr einige Jahre später verwehrt. Nach dem Anschluss Österreichs an das Deutsche Reich 1938 mussten sie das Land verlassen und lebten in bescheidenen Verhältnissen in Genf. 1942 starb Robert Musil dort an einem Schlaganfall.

Vielleicht ist der *Mann ohne Eigenschaften* der wichtigste Wien-Roman der österreichischen Literatur. Sicherlich aber hat Alfred Döblin den ikonischen Berliner Großstadtroman schlechthin geschrieben: *Berlin Alexanderplatz.* Darin kann man Seite für Seite nachvollziehen, wie sich die Berlin-Klischees von Tempo, Technik und Sachlichkeit in literarische Sprache übersetzen lassen. Die Sätze sind kurz und kantig, Montage- und Collagetechniken herrschen vor, es gibt viele Zahlen und Statistiken, dazwischen viel schnoddrigen Konversationston. Die ganze Stadt erscheint als Text, als vielstimmiges Durcheinander aus Gesprächsfetzen, Werbetexten und anderen Zitaten. Der städtische Verkehr ist ein Hauptdarsteller in diesem Roman, er sorgt für das Betriebstempo der Erzählung.

Gleich zu Beginn wird der Protagonist Franz Biberkopf aus dem Tegeler Gefängnis entlassen, und alles beginnt damit, dass er sich in einen Straßenbahnwagen setzt.

> Der Wagen machte eine Biegung, Bäume, Häuser traten dazwischen. Lebhafte Straßen tauchten auf, die Seestraße, Leute stiegen ein und aus. In ihm schrie es entsetzt: Achtung, Achtung, es geht los. Seine Nasenspitze vereiste, über seine Backe schwirrte es. »Zwölf Uhr Mittagszeitung«, »B. Z.«, »Die neuste Illustrirte«, »Die Funkstunde neu«, »Noch jemand zugestiegen? […] Gewimmel, welches Gewimmel. Wie sich das bewegte.«[35]

Immer, wenn Döblin zeigen möchte, wie sich das Berlin der späten 1920er Jahre anfühlt, dann inszeniert er das Tempo, den schnellen Puls der kurz zuvor durch Zusammenschluss gegründeten Berliner Verkehrs-A.G. und der Massenpresse. Vier Jahre war Biberkopf hinter Gittern gewesen – lang genug, um die sich rasant verändernde Stadt nun als befremdlichen Cluster von Sinneseindrücken auf sich einschlagen zu sehen: Achtung, Achtung, es geht los.

Die zeitgenössischen Stimmen zu diesem Buch, das im Herbst 1929 als Vorabdruck in der *Frankfurter Zeitung* erschien, waren sehr gespalten. Einerseits sah man natürlich, dass dieser Roman eine ganz neue Form der Großstadtliteratur darstellte – eine Literatur, in der die Stadt nicht nur Kulisse oder Schauplatz ist, sondern die Sprache selbst durchdringt. So schrieb der Kritiker Julius Bab, Berlin werde in diesem Buch »dargestellt, nicht beschrieben! Es spricht uns an, es ergreift uns, reißt uns mit, so wie es auf hundertfältige Weise in die Nerven der Passanten, in den Kopf des Aufmerkenden, in die Seele des Mitlebenden eindringt: da schreit die Straße mit Ausrufern, Straßenbahnklingeln, Gesprächsfetzen, mit Bruchstücken der Litfaßsäule und mit Lichtreklamen auf uns ein.«[36] Endlich war eine Literatur entstanden, die wirklich in der Lage war, den Rhythmus Berlins einzufangen und die Flüchtigkeit des modernen urbanen Lebens in einen fragmentarischen, parataktischen Stil umzusetzen.

Eben deshalb aber konnte man auch alles auf das Buch projizieren, was man am Berlin der ausgehenden Weimarer Republik auszusetzen hatte. Folglich wurde das Buch für die konservative Presse zu einer Zielscheibe, auf die die vergifteten Pfeile nur so flogen. Man störte sich am fragwürdigen sozialen Milieu von *Berlin Alexanderplatz,* sah »aneinandergereihte Fetzen von Schauerberichten« und »Zerrbilder von Zerrbildern«.[37] Wilhelm Stapel, als Herausgeber der völkisch-nationalen und antisemitischen Zeitschrift *Deutsches Volkstum* einer der prominentesten Kritiker der Weimarer Republik, wandte sich gegen die »Glorifizierung und Mystisierung der Berliner Atmosphäre vom Alexanderplatz bis zum Kurfürstendamm« und bemängelte: »Deutschland wird Berlin hörig«.[38] So wie Paris in Frankreich solle nun wohl auch Berlin zum Knotenpunkt der Nation gemacht werden. Für Rechtskonservative wie Stapel eine Horrorvorstellung.

Berlin Alexanderplatz war ein innovativer Versuch, das Berliner Großstadtgetöse in einen dichten Text zu verwandeln. Vergleicht man dieses Buch mit den prominenten Wiener Großstadtromanen der ersten Hälfte des 20. Jahrhunderts, dann drängen sich schon auf den ersten Seiten Unterschiede auf, die einiges über die beiden Städte selbst zu verraten scheinen. Zuerst der *Mann ohne Eigenschaften*: Robert Musil zeichnet das Bild einer Moderne, die auf seltsame Weise zugleich im Alten steckenbleibt. Der berühmte Satz, mit dem Musil den zweiten Teil seines monumentalen Stadtromans überschrieben hat, kann auch als Formel für den routinierten Leerlauf des kaiserlichen Wien am Vorabend des Ersten Weltkriegs gelesen werden: »Seinesgleichen geschieht«.[39] Über Döblins *Berlin Alexanderplatz* müsste dagegen das Motto stehen, dass immer etwas anderes geschieht. Bis in die sprachlichen Details hinein inszeniert der Roman den unentwegten Wandel, die Turbulenz der unvorhergesehenen Ereignisse.

In Berlin die Präsenz der Gegenwart, in Wien die Präsenz der Vergangenheit: Das zeigt auch etwas später Heimito von Doderers Stadtroman *Die Strudlhofstiege* – ein Gesellschaftspanorama, in dem viele Kontinuitäten zwischen Monarchie und Republik thematisiert werden. Als Wehrmachtsoffizier und Kriegsgefangener hatte Doderer 1941 mit der Konzeption der *Strudlhofstiege* begonnen, 1951 erschien das Buch dann im Druck. Dennoch spielt der Roman nicht etwa in den beginnenden 1950er Jahren, sondern hat mit den Jahren 1911 und 1925 zwei zeitliche Pole, zwischen denen die Erzählung hin- und herpendelt. *Melzer oder die Tiefe der Jahre* lautet der Untertitel des Buches; die Rückblende in die »kakanische« Zeit hat Methode und steht für eine Stadt, in der die Gegenwart so viel mit der Vergangenheit zu tun haben scheint wie nirgendwo sonst.

Während in Döblins Buch die Riesenstadt Berlin vorzugsweise mit dem Autobus oder der Elektrischen durchfahren wird, vollzieht sich die Handlung der *Strudlhofstiege* in einem eng umgrenzten Stadtviertel im Alsergrund, dem heutigen 9. Wiener Gemeindebezirk. Im Kontrast zu Döblin gewinnt man bei Doderer den Eindruck, ein Buch für Fußgänger vor sich zu haben. Das spiegelt sich schon in den beiden Buchtiteln. Hier der Alexanderplatz als Knotenpunkt des motorisierten Massenverkehrs, dort die Strudlhofstiege, eine 1910 eröffnete Freitreppenanlage oberhalb der Liechtensteinstraße, die natürlich nur für Fußgänger zugänglich ist. Der Literaturwissenschaftler Wendelin Schmidt-Dengler hat einmal angemerkt, dass das Motiv des Spaziergangs oder der Stadtwanderung in der Wien-Literatur stets eine besondere Rolle gespielt hat: »Die Stadt wird ergangen, die modernen Verkehrsmittel sind kaum existent, vor allem: es wird aus dem Stadtverkehr das Tempo herausgenommen.«[40] In Texten wie Arthur Schnitzlers *Lieutenant Gustl* werde die ergangene und durchwanderte Stadt auf diese Weise zu einem Ort verräumlichter Erinnerung, zu einem »mnemotechnischen Hilfsmittel«.[41]

Die Strudlhofstiege im Wiener Gemeindebezirk Alsergrund

Dahinter steht die Vorstellung, dass man sich das komplizierte, verwinkelte, historisch gesättigte Wien vor allem im entschleunigten Modus aneignen kann. Und beim Spazierengehen kommen einem schließlich die besten Ideen. So begleitet man in zahllosen Musikerbiographien aus Wien die berühmten Komponisten auf ihren Wegen durch die Stadt. Etwa Beethoven, der bei jedem Wetter in den Straßen von Wien und in den Weinbergen über Nussdorf und Heiligenstadt seine Bahnen zog oder Schubert, der auf Postkarten, Gemälden und Lithographien der Zeit um 1900 beim Spazierengehen gezeigt wird.[42] Musik und Stadtlandschaft werden so zu einer imaginären Einheit verschmolzen, und für den Musikkritiker Max Graf ist sogar Schönbergs *Verklärte Nacht* unmittelbar aus der Wiener Landschaft hervorgegangen.[43]

Von solcher Entschleunigung findet man in Döblins *Berlin Alexanderplatz* kaum eine Spur. Und doch kommt in diesem Berliner Stakkato einmal Wien vor, wenn auch nur ganz am Rande. Wie so oft geht der Protagonist des Romans, Franz Biberkopf, frisch aus dem Gefängnis entlassen, arbeits- und beschäftigungslos durch die Berliner Straßen. Atemlos und trocken steckt Döblin die Koordinaten der Riesenstadt ab: »Berlin, 52 Grad nördliche Breite, 13 Grad 25 östliche Länge, 20 Fernbahnhöfe, 121 Vorortbahn, 27 Ringbahn, 14 Stadtbahn, 7 Rangierbahn, Elektrische, Hochbahn, Autobus, es gibt nur a Kaiserstadt, es gibt nur a Wien.«[44] Als kleiner, süßlicher Reklameschriftzug schleicht sich Wien in den Text und markiert einen plötzlichen Kontrast: Berlin, so scheint es, kann man in seinen Dimensionen nur durch Zahlen einfangen, Wien nur durch die Nennung eines Polkatitels von Johann Strauss. Selbst das große Berliner Kultbuch der 1920er Jahre kommt nicht ganz ohne den Antipoden Wien aus.

Vom Konzertverein in den Boxklub

Wer an die Schriftstellerin Vicki Baum denkt, hat das Berlin der 1920er Jahre vor Augen, die prototypische »Neue Frau« mit Kurzhaarfrisur und unkonventionellem Lebensstil, die Ullstein-Redakteurin und Autorin der Erfolgsromane *Stud. chem. Helene Willfüer* (1928) und *Menschen im Hotel* (1929). Man denkt an ihren Welterfolg 1932 am Broadway mit der Premiere von *Grand Hotel* und an ihre weitere Karriere als Roman- und Drehbuchschreiberin in Hollywood. Dabei wird leicht vergessen, dass Vicki Baum aus einer ganz anderen Welt kam, aus dem Wien der Jahrhundertwende. 1888 wurde sie geboren, im Jahr 1900 war sie zwölf Jahre alt und studierte bereits seit zwei Jahren Harfe am Konservatorium ihrer Heimatstadt, was 1907 schließlich zu einer Festanstellung im renommierten Orchester des Wiener Konzertvereins führte. Ihre musikalischen Fixsterne waren die Wiener Klassiker: vor allem Haydn, Mozart und Schubert, aber auch Beethoven. Im Orchester spielte sie freilich vor allem die spätromantische Literatur, in der es für die Harfe auch wirklich etwas zu tun gibt. Bruckner- und Wagner-Programme waren im Konzertverein an der Tagesordnung. Der große Star der zeitgenössischen Musik war Gustav Mahler, seit 1897 Erster Kapellmeister und Direktor der Hofoper. »Er war unser hohes, verehrtes Idol«, schreibt Baum in ihren Erinnerungen. »Gab es eine neue Mahler-Symphonie, dann dampfte die Galerie förmlich von unserem Enthusiasmus.«[45]

Auf einer Fotografie aus dem Jahr 1903 – Vicki Baum war gerade fünfzehn Jahre alt – ist eine junge Frau im rüschenbesetzten weißen Kleid zu sehen, vor sich die Harfe, die linke Hand deutet einen Akkord an. Der Blick ist ausgesprochen selbstbewusst. Zu dieser Zeit war Musik ihr Ein und Alles: »Ich war in jenen Jahren völlig von Musik umgeben«, und der vierte Rang der Wiener Oper bedeutete für sie »mindestens fünfzig Prozent des Daseins«.[46] Zum anderen Brennpunkt ihres Alltags sollte dann etwas später das Café Kremser werden, das sie vor allem zusammen mit ihrem ersten Ehemann, dem Schriftsteller Max Prels, so gut wie täglich frequentierte. Dieses Kaffeehaus befand sich damals am Kärntner Ring, mitten in der Stadt, im Schnittpunkt der Wege zwischen Hofoper, Künstlerhaus und Musikverein. Wie viele Wiener:innen schätzte Baum das Stammlokal als ein verlängertes Wohnzimmer:

> Damals war das Kaffeehaus für den Österreicher immer sein zweites Heim, eine Institution mit einer festen Tradition, und dennoch beweglich genug, sich allen Arten von Menschen und Klassen und jeder beliebigen Umgebung anzupassen. Es ist feiner und ruhiger als die Bar, der Saloon, die Kneipe, weit demokratischer als ein Klub, obgleich es mit jedem von ihnen gewisse Merkmale gemeinsam hat. Im Kaffeehaus schreibt man seine Briefe oder, je nachdem, seine Gedichte, Essays, die Dissertation, das erste Kapitel eines Romans, der über das dritte niemals hinauskommen wird. [...] Im Kaffeehaus traf man seine Freunde, seine Freundin, die Geliebte, die Frau des besten Freundes und ausnahmsweise auch einmal die eigene. Hier in der rauchigen Luft bekam man vielleicht Ideen für das nächste Feuilleton, man schliff seinen Geist durch treffende Bemerkungen, schärfte ihn in angeregtem Gespräch mit seinen Freunden am Stammtisch. Hier hörte man die letzten Neuigkeiten, den neuesten Klatsch, und hier wurden die Bonmots und Witze vom Stapel gelassen, die man sich anderntags genüsslich in der ganzen Stadt erzählte. [...] Nur in Wien war es denkbar, dass man, wie es allenthalben der Fall war, den überwiegenden Teil seines Lebens in *seinem* Kaffeehaus verbracht, sich dort ganz und gar zu Hause fühlte.[47]

Aus dieser eingesessenen bürgerlichen Lebenswelt zwischen Konzertverein und Kaffeehaus brach Vicki Baum nach Darmstadt auf, wo sie eine Anstellung im Orchester des Großherzogs Ernst Ludwig von Hessen erhielt. Baum hat später erzählt, wie sie dem Großherzog persönlich in einem nur von Kerzen erleuchteten Saal auf der Harfe vorspielte – mit Erfolg. Vicki Baum wurde Großherzogliche Hof- und Kammermusikerin. Ernst Ludwig war an der Wiener Kunstszene außerordentlich interessiert und hatte schon im Jahr 1900 den Sezessionisten Joseph Maria Olbrich von Wien nach Darmstadt geholt, um ihm die Leitung der Künstlerkolonie auf der Mathildenhöhe zu übertragen. In Darmstadt befreite sich die Musikerin von den »Irrungen und Wirrungen« ihrer Wiener Jugend,[48] es folgten weitere Stationen in Kiel, Hannover und Mannheim, bis Vicki Baum, die schon seit 1914 mit gewissem Erfolg Romane veröffentlichte, schließlich die Harfe an den sprichwörtlichen Nagel hängte. Der legendäre Ullstein-Verlag in Berlin stellte sie als Redakteurin an, mit einem Monatsgehalt von 800 Mark.

Das Haus Ullstein war neben Mosse und Scherl einer der drei bedeutendsten Medienkonzerne der Zeitungsmetropole Berlin. Zu ihm gehörten unter anderem die *Berliner Morgenpost*, die *Berliner Illustrirte Zeitung*, die *Berliner Zeitung*, die *B. Z. am Mittag* sowie die *Vossische Zeitung*, damit repräsentierte Ullstein ein weites liberales Spektrum bis hin zur Sozialdemokratie. Die Zentrale des Hauses befand sich in der Kochstraße, in der ab 1926 auch Vicki Baum arbeitete. Das Gebäude wurde im Zweiten Weltkrieg zerstört, aber wer sich heute ein anschauliches Bild von der Bedeutung Ullsteins in diesen Jahren machen möchte, sollte das Ullsteinhaus am Mariendorfer Damm in Tempelhof besichtigen: Als Druckhaus und Verlagssitz für die Bücher und Zeitschriften des Ullstein-Imperiums 1925–27 errichtet, blieb dieses gewaltige, moderne Backsteingebäude noch bis 1957 das höchste Hochhaus Deutschlands. In diesen Konzern also wurde Vicki Baum aufgenommen, und Ullstein verlegte auch ihre folgenden Romane, *Hell in Frauensee, Feme* sowie *Menschen im Hotel*, ihr größter Erfolg.

Mit glänzenden Augen, »innerlich erregt«,[49] betrat Vicki Baum anlässlich ihres ersten Gesprächstermins die Verlagsräume in der Kochstraße. Vor ihr auf dem Tisch lagen einige Zeitschriften aus dem Konzern: die Modezeitschrift *Die Dame*, der *Uhu*, *Das Blatt der Hausfrau*, der *Querschnitt*, die *Koralle* und die Kinderzeitschrift *Der heitere Fridolin*. Als Zeitschriftenredakteurin konnte sich Baum schnell etablieren, und sie lebte sich ebenso schnell in der Stadt ein. Sie war, wie sie in ihren Memoiren schreibt, zum ersten Mal in ihrer Zeit zu Hause. »Ich dachte, lebte, redete und fühlte wie die meisten anderen dort; ich hatte die Kadenz ihrer Sprache im Ohr und ihre Probleme im Herzen. Ihre Erfahrungen waren meine Erfahrungen, und ihre Erinnerungen waren auch meine.«[50] Die Stadt Berlin war für sie »herrlich lebendig, so geladen mit einer seltsamen Elektrizität«, und zum Nachtleben meinte sie: »Bars – ich hatte, bevor ich nach Berlin kam, noch keine gesehen.«[51]

Vicki Baums Berlin-Roman *Menschen im Hotel* spiegelt diese Erfahrungen. Ein wunderbarer Unterhaltungsroman, erzählt im Stakkato der Neuen Sachlichkeit: Ein Berliner Grand Hotel wird zum sozialen Labor, in dem sich die Lebenswege einer Handvoll höchst unterschiedlicher Menschen kreuzen. Das Buch hat kriminalistische und erotische Momente, es ist spannend erzählt, eine *group novel*, in der sich aus einem zufälligen Zusammentreffen ganz neue Entwicklungen ergeben, und es spiegelt das Tempo der Metropole in einer fast filmischen Darstellungsweise. »Die Drehtür dreht sich, schwingt, schwingt, schwingt …«[52] – so endet der Roman und führt weiter in eine ungewisse Zukunft.

In ihrer Berliner Zeit wurde Vicki Baum Mitglied im Boxklub von Sabri Mahir, den sie häufig in den Mittagspausen zwischen Redaktionsterminen aufsuchte. Oft aß sie mit ihrem Boxtrainer zu Mittag, »Salat à la Balkan«, ein Gurkensalat mit Joghurt, oder sonst etwas Leichtes. Sabri Mahir war eine der schillerndsten Figuren im Berlin der 1920er Jahre: Bei Galatasaray Istanbul war er Profifußballer gewesen, an der Pariser Académie des Beaux-Arts hatte er Malkurse belegt, doch in den politischen Wirren des Ersten Weltkriegs übersiedelte er nach Berlin und wechselte zum Boxsport. Als »der schreckliche Türke Sabri Mahir, der gegen vier Männer kämpft« wurde er zunächst Schauboxer im Zir-

Vicki Baum im Boxklub

kus, bis er am Kurfürstendamm sein »Studio für Boxen und Leibeszucht« eröffnete, das bald einen Namen hatte und auch von einigen prominenten Frauen besucht wurde, darunter Marlene Dietrich und Leni Riefenstahl. Mahir war als harter Boxtrainer gefürchtet und trainierte zeitweise den späteren Deutschen Meister im Schwergewicht, Franz Diener. Daneben veranstaltete Mahir Künstlertreffen im Rahmen seiner »Teestunden am Ring«, einer seiner Gäste war Bertolt Brecht.

In diesen Kreisen bewegte sich nun auch Vicki Baum, wobei sie vor allem an den Selbstdisziplinierungsmethoden des Meisters interessiert war. Nie aufgeben: »Ich kanns!«, das wollte sie bei Mahir lernen. Und deshalb verbrachte sie viele Stunden »in der aufpeitschenden, mit Schweiß-, Franzbranntwein- und Ledergeruch geschwängerten Luft seines Trainingslokals, über dem immer eine sonderbar aus Sadismus und liebevoller Betreuung gemischte Stimmung hing«.[53] Die vor wenigen Jahren zurückgelassene Heimatstadt Wien indessen schien vom Boxklub am Kurfürstendamm aus gesehen sehr weit weg zu sein, wie ein Punkt, der sich im Rückspiegel immer weiter entfernt.

Von der Harfe an die Schreibmaschine, vom Konzertverein in die Zeitungsredaktion, vom Café Kremser in den Boxklub: In der Lebensgeschichte Vicki Baums bilden sich allzu bekannte Klischees von Wien und Berlin ab – fast zu plakativ, um wahr zu sein. Tatsächlich hat Vicki Baum auf den fast 600 Seiten ihrer Autobiographie ansonsten eher auf Klischees dieser Art verzichtet. Obwohl der Umzug nach Berlin für Vicki Baum ein einschneidendes Erlebnis war – »der Auftakt zu den glücklichsten interessantesten und fruchtbarsten Jahren« ihres Lebens –,[54] kommen explizite Vergleiche zwischen Wien und Berlin kaum vor. Nur in wenigen Passagen schildert sie die unverwechselbare Atmosphäre beider Städte, und als sie von der überraschenden Begegnung mit dem Journalisten Stefan Großmann im Ullstein-Haus berichtet, erwähnt sie nicht einmal, dass Großmann ebenfalls aus Wien stammte. Sie scheint dieser Tatsache keine Bedeutung beigemessen zu haben.

Dagegen liegt die Phänomenologie des Wienerischen in diesem Buch in einer tieferen Schicht verborgen. Auf Wien bezieht sich die Berliner Erfolgsschriftstellerin, die Filmautorin aus Hollywood Vicki Baum nämlich immer dann, wenn Wien weit entfernt liegt. Wenn sie sich aus der Distanz erinnert, auf den Gang ihres Lebens zurückblickt, ihr Schreiben reflektiert:

> Zu dem, was die Kritiker, besonders die amerikanischen Kritiker, an meinen Büchern zu beanstanden hatten, gehört auch, dass mein Stil ornamental sei. Es ist wahr, ich glaube es, und ich akzeptiere demütig diesen Verweis. Aber bitte, meine verehrten Damen und Herren von der Literaturbeilage, bitte ziehen Sie einmal die Welt in Betracht, in der ich aufgewachsen bin – die Umgebung, welche diese kritikwürdige, ornamentale Seite in einem jungen Wesen heranbildete, das zu einer Stadt, einem Land gehörte, wo man gerade eine Epoche mit ornamentalem Pomp zu Grabe trug.[55]

Es ist wohl kein Zufall, dass gerade der Wiener Adolf Loos 1908 in einem berühmt gewordenen Vortrag gegen das Ornament mobilmachte: »evolution der kultur ist gleichbedeutend mit dem entfernen des ornamentes aus dem gebrauchsgegenstande«, heißt es in dem Pamphlet *Ornament und Verbrechen*, und damit traf er nicht nur den verschnörkelten Historismus der Habsburgermetropole, sondern auch den raschen Wechsel der Stile und Moden, dem er die Beständigkeit einer neuen, klaren Ästhetik entgegensetzen wollte. Vicki Baums Schreibweise war zwar für Berlin modern genug und galt stets als Beispiel für die Neue Sachlichkeit, wirkte aber auf Leser in den Vereinigten Staaten überladen, ornamental. In Baums eigener Deutung heißt das: Man kommt von seiner eigenen Vergangenheit nicht los. Von Wien also.

Gleichzeitig war Baum heilfroh, sich neue Welten erschlossen, neue Talente und Fähigkeiten entwickelt zu haben. Berlin war für sie eine Schule des Lebens als Autorin, eine notwendige biographische Brücke zwischen Wien und Amerika. Eine Stadt aber auch, die ihre innere Disposition verändert hatte. Beinahe »preußisch« sei sie geworden, schreibt sie in ihren Erinnerungen, und dieser Prozess lief nicht ohne Verluste ab:

> Ich fürchte, dass ich für meine charmante, allzu charmante Vaterstadt für immer verloren bin. Die spärlichen Tugenden, die ich mein Eigen nenne und krampfhaft zu verbergen su-

> che, sind durchaus ohne Charme. Ich kann hart arbeiten, bin ziemlich zuverlässig, gewissenhaft und diszipliniert; ein verruchter Spartaner, ein Stoiker; beinahe hätte ich gesagt: ein Preuße, erfüllt vom ernsten kantschen kategorischen Imperativ. […] Meine zahlreichen Fehler aber sind alle wienerisch, österreichisch: die Schlampigkeit im täglichen Leben, meine Verachtung dem Geld und der Geschäftemacherei gegenüber, mein Hang zum Kompromiss, zum Verhandeln anstatt zum Kämpfen. Meine Empfindlichkeit in Fragen des Geschmacks, meine altmodische, heimliche Liebe zur Natur und das starke Bedürfnis, ihr nahe zu sein.[56]

In dieser Bilanz wird ganz klar Berlin der Vorzug gegeben, Wien erscheint als rückständig, als defizitär, als Brutstätte persönlicher Fehler und Marotten. Als die Theaterfassung von *Menschen im Hotel* in Wien auf die Bühne kam, reiste Vicki Baum erstmals nach fast zwanzig Jahren wieder in die alte Heimat zurück und war konsterniert von der Stagnation der Verhältnisse, die ihr dort entgegenschlug. 1913 war sie aus Wien weggezogen, 1932 kehrte sie wieder und staunte:

> Wien schien unverändert. Zufällig und ohne Absicht spazierte ich an meinem alten Schlupfwinkel vorüber: dem Café Kremser. Mit leichtem Erschrecken erkannte ich es wieder und blickte durch die große Glasscheibe hindurch nach innen: Da saß, an denselben Tischen wie damals, dieselbe alte Gesellschaft. Mein Gott, alle waren noch da, ein bisschen älter, ein bisschen verblasst wie alles in meiner Heimatstadt und trotz alledem kaum verändert: Josef Reitler, Max Graf, Dr. Konta, Theodor Csokor, Soyka und, nur wenig mottenzerfressen, sogar meine erste große Liebe […]. Mir lief buchstäblich ein kalter Schauer den Rücken hinunter, als es mir bewusst wurde: Hier stehst du nun, und wenn du nicht zur rechten Zeit davongelaufen wärst, hätten die Motten auch dich nicht verschont.[57]

Aus der Retrospektive muss man allerdings hinzufügen: Hätte Vicki Baum damals genauer hingesehen, hätte sie eine Rundfahrt über den Gürtel und durch die Arbeiterbezirke wie Favoriten, Ottakring oder Donaustadt gemacht, dann hätten ihr sehr wohl Veränderungen auffallen müssen. Das sezessionistische Wien ihrer Kindheit hatte sich während ihrer Abwesenheit in das Rote Wien der sozialdemokratischen Stadtregierung verwandelt, der es gelungen war, eines der größten Wohnungsbauprogramme Europas umzusetzen. Überall neue Gemeindebauten, gut integriert in den älteren Baubestand. In Heiligenstadt erstreckte sich nun der mächtige Gebäuderiegel des Karl-Marx-Hofs über einen Kilometer entlang der Stadtbahnlinie am Donaukanal. Freizeiteinrichtungen, monumentale Bäder und Sportanlagen für Arbeiter waren entstanden. In Hietzing wurde gerade die Wiener Werkbundsiedlung fertiggestellt – eine Musterwohnsiedlung im Bauhausstil. Ja, vielleicht war im Café Kremser am Kärntner Ring Vieles beim Alten geblieben. Und sicherlich wurde Wien nicht in vergleichbarer Weise zu einer *boomtown* der 1920er Jahre wie Berlin. Aber unverändert blieb auch Wien nicht. Baums Urteil war die Sicht einer Ausgewanderten, ein Blick aus der Distanz und aus der Erinnerung, der den alten urbanen Mythos von der Stadt Wien, die angeblich immer dieselbe bleibt, bediente. Zwar schillert das Berlin der 1920er Jahre bei Vicki Baum in allen Farben. Aber ganz leise klingt im Hintergrund Johann Schrammels alter Schlager »Wien bleibt Wien«.

Canettis Sommer in Berlin

Im Frühling des Jahres 1928 verschwand die ungarische Dichterin Ibby Gordon aus Wien, und niemand wusste, wo sie abgeblieben war. Auch Elias Canetti hatte keine Nachricht von seiner Freundin, deren Gedichte er ins Deutsche zu übersetzen geholfen hatte: *Selbstmörder auf der Brücke* und *Pamela, Städtischer*

Beamter und *Mädchen im Spiegel* – moderne, sachliche Lyrik, die Canetti als »kühl und geistreich« bezeichnete. Zwei Monate später kam ein Brief bei Canetti an, ein Brief aus Berlin. Ibby Gordon triumphierte: Bald würden ihre Gedichte in der *Weltbühne* und im *Querschnitt* erscheinen, innerhalb der kurzen Zeit hatte sie Alfred Döblin und Bertolt Brecht, Gottfried Benn und George Grosz kennengelernt. Mit dem großen Versprechen »Berlin« lockte Ibby Gordon auch ihren Freund in die deutsche Reichshauptstadt. Canetti fühlte sich herausgefordert: »Es gäbe da die aufregendsten und absonderlichsten Dinge, man könne nicht glauben, was man mit eigenen Augen sehe. Meine Neugier wuchs mit jedem ihrer Briefe. Kein Mensch kam darin vor, der nicht für irgend etwas berühmt war.«[58]

Am 15. Juli 1928 übersiedelte Elias Canetti für den Sommer nach Berlin, in die Dachwohnung am Kurfürstendamm 76, in der der Publizist Wieland Herzfelde wohnte. Gemeinsam arbeiteten sie an einer Biographie des US-amerikanischen Autors Upton Sinclair, die in Herzfeldes Malik-Verlag erscheinen sollte. Kaum angekommen, schien sich für Canetti zu bewahrheiten, was ihm Ibby Gordons Briefe in Aussicht gestellt hatten: »Da war ich also in Berlin, ich ging keine zehn Schritte, ohne jemand zu begegnen, der berühmt war.«[59] Gordon führte ihren Freund Canetti in Kreise ein, von denen er bislang nur hatte träumen können und deren Mittelpunkt ausgerechnet der Wiener Karl Kraus war. In Wien war Kraus für Canetti eine ferne Lichtgestalt gewesen, um die er kreiste wie die Erde um die Sonne: »der Mann, der mir Glaube und Gesinnung war, den ich unter allen Menschen auf der Welt am höchsten verehrte, [...] dem mich zu nähern ich nie gewagt hätte«.[60] Nun, als sich beide im Künstlermilieu der deutschen Reichshauptstadt bewegten, ergaben sich erstmals Aussichten, persönlich in Kontakt zu kommen. Karl Kraus direkt anzusprechen, das traute sich Canetti zwar auch in Berlin nicht, »erdrückt von der Vorstellung, am Tische eines Gottes zu sitzen«.[61] Aber dass er überhaupt mit ihm am Tisch saß, schien Canetti nur in Berlin möglich, »wo Berührungen jeder Art, unaufhörliche, zum eigentlichen Lebensinhalt geworden waren«.[62]

Während sich Canetti nicht genug darüber wundern konnte, wie zuvorkommend und freundlich der für seine gnadenlos sarkastischen Texte berüchtigte Kraus war, enttäuschte ihn ein anderer bekannter Autor zutiefst: Bertolt Brecht, damals gerade 30 Jahre alt und der neue Star der linksradikalen Literaturszene, Stückeschreiber, Regisseur und Liedermacher, Berliner Liebling von Karl Kraus. Mit seinen lakonisch-schönen Gedichten hatte er den unsicheren Canetti fast zur Aufgabe seiner eigenen Produktion veranlasst. Auch er wirkte auf Canetti aus der Nähe ganz anders, als er ihn aus seinen Texten kannte: gleichzeitig hölzern und herablassend, ein seltsamer Asket in »proletarischer Verkleidung«, wie Canetti schreibt. »Unter seinem Blick fühlte man sich wie ein Wertgegenstand, der keiner war, und er, der Pfandleiher, mit seinen stechenden schwarzen Augen, schätzte einen ab.«[63] Am schlimmsten fand Canetti aber, dass Brecht fortwährend mit seinem Auto prahlte, das er für ein Preisgedicht für die Firma Steyr erhalten hatte. Entsetzt notierte Canetti: »Ich hatte die *Legende vom toten Soldaten* im Kopf, und er hatte sich an einem Preisausschreiben für Steyr-Autos beteiligt!«[64] In seinen Augen machte ihn das zum Verräter an der poetischen Sache, der Wasser predigte und Wein trank, der die herrlichste sozialistische Lyrik schrieb und sich dann der Werbeindustrie an den Hals warf. Mit einer solchen Diskrepanz zwischen Literatur und Leben hatte Canetti nicht gerechnet: »Für nichts verriet Brecht soviel Zärtlichkeit wie für sein Auto.«[65]

Die wenigen Monate in Berlin erlebte Elias Canetti als krasses Kontrastprogramm. »Man mochte aus einer alten Hauptstadt wie Wien kommen, hier fühlte man sich als Provinzler und riß die Augen weit auf, bis sie sich daran gewöhnten, offen zu bleiben. Es war etwas Scharfes, Ätzendes in der Atmosphäre, das einen reizte und belebte.«[66] Canetti schildert eine Existenz im Fieberzustand, ein Leben in Gruppen und Cliquen, bei dem nichts so sehr zählte wie Kontakte, Berührungen zwischen Menschen. »Alles war *durchlässig*, es gab keine Intimität.«[67] Als Wieland Herzfelde einmal beiläufig sagte »Wir gehen jetzt zu Grosz«, war Canetti perplex. »Ich glaubte es nicht ganz, dass man da einfach hingehen könne.«[68] Man konnte: Grosz beeindruckte Canetti durch seine Offenheit und Herzlichkeit, er schenkte ihm sogar ein Exemplar seiner wegen Obszönität verbotenen Ecce-Homo-Mappe, die den schüchternen Canetti faszinierte. Er sah das nächtliche Berlin nun mit den Augen von George Grosz, als ein absurdes Menschentheater, in dem sich bürgerliche Bigotterie und Prostitution ineinander verschränkten. »Du bist rasch ein Berliner geworden«[69], bescheinigte Ibby Gordon ihrem Freund aus Wien.

Kurze Zeit später allerdings sorgte ein schockierendes Erlebnis für Canettis plötzlichen und irreversiblen Bruch mit Berlin. Bei einer Wohnungseinweihungsfeier im Haus von Gordon legte Grosz genau das chauvinistische und abstoßende Verhalten an den Tag, das er in »Ecce Homo« angeprangert hatte. Grosz wurde selbst zu einer seiner Figuren, »hochrot, betrunken, in unkontrollierbarer Erregung«. Bei Canetti löste das einen heftigen Fluchtimpuls aus: »Ich wollte weg, nur weg, und da ich aus der Wohnung nicht weg konnte, wollte ich weg von Berlin.«[70]

Im Rückblick war Canetti davon überzeugt, in Berlin »in eine Meute von lauter Irren geraten«[71] zu sein. Wieder zurück in Wien, erholte er sich zunächst auf langen, einsamen Spaziergängen am Stadtrand. Im Gehen versuchte er wieder zur Ruhe zu kommen, zurück zu einem anderen Gefühl für Raum und Zeit:

> Ich ging die lange Auhofstraße von Hacking nach Hietzing und zurück und zwang mich, dabei nicht zu rasch zu gehen. So meinte ich mich an einen anderen Rhythmus zu gewöhnen. Hier sprang mich an keiner Straßenecke etwas an, an niederen, einstöckigen Häusern entlang ging sich's wie auf einer Vorstadtstraße des vergangenen Jahrhunderts. Ich begann diesen Weg gemächlich, ich nahm mir nichts vor, ich dachte an kein Lokal, in das ich mich setzen würde, und sei's

> auch nur dem Schreiben zuliebe. Es sollte ein Gehen sein, das mir nicht den Kopf herumriß, nicht nach rechts, nicht nach links, kein Veitstanz des Schauens, kein schrilles Getöse – ein gehendes Wesen der Vorzeit, das wollte ich sein, ein Geschöpf, das vor nichts davonrennt, in nichts hineinrennt, nicht ausweicht, nicht stolpert, nicht anstößt, nicht drängt, das nirgends sein muß, das Zeit hat, für nichts, das sich ganz besonders davor hütet, eine Uhr bei sich zu haben.[72]

Selten ist die Tempodifferenz zwischen Wien und Berlin so plastisch beschrieben worden. Wie ein dem absoluten Chaos Entronnener gewann Canetti auf seinen Spaziergängen im bürgerlichen Wiener Westen allmählich wieder Boden unter den Füßen. Dort kühlte er sich von der Berliner Betriebstemperatur ab; das bewusste Gehen in Wien stand dem bewusstlosen Rennen in Berlin – das für Canetti entweder ein Davonrennen oder ein In-Etwas-Hineinrennen war – wie eine Antithese gegenüber. Dennoch stellte sich die erhoffte Ruhe nicht so leicht ein. Canetti war, so schreibt er in seinen autobiographischen Aufzeichnungen, »voll von Fragen und Chimären, Zweifeln, bösen Ahnungen, Katastrophenängsten«,[73] und Berlin ging ihm noch lange wie ein böser Geist im Kopf herum. In den folgenden Jahren arbeitete Canetti an seinem Roman *Die Blendung*, der 1935 erschien und für den er später den Literaturnobelpreis erhielt. Die Berliner Erfahrungen sind darin auf eigenartige Weise verarbeitet: Das Buch erzählt von einem manischen Büchersammler, der zuletzt seine Bibliothek anzündet, in der Form der Groteske stellt es intellektuelle Lebensentwürfe radikal in Frage. Offensichtlich hatte Canetti den Rückzug nach Wien gebraucht, um den in Berlin erlebten »Irrsinn« aufzeichnen zu können.

Fluchten nach Wien

Der Schriftsteller Ernst Lissauer ist ein schwieriger Fall. 1882 als preußischer Jude in Berlin geboren, wurde er schon früh vom Verleger Eugen Diederichs zum »größten deutschen Dichter der Gegenwart« ausgerufen. Wer einem solchen Anspruch gerecht zu werden versucht, handelt sich leicht Probleme ein. Nachdem sich Lissauer 1914 freiwillig zum Kriegsdienst gemeldet hatte, aber ausgemustert worden war, versuchte er der patriotischen Sache mit bellizistischer Lyrik wie dem berüchtigten *Hassgesang gegen England* zu dienen.

Vernehmt das Wort, sagt nach das Wort
Es wälze sich durch ganz Deutschland fort:
Wir wollen nicht lassen von unserm Haß
Wir haben alle nur einen Haß
Wir lieben vereint, wir hassen vereint
Wir haben alle nur einen Feind:
England.

Wahrscheinlich waren diese Verse das bekannteste deutsche Kriegsgedicht der Zeit, überall fand man es in den Zeitungen, den Schulbüchern und an der Front; Kaiser Wilhelm II. verlieh seinem Autor den Roten Adlerorden. Doch während Lissauer von den einen als Verkünder der nationalen Sache bejubelt wurde, war er für die anderen mit seiner Kriegshetze zu weit gegangen. Er selbst bereute später, was er im *Hassgesang* geschrieben hatte. Nach 1918 geriet der Autor langsam in Vergessenheit – sein Traum, sich als poetische Stimme der Nation positionieren zu können, war geplatzt.

Mitte der 1920er Jahre entdeckte Lissauer, der Ur-Berliner und bekennende Deutsche, deshalb eine neue Heimat für sich: Österreich. Als einer der wenigen Berliner Künstlerinnen und Künstler der Zeit zog Lissauer 1924 nach Wien und veröffentlichte im Jahr darauf sein Buch *Glück in Österreich*. Eine schwelgerische Hymne an die politisch degradierte Alpenrepublik und ihre Landschaft – und ein neuer Anlauf, dem eigenen Patriotismus künstlerische Gestalt zu geben. Wie eine Generation zuvor Franz Servaes meinte nun auch Lissauer: »Geh nach Österreich, du findest die deutsche Vergangenheit.« Dabei legt Lissauer stets offen, dass sein Österreich ein »Erlebnis des Berliners« ist, dass also der Kontrast die Erfahrungen strukturiert.

Bei ihm begegnet uns einmal mehr das bekannte Schema, demzufolge Berlin das »Mechanische« und Wien – wie die anderen österreichischen Städte auch – das »Organische« repräsentiert. Schefflers Klassiker *Berlin, ein Stadtschicksal* hatte Lissauer wohl genau gelesen: Die gesichts- und geschichtslose Kolonialstadt Berlin steht erneut Wien als einem Ort voller Landschaft und Geschichte gegenüber. Überhaupt findet Lissauer in seiner Österreichbegeisterung kein rechtes Maß: »Das Glück von Österreich ist bei weitem nicht nur ein Landschafts-, es ist ein Geschichtsglück; es ist nicht nur ein Wasser- und Berg-, es ist ein Kultur-, es ist ein musisches Glück«. Österreich, so heißt es, biete die notwendigen »Gegenkräfte gegen die verödende, uniformierende, verstandeshafte Mechanisierung«, eine »Sendung an das Deutschtum, an die Zeit, die Zukunft«.[74] Wie es der Kulturhistoriker William M. Johnston auf den Punkt gebracht hat: »Nur wenige Österreicher haben ihre Heimat lyrisch so hochgespielt wie dieser Zugereiste.«[75]

Auch die Schriftstellerin Lili Grün ging von Berlin nach Wien, für sie war es allerdings eine schmerzhafte Rückkehr. Geboren am 3. Februar 1904 in Wien, wuchs sie in einer jüdischen Familie auf, der Vater betrieb ein Geschäft für Schnurrbartbinden und Friseurbedarf im 7., später im 15. Bezirk. Sie erhielt schon früh Schauspielunterricht; 1921 gab die 17-jährige Lili auf ihrem Wiener Meldezettel »Theaterelevin« als ihren Beruf an. Grün erhielt erste Engagements an der Bühne der Sozialistischen Arbeiterjugend und am Deutschen Volkstheater, wo sie in 60 Vorstellungen von Ibsens *Peer Gynt* einen Troll spielen durfte.[76]

Grün war eine Anhängerin des umstrittenen jüdischen Autors Hugo Bettauer, der 1922 *Die Stadt ohne Juden* veröffentlicht hatte und in der Folge drei weitere Wiener Stadtromane schrieb, in denen das Wien der Nachkriegszeit in schrillen Farben dargestellt wird: Nach dem Zusammenbruch der alten Ordnung herrschen dort Kriminalität und Prostitution, Spekulantentum und Schiebergeschäfte – ein degeneriertes Wien, in dem insbesondere der Antisemitismus grassiert. In *Die Stadt ohne Juden* beschreibt Bettauer ein soziales Experiment: Eine neu gewählte nationalistische österreichische Regierung verweist die gesamte jüdische Bevölkerung des Landes. Die Folgen sind drastisch: Wirtschaft, Kultur und gesellschaftliches Leben kommen fast zum Stillstand, und die nächste sozialdemokratische Regierung holt die verbannten Juden wieder ins Land.

1922 war die Ausweisung der Juden aus Österreich noch Phantasie, später sollte die Wirklichkeit den Roman nicht nur ein-, sondern weit überholen. Lili Grün hingegen verließ ihre Wiener Heimat zunächst freiwillig und ging Ende der 1920er Jahre nach Berlin, wo sie sich wie so viele andere eine künstlerische Karriere erhoffte. Doch die Erfolge blieben aus, für eine angehende Schauspielerin ohne bekannten Namen war sie zu spät in Berlin angekommen. Nach dem Einschnitt der Weltwirtschaftskrise von 1929 mussten die meisten Theater Personal entlassen und überall die Kosten reduzieren. Produktionen wurden zusammengestrichen, Bühnen zusammengelegt, Spielzeiten verkürzt, nur um Geld zu sparen und die eigene Existenz zu sichern. Nie zuvor hatte es in Berlin so viele arbeitslose Schauspielerinnen und Schauspieler gegeben wie 1931.

Lili Grün musste in einer Konditorei arbeiten, um sich über Wasser zu halten. Mit jungen Kolleginnen und Kollegen gründete sie das Kabarett-Kollektiv *Die Brücke*. Die Presse war wohlwollend, aber die Besucher blieben aus, vor allem in der warmen Jahreszeit. Zu schön war das Wetter, zu groß die Konkurrenz. Schließlich musste Grün im Herbst 1931 die Segel treichen und nach Österreich zurückkehren. Die Einkünfte reichten kaum für regelmäßige warme Mahlzeiten, aufgrund der Arbeitsbelastung fehlte der Schlaf, und mit einem Lungenspitzenkatarrh wurde sie in einer Wiener Heilanstalt behandelt. Gleichzeitig arbeitete sie an ihrem ersten Roman, in dem Lili Grün ihre Berliner Erlebnisse verarbeitete.[77]

Am 16. März 1933 veröffentlichte der Paul-Zsolnay-Verlag Grüns Roman *Herz über Bord*, der noch im selben Jahr ins Italienische und Ungarische übersetzt wurde. Protegiert wurde sie vom österreichischen Schriftsteller Robert Neumann, der seinerseits vor allem als glänzender Parodist bekannt wurde. Mit ihrem Erstlingswerk reihte sich Lili Grün unter die Autorinnen der Neuen Sachlichkeit ein, die wie Vicki Baum, Irmgard Keun, Gabriele Tergit und Gina Kaus Berlin zu ihrem Hauptschauplatz machten. Die Heldinnen ihrer Romane und Erzählungen sind selbstbestimmte junge Frauen, die in die große Stadt gehen, um ihr Glück zu machen. Dass drei der genannten fünf Autorinnen aus Wien stammten, passt zur speziellen Dynamik zwischen den beiden Metropolen in den 1920er Jahren.

Herz über Bord erzählt die Geschichte einer jungen Künstlerin, die aus Wien nach Berlin geht, ein Buch mit klar erkennbaren autobiographischen Zügen, fast schon ein authentischer Bericht über Grüns eigenes Leben. Auch die Romanheldin Elli gründet eine Kabarettgruppe, im Roman heißt sie *Jazz*. Elli hungert, sie hofft auf Engagements, verliebt sich unglücklich, erleidet einen Blutsturz und muss eine ernüchternde Bilanz ziehen: »Tausend und eine Niederlage hat sie erlitten in dieser Zeit in einem einundzwanzigjährigen Menschenleben. Noch nicht genug? Noch immer weiterkämpfen, um immer wieder zu erliegen?«[78] Das Buch »erzählt sachlich und kühl die Geschichte eines romantischen, heißen Herzens«, schrieb damals ein Rezensent der *Arbeiter-Zeitung*.[79]

Während der in Berlin gescheiterte Ernst Lissauer wortreich sein »Glück in Österreich« beschrieb, war Wien für die zurückkehrende Lili Grün nur eine Notlösung, das kleinere Übel. Ein Zugeständnis an ihre Lungenkrankheit und ihre Verzweiflung am schnelllebigen und von der Krise ausgebluteten Berliner Kulturbetrieb. So ruft die Protagonistin Elli in *Herz über Bord* aus: »O, Theaterdirektoren, Regisseure, Agenten, wo seid ihr alle? [...] Man hat sich ein schlechtes Geburtsdatum ausgesucht. Seit man lebt, sind die Zeiten groß, aber unangenehm.«[80] Grüns Roman, der 2009 von der Literaturwissenschaftlerin Anke Heimberg aus der Vergessenheit geholt und unter dem Titel *Alles ist Jazz* neu aufgelegt wurde, brachte das Lebensgefühl einer Generation auf den Punkt – und zwar aus der Perspektive derer, die nicht auf der launischen Erfolgswelle der ausgehenden 1920er Jahre zu schwimmen vermochten. Ihre Botschaft war einfach und geradezu bescheiden: »So schön wäre das Leben, so leicht könnte es sein, wenn man ein bißchen Arbeit und Geld hätte.«[81]

Beides blieb Lili Grün versagt, selbst als sie wieder zurück in Wien war. 1935 erschien noch in der *Bibliothek Zeitgenössischer Werke* in Zürich Grüns Roman *Loni in der Kleinstadt*. Der Erfolg war geringer, Übersetzungsangebote gab es keine mehr. Die folgenden Jahre verbrachte Lili Grün zusammen mit ihrem Lebensgefährten Ernst Spitz in prekären Verhältnissen in Wien. Der bekannte Journalist wurde 1938, wie damals auch die Unterhaltungskünstler Fritz Grünbaum und Hermann Leopoldi, in die KZ Dachau und Buchenwald verschleppt. Nach einer erneuten Deportation wurde Spitz 1940 in Buchenwald umgebracht. Am 27. Mai 1942 wurde dann Lili Grün aus Wien ins NS-Vernichtungslager Malyi Trostinec bei Minsk deportiert, zusammen mit knapp tausend weiteren österreichischen Jüdinnen und Juden. Fünf Tage später wurde sie dort ermordet. Nach Lili Grüns Wiederentdeckung in den letzten beiden Jahrzehnten wurden nach der Schriftstellerin in Wien und Berlin Verkehrsflächen benannt: zuerst der Lili-Grün-Platz in der Wiener Leopoldstadt und schließlich auch im Jahr 2017 der Lili-Grün-Weg in Marzahn-Hellersdorf, unweit des Kienbergs. Auch wenn dort, hart an der Stadtgrenze, nicht das Berlin zu finden ist, das Lili Grün einst fasziniert und enttäuscht hat, ist das eine angemessene Ehrung für eine noch immer fast unbekannte Autorin.

07

WIENER WIRBEL IM KULTURBETRIEB

Die Erfindung der Moderne und: Das Wiener Theater erobert Berlin

In den 1890er Jahren geriet die Theaterszene zwischen Wien und Berlin mächtig in Bewegung. Die boomende deutsche Reichshauptstadt wurde zum immer attraktiveren Pflaster für deutschsprachige Stückeschreiber, Textdichter, Regisseure und Komponisten. Der Absatzmarkt für Bühnenproduktionen war dort mittlerweile größer als in der alten Kulturmetropole Wien, deren Theaterlandschaft als konservativ bekannt war. So zog es in den folgenden Jahren viele Akteurinnen und Akteure aus Wien nach Berlin, wo sich in der literarischen Szene überhaupt ein Generationenwechsel ankündigte. Im Frühling 1890 schrieb der Dichter Arno Holz an seinen Kollegen Hermann Bahr in Wien:

> Hurra, in Berlin geht's endlich los, wir haben eine Freie Bühne gegründet, das Alte kracht in allen Fugen, ein junger Verleger ist gefunden, dieser tapfere S. Fischer will eine revolutionäre Zeitschrift gründen, sie soll auch Freie Bühne heißen, Brahm zeichnet als Herausgeber, wollen Sie mit mir redigieren?[1]

Bahr wollte, er siedelte nach Berlin über und gab so den Startschuss für einen neuen literarischen Grenzverkehr zwischen beiden Städten. In den Pseudonymen, unter denen er für die *Freie Bühne* schrieb, versteckten sich mehr oder weniger subtile

Hinweise auf seine österreichische Herkunft, etwa wenn er sich nach seiner Geburtsstadt »Karl Linz« oder »Schnitzel« nannte. Doch Berlin blieb nur ein Intermezzo. Schon 1891 zog Bahr nach Wien, um sich dort dauerhaft niederzulassen. In seiner kurzen Berliner Zeit war er zum wichtigsten Organisator, Impresario, Kritiker und Bindeglied dessen geworden, was in der Literatur- und Kunstgeschichte als Berliner und Wiener Moderne bekannt ist. Die Literaturwissenschaftler Peter Sprengel und Gregor Streim haben darauf hingewiesen, wie sehr Bahr die Phänomene der Berliner und der Wiener Moderne zueinander in Beziehung gesetzt hat:

> Das Spezifikum der Wiener Literatur wurde von Bahr in direkter Abgrenzung von Berlin definiert. Berlin war also nicht nur der publizistische Ort, an dem das Bild von der Wiener Moderne zuerst durchgesetzt wurde, sondern auch das notwendige Gegenstück zu der Wiener Entwicklung.[2]

Mit einigem Recht kann man in Bahrs städteübergreifendem Engagement für die Erneuerung der Literatur also eine Erfindung der Moderne sehen. Das Wort selbst war keineswegs neu, allerdings hatte man erst in den 1880er Jahren damit begonnen, es zum Substantiv zu machen. Nun waren nicht mehr nur alle möglichen Phänomene »modern«, sondern es gab auch eine »Moderne«, um die gestritten werden konnte. In dieser Diskussion war Hermann Bahr eine Schlüsselfigur. Mit seinem feinen Gespür für die neuen literarischen Tendenzen, die sich im Werk von Wiener Autoren wie Arthur Schnitzler, Richard Beer-Hofmann, Hugo von Hofmannsthal und Peter Altenberg ankündigten, erkannte er, dass man diese als eine Art Gegenbewegung zum herrschenden Berliner Naturalismus positionieren könnte. Zunächst schien es noch so, als würde die neue Generation Berliner und Wiener Autoren an einem Strang ziehen. Dann aber sorgte Bahr immer mehr dafür, dass man die Wiener als eine eigenständige Gruppe mit einer eigenständigen Ästhetik wahrnahm. Er machte sich nach seinem Wechsel nach Wien zum Wortführer einer lockeren Gruppe, die sich im Café Griensteidl zu treffen pflegte, und betonte dabei stets das regionale, das österreichische und das wienerische Moment. Im Januar 1892 verfasste Bahr für die *Freie Bühne* einen Artikel über »Loris« – Pseudonym des damals noch 17-jährigen Hofmannsthal. Geschickt inszeniert Bahr in diesem Artikel die Entdeckung eines neuen Poeten, der »nur mit den Nerven, mit den Sinnen, mit dem Gehirne« erlebe. So etwas schien es zuvor nur in der neueren französischen Literatur gegeben zu haben, und es stand irgendwie quer zum Programm des Naturalismus mit seiner sozialen Thematik und seinen exakten Gesellschaftsanalysen. »Man sieht es auf den ersten Blick, man hört es an jedem Worte, dass er der Moderne gehört.«[3] Und es sollte eine wienerische Moderne sein: eine Moderne mit Geschmack, Leichtigkeit und Grazie. Eine gelassene und dekadente Moderne mit psychologischem Tiefgang, für die Bahr später den Terminus der »Wiener Kultur« einführte.[4] Bahrs Begriff der »Moderne« ist so gesehen ein Spaltungsprodukt zwischen Wien und Berlin. »Erst dadurch, daß Bahr zwischen einer Wiener und einer Berliner Variante in der modernen Literaturentwicklung unterscheidet, kann er den Erfolg seines Moderne-Konzepts behaupten.«[5]

Und die von Bahr propagierte Wiener Moderne begann Berlin zu erobern. Der erste »moderne« Wiener Theaterautor, der große Erfolge auf den Berliner Bühnen feierte, war Arthur Schnitzler. Ausgerechnet der zensurgeplagte Schnitzler, der als Inbegriff des Morbid-Wienerischen galt und der anlässlich der Uraufführung seines Dramas *Freiwild* selbst darauf hinwies, dass bei ihm »immer von Wien die Rede ist«.[6] Schnitzler fühlte sich von der Stadt Berlin eigentlich auch nicht besonders angezogen, zumindest sind seine Äußerungen dazu zweischneidig: »Berlin selbst wirkt angenehm auf mich, trotzdem alles einzelne: Gebäude, Straßenpublikum, Dialekt u. s. w. mir zuwider ist«, heißt es 1912 im Tagebuch, und so lehnte er auch den Vorschlag seiner Ehefrau Olga ab, gemeinsam nach Berlin zu ziehen:

> Gewiß, man ist »lebhafter« hier. Oh ja, geschäftiger. Es ist auch richtig – »Wien« ist nicht der ideale Aufenthaltsort … aber »Geschäftigkeit« ist nicht »Leben« und Lärm ist nicht »Welt« – und daß man sich unter den Menschen hier wohler finden sollte –?! Die, die was mit sich und in sich abzumachen haben, thun hier das gleiche, wie überall: sie sind allein.[7]

Mit seinen vielen Anführungszeichen macht Schnitzler mehr als deutlich, dass er sich zwischen den Klischees hin- und herbewegt: zwischen Wien und Berlin, »Geschäftigkeit« und »Leben« – und in einer »Welt«, die man immer in den Wahrnehmungsmustern erlebt, die andere geprägt haben und denen man nie so ganz trauen darf.

In Berlin wurde Arthur Schnitzler von einem publizistischen Gegenspieler Hermann Bahrs gefördert: dem Regisseur, Theaterleiter und Kritiker Otto Brahm, der damals eine der zentralen Figuren des Berliner Theaterbetriebs war. Ab 1894 war er Direktor des Deutschen Theaters und hielt drei Autoren als Konstanten in seinem Spielplan: Henrik Ibsen, Gerhart Hauptmann und eben Schnitzler.

Brahm holte aber auch den wahrscheinlich berühmtesten deutschsprachigen Theatermacher des gesamten 20. Jahrhunderts von der Donau an die Spree, Maximilian Goldmann, der sich dann Max Reinhardt nannte. Reinhardt kam aus Baden bei Wien, sagte aber von sich selbst gerne, dass er eigentlich auf der vierten Galerie des Burgtheaters geboren worden sei und dort das Licht der Bühne erblickt habe. 1894 engagierte Brahm den 20-Jährigen als Schauspieler für das Deutsche Theater in Berlin, ohne zu ahnen, dass Reinhardt dieses Theater später einmal als künstlerischer Alleinherrscher und Eigentümer übernehmen würde. Die Theaterarbeit Max Reinhardts formierte sich im Spannungsfeld zwischen Berlin und Wien, sie ist ohne diese beiden Städte und ihre Wechselseitigkeit eigentlich gar nicht denkbar. So war Reinhardt in Berlin mit der vorherrschenden naturalistischen Theaterauffassung konfrontiert, er selbst hat später geklagt, er habe jahrelang seine Rollen in abgerissener, schmutziger Kleidung spielen müssen. Meist spielte Reinhardt alte Männer, wofür er – wie sein mit nach Berlin gekommener Wiener Kollege Paul Martin – anscheinend eine besondere Begabung hatte. Gleichwohl beeinflusste ihn der Naturalismus sowohl als Schauspieler als auch als Regisseur; in Stücken von Hauptmann, Ibsen, Maxim Gorki, August Strindberg und Frank Wedekind entwickelte Reinhardt seine darstellerische Intensität. Als Ausgleich zu all der naturalistischen Ernsthaftigkeit und schwerblütigen Gesellschaftskritik gründete Reinhardt sein Berliner Kabarett *Schall und Rauch*, und beim Parodieren und Herumblödeln formierte sich dort das Ensemble, das dann den Kern von Reinhardts Kleinem Theater Unter den Linden bildete.

Sein Freund und Mitarbeiter Arthur Kahane hat berichtet, dass der in den Berliner Theaterbetrieb involvierte Reinhardt Wien, die »unnaturalistischste aller Städte«,[8] immer als Kontrastfolie brauchte. Wenn Reinhardt an das Wien seiner Jugendzeit zurückdachte, erinnerte er sich an eine »Theaterstadt, wie es kaum eine zweite gegeben hat«. Eine Stadt voller Musik, von den Volkssängern bis hin zu Mozart, Schubert und Mahler, »und die Krone von allem war das Burgtheater, wo die größten Talente zu einem erlesenen Ensemble lebenslänglich verbunden waren«. Reinhardts Respekt für das alte Burgtheater und seine Schauspielerinnen und Schauspieler war fast grenzenlos. »Das Burgtheater«, so schrieb er in seinen autobiographischen Notizen, »war voll von Stimmen, die wie alte kostbare Instrumente ein unvergleichlich abgetöntes Orchester bildeten.«[9] Von dort nahm er nach Berlin mit, was er zur Entfaltung seines eigenen neuromantischen Stils brauchte, eines Theaters der »Farbe und Musik und Größe und Pracht und Heiterkeit«.[10] So wurde Max Reinhardt zwischen Berliner und Wiener Einflüssen zu einem Deserteur des Naturalismus, der sich den Klassikern zuwandte und seine berühmten opulenten Inszenierungen auf die Bühne brachte.

Die direkte Verbindung zwischen Wien und Berlin lag Reinhardt dabei immer am Herzen. 1903 berichtete die *Wiener Allgemeine Zeitung* sogar über den gemeinsam mit Hermann Bahr ausgeheckten Plan zu einem »Zweistädtetheater Wien-Berlin«. Dazu wollte man das Ensemble des Kleinen Theaters in Berlin und Wien alternierend spielen lassen und zwei bis ins kleinste Detail identische Theaterbauten in beiden Städten errichten. Reinhardt sollte Direktor der Berliner Dependance werden, Bahr Direktor in Wien.[11] Der Plan wurde nie in die Tat umgesetzt, aber eins ist sicher: Wenn Reinhardt – wie er sich selbst einmal nannte – ein »Vermittler zwischen Traum und Wirklichkeit«[12] war, dann war er zugleich auch ein Vermittler zwischen Wien und Berlin, den beiden Städten, die wie keine anderen den Gegensatz von Traum und Wirklichkeit verkörperten.

Ab 1905 wurde Max Reinhardt selbst Direktor des Deutschen Theaters in der Berliner Schumannstraße. In der Folge entwickelte sich das Theater zu einer regelrechten künstlerischen Botschaft Wiens in Berlin. Reinhardts Bruder Edmund fungierte als Verwaltungschef sämtlicher seiner Theaterunternehmungen und führte die Geschäfte. Sein Bühnenmeister und technischer Direktor Franz Dworsky kam ebenso aus Wien wie der Dramaturg Arthur Kahane, der Regisseur und Schauspiellehrer Berthold Held und seine spätere Sekretärin Gusti Adler. Wiener Autoren waren unter Reinhardt Fixpunkte des Repertoires: von Franz Grillparzer, Ferdinand Raimund und Johann Nestroy bis hin zu den Vertretern von Hermann Bahrs »Wiener Moderne« – Richard Beer-Hofmann, Felix Salten, Anton Wildgans und immer wieder Arthur Schnitzler und Hugo von Hofmannsthal. Und die großen Aushängeschilder des Ensembles kamen ebenfalls aus Wien: Tilla Durieux, Adele Sandrock, Helene Thimig, Josef Danegger, Alexander Moissi, Fritz Kortner, Max Pallenberg, Hermann Thimig.[13] Der intensive Austausch zwischen den Theatermetropolen Wien und Berlin hatte den Boden bereitet, auf dem der Theaterkönig Reinhardt reüssieren konnte. Sein schneller Aufstieg hatte mit dieser ganz bestimmten historischen Konstellation zu tun, aber auch mit dem allgemeinen Betriebstempo Berlins, wie Stefan Zweig in seinen Erinnerungen hervorgehoben hat: »Max Reinhardt hätte in Wien zwei Jahrzehnte geduldig warten müssen, um die Position zu erlangen, die er in Berlin in zwei Jahren eroberte.«[14]

Der Schauspieler Reinhardt war über den Berliner Naturalismus nach Berlin gekommen, und das galt auch für Fritz Kortner. Seine Karriere begann an einem Abend im Wiener Burgtheater, irgendwann in den ersten Jahren des 20. Jahrhunderts. Das Berliner Lessingtheater gab ein Gastspiel mit Ibsens *Gespenstern*, einem Stück, das mit seiner Ehebruch-Thematik lange Zeit verboten war und immer wieder Skandale hervorrief. Albert Bassermann und Else Lehmann spielten an diesem Abend die Hauptrollen, Regisseur war kein anderer als Otto Brahm. Im Publikum saß der junge Schauspielschüler Kortner, Dauergast im Burgtheater und gleichzeitig ein glühender Verehrer von Karl Kraus. Ungeheuerlich wirkte auf ihn die realistische, ungeschminkte Darstellung Bassermanns und Lehmanns, die Drastik des Gefühls. An Bassermanns markerschütterndes Schluchzen erinnerte sich Kortner noch 50 Jahre später ganz genau, und er datierte auf diesen Abend seinen Entschluss, Wien den Rücken zu kehren. Für ihn revidierte das Gastspiel des Lessingtheaters alle Berlin-Vorurteile, die damals in Wien kursierten. Kortner fragte sich: Wie kann in dieser nüchternen, herzenskalten, genussfeindlichen Stadt ein so ergreifendes »Menschentheater« gespielt werden? Und er gab selbst die Antwort: »Die Stadt, die solches Theater hervorbrachte, kann so nicht sein. Wo es solches Theater gibt, dorthin gehöre ich, entschied ich bei Morgengrauen. Verflogen waren alle Ambitionen, k. u. k. Hofschauspieler zu werden.«[15]

Schon ab 1911 spielte Kortner seine ersten Rollen an Max Reinhardts Deutschem Theater in Berlin, in den 1920er Jahren wurde er zu einem der bevorzugten Schauspieler des Regisseurs Leopold Jessner am Preußischen Staatstheater. Er trat als Wilhelm Tell ebenso auf wie als Titelfigur in Shakespeares *Richard III*. In der Stadt Berlin hatte sich Kortner hervorragend akklimatisiert, er liebte das Berliner Publikum und wahrte auch nach der Emigration 1932 eine gewisse Distanz zu seiner Heimatstadt Wien, deren Burgtheater-Diktion er gleichwohl nie ganz loswurde. Obwohl Kortner wegen antisemitischer Anfeindungen aus Berlin geflohen war, schreibt er in seinen Lebenserinnerungen: »Ich stehe nicht gut mit Wien. Früher nicht und jetzt schon gar nicht.«[16]

Ganz anders Max Reinhardt. Auf dem Höhepunkt seines Erfolgs in Berlin schlug bei ihm wieder das Heimweh nach Wien und Österreich durch. Seine Ehe mit der Berlinerin Else Heims kriselte, während die Liebe zur Wienerin Helene Thimig immer intensiver wurde. 1918 kaufte Reinhardt Schloss Leopoldskron bei Salzburg, wo im August 1920 die ersten Salzburger Festspiele stattfanden. Die erste Salzburger Aufführung des *Jedermann* war ein Triumph der Berlin-Wiener Bühnenkooperation: Der Autor war Wiener, der Regisseur ein aus Berlin zurückkehrender Wiener, und das Starensemble bildete eine Art *who is who* beider Städte: Alexander Moissi, Hedwig Bleibtreu, Helene Thimig aus Wien, Johanna Terwin, Heinrich George und Werner Krauß aus Berlin.[17] Gleichzeitig verabschiedete sich Reinhardt aus Berlin, der Stadt, die ihn großgemacht hatte. Im Oktober 1920 verkündete er im Deutschen Theater seinen Rückzug und übergab die Direktion seiner Häuser an Felix Hollaender. Der erlebte dort 1922 den größten Theaterskandal der Zeit, als um die Aufführung von Schnitzlers *Reigen* ein Gerichtsprozess geführt wurde, hielt aber auch danach an den intensiven Verbindungen nach Wien fest.

In einer Matinee des Deutschen Theaters am 14. Mai 1922 taten sich beispielsweise zwei neue Protagonisten aus Wien zu einer neuen Bühnensensation – und einer neuen Skandalaufführung – zusammen: Berthold Viertel inszenierte Arnolt Bronnens Stück *Vatermord*. In einer Nebenrolle war auch ein kommender Bühnenstar aus Wien mit dabei: Elisabeth Bergner. Der Autor Bronnen war erst 1920 von Wien nach Berlin gekommen und hatte zunächst als Angestellter im Kaufhaus des Westens gearbeitet. Mit *Vatermord* wurde Bronnen berühmt; später driftete er stark nach rechts. 1930 war er dabei, als die SA zusammen mit Ernst und Friedrich Georg Jünger die *Deutsche Ansprache* Thomas Manns im Beethoven-Saal der Philharmonie störte; er verkehrte mit Goebbels und anderen führenden Nationalsozialisten und bekannte sich offen zu Hitler. Seine äußerst merkwürdige politische Biographie führte Bronnen nach 1945 über das Bürgermeisteramt der österreichischen Kleinstadt Goisern wieder zurück nach Ostberlin, wo Bertolt Brecht aus alter Verbundenheit einer seiner wenigen Unterstützer war.

Während all dieser Jahre blieb umgekehrt der Berliner Einfluss auf das Wiener Theaterleben sehr gering. Ausnahmen bestätigen die Regel: Der Theaterkritiker der *Vossischen Zeitung* Paul Schlenther wurde 1898 nach der Fürsprache einiger Schauspieler zum Direktor des Wiener Burgtheaters bestellt und konnte sich dort immerhin zwölf Jahre lang halten. Ein kleiner Eklat bereitete seiner Ära dann ein Ende: Als Schlenther 1909 die von Hans Müller verfasste Satire *Hargudl am Bach oder die Liga der Persönlichkeiten* auf die Bühne brachte, fiel das seichte Stück glatt durch. Vor allem aber saßen einige der veralberten Platzhirsche der Wiener Literatenszene im Publikum, und sie waren *not amused.* Der Berliner Theaterdirektor musste letztlich die Segel streichen, weil er den Wienern zu viel Selbstironie zugetraut hatte. In den 1920er Jahren sorgte dann der nach Österreich zurückgekehrte Max Reinhardt für die Fortsetzung des interurbanen Kulturtransfers auch in Wien, und am Raimund-Theater entwickelte sich eine fruchtbare Zusammenarbeit zwischen dem Wiener Regisseur Rudolf Beer und dem Berliner Produzenten Karlheinz Martin.[18]

Insgesamt aber funktionierten die Berliner Erfolgsstücke auf dem so anders gearteten Wiener Pflaster kaum. Die politischen Stücke Bertolt Brechts wurden in Wien in den 1920er Jahren nie populär, nicht einmal die *Dreigroschenoper*, die man in Wien zunächst als eine bloße Übersetzung Brechts angekündigt hatte. Von Ödön von Horváth wurde nur ein Drama, nämlich *Italienische Nacht*, auf einer größeren Wiener Bühne aufgeführt, und auch das

Zeitstück à la Friedrich Wolf und Peter Martin Lampel blieb in Wien eine absolute Randerscheinung.[19] Wenn Schauspieler:innen aus Berlin in den Wiener Theaterhäusern spielten, dann waren es beim zweiten Hinsehen oft Wiener, wie Robert Musil 1922 einmal bemerkte: »Die Preußen san da […], und zum Teil sind die Preußen sogar in Österreich geboren.«[20] Zwar war der Kulturtransfer zwischen Wien und Berlin in Theaterfragen keine Einbahnstraße, aber er blieb weitgehend asymmetrisch. Auch in dieser Hinsicht zeigt sich ein allgemeines Muster der Beziehungsgeschichte beider Städte: Anders als Berlin war Wien eben doch ein funktionierender Exportartikel, und Berlin wiederum zog die auswärtigen Erfolgsproduktionen an wie das Licht die Motten.

Stars und Sternchen

Zürich, im Schauspielhaus im Pfauenkomplex an der Rämistrasse, irgendwann mitten im Ersten Weltkrieg. Die Schauspielerin Elisabeth Bergner lernt eine Kollegin kennen, von der man später noch viel hören sollte:

> Lotte Blamauer war auch aus Wien und gleichzeitig mit mir in Zürich engagiert. Sie war dort Statistin und Choristin und meistens in der Oper und in der Operette beschäftigt. In dem kleineren Schauspielhaus am Pfauentheater gab es nur selten Stücke, für die Statisten gebraucht wurden. Aber ein- oder zweimal im Jahr doch. Dann saß die Blamauer immer neben mir in der einzigen Damengarderobe. Weil wir auch ziemlich gleichaltrig waren. Und sie interessierte mich ungeheuerlich. Sie wurde immer mit Offizieren gesehen und von Offizieren abgeholt, und immer von anderen, und der Tratsch um ihre Lasterhaftigkeit war enorm. Das Netteste an ihr war, dass sie immer vergnügt war, immer guter Laune. Und dann war um sie die Atmosphäre von etwas Verbotenem, also sehr interessant. Das war also die Blamauer.[21]

Der Name »Lotte Blamauer« ist irreführend, er kombiniert zwei unterschiedliche Schichten dieser Biographie. Denn die Kutschertochter aus der Ameisgasse im Wiener Arbeiterbezirk Penzing, die da in Zürich in der Garderobe saß, war Karoline Blamauer, die sich später Lotte Lenya nannte. Über den Dramatiker Georg Kaiser lernte sie Kurt Weill kennen und wurde in Berlin zu einer der ikonischen Brecht-Darstellerinnen der ersten Stunde. Sie war bei der Uraufführung des Singspiels *Mahagonny* ebenso dabei wie 1928 in der *Dreigroschenoper* am Theater am Schiffbauerdamm. Lenya war die kongeniale Seeräuber-Jenny, wenn sie mit betörender Grausamkeit sang:

> Und an diesem Mittag wird es still sein im Hafen / Wenn man fragt, wer wohl sterben muss. / Und dann werden Sie mich sagen hören: Alle! / Und wenn dann der Kopf fällt, sag ich: hoppla! / Und das Schiff mit acht Segeln / Und mit fünfzig Kanonen / Wird entschwinden mit mir.

Dort konnte Lenya die »Atmosphäre von etwas Verbotenem«, die die Bergner ihr attestiert hatte, voll ausspielen. Sie unterhielt eine komplizierte Liebesbeziehung zu Kurt Weill, den sie gleich zweimal heiratete. In der Zwischenzeit war sie mit dem Wiener Tenor Otto Pasetti liiert, hatte aber auch Affären mit der Tänzerin Tilly Losch und dem Maler Max Ernst. Später im Exil, und wieder an der Seite Weills, machte sie die Koproduktionen zwischen Brecht und Weill auch in den USA bekannt und brachte die *Dreigroschenoper* mit Erfolg an den Broadway.

Insgesamt hat die Erfolgsgeschichte Bertolt Brechts im Berlin der 1920er Jahre drei Wiener:innen viel zu verdanken: Neben Lenya natürlich dem Komponisten Hanns Eisler, der zahllose Brecht-Texte vertonte – von der *Ballade vom Soldaten* über die Filmmusik zu *Kuhle Wampe* bis zum *Einheitsfrontlied* –, und schließlich der Schauspielerin Helene Weigel, die Brechts Ehefrau und engste Mitarbeiterin wurde. Im Berliner Brecht-Universum begegneten sie sich, die sich in Wien sonst wohl nie getroffen hätten: die aus dem jüdischen Großbürgertum stammende Weigel und das Vorstadtmädchen Karoline Blamauer. Nachdem deren soziale Sphären im Wien der Vorkriegszeit strikt getrennt gewesen waren, sorgte der Berliner Kulturbetrieb endlich dafür, dass sie an einem Strang zogen: für den unverbesserlichen Patriarchen Brecht und für die sozialistische Gesellschaft der Zukunft.

Elisabeth Bergner ging indessen auch nach Berlin und wurde dort zu einem der ganz großen Schauspielstars der 1920er Jahre. Ab 1922 reüssierte die Bergner auf den Berliner Bühnen, zart und mädchenhaft, aber dennoch mit einer seltsam nachdenklichen Ausstrahlung, dazu »zwei große, warme, dunkelbraune, ahnende, fragende und erzählende Augen«, wie ihr österreichischer Kollege Alexander Granach einmal festgehalten hat.[22] Während sich andere zumindest ansatzweise dem Berliner Idiom anpassten, spielte die Bergner die wienerische Karte voll aus – oder vielleicht konnte sie auch nicht anders. »Dass sie in Wien geboren wurde, braucht wohl nicht besonders erwähnt zu werden«, schreibt der Berliner Feuilletonist und Kritiker Arthur Eloesser, und das ist insofern bemerkenswert, als es gar nicht stimmte: Denn Bergner war 1897 eigentlich in Galizien geboren, in der Stadt Drohobycz südlich von Lemberg in der heutigen Ukraine. Ihre Familie lebte allerdings schon damals in Wien, und im Alter von wenigen Wochen kam sie ebenfalls dorthin, wo sie ihre »wienerische Tonfärbung« adaptierte wie die »besondere Musik« ihrer ganzen Person.[23] Außerdem bevorzugte sie Wiener Repertoire: Stücke von Hofmannsthal, Nestroy und immer wieder Schnitzler, die sie mit ihrem »artifiziell hochgesteigerte[n] Wienerisch« veredelte.[24] Paul Czinners Schnitzler-Stummfilm *Fräulein Else* wurde 1929 ihr größter Kinoerfolg. Elisabeth Bergner wurde so zu einer wahrhaften Botschafterin Wiens in Berlin – nicht eines folkloristisch verdünnten und verballhornten Wien, sondern der ästhetisch raffinierten, mondänen »Wiener Moderne«, wie sie seit den 1890er Jahren einen bedeutenden Einfluss auf das Berliner Kulturleben ausübte.

Fritz Kortner, Elisabeth Bergner, Lotte Lenya und Helene Weigel sind nur einige der zahllosen Bühnen- und Filmschauspieler:innen aus Wien, die die Glanzzeit ihrer Karriere im Berlin der Weimarer Republik verbrachten. Viele weitere wären zu nennen: Etwa der unvergleichliche Peter Lorre, der ab 1922 in Wien einer Straßentheatergruppe angehörte und in einigen Stegreifaufführungen einen stadtbekannten Mörder gemimt hatte. International berühmt wurde Lorre, als er 1931 in einer Produktion des ebenfalls aus Wien stammenden Regisseurs Fritz Lang in *M – eine Stadt sucht einen Mörder* mit verstörender Intensität die Hauptrolle spielte. Einem Film übrigens, der in einem Zeppelinhangar in Staaken bei Berlin gedreht wurde und der in Berlin spielt. Unbedingt zu nennen wären auch Max Pallenberg , der als Charakterdarsteller und Komiker in Max Reinhardts Deutschem Theater einen unvergesslichen Eindruck auf die Zeitgenossen machte, und Fritzi Massary, die Pallenberg 1917 in Charlottenburg heiratete.

Wieder ein Paar, das sich in Wien vielleicht nie begegnet wäre: Pallenberg war der Sohn eines Spirituosenhändlers aus Galizien, Massary alias Friederike Massarik die Tochter eines jüdischen Kaufmanns. In München hatten sie sich kennengelernt, in Berlin zogen sie zusammen, wo die Massary zu einem der meistgefeierten Operettenstars überhaupt aufstieg. Sie sang in den Stücken von Paul Lincke und Victor Hollaender, leichte Kost ganz nach Berliner Geschmack, aber auch in Franz Lehárs *Lustiger Witwe* und Leo Falls Meisteroperette *Madame Pompadour*. Wenn sie sang: »Ich fühl heut in mir einen Überschuss, / den ich loswerden muss! / Der bringt mich sonst aus dem Gleichgewicht / und das mag ich nicht!«, dann spielte sie nicht, sondern dann *war* sie die Pompadour. Der Massary wurde das »gewisse Etwas« nachgesagt, das für Wienerinnen und Pariserinnen typisch sei und das man in Berlin so selten finden könne.[25] Der Wiener Impresario Gabor Steiner förderte Massary und schlug vor, ihr zur Einführung am Metropol-Theater ein Chanson auf den Leib zu schreiben: »Im Liebesfalle, da sind sie nämlich alle ein bisschen trallala.«[26] Der Partner, mit dem sie in ihrer ersten Zeit im Metropol-Theater in der Behrenstraße am häufigsten auf der Bühne stand, war der ebenfalls aus Wien stammende Joseph Giampietro, der als unumstrittener Star in den humoristisch-satirischen Jahresrevuen des Metropol auftrat.

Mit dem Wiener Trio Pallenberg, Massary und Giampietro wurde das Metropol-Theater in den Jahren vor dem Ersten Weltkrieg zur allerersten Adresse des Revue- und Unterhaltungstheaters in Berlin.[27] Überhaupt war das Metropol so etwas wie eine österreichische Botschaft in Berlin, angefangen bei dem Theaterbau in der Behrenstraße selbst, dessen Architektur wie die unzähliger anderer Theaterbauten in Europa vom berühmten Wiener Büro Helmer & Fellner stammte. Der Wiener Schauspieler und Theaterleiter Richard Schultz übernahm 1898 das in diesem Bau untergebrachte Theater unter den Linden und machte es überhaupt erst zum Metropol. Er wurde zu einem Pionier der Berliner Revue, die Wienerisches und Berlinisches miteinander verband. In den 1920ern zog das Metropol weitere Stars mit österreichischer Vergangenheit an, darunter die Steirerin Lizzy Waldmüller und vor allem den in Linz aufgewachsenen Tenor Richard Tauber.[28] Auch der Hauskomponist Julius Einödshofer, der im Metropol-Theater für die Musik der ersten drei Revuen *Das Paradies der Frauen, Berlin lacht* und *Die verkehrte Welt* verantwortlich zeichnete, kam aus Wien und war schon seit 1892 als Theatermusiker in Berlin aktiv. Und Ralph Benatzky hatte mit dem Metropol Mitte der 1920er Jahre einen Gastspielvertrag über 100 Vorstellungen.[29]

Ein ganz eigenes Kapitel schrieb der Kabarettist und Varietéstar Paul Morgan. Er macht stellvertretend für viele andere deutlich, wie viel die Geschichte des deutschsprachigen Kabaretts in der Vor- und Zwischenkriegszeit der Kooperation zwischen Wien und Berlin verdankt. Ohne den intensiven Austausch zwischen den beiden Metropolen wäre das Cabaret der Weimarer Republik undenkbar gewesen, auch wenn München daneben eine nicht unbeträchtliche Rolle spielte. Morgan war Sohn eines Wiener Rechtsanwalts und absolvierte eine Schauspielausbildung. Nach einem Engagement am Berliner Lessingtheater im Jahr 1917 blieb Morgan in der deutschen Hauptstadt und wurde von Rudolf Nelson, Herman Haller und Erik Charell in verschiedenen Produktionen eingesetzt. 1924 gründete Paul Morgan zusammen mit Max Hansen, Max Adalbert und Kurt Robitschek das Kabarett der Komiker. Robitschek und Morgan kannten sich bereits aus der Kleinkunstszene in Wien, Hansen hatte ebenfalls nach dem Ersten Weltkrieg eine gewisse Zeit in Wien verbracht und sich dort zum Sänger ausbilden lassen. Die Berliner Zusammenarbeit der Komiker war kongenial: Aktuelle Operetten- und Filmparodien wurden geboten, dazu politische Glossen. Es kam vor, dass sich der gefeierte Tenor Richard Tauber nach Vorstellungsende in den Berliner Operettenhäusern schnurstracks ins Kabarett der Komiker begab und Max Hansen am Flügel begleitete, wenn jener gerade – Richard Tauber persiflierte.[30] Eine besondere Spezialität des Kabaretts war *Quo Vadis?* – eine Satire gegen Adolf Hitler und seine sich immer weiter formierende nationalsozialistische Bewegung.

Paul Morgans Charme war vielleicht in besonderer Weise wienerisch. Arnolt Bronnen schrieb über Morgan einmal:

> Immer hatte er den Humor, den wir zu erleben wünschten, jenes Lachen und Lächeln, das klug und gütig zugleich ist, wissend und verzeihend, doch nie billig und verschmiert, Heiterkeit aus einem sauberen Mund, aus einem reinen Herzen und aus einem klaren Verstand ausstrahlend.[31]

Morgan seinerseits hat interessante Beobachtungen zum Theaterpublikum in Wien und Berlin angestellt, die uns die künstlerische Atmosphäre beider Städte näherbringen. In seinen Notizen unter dem Titel *Wien – Berlin. Aus der Froschperspektive des Komikers* heißt es:

> Das Wiener Publikum ist entschieden milder, nachsichtiger, leichter einzufangen. Berlin ist brutal. Theaterskandale wie hier wird es nie in Wien geben. Schmarrn wird unnachsichtig ausgepfiffen. Ein in Wien vergötterter Tenor wurde einmal kühl abgewiesen, bloß weil eine blödsinnige Reklame ihn als den »zweiten Caruso« hinaustrompetete. Die Berliner lassen sich nichts einreden – sie wollen selbst urteilen. »Wiens gefeiertste Soubrette? Woll'n mal seh'n!« Kann sie was, ist sie binnen kurzem auch ein Berliner Liebling – ist sie bloß eine Lokalgröße, hinter der kein wirkliches Können steckt, weht ihr die berühmte norddeutsche Kälte entgegen und sie sitzt sehr bald wieder schimpfend im Wiener Café Dobner. Traditionelle Erfolge gibt's hier nicht. Der größte Berliner Star kann bei der nächsten Premiere »unten durch« sein. Immer wieder heißer Kampf, um oben zu bleiben. Arbeiten, arbeiten, Tempo! Tempo![32]

Ob am Metropol-, Apollo- oder Belle-Alliance-Theater, am Berliner Theater, Central-Theater, Lessingtheater, Theater am Schiffbauerdamm, Schiller- oder Hebbel-Theater, am Theater des Westens, an der Volksbühne, im Admiralspalast oder einem der anderen Theaterbetriebe: Sich an einer der vielen Berliner Bühnen zu etablieren, davon träumten zahllose Wiener Schauspieler. Und vielleicht ergab sich sogar ein Engagement beim Film? Willy Forst, einer der vielen Meister der wienerischen Muse in Berlin, meinte über die damaligen Vorzüge Berlins:

> Wir jungen Filmleute sagten damals: In Paris kann man leben, aber nicht arbeiten; in Hollywood kann man arbeiten, aber nicht leben; in Wien kann man weder arbeiten noch leben; beides zusammen kann man nur in Berlin.[33]

Kam man als Novize mit viel Talent und wenig Geld in die Stadt, so tat man zunächst einmal das, was alle taten: Man setzte sich in eines der angesagten Künstlerrestaurants und wartete darauf, entdeckt zu werden. Der Wiener Walter Slezak, dem sein Vater, der berühmte Tenor Leo Slezak, für seinen Berlin-Aufenthalt ein Darlehen von tausend Mark zugesteckt hatte, berichtet über seinen ersten Besuch im legendären Schwanneke, damals insbesondere ein Treffpunkt der Theaterleute:

> Ich saß ganz allein bei einem Bier und sah voll Ehrfurcht, daß am Nebentisch fast alle die Großen des deutschen Films saßen: Emil Jannings, Conrad Veidt mit seiner Frau Gussy Holl [...], der große Regisseur Ernst Lubitsch, Pola Negri und Lydia Salmonova.[34]

Jannings lud Slezak schließlich nach Hause ein, und nach ein paar Telefonaten hatte er ihm eine erste Filmrolle neben dem berühmten Harry Liedtke organisiert. Ein paar Tage später stand Slezak dann zusammen mit Werner Krauß und Heinrich George am Filmset.

Sehen und gesehen werden war in den Berliner Künstlerkreisen der 1920er Jahre ein Prinzip, das Karrieren begründen konnte. Elias Canetti staunte: »Berlin wimmelte von Mäzenen.«[35] Doch beileibe nicht alle Wiener:innen, die nach Berlin kamen, waren erfolgreich. Und es konnte ausgesprochen hart sein, sich in Berlin als Schauspieler oder freier Schriftsteller etablieren zu müssen, wie bereits der tragische Fall des jungen Dichters Heinrich Kana zeigt, der Anfang des Jahres 1891 auf einem Leseabend der Freien Litterarischen Gesellschaft eine seiner Erzählungen vortrug. Der Abend war spät, die Erzählung lang, und Kanas Vortragskunst anscheinend nicht vom Feinsten: »Da er schauerlich las, so wurde die Skizze geradezu mit Lachen bedeckt, im Lachen begraben«, schreibt der damals anwesende Heinrich Hart in seinen *Erinnerungen*. Kurz darauf erschoss sich der 33-jährige Wiener in der Köthener Straße.[36] Hermann Bahr merkte später an, dass Kana auf der Lesung »auf Berliner Art verulkt worden war«.[37]

Kulturthema Wien

Anton Kuh behauptete 1926 in einem Artikel für *Das Tage-Buch*: »Vergleiche zwischen Wien und Berlin sind aus der Mode. Die Geschichte hat einen Feuilletonstoff kassiert.«[38] Im ersten Moment möchte man meinen, Kuh hätte sich in diesem Punkt schlicht und einfach geirrt. Noch um 1930 strotzten die Zeitungen nur so von Wien-Berlin-Artikeln. Nimmt man den Autor aber genau beim Wort, dann hat er durchaus recht. Denn tatsächlich verschiebt sich im Verlauf der 1920er Jahre der Diskurs, tatsächlich folgen die Wien-Berlin-Artikel dieser Zeit immer weniger der Logik des Städtevergleichs. Zwar erschienen 1926 und 1929 noch zwei Neuausgaben der vergleichenden Kulturgeschichte von Julius Bab und Willi Handl, ein ähnliches Werk ist aber seither nicht mehr erschienen. Zu sehr war mittlerweile klargeworden, dass man Wien und Berlin gar nicht richtig miteinander vergleichen kann, die zum Wasserkopf eines kleinen Deutsch-Österreich degradierte Stadt mit der boomenden Metropole der goldenen 1920er Jahre. Wien und Berlin, Berlin und Wien – sie begegneten sich in den Stadttexten der Zeit nun nicht mehr auf Augenhöhe, sondern sie unterhielten eine Wechselbeziehung mit enormer Schlagseite: Das Feuilleton interessierte sich nun vor allem dafür, wie die Wienerinnen und Wiener in Berlin Karriere machten. Die Zahl der Reportagen mit Überschriften wie *Wien in Berlin, Ein Wiener sieht Berlin* oder *Wien am Kurfürstendamm* ist in dieser Zeit Legion. Und der Berliner Kulturbetrieb stürzte sich ab Mitte der 1920er Jahre regelrecht auf die österreichische Hauptstadt. Wenn dort Wien auf dem Programm stand, brummte der Laden, Wien wurde zum Berliner Kulturthema. Für die umgekehrte Blickrichtung konnte man das nicht gerade sagen, in Wien interessierte man sich demonstrativ wenig für das übermächtige Berlin. Willi Kollo hat diese ungleiche Situation 1929 im Chanson *Lieber Leierkastenmann* thematisiert, das unter anderem von Claire Waldoff gesungen wurde: »Jeder schimpft heut auf Berlin, / Alle aber loben Wien.

Überall steht ein Tenor / Und singt Wiener Lieder vor. / Niemals hörte ich in Wien / Lieder aus der Stadt Berlin.«[39]

So spielten Wien und Österreich im Berliner Kulturbetrieb der 1920er Jahre eine hochinteressante Schlüsselrolle. Kaum ein kulturelles Thema war damals in den Berliner Theatern, Varietés und Kinos so präsent wie Österreich – nicht einmal Amerika oder Paris. Österreich repräsentierte aus Berliner Perspektive das, was der Kulturwissenschaftler Hermann Bausinger einmal als »Binnenexotik« bezeichnet hat: die nahe Fremde und die fremde Nähe. Österreich war zwar Ausland, aber ein Ausland zum Wohlfühlen. Die Unterschiede zwischen Berlin und Wien verstörten niemanden, zwischen beiden Städten lag genau die richtige Distanz, um sie in Ironie und bunte Unterhaltung aufzulösen. Im Wiener Kostüm verlieh sich der Berliner Betrieb ein bisschen Bodenhaftung mit einem Schuss Ländlichkeit; im komödiantischen Vexierspiel zwischen beiden Städten, wie es auf den Berliner Bühnen der späten 1920er exzessiv betrieben wurde, konnten Wiener und Berliner Verhältnisse gleichermaßen durch den Kakao gezogen werden. Wien bildete das bevorzugte Reservoir für Geschichte, Tradition, Schmäh und schöne Bilder – ein Sehnsuchtsort, den das zeitgenössische Berlin brauchte, um sich an etwas abarbeiten zu können, das anders als es selbst und doch ihm ähnlich war. Wien lieferte den Stoff, Berlin brachte ihn in Umlauf, Wien spielte den ruhenden Pol, Berlin den Durchlauferhitzer der kulturellen Produktion.

Natürlich repräsentierten die »wienerischen« Aufführungen in Berlin eher eine konservative Linie des Unterhaltungstheaters. Denn viele Berliner Revuen der 1920er reichten doch sehr ins Frivole, wie etwa die in der Komischen Oper an der Weidendammbrücke gezeigten Produktionen von James Klein, die darauf ausgelegt waren, möglichst viel nackte Haut sehen zu lassen. Revuetitel wie *Die Welt ohne Schleier* (1923/24), *Berlin ohne Hemd* (1926), *Die Sünden der Welt* (1927), *Zieh dich aus* (1928) oder *Donnerwetter – 1000 nackte Frauen* (1928) lassen tief blicken und dokumentieren die neuen Freiheiten, die die Unterhaltungsindustrie in der Weimarer Republik genoss. Die importierte Wiener Unterhaltung wirkte dagegen eher bieder, wenngleich es auch hier vor allem darum ging, attraktive Frauen auf die Bühne zu bringen. Fred Hildenbrandt hat einen solchen süßlichen und mit viel Musik versetzten Klamauk in einem Feuilleton unter dem Titel *Weekend* beschrieben:

> Es ist eine Revue aus Österreich und es wird strudeln und quirlen und glucksen darin vor Wiener Lust und Laune und Lachen. […] Da trieben sich viele schöne Mädchen in reizenden Winterkostümen herum, da zeigten sich viele schöne Mädchen im Modekostüm aller Zeiten vom Fell der Eva bis zum goldenen Cape von neunzehnhundertvierundzwanzig, da waren viele schöne Mädchen närrische Puppen, da tanzten viele schöne Mädchen nach einer enormen Jazzband. Und vor der Pause stand die ganze Revue auf und Wien grüßte Berlin; eine Deutschmeisterkapelle in Uniform mit einem himmlischen Tambourmajor kam an die Rampe geschmettert, der Deutschmeistermarsch und der Radetzky gewitterten einher, wieder und wieder, da dauerten die Beifallsstürme minutenlang.[40]

Einmal mehr war Wien im Berliner Kulturbetrieb vor allem eine Chiffre für Musik und weibliche Reize.

»Das Wien der Berliner gehörte am Ende der Zwanziger Jahre in die Traumfabrik«,[41] schreiben Christian Jäger und Erhard Schütz in ihrem Buch über die Repräsentation beider Städte im Feuilleton der 1920er Jahre. Und diese Tendenz verstärkte sich zum Ende des Jahrzehnts hin, als die wenigen wirtschaftlich relativ stabilen Jahre der Weimarer Republik von neuen Krisenzeiten abgelöst wurden: »Je mehr sich zum Ende der Weimarer Republik hin die Lebensumstände der Berliner verschlechtern, je ungemütlicher ihre Lage, desto stärker wird die Sehnsucht nach *Wien*.«[42] Wenn aber ein kulturelles Genre vor allem deshalb erfolgreich ist, weil es kleine Fluchten aus einer grauen Wirklichkeit verspricht, dann blühen die billigen Klischees. Bei Gabriele Tergit, der Schriftstellerin der Neuen Sachlichkeit, lesen wir, dass der Wien-Kitsch in Berlin sogar in der einfachen Bar um die Ecke zu hören war, vermischt mit intellektuellen Versatzstücken aus der Wiener Publizistik: Gäste wünschen sich das Fiakerlied, die Musikanten singen von »Griiinzing«, und am Tisch nebenan spricht ein Schauspieler von Egon Friedell und dem *Wiener Journal.* »Nicht zu ertragen«, kommentiert Tergit.[43] Umgekehrt wunderten sich viele Wiener Beobachter erst recht über den deutschen Wien-Hype. Beispielsweise der Schriftsteller und Filmkritiker Willy Haas in seiner Premierenkritik des Ludwig-Berger-Films *Ein Walzertraum*: »Im allgemeinen gibt es für uns Österreicher nichts Komischeres als Reichsdeutsche, die für Wien, für Wiener Grazie und Wiener Kultur schwärmen.«[44]

Obwohl man in Berlin eine ganze Menge an »Wiener Kultur« konsumieren konnte, zog es viele Besucherinnen und Besucher aus Deutschland natürlich auch in das echte Wien. Viele von ihnen wollten in den Kulissen spazieren gehen, die sie aus dem heimischen Metropol-Theater kannten. Über sie schrieb Erwin Rainalter:

> Sie suchen Wien. Und zwar suchen sie ein ganz bestimmtes Wien […]. Das Wien der Originale und der Musik, das Wien der Gemütlichkeit und der Reschheit, das Wien des Walzers und das Wien des Heurigen und vor allem natürlich das Wien des Stefansturmes.[45]

Freilich verwahrten sich viele Wiener in Berlin gerade gegen solche Klischees und produzierten keineswegs nur wienerische Ware. Als Profis des Kulturbetriebs spielten sie auf der gesamten stilistischen Klaviatur der Zeit und waren durchaus in der Lage, sich den Berliner Tonfall anzueignen. Ein kleines, aber aussagekräftiges Indiz dafür ist das Lied »Und Meyer sieht mich freundlich an«, das später von Kurt Tucholsky als das »klassische Berliner Couplet« bezeichnet wurde. Denn dieses angeblich urberli-

Die Wienerin Fritzi Massary als »Sünde von Berlin«, 1906–1909

nische Produkt aus dem Jahr 1901 stammt in Wirklichkeit von zwei Wienern: Komponist des Couplets war Leo Fall, der damals beim Berliner Kabarett Die bösen Buben arbeitete; sein erster Interpret war der in Wien geborene Schauspieler Joseph Giampietro, der im Metropol-Theater der Star der dortigen Jahresrevuen war. Entsprechend kam es auf den Bühnen der Stadt immer auch zu komischen Inversionen zwischen dem Wienerischen und dem Berlinischen.

Für Tucholsky verkörperte ausgerechnet die Wienerin Fritzi Massary das »schnoddrige Berlinertum« schlechthin,[46] und auch Paul Morgan und Wilhelm Bendow praktizierten bei ihren gemeinsamen Auftritten den komödiantischen Rollenwechsel. So liebte es der Österreicher Morgan, den energischen und tüchtigen Preußen zu spielen, während der Norddeutsche Bendow den »sanft vertrottelten Träumer«« gab, den dann Hans Moser so perfektioniert hat, dass er seither zum Kernrepertoire des Wiener Humoristen gehört.[47] Wenn man Paul Morgan auf alten Tonaufnahmen hört, dann merkt man nicht, dass er kein gebürtiger Berliner ist. Seine preußische Performance war indessen nicht nur ein *running gag*, dahinter steckte eine tiefe Verbundenheit des Schauspielers mit Berlin, das er seiner Heimatstadt vorzog:

> Ich sagte und sage stets offen heraus, dass mir das Kaffeehaus gar nicht abgeht, ich auf das Frühstücksgulasch verzichtet habe und den einen Kellner lieber bedienen und kassieren sehe als die handaufhaltende Dreieinigkeit in Wien.

Wenn man ihn fragte, wie es ihm in Berlin gehe, gab Morgan zu Protokoll: »Ausgezeichnet, ich möchte in keiner anderen Stadt mehr leben.«[48]

Am 3. Oktober 1931 kam ein Film in die Berliner Kinos, der wie kaum ein anderer für die deutsche Wien-Begeisterung der späten Weimarer Republik steht: Erik Charells Filmoperette *Der Kongress tanzt.* Für den Filmkritiker Siegfried Kracauer war dieser Film »ein Produkt jener Zerstreuungskunst, zu der die Ufa vor einiger Zeit die Parole ausgegeben hat«.[49] Und diese Parole lautete ganz klar »Wien«. Erst knapp zwei Jahre zuvor hatte der Tonfilm in Deutschland Einzug gehalten, und Musikfilme mit wienerischer Note kamen am laufenden Band heraus. Leichte Unterhaltung in schweren Zeiten: 1929 feierte der *Günstling von Schönbrunn* seine Premiere, 1930 folgten dann *Der Walzerkönig, In Wien hab ich einmal ein Mädel geliebt, Wien, du Stadt der Lieder, Wiener Herzen* und *Zwei Herzen im Dreivierteltakt.* Für 1931 verzeichnen die Kinostatistiken *Die Fledermaus, Die lustigen Weiber von Wien, Kaiserliebchen, Opernredoute, Schuberts Frühlingstraum, So lang noch ein Walzer von Strauß erklingt, Trara um Liebe, Walzerparadies, Wiener Liebschaften* und *Wiener Zauberklänge.*

In der Reihe dieser Produktionen bildete *Der Kongress tanzt* einen Höhepunkt – ein Film, in dem sich der russische Zar Alexander im Empire-Ambiente des Wiener Kongresses auf eine Liaison mit der Handschuhmacherin Christel Weinzinger einlässt. Die Tonspur zieht einerseits alle Register der Wiener Musik; schon zu Beginn wird mit dem Josef-Strauss-Walzer *Sphärenklänge* eine altösterreichische Atmosphäre auf die Leinwand gezaubert. Andererseits hatte der Komponist Werner Richard Heymann, seines Zeichens Generalmusikdirektor der Ufa, dafür gesorgt, dass auch der Berliner Stil der Unterhaltungsmusik bedient wurde. So wurde entgegen dem ursprünglichen Drehbuch zu Christels Kutschfahrt durch das singende und klingende Wien keine Walzermelodie gespielt, sondern der eher berlinisch klingende Marschfox *Das gibt's nur einmal.* In Berlin wurde *Der Kongress tanzt* zu einem enormen Kassenerfolg, doch ein paar Tage vor seiner Berliner Kinopremiere war der Film bei seiner Uraufführung in Wien durchgefallen. Vielleicht hatte Heymanns Musik dort zu wenig authentisch geklungen, und vielleicht waren dem Wiener Publikum die Hauptrollen zu preußisch besetzt gewesen: Conrad Veidt war gebürtiger Berliner, Lilian Harvey und Willy Fritsch, das damalige Traumpaar des deutschen Films, waren beide zumindest zeitweise in Berlin aufgewachsen. Darüber hinaus macht der Wiener Bürgermeister im Film vor allem mit seinem breiten sächsischen Tonfall auf sich aufmerksam, und bis auf den von Paul Hörbiger verkörperten Heurigensänger ist keine größere Rolle österreichisch besetzt. Damit ist *Der Kongress tanzt* ein merkwürdiges Hybridprodukt aus Berliner und Wiener Elementen – ein Film, der exemplarisch für den kulturellen Austausch zwischen den beiden Metropolen um 1930 steht, der aber auch klarmacht, wie die Dynamik dieses Austauschs damals aussah: Berlin bediente sich begeistert der Wiener Kulisse, in Österreich aber war man immer ein bisschen beleidigt, wenn sich die Deutschen Wien am liebsten ohne Wiener vorstellten.

Operettenkönige

In der Operette wurde das Wienerische seit dem ausgehenden 19. Jahrhundert zelebriert wie nirgends sonst. Sie brachte Alt-Wien mit all seinen üblichen Verdächtigen auf die Bühne: Ein sentimentalisierter Franz Schubert wurde schon in den 1860er Jahren zur Operettenfigur, in den 1870er Jahren kamen *Der liebe Augustin* und die *Urwienerin* hinzu, *Wiener Blut, Das süße Mädel, Gräfin Pepi* oder *Vindobona, du herrliche Stadt!* hießen einige Produktionen um 1900, und 1915 erschien schließlich auch das *Dreimäderlhaus* in der Alt-Wiener Retro-Staffage, wahrscheinlich das bis heute erfolgreichste Stück dieser Art. Nicht nur Kurt Tucholsky mokierte sich damals über die »österreichischen Musikmacher« und das »aufgeblasene Gedudel wiener commis voyageurs. […] Die Operette, die das Theater am Nollendorfplatz, allen zur Freude, keinem zu Leide, sondern zu Steuerpreisen vorführte, war in jeder Beziehung aus Wien. Jeder Gegenstand auf der Bühne wurde durch ein Kupleh beschmutzt, die Rosenlaube kam richtig im Reim vor […] – es war alles in Ordnung.«[50]

Nun könnte man denken, dass die Nostalgiewelle der Operette nach dem Ersten Weltkrieg weitgehend abebben würde. Doch weit gefehlt: In den späten 1920er Jahren erfuhr die Operettenproduktion mit wienerischer Kulisse sogar einen Höhepunkt, und zwar speziell im Ausland. Wien war längst zu einer internationalen Marke der Kulturindustrie geworden, mit der man Herz und Gemütlichkeit von der Stange verkaufen konnte, und insbesondere in Berlin kam das bestens an. Nach Einführung des Tonfilms griffen Film und Operette wirkungsvoll ineinander: Wien flimmerte in zahllosen Revue- und Operettenfilmen von der Leinwand. Siegfried Kracauer attackierte 1928 die Adaption »abgetakelter« Operetten durch die Filmindustrie und verwies bei dieser Gelegenheit insbesondere auf die Beliebtheit der Marke »Wien« beim Berliner Publikum. Aus seiner Sicht handelte es sich dabei um die Wiederbelebung eines altmodischen Genres, das man schon hinter sich gelassen zu haben glaubte:

> Der Plunder, der nach der Revolution in Staub zu zerfallen schien, gebärdet sich quicklebendig. Seine Darbietung ist gewöhnlich eine günstige Gelegenheit, auf Wien zurückzugreifen, das die Berliner Fabrikanten ins Herz geschlossen haben, weil es zu den sichersten Opiaten gehört. Das k. und k. Wien wenigstens, das nichts vom 7. Oktober weiß. Es träumt und musiziert, es kennt keine Wohnungsnot, sondern nur Biedermeierstuben, der Strauß spielt noch heute in ihm, und was seine Mädchen betrifft – *So küßt nur eine fesche Wienerin.*[51]

In einer Satire zu zeitgenössischen Filmgenres skizziert Kracauer die Geschichte eines jungen Berliner Kaufmanns, der ein »süßes Wiener Mädel« kennenlernt, an das er sein Herz verliert. Wien steht dabei für »irgendeine Gegend, die nicht von heute ist« – insbesondere aber für das Gegenteil zum betriebsamen Berlin: ein »Naturschutzpark für das Gemüt«.[52]

Von dieser Hochkonjunktur des Wienerischen profitierten mehrere prominente Musiker enorm, darunter auch einer der meistgespielten Komponisten des 20. Jahrhunderts: Ralph Benatzky, 1884 geboren in Südmähren, ab 1899 regelmäßig in Wien wohnhaft. Zuerst wurde er in der k. u. k. Kadettenschule ausgebildet, später war er Student, Doktorand, Musiker und Texteschreiber, der seine ersten Chansons im berühmten Wiener Kabarett *Hölle* zur Aufführung brachte. Benatzky spielte meisterhaft auf der Klaviatur der leichten Muse, er konnte nahezu alles und war unerhört produktiv, ein unermüdlicher Arbeiter, der oft kaum aus dem Haus kam, da er zahllose Tage nur zwischen Bett, Notenpult und Bücherregal verbrachte. Dutzende Operetten und Filmmusiken sowie rund tausend Schlager und Chansons aus seiner Feder sind bekannt, viele andere wohl verschollen. Eine seiner Spezialitäten war das Wienerlied, das er auf die kulturelle Nachfrage in seiner Wahlheimat zuzuschneiden wusste. Der Wiener, notierte Benatzky in seinem Tagebuch, wolle eben »die Süßigkeit des Steffl, die Schönheit seiner Stadt, die Goldigkeit seines Herzens immer wieder fingerdick um die Goschen geschmiert haben«. Aber, so setzte er hinzu, im Gegensatz zur »Präpotenz, Selbstüberhebung, Besserwisserei« der Deutschen habe hier in Wien jeder Mensch »eine natürliche Ungezwungenheit, Legerität, die ihn sympathisch macht«.[53]

Einer seiner vielen bekannten Titel, *Ich weiß auf der Wieden ein kleines Hotel* aus dem Jahr 1915, zelebriert diese Ungezwungenheit. Der gestrenge Kritiker Theodor W. Adorno hat sich diesen Titel in seinen *Schlageranalysen* vorgeknöpft. Dem Wieden-Lied wirft er »Pseudoimpressionismus« und »fehlerhafte[n] Satz« vor. Es ist »bewahrender Kitsch«, eine »Banalität für Ladenmädchen«, »das Wienerische darin stammt von vorgestern«.[54] Und auch manche Komponistenkollegen neideten Benatzky den Erfolg, den er mit seiner wienerischen Serienproduktion hatte. Der Berliner Friedrich Hollaender, neben Benatzky der damals wohl bekannteste Chansonschreiber, widmete seinem Konkurrenten sogar ein bissiges Lied:

> Wo sind alle Texte von Dr. Benatzky? / In Wien, in Wien, in Wien! / Wo wünscht sich ein jeder, ob groß oder klein, / nur amol, nur amol in Grinzing zu sein? / In Wien, in Wien, in Wien! / Das ist der Kitsch im Dreivierteltakt! / Rattengift her! Rattengift her![55]

Ironischerweise war es dann Jahrzehnte später der zeitweilige Schwiegersohn Hollaenders, der Wiener Georg Kreisler, der das Wiener Sentiment seinerseits mit Rattengift bekämpfte:

> Schau, die Sonne ist warm und die Lüfte sind lau, / Gehen wir Tauben vergiften im Park! / Die Bäume sind grün und der Himmel ist blau, / Gehen wir Tauben vergiften im Park! / Wir sitzen zusamm' in der Laube / Und ein jeder vergiftet a Taube. / Der Frühling, der dringt bis ins innerste Mark / Beim Taubenvergiften im Park.

In den 1920er Jahren eroberte sich Ralph Benatzky sukzessive auch die Cabarets und Operettenbühnen in München und Berlin. Die deutsche Hauptstadt kannte Benatzky schon länger, bereits vor dem Krieg war er dort gewesen, und bei einem Aufenthalt im Februar 1924 zusammen mit seiner Frau Josma Selim besuchte er das Sechstagerennen im Sportpalast und sogar einen »Tuntenball«, den er in seiner lasziven Erotik später sehr plastisch beschrieben hat. Die Verhältnisse schienen ihm dort auf den Kopf gestellt: »Links ist rechts und unten ist oben.«[56] Doch genau das lockte einen Bühnenkünstler wie ihn. 1927 siedelte Benatzky nach Berlin über und erwarb für 110 000 Mark eine geräumige Villa mit Garten im Südwesten der Stadt, in Lichterfelde Ost. Das Haus sollte eine Kapitalanlage sein und »Josmas Traum vom Wohlergehen« erfüllen, außerdem schien Berlin viel mehr beruflichen Erfolg zu versprechen als Wien: »Berlin entwickelt sich immer enormer. Die Absatz- und Verdienstmöglichkeiten sind dort bestimmt größer als in dem langsam dahinsiechenden, parteienzersplitterten, bolschewistischen Wien.«[57] Doch die Erwartungen an das neue Leben in Berlin erfüllten sich nicht. Ein Eintrag im Tagebuch verrät, dass Ralph Benatzky und Josma Selim doch mehr an Wien hingen als an Berlin. Es spricht für sich, dass der Komponist nach Anlieferung seines Flügels im neuen Haus als Erstes ausgerechnet eines seiner Wienerlieder spielte: »Ich muss wieder einmal in Grinzing sein, / beim Wein, beim Wein, beim Wein.« Und mit seiner ersten Kabarett-Revue in Berlin fiel Benatzky durch – vielleicht weil er versucht hatte, zu viel Wiener Vorstadtromantik nach Berlin zu bringen. Sein »anderes Berlin, [...] wo vor kleinen Fenstern Geranien blühn«, kam in der brodelnden, krisengeschüttelten Hauptstadt nicht gut an.[58]

Mit dezidierten Wien-Programmen bestritt Ralph Benatzky in Berlin viele Abende, der Erfolg war wechselhaft. Billie Wilder besuchte 1927 eine Vorstellung, die Benatzky und Selim in Berlin gaben, und zeigte sich als Exil-Wiener von der aufgesetzten Wienseligkeit genervt: »Zu viel Wien. Streckenweise versteht man nicht ein Wörtchen. [...] Oh ja, wir lieben Wien. Aber nicht zu viel. Zu süß, zu viel Apfelstrudel und zu viel Schlagobers.«[59] Dann aber kam sie, Benatzkys Erfolgsoperette *Im Weißen Rößl am Wolfgangsee.* Eigentlich war das *Weiße Rößl* ein Sprechtheater-Lustspiel gewesen, das Oscar Blumenthal und Gustav Kadelburg bereits 1897 auf die Bühne gebracht hatten – ein riesiger Erfolg, der die beiden Autoren in der folgenden Spielzeit zu den meistgespielten Dramatikern Deutschlands machte. Gemeinsam mit dem Produzenten Erik Charell arbeitete Benatzky das Stück 1930 zu einer Revueoperette um. Im Geist der Zeit schien dieses Stück zunächst ganz und gar nicht zu liegen: Die biedere Story um den Zahlkellner Leopold Brandmayer, der sich in die Wirtin Josepha Vogelhuber verliebt und im Verlauf der kommenden zwei Theaterstunden deren Herz erobert, war doch zu altmodisch, roch zu sehr nach der folkloristischen Mottenkiste. Allerdings konnten sich Charell und Benatzky auf das bekannte Berliner Faible für Österreich letztlich verlassen – immerhin war schon die Originalversion 1897 am Berliner Lessingtheater uraufgeführt worden.

Am 8. November 1930 öffnete sich der Vorhang des Großen Schauspielhauses, das damals direkt neben dem Neuen Theater am Schiffbauerdamm lag, für das *Weiße Rößl*. Die Fassade des Schauspielhauses hatte man als Wirtshaus verkleidet, die Platzanweiserinnen trugen Dirndl, und auf der Bühne gruppierten sich Kirche, Rathaus, Hotel, Kuhstall und See zu einem künstlichen Alpendorf. »Original Tiroler Watschentänzer und Schuhplattler« wirkten ebenso an der Aufführung mit wie das »Damhofer-Jodlerinnen-Quartett« und die »Marquartsteiner«. Für das Berliner Publikum waren nicht nur die importierten Folkloreeinlagen attraktiv, sondern auch die witzigen Auftritte des Berliner Hemdhosenfabrikanten Wilhelm Giesecke, der mit der österreichischen Speisekarte nicht zurechtkommt, im schönsten Salzkammergut »jrüne Aale« bestellt und sich überhaupt vor allem nach seinem Berlin zurücksehnt. Die Ironie in diesem Stück tut niemandem weh, auch die Tourismuskritik fällt in diesem Stück denkbar sanft aus, und gegen Ende des zweiten Aktes taucht sogar Kaiser Franz Joseph persönlich auf, um die Beziehung zwischen Leopold und Josepha mit einzufädeln. Ein Hinweis in den Textbüchern von 1930 hält die Aufführenden dazu an, den Kaiser »als eine liebenswürdige, gütige, volkstümlich ansprechende Gestalt« darzustellen.[60] Während der eineinhalb Jahre, in denen die Produktion in Berlin lief, verzeichnete sie 416 ausverkaufte Vorstellungen mit etwa zwei Millionen Besucherinnen und Besuchern.[61] Die *Deutsche Allgemeine Zeitung* sah darin einen Trend: »Die Gemütswerte haben im Kurs gewaltig angezogen […]. Wir wollen wieder gemütlich sein. Das Sentiment, die ewige Romantik triumphiert.«[62] Selbst im Schlagschatten der Weltwirtschaftskrise klingelten die Theaterkassen: Vom Verkaufserlös österreichischer Gemütswerte auf dem deutschen und bald auch internationalen Markt konnte sich Benatzky bereits 1932 eine Villa in der Schweiz leisten.

Benatzky war beileibe nicht der einzige Wiener Operettenkönig in Berlin. Fast alle Komponisten der sogenannten »silbernen Ära« der Operette machten ihre ersten Schritte in Wien und feierten große Erfolge in der Reichshauptstadt. Dazu gehörten neben dem omnipräsenten Franz Lehár etwa der genialische, vor Witz sprühende Leo Fall, der aus dem mährischen Olmütz zum Musikstudium nach Wien gekommen war und dann weiter nach Berlin zog, oder der gebürtige Wiener Oscar Straus, Komponist des weltberühmten *Walzertraum*. Der aus Komorn an der Donau stammende Lehár brachte sein erstes Erfolgsstück 1902 auf die Bühne des Theaters an der Wien: *Wiener Frauen*. Zu einer Zeit, als das Wienerische als Exportartikel noch nicht ganz so gut ging wie später, wurde dieses Stück in Deutschland zunächst unter anderen Titeln aufgeführt, etwa als *Die lieben Frauen, Der Schlüssel zum Paradies* oder *Der Klavierstimmer*. Seinen Welterfolg hatte Lehár 1905 mit der *Lustigen Witwe*, und die Berliner Bühnen eroberte er vollends im Gespann mit einem der bekanntesten Tenöre des 20. Jahrhunderts, dem Österreicher Richard Tauber. Lehár und Tauber, das war zeitweise fast schon eine feste Wortverbindung, und Lehár schrieb seinem Star einen Reißer nach dem anderen auf den Leib, am bekanntesten vielleicht das *Wolgalied* aus dem *Zarewitsch* und *Dein ist mein ganzes Herz* aus *Das Land des Lächelns* von 1929. Nach 1933 wurde Lehár von führenden Nationalsozialisten um Goebbels hofiert, die für ihn 1938 sogar so weit gingen, seine jüdische Ehefrau Sophie zur »Ehren-Arierin« zu ernennen. Vielen früheren Koproduzenten seiner Erfolge gegenüber zeigte sich Lehár undankbar. Er, der einer der Lieblingskomponisten Hitlers war und beste Kontakte ins Reichspropagandaministerium hatte, unternahm nichts, um seinem alten Freund und Librettisten Fritz Löhner-Beda zu helfen, der Ende 1942 in Auschwitz ermordet wurde.

Einige der angehenden Wiener Operettenkönige waren schon lange vor 1914 in Berlin: Leo Fall arbeitete zunächst als Sologeiger im Metropol-Theater und dann im Kabarett Die bösen Buben, Oscar Straus war Musiker im Kabarett Überbrettl, wo auch Arnold Schönberg zeitweise mitwirkte. Straus knüpfte an die Tradition der Offenbach'schen Operette an und lieferte ein so schwungvolles wie kritisches Unterhaltungstheater, das mit den Mitteln der Parodie und Persiflage operierte. Die Deutschen verulkte Straus besonders gerne: In seiner parodistischen Operette *Die lustigen Nibelungen* zog er 1904 die Germanenbegeisterung des Kaiserreichs wirkungsvoll durch den Kakao. Siegfried war darin kein Kraftprotz mit dem Wunderschwert, sondern ein Schaumweinfabrikant, der sein Geld in Aktien der Rheinischen Bank angelegt hat. Statt der schweren Gesten à la Richard Wagner regierte der Slapstick. Dabei provozierte Straus den Protest deutschnationaler Kreise interessanterweise eher in Österreich als in Deutschland: Nachdem die Aufführung der *Nibelungen* 1906 in Graz durch Burschenschafter verhindert worden war, avancierte das Stück ab 1911 am Berliner Theater des Westens zu einem durchschlagenden Erfolg. Einmal mehr bestätigt sich damit, was Paul Morgan einmal über das Berliner Publikum und seine besondere Fähigkeit zur Selbstironie und Selbstpersiflage gesagt hatte: Über sich selbst lachen sie besonders gerne. Schließlich bewegte sich auf der Wien-Berliner-Szenerie noch der Grazer Robert Stolz, ebenfalls Urheber zahlloser weltberühmter Schlager – von *Im Prater blühn wieder die Bäume* bis *Adieu, mein kleiner Gardeoffizier.* Stolz ging Mitte der 1920er Jahre nach Berlin und schloss sich dem Kabarett der Komiker an, er heiratete dort seine vierte Ehefrau Lilli Karner und pendelte mit ihr zeitweise zwischen beiden Städten.

1938 kam im norddeutschen Kiel noch einmal eine Operette zur Uraufführung, die nicht viel mehr war als ein lauer Aufguss des *Weißen Rößl.* Ihr Titel lautete *Saison in Salzburg.* Die Musik stammte vom Wiener Komponisten Fred Raymond, der etwas später auch den Schlager *Es geht alles vorüber, es geht alles vorbei* schrieb, eine der bekanntesten Durchhaltenummern aus den Jahren des Zweiten Weltkriegs. Die Handlung folgte dem alten Prinzip »boy meets girl, boy loses girl, boy gets girl«.[63] Auch diesmal dreht sich alles um Salzburger Gasthöfe und die Liebespaare, die sich darin zusammenfinden. Es ist wohl kein Zufall, dass am Schluss ausgerechnet ein Berliner das bankrotte Hotel Mirabell kauft: Das Stück imitiert damit sozusagen den Anschluss Österreichs an Deutschland auf der Operettenbühne. In der späteren Filmadaption der *Saison in Salzburg* mit Peter Alexander und Waltraut Haas war die gespenstische Ähnlichkeit mit dem *Weißen Rößl* dann 1961 vollends offensichtlich. Nicht nur die klamaukige Musiknummer *Wenn der Toni mit der Vroni und die Vroni mit dem Toni* wurde übernommen, sondern auch die personellen Konstellationen glichen sich aufs Haar: Der charmante Kellner hieß nun nicht mehr Leopold, sondern Heinz, die Wirtin nicht Josepha Voglhuber, sondern Theres Stolzinger, und ihr Verehrer nicht Dr. Siedler, sondern Dr. Elz. Aus dem Gasthof zum Weißen Rößl wurde bis an die Schmerzgrenze der unfreiwilligen Parodie ein Gasthof zum blauen Enzian. Der alte Stoff aus der Anschlusszeit wurde auf diese Weise in die Bundesrepublik transferiert, und so war es letztlich die Berliner Österreichbegeisterung der Zwischenkriegszeit, die ein ganzes kulturindustrielles Genre mitbegründete. Der seichte Schlager- und Heimatfilm mit Dialektwitz und Alpenpanorama, der die Herzen der Wirtschaftswunderzeit erwärmte, hatte der Konstellation Wien/Berlin einiges zu verdanken.

Kampf um die Stadt

Die Operette der 1920er Jahre war ein Jahrmarkt der Traumwelten, vom Wolfgangsee bis zum Land des Lächelns, von der Rose von Stambul über Batavia bis zum Mond. Viele Produktionen waren exotistischer oder folkloristischer Kitsch, andere boten die Möglichkeit zum befreienden Lachen und zur ironischen Umkehrung der gesellschaftlichen Verhältnisse. Und die wurden im Verlauf der 1920er Jahre wieder härter. Im Oktober 1929 löste ein drastischer Kurssturz an der New Yorker Börse eine nie dagewesene Weltwirtschaftskrise aus, und für das kulturelle Leben in den Metropolen wurden die Spielräume nach diesem Katastrophenjahr immer enger. So auch in Berlin. Zwar wurden einzelne Theateraufführungen noch als Glanzlichter gefeiert und die Filmindustrie produzierte noch am laufenden Band, doch der pulsierende Kulturbetrieb der 1920er Jahre ging in den Jahren der Wirtschaftskrise unter. Überall musste gespart werden, konnten Engagements und Verträge nicht eingehalten werden, wenn nicht sogar die Theater schlossen. Im November 1932 schrieb der aus der Schweiz nach Berlin zurückgekehrte Ralph Benatzky in sein Tagebuch:

> Die Wohnung ist netter und kompletter, als wir in Erinnerung hatten. Aber sonst –! Eine Trostlosigkeit scheint zu herrschen, ein Elend, das nicht zu beschreiben ist. Kompanien, Bataillone von Bettlern an den Ecken und um die Gedächtniskirche rum. In den Geschäften kriegen sie anstatt Geldes grüne Zettel auf Margarine oder dergleichen von der Heilsarmee. Deutschlandsender und Südfunk sind pleite, alle Theater fast in den Händen der Rotters, die nur das Allernötigste bezahlen, an Gagen etc., Tantiemen und dergleichen überhaupt nicht. Was für einen Sinn hat es, sich bei ihnen aufführen zu lassen?[64]

Das gesellschaftliche Klima wurde rauer. Die Arbeitslosenzahlen schossen in die Höhe, der Weimarer Sozialstaat war heillos überfordert. Für die Zeitgenossen, die erst den Krieg, dann die Hyperinflation bis 1923 erlebt hatten und nun sahen, dass der wirtschaftliche Aufschwung der letzten sechs Jahre kaum mehr als ein Trugbild gewesen war, kam das einem Scheitern der Republik gleich:

> Mehr und mehr erschienen für einen Großteil der Deutschen die Jahre seit 1918 als eine kontinuierliche Abfolge von Krisen und Katastrophen, und die daraus gezogene Schlussfolgerung hieß: Ablehnung von Weimar.[65]

Rechtsradikale Kräfte nutzten vielerorts die desolate Situation, um zum Sturm auf die Weimarer Kultur zu blasen, und im Fadenkreuz ihrer Attacken stand stets die Hauptstadt der Republik: das schillernde, offene, kosmopolitische Berlin. Für sie war Berlin der Inbegriff des Unorganischen, des Relativismus und Liberalismus, der intellektualistischen Zersetzung. Während die Beobachter in den 1920er Jahren diskutierten, ob Berlin nun eher im Begriff sei, zu einem zweiten Chicago oder zu einem zweiten Moskau zu werden, repräsentierte die Stadt für die politische Rechte beides in einem: »Amerikanismus« und »Bolschewismus«.[66] Auf diese Weise bündelten sich dort alle Ressentiments, die im rechten Spektrum in Umlauf waren, wie in einem Brennglas: gegen das Kapital, den Liberalismus, den Sozialismus, gegen die Siegermächte, das Judentum und die neue Sowjetunion.

Einer der lautesten Berlin-Kritiker der Jahre um 1930 war der einflussreiche Journalist und Herausgeber der Zeitschrift *Deutsches Volkstum*, Wilhelm Stapel. In seinem Rundumschlag gegen die linken und liberalen Schriftsteller Deutschlands unter dem Titel *Literatenwäsche* publizierte Stapel ein seltsames Märchen, in dem er sich die Befreiung Deutschlands vom Problemfall Berlin folgendermaßen ausmalte:

> Es war einmal ein mächtig großer Riese durch das deutsche Land gegangen, der hatte ein großes Grabscheit über der Schulter. Als er vor Berlin gekommen war, stach er die menschenbewimmelte Scholle ringsherum aus, wuchtete sie hoch und warf den ganzen Klumpen mit einem gewaltigen Schwung in die Ostsee, wo sie am tiefsten ist. Das Loch in der Mark wühlte er mit reinlichem Sande wieder zu. Von Stund an begann Deutschland zu genesen.[67]

Dass Berlin nur fünfzehn Jahre später unter anderen Voraussetzungen tatsächlich zerstört werden würde, konnte sich damals wohl keiner vorstellen.

Die Phantasie, dass man die große Stadt aus der Landschaft herausschneiden müsse, um die zerrissene Nation zu heilen, passte zu einem Denken, das Berlin und sein Umland in einem sich immer weiter verschärfenden Gegensatz sah. 1930 forderte Stapel einen »Aufstand der Landschaft gegen Berlin«.[68] Wilhelm von Schramms Beitrag *Berlin als geistiger Kriegsschauplatz* in den *Süddeutschen Monatsheften* rief 1931 zum Kampf gegen den »Berliner Rationalismus« auf und erkannte das Deutsche nur noch in der Provinz. Noch konnten solche Positionen offen diskutiert werden, und Autoren wie Alfred Döblin schossen zurück, indem sie ihre Verachtung für den »Provinzialismus [...] des sehr platten Landes« offen zeigten. Nach 1933 wurden die Gegenstimmen aber immer mehr zum Schweigen gebracht, die Großstadtkritik ging in der nationalsozialistischen Ideologie von »Blut und Boden« auf. Gottfried Benn wandte sich in seiner *Antwort an die literarischen Emigranten* 1933 gegen die Einflüsse von »Großstadt, Industrialismus, Intellektualismus« und phantasierte sich in eine atavistische Welt, in der die Dinge so greifbar und so einfach sind, in der nichts da ist »als die Ebene, die Weite, Jahreszeiten, Erde, einfache Worte –: Volk.« Und die *Berliner Illustrierte Nachtausgabe* forderte 1933 anlässlich des Abgangs Heinrich Manns aus der Berliner Akademie der Künste, nun solle nicht mehr »der Asphalt, sondern die Scholle als Wahrzeichen gelten«.[69]

Es schlug also nicht gerade die Stunde der großen Städte. Überhaupt verschärfte sich das politische Klima um 1930. Die Attacken von rechts auf die Kultur der Weimarer Republik nahmen zu, Antisemitismus, völkische Befreiungsphantasien und Großstadtkritik verbanden sich bei vielen Rechtsintellektuellen der Zeit zu einem toxischen Gemisch. In Stapels *Literatenwäsche* heißt es unverhohlen und in brutaler Diktion:

> Die »Tagblatt«-Juden tragen ihr Haupt mit Moses Zier hoch durch die republikanischen Straßen. Sie haben in ihrer Hornviehhaftigkeit kein Gefühl dafür, dass ihre Hybris die Keule des Schlächters herausfordert.[70]

Gemeint war an dieser Stelle Alfred Polgar, der in einem seiner Feuilletons die Gefallenen des Ersten Weltkriegs als »Schlachtvieh« bezeichnet hatte.

Welcher Stellenwert der Stadt Wien in diesem aufgeheizten politischen Klima Berlins zukam, lässt sich wiederum an einer hochinteressanten theatergeschichtlichen Episode ablesen: Sie spielt in Berlin, Schumannstraße, 2. November 1931. Im Deutschen Theater wird Ödön von Horváths Theaterstück *Geschichten aus dem Wiener Wald* uraufgeführt, die Regie führt Heinz Hilpert. Hinter dem gemütlichen Titel verbirgt sich eine bissige Parodie auf die heile Welt der Vorstadt, wie sie in den alten Sittengeschichten und der traditionellen Wiener Lokalposse beschworen wurde. Ein Volksstück gegen den Strich gebürstet, das die Verhältnisse nicht verklärt und miniaturisiert zeigen will, sondern so, wie sie wirklich sind. Der dritte Teil des Dramas spielt in einem Heurigenlokal, und spätestens dort zieht Horváth alle Register: Von *Es wird ein Wein sein* bis *Wien, Wien, nur du allein* wird das Wienerlied durch den Kakao gezogen, und als dann auch der Klassiker *Mein Mutterl war a Wienerin* angestimmt wird, ist es ein »Mister aus Amerika«, der da singt, die lakonische Regieanweisung dazu lautet: »Er ist besoffen.« Der deutsche Jurastudent Erich, mit dem sich die Hauptfigur Valerie tröstet, nachdem ihr der Geliebte abhandengekommen ist, lässt in unverkennbar reichsdeutscher Diktion verlauten: »Mal herhören, Leute! Ich gestatte mir hiermit auf den famosen Heurigen ein ganz exorbitantes Heil«, dabei verschüttet er seinen Wein. Das alkoholgeschwängerte Spektakel steigert sich bis weit über die Grenzen der Geschmacklosigkeit hinaus, und schließlich zieht man gemeinsam ins Maxim und grölt: »Jetzt trink ma noch a Flascherl Wein, Hollodero!« Dort eskaliert der Abend vollends. Als Marianne, die im Maxim als Tänzerin arbeitet, ihm einen Hundertschillingschein entwendet, ruft der Mister, der kurz zuvor noch den Wiener Heimatgedanken beschworen hatte, nach der Polizei. Die Szene endet mit Mariannes Satz: »Ich will nicht mehr geschlagen werden.«[71]

Die Szene macht deutlich, wie Horváth bei seiner Dekonstruktion des Wiener Volksstücks vorging. Die einfachen Leute, die von der Wiener Heimatfolklore abgefeiert werden, kommen in Wirklichkeit unter die Räder, weil sie keine Chance haben. Und der politische Horizont, vor dem sich das alles abspielt, ist dem Berlin des Jahres 1931 entnommen. Der Aufstieg des Nationalsozialismus und die Brutalisierung der Öffentlichkeit kündigen sich an. Mit ihrer drastischen Szenerie und direkten Sprache kamen die *Geschichten aus dem Wiener Wald* beim Berliner Publikum bestens an. Das Stück wurde zum Erfolg, die gestrengen Kritiker Kästner und Kerr waren begeistert. Dafür sorgten auch ausgesuchte Schauspielstars aus Wien. Die Besetzung liest sich wieder einmal wie ein Wiener *who is who* des Theaters: Peter Lorre, Paul Hörbiger und Hans Moser waren mit von der Partie, Frida Richard, Lina Woiwode und Elisabeth Neumann, Willy Trenk-Trebitsch und Josef Danegger. Lediglich die beiden weiblichen Hauptrollen der Marianne und der Valerie wurden von den Nichtwienerinnen Carola Neher und Lucie Höflich übernommen, natürlich abgesehen von der Rolle des Nazi-Studenten Erich, der von Paul Dahlke aus Pommern stilecht verkörpert wurde.

Doch nicht allen gefielen die Persiflage auf die Wiener Gemütlichkeit und das doppelbödige Spiel mit dem alten Sehnsuchtsort vieler Berliner. Julius Bab fand das Stück »bitterböse«, wenn er auch Horváth »ein außerordentliches Talent« bescheinigen musste. Der Kritiker des *Berliner Lokal-Anzeiger* beschwerte sich über die Mischung aus »Rüpelei«, »Gefühlsroheit« und »Kitsch« in den fünfzehn Bildern, die »ein einziges Pamphlet auf Wien sind«. Und das waren nur die moderateren Stimmen. Absolut empört zeigte sich das rechte politische Lager. Rainer Schlösser vom *Völkischen Beobachter* nannte das Stück einen »Unflat ersten Ranges«, Paul Fechter von der *Deutschen Allgemeinen Zeitung* fand darin keinerlei »Beziehung zu dem, was Volk ist«,[72] und das Goebbels'sche Hetzblatt *Der Angriff* monierte gar, dass das »goldene Wiener Herz rettungs- und hilflos in der Horváthschen Jauche ersoff«.[73]

Die Reaktionen zeigen: Das konservative und reaktionäre Berlin wollte sich sein traditionelles Wien-Bild nicht vermiesen lassen, es hielt an der Vorstellung von der echten Volkstümlichkeit aus dem Süden fest, so wie sich der Österreicher Hitler später am Obersalzberg als natur- und volksverbundener Führer der Deutschen inszenieren sollte. Damit kippt das alte, harmlose Bild vom Wiener Schlendrian in ein anderes Register: Österreich und Wien werden zum Hort und Heiligtum des Volkes. So liebten die Claqueure der deutschnationalen und völkischen Presse Wien aus der Halbdistanz, während sie Berlin hassten. Einmal mehr wurde Wien zu einem ideologischen Gegenpol: einem Ort, an dem die reaktionäre Welt noch in Ordnung schien, einer Heimat, in die man sich hineinträumen konnte, wenn man das Berliner Chaos hinter sich lassen wollte.

Mit dem wirklichen Wien dieser Zeit hatte das natürlich kaum etwas zu tun. Denn auch die Donaumetropole wurde in den späten 1920er und frühen 1930er Jahren zum Schauplatz scharfer politischer Auseinandersetzungen. Die in der Stadt unumstritten regierende Sozialdemokratie geriet immer mehr in ein Spannungsverhältnis zu den im Bund vorherrschenden konservativen Kräften. Beide Seiten unterhielten ihre paramilitärischen Verbände: Dem »republikanischen Schutzbund« standen die teils selbstorganisierten »Heimwehren« gegenüber, die zusammen mit Teilen von Militär und Polizei das rechte Lager unterstützten. Schließlich kam es zum Knall: In der Nacht vom 14. auf den 15. Juli 1927 sprach ein Wiener Geschworenengericht die Mitglieder einer rechtsradikalen paramilitärischen Vereinigung frei, die im burgenländischen Schattendorf eine sozialdemokratische Veranstaltung unter Beschuss genommen und zwei Menschen getötet hatten. Aus Protest legten die Arbeiter der städtischen Elektrizitätswerke am folgenden Morgen ihre Arbeit nieder und bewegten sich in einem langen Demonstrationszug zum Rathaus. Weitere Belegschaften von Wiener Betrieben schlossen sich an. Nach dem Eingreifen der Polizei setzte die aufgebrachte Menge den nahegelegenen Sitz der Justizverwaltung in

Brand, woraufhin wiederum die Polizei auf Befehl des rücksichtslosen Wiener Polizeipräsidenten Johann Schober ein Exempel statuierte und wahllos auf die Demonstrierenden schoss. 89 Menschen starben im Kugelhagel. »Die Schüsse waren wie Peitschen«, berichtete Elias Canetti, der damals vor Ort war und seine Beobachtungen später in seinem Buch *Masse und Macht* verarbeitete.[74] Karl Kraus kritisierte Schober damals auf das Schärfste und plakatierte in der ganzen Stadt den Satz: »Ich fordere Sie auf, abzutreten.«

Wie in Deutschland markierte die Weltwirtschaftskrise auch in Wien einen tiefen Einschnitt. Ihre Folgen waren dort dieselben: Zusammenbruch der Währungen, Verelendung der Stadt- und Landbevölkerung, massiver Anstieg der Arbeitslosigkeit sowie die »Delegitimierung des demokratischen und Festigung und umfassende Durchsetzung des autoritären Prinzips«.[75] Die Auseinandersetzungen zwischen linken und rechten bewaffneten Kräften, die sich bis in den Februar des Jahres 1934 hinzogen, als es zu erbitterten Häuserkämpfen kam und die großen Wiener Gemeindebauten mit schwerer Artillerie beschossen wurden, machten die Stadt zu einem gefährlichen, instabilen Ort. Von den »Februarkämpfen« aus betrachtet erschien die Stadtgeschichte der letzten fünfzehn Jahre als eine einzige Abfolge sozialer Krisen. Trotz aller Bemühungen des Roten Wien, für soziale Sicherheit und soziale Mindeststandards zu sorgen, schien Wien seit 1918 permanent auf der Verliererseite der Geschichte zu stehen: Es hatte den Glanz der Habsburgermonarchie verloren, musste das Absinken in die Provinzialität und den Exodus vieler hervorragender Künstler:innen verkraften und hatte mit bürgerkriegsähnlichen Zuständen zu kämpfen. Der aus Wien-Ottakring stammende Dichter und Publizist Albert Ehrenstein, der schon vor dem Krieg erfolglos versucht hatte, in Berlin Fuß zu fassen und wieder nach Wien zurückgekehrt war, schrieb 1931 ein Gedicht mit dem Titel *Wien*, in dem die vielen Wien-Romantiker der Zeit ihre Lieblingsstadt ganz sicher nicht wiedererkannten. Es beginnt mit den Zeilen »Wien weint hin im Ruin. /

Wien, du alte, kalte Hure.« Ehrenstein bedient expressionistische Standards, verbindet sie aber mit der Weltuntergangsstimmung der politisch zerrissenen österreichischen Hauptstadt: »Wien – nieder brennt dein Feuer. Dein Tag verkohlt.« Kurz darauf heißt es dann: »Ich beschwöre euch, zerstampfet die Stadt, / Ich beschwöre euch, zertrümmert die Städte: / Ich beschwöre euch, zerstört die Maschine: / ich beschwöre euch, zerstöret den Staat.«[76]

Ehrensteins ungewöhnliches Wien-Gedicht steht für eine antimoderne Trendwende, die sich seit Kriegsende abzeichnete und um 1930 spürbar verstärkte. Sie richtete sich gegen das Leben in den großen Städten und propagierte Natur, Heimat und die eigene Scholle gegen die »Asphaltkultur« der Metropolen. »Ich rufe Wehe über die Stadt, / Ich rufe Wehe über das Wesen, / Das um Asche und Papier / Den Wald vergessen hat«,[77] heißt es bei Ehrenstein. Im speziellen Diskurs über Wien vermengten sich diese Motive mit einer Kritik, wie sie seit dem Ende der Monarchie 1918 immer wieder zu lesen war: Das neue Wien lebe nur auf den Resten seiner großen Vergangenheit, kaum in der Lage, eine Gegenwart oder gar eine Zukunft zu haben. Kafkas Formulierung vom »absterbenden Riesendorf« markierte die Richtung, und wer genau hinsah, erkannte zwischen den vielen harmlosen Nostalgieproduktionen der Zeit auch eine ganz andere, konträre Linie der Wien-Darstellung.

Karl Hans Strobl verfasste 1920 eine seltsame Wien-Dystopie unter dem Titel *Gespenster im Sumpf*, in der Wien eine Geisterexistenz abseits der Welt führt, in der die Menschen Erde essen und in der der *morbus viennensis*, die Tuberkulose, die Herrschaft übernommen hat.[78] In Georg Wilhelm Pabsts Stummfilm *Die freudlose Gasse* von 1925 wird ein düsteres, beklemmendes Bild des inflationsgebeutelten Wien gezeichnet: eine Stadt der Zuhälter und der Huren, der Schieber und der Spekulanten. Der Film spielt in der fiktiven Melchiorgasse in einem Wiener Armenviertel. Als Schauplätze fungieren eine Fleischerei, ein Nachtlokal, ein Stundenhotel sowie die Zinshäuser der mittellosen Anwohner. Ein Mord geschieht, ein Haus brennt nieder, einen Ausweg aus dem Elend gibt es kaum. Die Buchvorlage stammte von Hugo Bettauer, der durch sein Eintreten für sexualreformerische Anliegen immer wieder Skandale provoziert und mit seinem Roman *Die Stadt ohne Juden* den grassierenden Antisemitismus der Zeit thematisiert hatte. Mit Greta Garbo und Asta Nielsen spielten darin gleich zwei der absoluten Topstars der Stummfilmära mit. Gedreht wurde auch *Die freudlose Gasse* nicht etwa in Wien, sondern natürlich in Berlin, und der Kritiker Herbert Ihering sah in diesem Film die Realität beider Städte gespiegelt:

> Armut und Reichtum, Tugend und Sünde – alle Gegensätze der Kolportage schließen sich zu einer Bildfolge zusammen, die drohend und unheimlich die Geschichte der letzten (Wiener, aber auch Berliner) Jahre erzählt.[79]

1927 kam dann ein weiterer Film in die Kinos, der zumindest teilweise an die Ästhetik der *Freudlosen Gasse* anknüpfte: *Café Elektric*, ein Streifen über die betriebsame Urbanität der 1920er Jahre, aber auch ein Unterweltdrama über eine von halbseidenen Gestalten, Hochstaplern, Taschendieben, Dirnen und Strizzis bevölkerte Stadt. Im Grunde wird bereits in diesen Filmen das Bild vom morbiden Wien entwickelt, wie es mehr als zwanzig Jahre später die Atmosphäre des Carol-Reed-Films *Der dritte Mann* bestimmen sollte. Und es ist bemerkenswerterweise ein 1922 geschriebener Satz von Karl Kraus – gleichfalls aus einem Gedicht über Wien –, der als sein ideales Motto gelten könnte: »Moderluft erfüllt die Gasse, / denn es leben nur Gespenster«.[80] Welche Gespenster Wien und Berlin dann in den 1930er Jahren heimsuchen würden, davon konnte Kraus damals noch nichts wissen.

08

TRANSFORMATIONEN EINER STÄDTEKONKURRENZ

Hitler ante Portas

Nach der Machtübernahme der Nationalsozialisten am 30. Januar 1933 sahen sich viele der in diesem Buch genannten Kulturschaffenden zur Emigration aus Deutschland gezwungen. Spätestens seit der Kampagne der Deutschen Studentenschaft gegen den »undeutschen Geist«, die in den Bücherverbrennungen vom Mai 1933 kulminierte, war vielen jüdischen sowie oppositionellen Schriftstellerinnen und Schriftstellern klar, dass es für sie in Deutschland zu gefährlich wurde. Für Musiker:innen und Bildende Künstler:innen galt dasselbe. Das, was die vibrierende Stadtkultur in Berlin für lange Zeit ausgemacht hatte, begann sich aufzulösen. Die Gesellschaft Berlins ist weg, notiert Ralph Benatzky am 6. September 1934 in sein Tagebuch. »Im Theater, in den Restaurants, in den Bars sieht man nicht einen jener Menschen, die seinerzeit zu sehen waren.«[1] Seinerzeit war in diesem Fall noch nicht lange her. Gemeint waren die späten 1920er Jahre, die kurze Zeitspanne, in der der Berliner Kulturbetrieb noch einmal so richtig floriert und nebenbei beträchtliche Teile des Wiener Kulturbetriebs in sich aufgenommen hatte. Das alles schien nun mit einem Mal vorbei, zerschlagen, zerstört.

Für die meisten führenden Nationalsozialisten war Berlin alles andere als eine Lieblingsstadt. Viele von ihnen stammten aus anderen Gegenden Deutschlands und fremdelten mit der monströsen Metropole und deren kultureller Diversität. Zum politischen Faktor der Republik stiegen die Nazis vor allem in Bayern auf: Das bodenständige München war und blieb die »Hauptstadt der Bewegung«, das als altdeutsches Schmuckkästchen berühmte Nürnberg wurde zur »Stadt der Reichsparteitage« erhoben. In der Reichshauptstadt Berlin war die NSDAP dagegen bis Mitte der 1920er Jahre nur eine politische Randerscheinung, desorganisiert und zerstritten, ohne nennenswerten Einfluss in der Öffentlichkeit. 1926 wurde dann der Rheinländer Joseph Goebbels als Gauleiter von Berlin-Brandenburg eingesetzt. Goebbels konnte Berlin nicht ausstehen. Er hatte es als »Stadtungeheuer« und als »Steinwüste mit Parfum und Frauenfleisch« bezeichnet und nach einem Aufenthalt in der Stadt theatralisch in sein Tagebuch notiert: »Oh du grausame Pein! Ist das das Leben? Ich hasse Berlin!« Als dann klar wurde, dass man ihn dort an die Spitze der NSDAP befördern wollte, reagierte Goebbels freilich geschmeichelt: »Alle wollen mich nach Berlin als Retter. Ich danke für die Steinwüste«, schrieb er am 10. Juni 1926.[2] Unter seiner Leitung waren die Berliner Nationalsozialisten nun nicht mehr zu übersehen: Sie probten den Gewaltexzess, wo es nur ging, mischten Versammlungen auf und zettelten gezielt Straßen- oder Saalschlachten an.

Adolf Hitler selbst hatte weder für Berlin noch für Wien besonders viel übrig. In Wien hatte er vor dem Ersten Weltkrieg als mittelloser Kunstmaler in Männerwohnheimen gelebt, die Stadt war für ihn ein Degenerationsprodukt der multinationalen Donaumonarchie. Dort spürte er ein »ungeheuerliches, geradezu kolossales Fluidum«, dort hatte er erfolglose und einsame Jahre verbracht.[3] In München, wo er sich schon vor dem Ersten Weltkrieg niedergelassen und begonnen hatte, sich als »Schriftsteller« und Debattenredner einen Namen zu machen, fühlte sich Hitler weitaus wohler.

Später kultivierte der »Führer« und Reichskanzler immer mehr die Liebe zu seiner oberösterreichischen Heimatstadt Linz. Die kleine Großstadt an der Donau wurde zu seiner Vision einer sauberen, geordneten, deutschen Stadt, einem Bild kleinbürgerlicher Rechtschaffenheit. Es war ein heimliches Herzensprojekt

Hitlers, Linz als »Patenstadt des Führers« und »Trägerin des Reichsgedankens« zur Kultur- und Kunstmetropole auszubauen und so einen Gegenpol zum verhassten Wien zu schaffen. Ein Foto belegt, wie Hitler noch in den letzten Tagen des Zweiten Weltkriegs im Keller der Reichskanzlei vor einem Linzer Stadtmodell saß und seinen Visionen von einer NS-Metropole an der Donau nachhing. Eine gespenstische Szene: Draußen rückt die Rote Armee in das zerbombte Berlin vor, während Hitler auf die geplanten Monumentalbauten für Linz starrt wie »auf ein verheißenes Land«,[4] wie es der Architekt Hermann Giesler ausdrückte.

Hitlers Beziehung zu Berlin war kompliziert. Bei seinem ersten Besuch anlässlich eines Fronturlaubs 1917 befand er noch: »Die Stadt ist großartig. So richtig eine Weltstadt.« Später aber war ihm die kosmopolitische Kultur der Weimarer Republik, wie sie in der Hauptstadt allerorten sichtbar war, zuwider. Bis zum 30. Januar 1933 hatte Hitler in Berlin nicht einmal eine Zweitwohnung. Gauleiter Goebbels klagte: »Er hasst Berlin und liebt München. Das ist ein Kreuz.«[5] Als Hitler in einer Rede am 8. Februar 1931 von einer verhängnisvollen Großstadtmentalität sprach, »vergiftet, vertiert von tausenden äußeren Eindrücken«, von »billige[r] Lichtreklamepolitik« und »Scheinpolitik auf allen Gebieten«,[6] meinte er zweifellos in erster Linie Berlin, die Stadt, die in den 1920er Jahren für ihre Lichtreklamen berühmt war wie kaum eine andere Stadt in Europa. Trotz dieser grundsätzlichen Abneigung gegen das internationale Flair und die Betriebsamkeit Berlins stritten dessen Bedeutung als Reichshauptstadt selbst Hitler und die Nationalsozialisten nicht ab. Albert Speers Pläne für den monumentalen Ausbau Berlins zu »Germania« wurden auch von Hitler unterstützt, der 1942 sagte, Berlin werde »als Welthauptstadt nur mit dem alten Ägypten, Babylon oder Rom vergleichbar sein! Was ist London, was ist Paris dagegen!«[7]

1938 annektierte die nationalsozialistische Reichsregierung Österreich und erfüllte sich damit einen alten Traum aller großdeutsch denkenden Nationalisten. Wie viele andere Intellektuelle zielten Julius Bab und Willi Handl, von denen bereits ausführlich die Rede war, in ihrem Wien-Berlin-Buch auf eine Verschmelzung von »österreichischer Natur« und »preussischem Geist«. Und auch viele andere politische Akteure hatten in der Zwischenkriegszeit für einen Anschluss plädiert, darunter die österreichischen Sozialdemokraten. Nun wurde er unter ganz anderen politischen Vorzeichen vollzogen. Unter Androhung militärischer Gewalt zwangen die Nationalsozialisten die Regierung des österreichischen Ständestaates zur Kapitulation und zogen – von der Bevölkerung teils heftig abgelehnt, teils stürmisch begrüßt – in Wien ein. Für Hitler war der Anschluss auch ein persönlicher Traum: Nach diversen außenpolitischen Schachzügen sowie dem international weitgehend gebilligten Einmarsch in das Sudetenland konnte er am 15. März vom Balkon der Neuen Hofburg aus den »Eintritt [s]einer Heimat in das Deutsche Reich« verkünden. Das Wien, in dem er als junger Mann kläglich gescheitert war, lag ihm nun zu Füßen. Die Bilder von den »Anschlusskundgebungen« auf dem Heldenplatz zeigen eine dicht gedrängte Menge; die NS-Propaganda sprach damals von rund 200 000 Menschen.

Thomas Bernhard brachte den Heldenplatz fünfzig Jahre später auf die Bühne des Burgtheaters und machte ihn zur Chiffre für die politische Misere Österreichs bis in die Gegenwart hinein. Inszeniert wird eine gespenstische Wiederkehr des Verdrängten: Erstarrt sitzt Frau Professor Schuster am Ende des Stücks im Wohnzimmer hoch über dem Platz und ist nicht mehr imstande, ihre Suppe zu löffeln, »*während das Massengeschrei vom Heldenplatz herauf bis an die Grenze des Unerträglichen anschwillt*«.[8] Kurz zuvor hatte sich ihr Mann im Stück das Leben genommen, in der akustischen Halluzination des Naziterrors schwingt die ganze Geschichte von Vertreibung, Emigration und unglücklicher Rückkehr der Familie Schuster mit.

In Wien gab es viele, die nach dem Anschluss an das Deutsche Reich einen Identitätsverlust ihrer Stadt befürchteten. Zum ersten Mal seit Jahrhunderten war Wien nicht mehr Hauptstadt und Regierungssitz, die politische Vormachtstellung Berlins drohte Wien ins Abseits zu rücken. Die Brutalität der nationalsozialistischen Politik warf ihre Schatten weit voraus. Am Abend des 11. März 1938 stand der österreichische Bundeskanzler Kurt Schuschnigg am Fenster seines Amtszimmers am Ballhausplatz und blickte in die Straßenfluchten:

> Mittlerweile schattet der Abend über die Stadt, nimmt Häusern und Türmen ihre scharfen Konturen, zündet farblos grelle Lichtreklamen an und löst jeden eigenwilligen Stil in der monotonen, unpersönlich gleichgeschalteten Häuserfassade einer Allerwelts-Büro- und Geschäftsfront. Alles Individuelle ist aus den Gesichtern der Menschen gelöscht, alles Wienerische – zumindest im Herzen der Stadt – aus den Straßen und Plätzen.[9]

Am gleichen Abend trat Schuschnigg zurück und machte so die Bahn frei für die Übernahme Österreichs durch die Nationalsozialisten. In diesem Moment schildert Schuschnigg eine Stadt, die plötzlich ihr Gesicht verloren hat. Unterschwellig richten sich die Formulierungen wieder einmal gegen Berlin, diese monotone und unpersönliche Stadt, in der sich alles um das Geschäft dreht. Das Wienerische war im Begriff unterzugehen, der Geist Berlins übernahm das Kommando: So müssen wir die Zeilen Schuschniggs wohl lesen, in denen nicht zufällig die NS-Vokabel »Gleichschaltung« verwendet wird.

Schuschniggs bildreich beschworene Untergangsstimmung fügt sich in eine Erzählung ein, die nach 1945 zum zentralen Bestandteil vieler offizieller österreichischer Selbstdarstellungen geworden ist: die Erzählung von Österreich als dem ersten Opfer der nationalsozialistischen Aggressionspolitik. »Sieben Jahre schmachtete das österreichische Volk unter dem Hitlerbarbarismus«,[10] erklärte der spätere Bundeskanzler Leopold Figl im Sommer 1945 anlässlich der Enthüllung des »Denkmals zu Ehren der Soldaten der Sowjetarmee« am Wiener Schwarzenbergplatz.

Auch die 1946 von der Stadt Wien veranstaltete Ausstellung »Niemals vergessen« folgte diesem Narrativ: Auf einer Schautafel ist beispielsweise ein Knochenmann in Naziuniform zu sehen, der sich als furchtbares Gespenst des deutschen Faschismus über den Ruinen von Staatsoper und Stephansdom erhebt.[11] Das unschuldige Wien, so der Subtext solcher Bilder, wurde vom Nationalsozialismus unterworfen und ins Verderben gestürzt.

Dabei hatten auch zahllose Österreicher:innen die NS-Herrschaft aktiv mitgetragen. Für den Historiker Michael Grüttner spricht »vieles dafür, dass die Mehrzahl der Österreicher 1938 die Eingliederung in das Reich begrüßte«.[12] Der Schriftsteller Carl Zuckmayer, der nach 1933 nach Österreich emigriert war und ein Haus am Wallersee sowie ein Appartement in Wien bewohnte, hat die dortige Stimmung bei der Übernahme der Regierungsgeschäfte durch die österreichischen Nationalsozialisten sehr plastisch beschrieben. Weder der Hitler-Putsch 1923 in München, noch die ersten Tage der nationalsozialistischen Herrschaft in Berlin seien mit dem zu vergleichen gewesen, was in Wien los war:

> Die Unterwelt hatte ihre Pforten aufgetan und ihre niedrigsten, scheußlichsten, unreinsten Geister losgelassen. Die Stadt Wien verwandelte sich in ein Alptraumgemälde des Hieronymus Bosch […]. Und alle Menschen verloren ihr Gesicht, glichen verzerrten Fratzen: die einen in Angst, die andren in Lüge, die andren in wildem, hasserfülltem Triumph. […] Was hier entfesselt wurde, war der Aufstand des Neids, der Missgunst, der Verbitterung, der blinden böswilligen Rachsucht – und alle anderen Stimmen waren zum Schweigen verurteilt.[13]

Auch viele andere Quellen machen deutlich, dass gerade die Wiener Nationalsozialisten ab März 1938 mit besonderer Niedertracht vorgingen und von Teilen der Bevölkerung dabei willig unterstützt wurden. Der schon zu Karl Luegers Zeiten öffentlich kultivierte Antisemitismus schlug nun voll durch, das goldene Wiener Herz zeigte sich von seiner grausamsten Seite. Niemand, so der Zionist Leo Lauterbach, »der den Durchschnittswiener bis damals kannte, würde glauben, daß er auf eine solche Stufe sinken konnte«. Jüdinnen und Juden mussten vor den Augen einer gaffenden und feixenden Menschenmenge die Straßen mit Bürste und Lauge von politischen Parolen der Schuschnigg-Regierung säubern, eine demonstrative Erniedrigung der schlimmsten Art.[14]

Infolge der österreichischen Ereignisse nahmen auch in Berlin die Übergriffe gegen die jüdischen Bürger:innen drastisch zu. »Die Entfesselung der Gewalt in Österreich wirkte auf das Altreich zurück.«[15] Einmal mehr erwiesen sich Wien und Berlin als interdependent. Nach dem »Anschluss« von 1938 wurde Wien zu einer wichtigen Drehscheibe nationalsozialistischer Gewaltverbrechen. Mit Funktionären wie dem neuberufenen Gauleiter Odilo Globocnik oder den Drahtziehern der sogenannten »Zentralstelle für jüdische Auswanderung« Adolf Eichmann und Alois Brunner waren einige der Hauptorganisatoren des Holocaust und überdies einige der brutalsten, rücksichtslosesten Nationalsozialisten in Wien aktiv. Dort erprobte man die Logistik, die bald darauf reichsweit implementiert wurde: Beispielsweise gingen von Wien im Februar und März 1941 die ersten fünf Deportationszüge ins besetzte Polen ab. Wien – die Stadt mit dem höchsten jüdischen Bevölkerungsanteil im Deutschen Reich – wurde zum Experimentierfeld für die »Endlösung«.

Zerschlagene Stadtkultur: Wien und Berlin im Exil

In den Jahren zwischen 1933 und 1938 war Österreich freilich noch eine bevorzugte Anlaufstelle für Emigrant:innen, ein relativ geschützter Raum in unmittelbarer Nachbarschaft Deutschlands. Dementsprechend übersiedelten viele Berlinerinnen und Berliner zunächst nach Wien, wo sie immerhin noch etwas Luft zum Atmen vorfanden und weiter ihre Muttersprache sprechen konnten. Auch für ihre künstlerische Tätigkeit gab es dort noch Möglichkeiten: Paul Morgan, der Wiener Schauspieler, Librettist und Tausendsassa, der im Berlin der 1920er Jahre zusammen mit Kurt Robitschek und Max Hansen das Kabarett der Komiker gegründet hatte, kam nach 1933 in Wien noch zu einigen Theatererfolgen. 1936 gelang ihm ein großer Wurf mit dem Libretto zu Ralph Benatzkys neuer Operette *Axel an der Himmelstür*, in der sein alter Kompagnon Hansen die Titelrolle des Reporters Axel Swift spielte, an der Seite von Zarah Leander als Hollywoodsternchen Gloria Mills. Morgan selbst verkörperte den Produzenten Cecil McScott. Die Mitglieder des damaligen Erfolgsensembles gingen nach dem »Anschluss« sehr unterschiedliche Wege: Die als Sara Stina Hedberg in Schweden geborene Leander sollte nur wenige Jahre später zu einer der tragenden Unterhaltungskünstlerinnen des »Dritten Reiches« aufsteigen, während Paul Morgan im März 1938 in Wien verhaftet und ins Konzentrationslager Dachau verbracht wurde. Er starb im Dezember desselben Jahres in Buchenwald. Max Hansen, dessen Mutter Dänin war, siedelte indessen nach Kopenhagen über, wo er sich unter anderem mit Arbeiten für den Rundfunk über Wasser hielt.

Die Lage in Deutschland ließ neue Illusionen über Wien entstehen. Als der Berliner Schriftsteller Walter Mehring auf seinem Weg ins US-amerikanische Exil für einige Jahre in Wien Station machte, erlebte er diese Stadt als Schutzschild gegen die Brutalitäten der Gegenwart: »Geborgen lebt man noch am ehesten in der Vergangenheit, selbst in der einer k. u. k. Monarchie, wo die Tradition des Hauses Habsburg weiterexistierte in der Fürstengruft, im freudianischen Unterbewußtsein.«[16] Wenn Mehring eine Gruft brauchte, um sich geborgen zu fühlen, dann erlaubt das Rückschlüsse auf die Situation, der er in Berlin ausgesetzt war: Seit der Premiere seines Stücks *Der Kaufmann von Berlin* lebte Mehring in ständiger Verfolgung durch die SA. Goebbels persönlich hatte einen ganzseitigen Artikel über ihn geschrieben, die Überschrift: »An den Galgen!« Im Mai 1933 waren schließlich auf dem Berliner Opernplatz auch Mehrings Bücher verbrannt worden. Im Hotel Fürstenhof am Wiener Neubaugürtel verbrachte der Schriftsteller die Jahre bis 1938, dann war ihm auch die Wiener Vergangenheit keine Zuflucht mehr. Er teilte den Eindruck Carl Zuckmayers über die ersten Tage der nationalsozialistischen Herrschaft in Österreich: »Als der Tag verdämmert, gibt es Wien nicht mehr. Nie sah man so rapide Verwandlung. Der Hunneneinbruch, der Türkenansturm konnten nicht verheerender gewesen sein. Nie hatte Wien solch unartikuliert-deutsches Gebrüll vernommen.« Walter Mehring rettete sich in den Zug nach Paris. Er selbst hat über den kurzen Dialog mit einem SA-Mann berichtet, der ihn auf dem Bahnsteig aufhielt: »›Wohin wollen S' denn?‹ ›Zu meinem Onkel nach Salzburg.‹ ›Wenn einer zum Onkel nach Salzburg will, so einen Trottel kann man laufen lassen.‹«[17]

Viele Wege führten in die Emigration, aber gehen mussten sie schließlich fast alle. Allein die Zahl der Musiker:innen, die nach 1933 respektive 1938 aus Berlin und Wien flohen, ist Legion – und Namen zu nennen bedeutet, immer nur eine kleine Auswahl herauszugreifen: etwa die Sänger:innen Maria Jeritza, Lotte Lehmann, Richard Tauber, Martha Eggerth und Jan Kiepura, die Komponisten Alexander von Zemlinsky, Arnold Schönberg, Marcel Rubin, Ernst Toch, Egon Wellesz, Hanns Eisler, Erich Wolfgang Korngold, Ernst Krenek, Emmerich Kálmán, Paul Abraham, Friedrich Hollaender und Hermann Leopoldi, die Dirigenten Erich Kleiber, Otto Klemperer, Erwin Stein und Bruno Walter, die Geiger:innen Arnold Rosé und Alma Maria Rosé.[18] Für Auswanderer aus Deutschland und Österreich, die in der Literatur-, Theater- und Filmbranche tätig waren, wurde selbstverständlich Hollywood zu einem der ganz großen Anziehungspunkte. Viele, die mit einem der Emigrantenschiffe in New York ankamen, reisten so schnell wie möglich nach Kalifornien weiter. Im Westen von Los Angeles, unweit der großen Hollywood-Studios, fanden sie eine neue, mehr oder weniger geliebte Heimat.

Einige landeten zunächst in Frankreich, wo sie versuchten, sich eine vorübergehende Existenz aufzubauen, darunter etwa der unglückliche Alfred Polgar, der mit seiner Frau Lisl im 16. Pariser Arrondissement wohnte und entweder Werbetexte für eine Schweizer Zigarettenfabrik schrieb oder weitgehend hoffnungslos am Manuskript eines Homer-Romans arbeitete. »Ich sitze in meinem winzigen Zimmer, von dem aus man den Anfang des bois de Boulogne sieht, die Straße hat Winter-, der Himmel Sommerfarben, und ich gucke auf beide so beziehungslos, als hätte ich keine Seele mehr, die, was die Augen ihr zubringen, in Empfindung umzusetzen vermöchte. Kennen Sie solchen Zustand absoluter Leere, wo man sich nur noch quasi als Anhängsel seiner Kleider fühlt?«, fragte er im Februar 1940.[19]

Selbstverständlich hatten die Polgars schon in Paris gewaltiges Heimweh nach Wien. Alfred verfasste einen Nachruf auf die alte Heimatstadt, die er nur mehr als »Gespenst einer Stadt« wahrnahm, »ein Gespenst im Tageslicht, also doppelt unheimlich«.[20] Dass Oskar Karlweis und Karl Farkas mitten in Paris eine Wiener Bar eröffnet hatten, machte die Sache keineswegs besser: »Sie können sich den makabren Eindruck solcher wienerischen Vergnügungsstätte in Paris, heutigentags, kaum vorstellen«, schrieb Polgar an Heinrich Schnitzler. »Dort zu sitzen und, indes in Wien gemartert und massakriert wird, Herrn Rotter mit vollem Schmalz vortragen zu hören: ›Wien, Wien, nur Du allein‹ – es ist, um die Seele aus dem Leib zu kotzen.«[21] Was letztlich ebenso wenig half, war die von Emil Alphons Rheinhardt gegründete Liga für das geistige Österreich, zu der neben vielen anderen Künstler:innen und Intellektuellen auch Robert Musil, Gina Kaus, Roda Roda, Joseph Roth, Franz Werfel und Bruno Walter gehörten, die es aber nur zu zwei größeren öffentlichen Auftritten in Paris brachte. Politisch zerstritten und zersplittert, debattierte die Liga über nutzlose Fragen wie die, wie sich das »österreichische Wesen« wohl am besten beschreiben ließe.[22]

Frankreich blieb nur eine Etappe, das eigentliche Ziel war – meist über einen Zwischenstopp in Marseille oder Lissabon –

Amerika. Dort konnte es mit der Karriere entweder steil bergauf oder bergab gehen, ganz nach der Fortune und vor allem den persönlichen und professionellen Kontakten der Emigrant:innen. Die Romanciers Lion Feuchtwanger und Franz Werfel konnten von den Tantiemen ihrer Bücher luxuriös leben, und der Literaturnobelpreisträger Thomas Mann, der in den USA eine Berühmtheit war und durch die Vermittlung einer Gönnerin als *Consultant of Germanic Literature* an der Library of Congress ein sattes Einkommen bezog, ließ sich am San Remo Drive 1550 in Pacific Palisades – unweit von den Feuchtwangers – ein stattliches Anwesen errichten. Währenddessen saß sein älterer Bruder Heinrich Mann zusammen mit seiner alkoholkranken Frau Nelly in einer bescheidenen Wohnung, schrieb für die Schublade und bezog monatlich einen Scheck von Thomas – die ungleichen Brüder kamen sich auch im Exil nicht viel näher.

Glück und Verzweiflung lagen dicht beieinander und waren sich doch so fern: Im gleichen Jahr, als der Erfolgsautor Franz Werfel mit seinem Roman *The Song of Bernadette* Platz eins der US-Bestsellerlisten eroberte, nahm sich sein alter Freund Stefan Zweig in Brasilien das Leben. Beide kannten sich aus ihrer langen gemeinsamen Zeit in Wien. Mit dem Abschied von der Heimatstadt und dem Verlust der Muttersprache taten sich für den einen ungeahnte neue Chancen auf, für den anderen bedeutete es das bittere Ende.

Dreh- und Angelpunkt für viele Exilanten war natürlich die Traumfabrik Hollywood. Bei Ullstein in Berlin hatte sich der Wiener Roman- und Drehbuchautor Georg Fröschel für viele seiner Landsleute eingesetzt, er half unter anderem Vicki Baum und Gina Kaus, Robert Musil und Leo Perutz, im Verlag Fuß zu fassen. Nun, bei Metro Goldwyn Mayer in Hollywood, hatte Fröschel den Auftrag, sich um drei prominente Exilautoren zu kümmern. Es handelte sich um keine Geringeren als den Wiener Alfred Polgar sowie die Berliner Alfred Döblin und Walter Mehring. Alle drei standen auf einer besonderen Liste der *Outstanding German Anti-Nazi Writers*, die von Präsident Roosevelt persönlich ausgewählt worden waren: Diese zehn deutschsprachigen Schriftsteller durften nun Plots und Drehbücher für die US-Filmindustrie schreiben.

Einmal mehr trafen sich die künstlerischen Spitzen aus Wien und Berlin zu Kooperation und Austausch. Neu war nur der Rahmen: die Studios der MGM in Culver City mit ihren phantastischen Kulissen, einem See mit Hafen, einem Bahnhof und sogar einem künstlichen Dschungel. Und neu war auch die Art zu arbeiten: Von pünktlich 10 bis 18 Uhr saß man am Schreibtisch, ohne dass irgendjemand Notiz von den berühmten Autoren aus Deutschland genommen hätte. »Tun tut man nichts, absolut nichts«, schrieb Alfred Döblin aus Hollywood an einen Freund. »Wir in den Filmstudios merkten bald: Die Gesellschaften hatten nur Wohltätigkeit üben wollen und meinten es nicht ernst mit unserer Arbeit. Wir konnten schreiben, was wir wollten. Es war eine Industrie.«[23]

Im Dunstkreis der Filmstudios, in den Villen um den Sunset Boulevard, der sich in Los Angeles kilometerlang von der innerstädtischen Vermont Avenue bis zu den Stränden von Pacific Palisades schlängelt, trafen ab 1938 viele der Künstler:innen und Kulturschaffenden aus Wien und Berlin wieder zusammen. In ihrem Haus am 610 North Bedford Drive in Beverly Hills nahmen Franz Werfel und Alma Mahler-Werfel ihre aus Wien und dem südfranzösischen Exilort Sanary-sur-Mer mitgebrachte Tradition wieder auf, gesellschaftliche Abende zu geben. Viele ihrer Gäste hatten ihr bisheriges Leben zwischen Wien und Berlin verbracht: Arnold Schönberg und Max Reinhardt etwa, Friedrich Torberg, Erich Wolfgang Korngold und Fritz Kortner, der Dirigent Bruno Walter. Nun, im Exil, wurde das kulturelle System Wien/Berlin durcheinandergewürfelt und neu zusammengesetzt. Eine Schlüsselrolle spielten oft die, die schon länger da waren – und das heißt in diesem Fall: die Berliner, die bereits zu Beginn der 1930er Jahre emigriert waren und den Wienern somit ein paar Jahre Erfahrung voraushatten. Dabei waren es oft gerade gebürtige Wiener, die aus Berlin ausgewandert waren: In Hollywood war Billy Wilder schon längst eine Instanz, als seine österreichischen Landsleute eintrafen. Der in Wien geborene Wilder, der seinen Abschied von Berlin am 27. Februar 1933 – der Nacht, in der der Reichstag brannte – natürlich im Café Wien am Kurfürstendamm begangen hatte, wurde nach einer Zwischenstation in Paris 1936 von Paramount Pictures unter Vertrag genommen und drehte ab 1942 seine eigenen Filme – mit Erfolg. Vicki Baum hatte schon 1931 während einer USA-Reise erklärt: »Ich will meine Söhne zu Amerikanern erziehen«,[24] und ihr gelang ebenfalls eine steile Karriere. *Grand Hotel* war ihr internationaler Durchbruch, mit Produktionen beim Film und am Broadway, und 1938 wurde Baum amerikanische Staatsbürgerin, was sie bis zu ihrem Tod im Jahr 1960 blieb. In ihrem 1953 erschienenen Roman *The Mustard Seed* (dt. *Kristall im Lehm*) zeigt sich Baum aber auch als Kritikerin der amerikanischen Verhältnisse und wirft einen nostalgischen Blick zurück nach Europa.

Emigrierte Schauspielerinnen und Schauspieler aus Deutschland oder Österreich hatten natürlich oftmals mit der englischen Sprache zu kämpfen. Viele von ihnen waren zudem in der Stummfilmära künstlerisch sozialisiert worden und hatten keine geeignete Sprechstimme für den Tonfilm. Aufgrund ihres mehr oder weniger ausgeprägten deutschen Akzentes wurden sie in der Regel nur für die Rollen von Ausländern besetzt, was ihre Entfaltungsmöglichkeiten stark einschränkte. Nur wenige Superstars wie Marlene Dietrich waren von diesen Restriktionen ausgenommen. Frei aussuchen konnten sich die meisten Theater- und Filmschaffenden ihre Rollen und Engagements im Exil ohnehin nicht. Der Schauspieler und Regisseur Otto Preminger etwa, der vor der Emigration Direktor am Neuen Wiener Schauspielhaus und am Theater in der Josefstadt gewesen war, wurde am Broadway und in Hollywood vor allem herangezogen, um die Rolle des martialischen Nazis zu besetzen. Eine seltsame Ironie der Geschichte, dass ausgerechnet der vor den Nazis aus Österreich geflohene Jude Preminger nun als Nazi-Schurke seine größten schauspielerischen Erfolge verbuchte.[25]

Auch an der US-amerikanischen Ostküste trafen sich das künstlerische Wien und das künstlerische Berlin wieder. Aufschlussreiche Innenansichten einer zerrissenen Wiener Existenz in New York liefern die Tagebücher Ralph Benatzkys, des Erfolgskomponisten des *Weißen Rößl am Wolfgangsee*, der in den 1920er Jahren zwischen Wien und Berlin hin- und hergependelt war. In Thun in Berner Oberland hatte Benatzky sich zusammen mit seiner Frau Mela Hoffmann ein Haus gekauft, der Versuch, die Schweizer Staatsbürgerschaft zu erhalten, zog sich aber in die Länge. Also beschlossen beide im Mai 1940, dem Kriegsgeschehen in Europa auszuweichen und auf einem der letzten Emigrantenschiffe nach New York zu übersiedeln. Schnell wurde klar, dass es dort für Benatzky kaum Aussichten gab, erfolgreich weiterzuarbeiten. Niedergeschlagen notierte er schon am 17. November in sein Tagebuch, was auch viele andere Exilanten dachten: »Es ist umsonst, für mich, meine Musik, meine Texte, meine Art, meinen Stil, mein Wesen – ist hier kein Boden! […] Machen wir uns doch nichts vor Ralph, es ist wirklich so!«[26]

In den folgenden Jahren lesen wir in Benatzkys Tagebuch immer wieder Einträge, die ein massives Heimweh nach Wien verraten. Am 18. August 1941 vermerkt er »Kaisers Geburtstag«, ein Datum, das vor langer Zeit einmal von Bedeutung gewesen war, im alten Österreich-Ungarn, als der junge Benatzky an diesem Sommertag zum Leutnant ernannt worden war, »der stolzeste Tag meines Lebens«.[27] *Tempi passati*, räumt der Tagebuchschreiber ein, und doch erinnern ihn viele New Yorker Szenen und Situationen in hintergründiger Weise an Wien, etwa wenn er schreibt: »Ich habe die Formel für New York gefunden: Der billige Teil der Mariahilferstraße.«[28] Ein etwas merkwürdiger Vergleich, aber doch verräterisch für den Exilanten, der nie wirklich in New York ankam und der die neue Umgebung immer an der alten messen musste. Darüber konnten ihn auch die Cocktailpartys in Manhattan nicht hinwegtrösten, auf denen sich die Wien-Berliner Prominenz der goldenen 1920er die Klinke in die Hand gab, von Fritzi Massary bis Erwin Piscator. Zumal er, nebenbei bemerkt, eine weltberühmte Berlinerin einfach nicht ausstehen konnte: Marlene Dietrich, eine »abscheulich unprätentiös tuende, arrogant-seiende dumme Kuh«.[29]

Im Jahr 1941 schrieb Ralph Benatzky ein bittersüßes Wienerlied, in dem er die Distanz zwischen seiner neuen fremden Heimat und dem geliebten Wien in Verse fasst: »Ich zieh den Hut und sag, es ist fantastisch, / Was man hier alles schafft und plant und sieht. / Ich lieb dies Land hier wirklich enthusiastisch / Für seinen ›spirit‹ und für seinen ›speed‹. / Nur manchmal freut mich kein Whiskey und kein Gin, / Weil ich ein blöder sentimentaler Wiener bin.« Benatzky komponiert im Viervierteltakt, aber er zieht alle Register des Wiener Sentiments, wenn es weiter heißt: »In der heilgen Weihnachtsnacht, / Abends so um halber acht, / Wenn die ersten Kerzen glühn, / Dann ist mir bang nach Wien. / Und mir wird's ums Herz so schwer, / Wenn ich Wiener Walzer hör, / Liebe, alte Melodien, / Dann ist mir bang nach Wien.« Wie Benatzky selbst festgehalten hat, rollten dem alten Max Reinhardt wenige Wochen vor seinem Tod in New York »die dicken Tränen des Heimwehs über die Wangen«, als er dieses Lied hörte.[30]

Überhaupt lebte die Wiener Operette im US-amerikanischen Exil weiter, wenn auch mehr schlecht als recht. Emmerich Kálmán, der mit *Die Csárdásfürstin*, *Gräfin Mariza* und *Die Zirkusprinzessin* schon Welterfolge gefeiert hatte, produzierte ein paar Musicalnummern, die nie aufgeführt wurden, und sagte ansonsten über seine Zeit in den USA: »Ich habe meinen Boden verloren und kann nur mehr zurückschauen auf alte, schöne Zeiten.«[31] Einer der wenigen, die auch in den USA von ihren musikalischen Erfolgen leben konnten, war Robert Stolz, der zufällig im gleichen Appartement-Hochhaus am Central Park lebte wie Kálmán und es sogar zu zwei Oscar-Nominierungen brachte. Wie viele Musiker aus Wien spezialisierte er sich auf publikumswirksame Konzerte mit »wienerischer« Musik. Auch Oscar Straus kam in New York zumindest über die Runden, obwohl er wegen seiner Bindung an deutsche Musikverleger keine Tantiemen für seine

Filmmusiken erhielt. Beide hatten fürchterliches Heimweh nach Wien, aber wenn Stolz wieder einmal lamentierte, pflegte Straus zu sagen: »Keine Rose ohne Dornen, Robert«. Auch Straus war immerhin bekannt genug, dass anlässlich seines 75. Geburtstags im März 1945 ein Geburtstagskonzert in der renommierten Carnegie Hall veranstaltet wurde.[32]

Anderen Wiener Operettenkönigen erging es weniger gut: Leo Ascher, der über 30 Wiener Operetten geschrieben hatte, musste in New York zu seinem nie ausgeübten Brotberuf als Jurist zurückkehren und starb 1942 im Alter von 62 Jahren in ärmlichen Verhältnissen in New York. Bruno Granichstädten, ebenfalls bekannter Operetten- und Filmkomponist, der auch eine beliebte Musiknummer zum *Weißen Rößl* beigesteuert hatte, bestritt seinen Unterhalt als Pianist in Nachtlokalen und starb 1944. Für einen weiteren berühmten Musiker aus dem Wiener jüdischen Bürgertum, den Violinvirtuosen Fritz Kreisler, war die Emigration auch eine Rückkehr: Der gebürtige Wiener hatte bereits 1902 eine New Yorkerin geheiratet und war 1915 in die USA übersiedelt. In den 1920er Jahren wohnten Harriet und Fritz Kreisler in Berlin, bis sie wieder nach New York gingen. Ein Autounfall 1941 war der traurige Anlass dafür, dass sich der Ausnahmegeiger zunehmend von der Konzerttätigkeit zurückzog.

Es scheint die einzige Chance für viele emigrierte Musiker gewesen zu sein, die Wiener Karte auszuspielen. Wien war im Bereich der Unterhaltungsmusik und des Films ein globales Markenzeichen, und so hielten sich viele jüdische Wiener Künstler in New York oder Chicago über Wasser, indem sie alle Register ihrer Herkunft zogen. Ralph Benatzky und Oskar Karlweis tourten mit einem einschlägigen Liederprogramm durch die kleineren Säle, am 19. Mai 1942 gab es zu Benatzkys Ehren ein Konzert *Master of Viennese Music* in der Town Hall, und am 11. September 1943 strahlte man in New York eine Rundfunksendung unter dem bezeichnend retrospektiven Titel *Das war Wien!* aus, an der neben Benatzky und Karlweis auch Emmerich Kálmán, Karl Farkas und Hermann Leopoldi beteiligt waren.[33] Berlin hingegen war keine vergleichbare kulturelle Marke, mit der man in New York, Chicago oder Los Angeles hätte punkten können. Zudem entwickelten die Exilberliner offenbar insgesamt nicht ganz so viel Heimweh wie die Wiener, zumindest schrieben sie nicht so viel darüber. Karl Schefflers alte These von Berlin als der »amerikanischsten« Stadt Europas erfährt dadurch eine unerwartete Bestätigung: Vielleicht war es von Spree-Chicago ins wirkliche Chicago kein allzu weiter Schritt mehr?

Abschied von alten Gegensätzen

Im Mai 1945 war der von den Nationalsozialisten angezettelte Weltkrieg zu Ende, Millionen Menschen waren den Kriegshandlungen sowie dem Massenmord an den europäischen Jüdinnen und Juden zum Opfer gefallen, Berlin war eine zerstörte Stadt. Die meisten öffentlichen Gebäude waren Ruinen, nur ein Viertel aller Wohnungen war intakt geblieben, Bertolt Brecht sprach von dem »Trümmerhaufen bei Potsdam«. Der allgegenwärtige Kriegsschutt musste nach und nach in die städtische Topographie integriert werden, neben vielen anderen Erhebungen entstanden der Teufelsberg, der Insulaner, die Humboldthöhe und die Bunkerberge im Volkspark Friedrichshain erst durch Aufschüttungen nach 1945. Das sonst so selbstbewusste Berlin lag am Boden, seine Bewohner kämpften um das tägliche Überleben.

Wien war vergleichsweise verschont geblieben, aber auch dort wurde im Krieg ein Fünftel der Häuser zerstört. Der Stephansdom brannte 1945 aus, Staatsoper und Burgtheater mussten neu errichtet werden. Es war der britische Regisseur Carol Reed, der das Bild vom Wien der späten 1940er Jahre geprägt hat: In seinem 1949 in die Kinos gekommenen Meisterwerk *The Third Man* zeigt er eine Stadt, in der die historischen Reminiszenzen an das alte Wien nur eine Nebenrolle spielen. »Bilder vom blühenden Schwarzmarkt und einem in der Donau treibenden, leblosen Körper, begleitet vom enervierenden Ton der Zither, ändern sofort den Blickwinkel auf die Stadt.«[34] Wien wird als eine kalte, nasse und nächtliche Geisterstadt vorgeführt, statt des Wienerwalds und der Heurigen sehen wir den Zentralfriedhof und die Kanalisation. *The Third Man* vollzog den Bruch mit den überkommenen Wien-Klischees in aller Deutlichkeit. Mit diesem Film, urteilte die *Furche* in ihrer Kritik aus dem Jahr 1950, »wird ein Götzenbild zerschlagen. Und an seine Stelle tritt eine nüchterne, furchtbare Wirklichkeit und Wahrheit, heilsam aber und furchtbar.«[35]

Auch in Berlin wurden alte Götzenbilder zerstört, vor allem im Ostteil der Stadt, der 1949 zur Hauptstadt der neugegründeten Deutschen Demokratischen Republik wurde: 1950 sprengte man dort das alte Stadtschloss. Hervorgegangen aus der alten Residenz der Kurfürsten von Brandenburg, ab 1698 grandios umgebaut von Andreas Schlüter und Johann Friedrich Eosander und zu allen Zeiten ein Fixpunkt im Berliner Stadtbild, musste der gewaltige Bau einem Paradeplatz und später dem Palast der Republik weichen. Die historische Mitte der Stadt war frei geworden für neue politische Botschaften. In der Wohnarchitektur lieferten sich Ost und West einen ambitionierten Kampf um Aufmerksamkeit: Die prächtige Stalinallee im Osten und das sachliche Hansaviertel im Westen dienten als Aushängeschilder der Systemkonkurrenz. Beide wandten sich gegen das alte Berlin, beide repräsentierten aber auch sehr unterschiedliche Zukunftsmodelle von Gesellschaft. Aus der politischen Teilung wurde schließlich eine brutale räumliche Trennung. Am Sonntag des 13. August 1961 meldete der Rundfunk, dass die Staaten des Warschauer Vertrags die Abriegelung Westberlins beschlossen hatten. Eine Mauer aus Hohlblocksteinen wurde errichtet, sie sollte den Ost- und den Westteil Berlins für fast dreißig Jahre strikt voneinander trennen.

Nationalsozialismus, Weltkrieg und die gravierenden politischen Transformationen nach 1945 haben die Wahrnehmung der beiden Metropolen Wien und Berlin nachhaltig verändert und damit auch der traditionellen Städtekonkurrenz die Basis entzogen. Was Anton Kuh 1926 etwas verfrüht behauptet hatte: »Die Geschichte hat einen Feuilletonstoff kassiert«, traf in den Nachkriegsjahrzehnten in vollem Umfang ein. Zu unterschiedlich waren die Rahmenbedingungen, die Problemlagen, die Entwicklungsperspektiven. Zwar befanden sich nun beide, Wien und Berlin, am Rand des Eisernen Vorhangs. Dennoch war ihre geopolitische Situation grundverschieden.

Die ehemalige Drehscheibe der Habsburgermonarchie lag nun aus westeuropäischer Perspektive im Abseits, nur eine kurze Autofahrt von der tschechoslowakischen sowie der ungarischen Grenze entfernt. Wer nach Osten fuhr, für den endete die westliche Welt in Wien, und vom Städtenetz zwischen Prag, Bratislava, Budapest und Zagreb war Wien aufgrund der Systemkonkurrenz abgeschnitten. Hatte man in den 1920er Jahren die alten interurbanen Verbindungen des Habsburgerreiches teilweise noch lebendig erhalten können, waren sie nun gekappt worden; der Rennweg führte nun nicht mehr geradewegs auf den Balkan zu, wie Metternich in seinem berühmten Bonmot gesagt hatte.

Berlin hingegen wurde zu einem Brennpunkt der Nachkriegsgeschichte, einer geteilten Stadt, die von zwei Seiten her als Frontstadt verstanden wurde, einer exponierten Grenzzone des heraufziehenden Kalten Krieges und einem Schauplatz politischer Konflikte und Gesten. Der alte Städtedualismus war an sein vorläufiges Ende gekommen: Vergleiche zwischen Wien und Berlin spielten im Metropolendiskurs kaum noch eine Rolle, und genaugenommen firmierten unter diesen Namen nun auch nicht mehr zwei, sondern eigentlich drei Städte.

Die grundstürzenden Ereignisse, die zwischen der Weimarer und der Bonner Republik lagen, haben auch das kulturelle Imaginäre der Stadt Berlin radikal verändert – und damit auch die historische Erzählung über die Stadt. In den 1950er und 1960er Jahren war keine Rede mehr von der »schnellsten Stadt der Welt«, die politisch und ideologisch zerrissene Metropole hatte wahrlich andere Probleme, als sich über Tempo, Technik und Avantgarde zu definieren. In die Weltstadt der Weimarer Republik führte kein Weg zurück, dafür entstanden neue Weltstadt-Konzeptionen. Als »Schaufenster der Welt« bezeichnete etwa die Werbepublikation der Deutschen Industrieausstellung von 1952 das aus den drei Westsektoren hervorgegangene Westberlin.[36] Der Westen der ehemaligen Industriemetropole Berlin wurde sukzessive in eine Konsum- und Kulturstadt verwandelt, mit Shoppingmöglichkeiten und dem Slogan »Berlin – durchgehend geöffnet«,[37] mit wichtigen Messen wie der »Grünen Woche« oder dem »Internationalen Autosalon« sowie mit einem ausdifferenzierten, kommunal wie staatlich subventionierten kulturellen Angebot.

Ostberlin ging indessen daran, die neue Hauptstadt der DDR aufzubauen und der Stadtlandschaft jenseits des Brandenburger Tors ein sozialistisches Gesicht zu verleihen. Der alte Alexanderplatz, zu Alfred Döblins Zeiten ein flirrender Kreuzungspunkt des Weltstadtverkehrs, auf dem sich ortsfeste und fahrende Händler sowie Kleinkriminelle tummelten, wurde in ein Vorzeigeareal der neuen Gesellschaft und ihrer Leistungsfähigkeit verwandelt: Neben dem 1969 fertiggestellten, 365 Meter hohen Fernsehturm des Architekten Hermann Henselmann mit seiner futuristischen, teilverglasten Kugel machte sich die Marienkirche aus dem 13. Jahrhundert geradezu winzig aus.

Trotz all der Anstrengungen, Westberlin zu einem demonstrativen »Glitzerding«[38] der Bundesrepublik zu machen, entwickelte diese vom Rest der Bundesrepublik abgeschnittene Stadt einen ganz eigenen nostalgischen Charme. In Peter Schneiders Roman *Der Mauerspringer* gibt es eine aufschlussreiche Passage, in der das veränderte Zeitbewusstsein der Westberliner 1960er Jahre auf den Punkt gebracht wird:

> Tatsächlich mag ich an Berlin, was diese Stadt von Hamburg, Frankfurt, München unterscheidet: die Ruinenreste, in denen mannshohe Birken und Sträucher Wurzeln geschlagen

> haben; die Einschußlöcher in den sandgrauen, blasigen Fassaden, die vergilbten Werbegemälde an den Brandmauern, die von Zigarettenmarken und Schnapssorten sprechen, die es längst nicht mehr gibt. Die Ampeln sind kleiner, die Zimmer höher, die Fahrstühle älter als in Westdeutschland; es gibt immer wieder Risse im Asphalt, aus denen die Vergangenheit wuchert.[39]

Ähnlich sah es auch im Osten aus, wo in den alten Arbeiterbezirken wie Prenzlauer Berg oder Friedrichshain kaum Geld da war, um Kriegsschäden zu beseitigen und Fassaden zu renovieren. So gesehen haben die Bomben des Zweiten Weltkriegs Berlin zu einer Stadt gemacht, die sie zuvor nie war: einer Stadt, in der die Zeit stillsteht und die Vergangenheit spürbar wird. Hatten die klassischen Berlin-Erzählungen die Metropole immer zu einem Ort erklärt, an dem sich Gegenwart und Zukunft die Hände reichen, so kam nun eine weitere Dimension hinzu: Berlin wurde auch zum kontemplativen Geschichtsort, in den sich die Narben des 19. und 20. Jahrhunderts tief eingegraben haben. Erst während der Jahrzehnte der deutschen Teilung wurde Berlin zu dem Palimpsest, als das es sich heute darstellt: *The Ghosts of Berlin* hat der Historiker Brian Ladd sein Buch über die zerklüfteten Geschichtslandschaften der deutschen Hauptstadt genannt,[40] und viele dieser Geister entdeckte man erst nach 1945: Bruchstücke der Erinnerung an das sozial gespaltene Berlin der Gründerzeit und der Jahrhundertwende, in dessen Zentrum der Wilhelminismus seine Monumente errichtete, an den Betrieb der »goldenen Zwanziger«, die Verbrechen des Nationalsozialismus und das triste und zugleich aufregende Leben beiderseits der Mauer. Die Geister, die man in Berlin antraf, waren nicht nur gute Geister, sie waren auch die Schatten und die Wiedergänger der dunkelsten Periode der deutschen Geschichte. Das geschundene Berlin war zu deren sichtbarem Zeichen geworden. Paradoxerweise war dies das Berlin, über das Walter Kiaulehn sagte, dass es sich endlich und zum ersten Mal in seiner langen Geschichte nicht nur Anerkennung, sondern auch Liebe verdient habe.

Das Ende des Wien-Berlin-Dualismus war aber nicht das Ende der großen Erzählungen. In Wien kultivierte man auch nach 1945 das wertkonservative Bild von der gemütlichen alten Kaiserstadt an der Donau, in der man es sich beim Heurigen gut gehen ließ. Die Vergangenheit wurde zum notorischen Wiedergänger: *Ewiges Wien*, *Vienna Gloriosa*, *Damals in Wien* und *Verklungenes Wien* lauten allein vier Buchtitel der zwischen den 1940er und den 1960er Jahren erfolgreichen Sachbuchautorin Ann Tizia Leitich. Friedrich Torberg sprach von der »Stadt der funktionierenden Legenden«.[41] »Wien hat ein zu museales Image«, es sei »zu statisch, zu wenig dynamisch«, klagte 1972 der Landesfremdenverkehrsdirektor Helmut Krebs.[42] Im Folgenden sollte sich allerdings zeigen, dass gerade darin ein spezifisches Kapital der Stadt steckte: Wien stieg zu einer der beliebtesten Destinationen für Städtereisen in Europa auf und hatte das nicht zuletzt seinem Retro-Image zu verdanken. Zwischen 1972 und 1990 wuchs die Zahl der Gästeübernachtungen pro Jahr von 4 auf 7,5 Millionen an.[43] 2019, im Jahr vor der Corona-Pandemie, sollte dann die Rekordzahl von 17,6 Millionen Übernachtungen erreicht werden.[44]

Die Wiener Altstadterhaltungsnovelle von 1972, die Etablierung von Fußgängerzonen und Trödelmärkten, Grätzl-Revitalisierungen und eine Beisl-Kampagne unterstützten die Produktion von Bildern der »guten alten Zeit«. Traditionelle Wirtshäuser wurden wiederentdeckt und sogar subventioniert – ebenso wie gefährdete Kaffeehäuser.[45] »Wiener Küche« landete wieder verstärkt auf den Speisekarten, und es wurde üblich, die einfache Rindssuppe mit Einlagen als »Alt-Wiener Suppentopf« anzubieten. In den 1980er Jahren kam eine wichtige weitere Facette der städtischen Erinnerungskultur hinzu: Damals wurde nämlich auch »Wien um 1900« erfunden. 1980 erschien die Publikation des US-amerikanischen Historikers Carl E. Schorske über das *Fin-de-Siècle Vienna*, für die er 1981 den renommierten Pulitzer-

Preis erhielt. 1985 folgte die kulturgeschichtliche Großausstellung *Traum und Wirklichkeit*, die das Historische Museum der Stadt Wien im Künstlerhaus zeigte. »Mit der Rückholung von Schiele und Klimt, Wagner und Loos, Freud und Wittgenstein ins breite Bewusstsein war das Wiener Erinnerungs-Firmament mit neuem Personal versehen«,[46] schreibt Wolfgang Kos zu diesem Prozess. Bilder wie Gustav Klimts *Der Kuss* wurden zu Bausteinen eines neuen künstlerischen *corporate design* der Stadt. In einem doppelten Sinne wurde dort also die Moderne erfunden: einmal durch die verschiedenen künstlerischen Innovationsbewegungen der Jahre um 1900 mit Hermann Bahr als einem der Wortführer der »Wiener Moderne«, ein zweites Mal durch deren Wiederentdeckung, Neuerfindung und Neupositionierung im touristischen Wettbewerb der Metropolen. Seither ist die Marke »Wien um 1900« aus der kulturellen Repräsentation der Stadt nicht mehr wegzudenken.

Auch Berlin hatte in den 1980er Jahren seine kulturhistorischen Großausstellungen: 1987 feierte man nämlich »750 Jahre Berlin«. Diese Gelegenheit zur historischen Positionsbestimmung ließen sich die Akteurinnen und Akteure des Kulturbetriebs beiderseits der Mauer nicht entgehen. Während man das runde Jubiläum in der Hauptstadt der DDR vor allem mit Festakten und Paraden feierte, wurden in Westberlin zwei Ausstellungen eröffnet, die die Stadtgeschichte in unterschiedlicher Weise thematisierten. Einmal die im Martin-Gropius-Bau gezeigte Schau »Berlin, Berlin«, die die historischen Etappen der Residenz, der Reichshauptstadt, des republikanischen und des nationalsozialistischen Berlin in Form einer konventionellen Geschichtserzählung präsentierte. Abteilung V firmierte unter dem Titel *Metropolis*, eine Collage aus Temporausch, Asphaltfilmen und Angestelltenkultur, in der sich wieder einmal die klassischen Konturen des Berliner Metropolen-Images der Zwischenkriegszeit abzeichneten.

Die andere Schau unter dem Titel »Mythos Berlin« sollte den repräsentativen Überblick über die 750 Jahre Berliner

Stadtgeschichte durch eine ganz andere Perspektive ergänzen: eine historische Suchbewegung im kulturellen Imaginären der Stadt. Ein Projektteam rund um die Redaktion der Zeitschrift *Ästhetik und Kommunikation* nahm sich vor, »die Geschichte der industriellen Metropole Berlin als Wahrnehmungsgeschichte zu begreifen«,[47] wie es Tilman Fichter und Eberhard Knödler-Bunte damals ausdrückten. Die Ausstellung sollte das Areal des ehemaligen Anhalter Bahnhofs bespielen und dabei unter anderem mit »historischen und szenischen Schocks« arbeiten. Im Ausstellungskonzept ist etwa von einer Geisterbahn die Rede, in der statt der üblichen Fratzen und Gespenster die Versatzstücke der Berliner Stadtmythologie auf die Besucher:innen einstürmen:

> der im Brandenburger Tor eingesperrte Berliner Bär, Nantes Eckensteher, Barrikadenkämpfer von 1848, der Hauptmann von Köpenick und Professor Unrat, Zille im Obdachlosenasyl, Bettina von Arnim vor dem König, E. T. A. Hoffmann verhört Turnvater Jahn, Hinrichtung der Gebrüder Sachs, Altberliner Originale: Stiefelputzer, Blumenmädchen, Fischerfrau, Mord an Rosa Luxemburg und Karl Liebknecht, der Führer probt in der Reichskanzlei Redeposen, Goebbels Rede im Sportpalast, die Russen kommen, Trümmerfrauen, Kennedy besucht die Berliner Mauer, Rosinenbomber, einstürzende Kongreßhalle, Freakcity und Kleinistanbul, Metropole Berlin.[48]

Mythos Berlin war in mehrfacher Hinsicht umstritten: Die Ausstellung fiel mit rund 6 Millionen DM deutlich teurer aus als geplant, sie franste inhaltlich aus und geriet insgesamt nicht so, wie sich die Berliner Kulturbürokratie diesen Beitrag zum Jubiläumsjahr vorgestellt hatte. Die Dimensionen blieben hinter den Erwartungen zurück, das Gelände des Anhalter Bahnhofs verwandelte sich bei Regen in eine Schlammwüste, und viele Besucher:innen konnten mit den avancierten künstlerischen

Beiträgen zur Mythologie der Stadt nichts anfangen. Als wäre das nicht genug, erschienen zur Eröffnungsfeier am 13. Juni 1987 auch noch mehrere hundert Kreuzberger Autonome, machten sich über den Kultursenator lustig und stürmten das Buffet. Interessant bleibt der Ansatzpunkt: Die Ausstellungsmacher attestierten der Stadt Berlin einen »Mangel an gewachsenen kulturellen wie räumlichen Traditionen und Kontinuitäten« sowie eine radikale »Gleichzeitigkeit mit der Moderne«. »Während andere Städte sich langsam in ein mythisches Bild hineingegraben haben, ist die Berliner Geschichte geprägt vom schroffen Wechsel ihrer Mythen.«[49] Wieder ein Satz, hinter dem man die Umrisse der alten Städtekonkurrenz zwischen Wien und Berlin erkennen könnte – aber explizit gemacht wurde das Thema Wien/Berlin kaum noch. Berlin schien durch seine singuläre Gewalt-, Kriegs- und Nachkriegsgeschichte zu etwas Unvergleichlichem und daher Unvergleichbarem geworden zu sein.

Wiener Dissident:innen in Westberlin

Am Abend des 7. Juni 1968 wurde der Hörsaal 1 des Neuen Institutsgebäudes der Universität Wien zum Schauplatz einer aufsehenerregenden Kunstaktion. Nichtsahnend zu einem Diskussionsabend geladen, bekamen die Besucher:innen Flugblätter in die Hand gedrückt: »nicht wir sind entfremdet, sondern die welt. Die institutionen ersticken uns. Die kommunikation ist fremd. Wir brauchen chaos.«[50] Und dieses Chaos ließ nicht lange auf sich warten: Die Aktionskünstler Günter Brus, Otto Mühl und Peter Weibel, der Autor Oswald Wiener und der Psychoanalytiker Franz Kaltenbäck brannten unter dem Titel *Kunst und Revolution* ein Feuerwerk des schlechten Geschmacks ab, das bis heute als einer der Höhepunkte der 1968er-Proteste in Österreich gilt. Dabei ging es um maximale Schockwirkung: Weibel zündete seinen Handschuh an und trug eine Schimpftirade gegen die österreichische Regierung und die Kennedy-Brüder vor; Mühl peitschte einen Mitstreiter aus. Während Wiener in Anzug und Krawatte einen Vortrag über künstliche Intelligenz hielt, urinierte Brus auf die Bühne, erbrach sich, verrichtete mit dem Hintern zum Publikum seine Notdurft, schmierte sich mit seinen Exkrementen ein und sang masturbierend die österreichische Nationalhymne. Der Skandal war immens. Man sprach von der »Uni-Ferkelei« und den »Kakademikern«, und die *Kronen Zeitung* ging so weit, die Aktionskünstler als »Ent-Artmänner« zu bezeichnen, was wohl weniger als Anspielung auf den der »Wiener Gruppe« angehörenden Dichter H. C. Artmann als vielmehr auf die nationalsozialistische Formel von der »entarteten Kunst« gemeint war.

Dass die »Körperanalysen« von Günter Brus als unmittelbare Staatskritik zu verstehen waren, war spätestens im Mai 1968 deutlich geworden, bei der Aktion *Der Staatsbürger Günter Brus betrachtet seinen Körper*, deren Ankündigung auf ein rot-weiß-rotes Plakat mit überdimensioniertem österreichischem Bundesadler aufgedruckt war. Dementsprechend hart reagierte die Staatsgewalt: Insbesondere der Wiener Polizeipräsident Josef Holaubek war entschlossen, den Chaoten vom Hörsaal 1 so schnell wie möglich den Prozess zu machen. Brus verbrachte zwei Monate in Untersuchungshaft und flüchtete danach bei der ersten Gelegenheit aus der Stadt. Oswald Wiener und seine Freundin Ingrid Schuppan folgten ihm einige Monate später, nachdem auch Oswald eine Arreststrafe abgesessen hatte und die ständige Beobachtung durch die Polizei unerträglich geworden war. Bei der Wahl ihres Exilortes mussten sie nicht lange überlegen: Westberlin sollte es sein, diese abgelegene Insel, der ein Ruf als Biotop devianter Existenzen vorauseilte. Gleichzeitig herrschte in der Stadt eine ganz besondere Atmosphäre künstlerischer Produktivität. Iggy Pop, der sich ebenso wie David Bowie Mitte der 1970er Jahre in Westberlin aufhielt, hat einmal über diese Zeit geschrieben:

> Berlin was a city you could go to get lost in,
> or be forgotten and still get something done.
> A good and dangerous place for lunatics
> And the artistically minded.
> Sometimes you need that.
> It's often where great things come from.[51]

Westberlin. Das also schien genau der richtige Ort zu sein, um der polizeilichen Verfolgung im konservativen Wien zu entgehen. Mit dem Zug kamen Günter und Anni Brus 1969 in Berlin an, und sie fühlten sich dort gleich wie zu Hause, was irgendwie auch an dem harten Kontrast zu Wien lag: »Ich empfand Berlin auf Anhieb als eine Art Heimat, zumindest als einen Gipsverband nach einem schweren Hals- und Beinbruch.«[52] Allabendlich versumpften sie im Gasthaus Polkwitz in der Bayerischen Straße oder in den Lokalen um den Savignyplatz: in der Dicken Wirtin in der Carnerstraße oder im Zwiebelfisch in der Grolmanstraße: Gerhard Rühm, Oswald Wiener und Günter Brus. Sie wälzten »so lange Wiener Kalauer, bis der letzte genervte Berliner aus dem Extrazimmer flüchtete«.[53]

Als Günter Brus seine ersten Spaziergänge durch die Westberliner Stadtlandschaft unternahm, war er mit einer ganz anderen Stadttopographie konfrontiert als in Wien. Auf den frisch Zugereisten wirkte das heruntergekommene, sachliche und unprätentiöse Westberlin wie eine Befreiung von allem historischen Ballast. Prägend war für ihn der Eindruck einer Stadt ohne Zentrum:

> Oft, es war gerade Frühling, wandelte ich die Karl-Marx-Straße stadteinwärts, ein lustiges Liedlein pfeifend – und kam dennoch nie in einer Innenstadt an. […] West-Berlin war die Anti-Metropole, die ihre Bedeutungslosigkeit anerkennt und die Welt durch Humor bereichert.[54]

Wenn es ein Zentrum gab, dann war das natürlich das Areal rund um die Kaiser-Wilhelm-Gedächtniskirche – doch auch diese Gegend atmete für Brus einen ganz anderen Geist als die Wiener Innenstadt:

> In uns Wienern, geplagt von gotischen oder biedermeierlichen Gassen und Plätzchen im sogenannten Herzen einer Stadt, rief diese Art von Zentrum ein Gefühl von Freiheit hervor, eine Weltläufigkeit, die sich gegen die Engstirnigkeit verwahrte.[55]

Der überdeterminierte Stadtkern, wie Brus ihn aus Wien kannte, wurde nun abgelöst durch die Offenheit und die ganz spezielle Urbanität, die in Westberlin herrschte. »Ach, West-Berlin, so menschlich war alles in dieser dehnbaren Zwangsjacke.«[56] Angesichts dessen konnte man über das kulinarische Qualitätsgefälle auch einmal hinwegsehen und nahm es klaglos hin, wenn zum Beispiel beim Aschinger »das Eisbein im Erbspüree schwabbelte«.[57] Die hohen Brandmauern der Mietshäuser, die verwunschenen Industrieruinen, die noch allgegenwärtigen Kriegsschäden, die von der Kohlefeuerung dick gewordene Luft, all das lag wenige Schritte von den Shoppingwelten am Kurfürstendamm oder am Steglitzer Kreisel entfernt. Dieses ganze Westberliner Fluidum war die perfekte Umgebung, um die Wiener Komplikationen zu vergessen.

Doch Wien vergaßen sie nicht: Mitten in Berlin kultivierten die Wiener Dissident:innen gerne das Wienerische – oder was man dafür halten mochte. Während der Demonstrationen auf dem Kurfürstendamm saß Günter Brus besonders gerne im Café und sah »mit den Bürgern der Stadt« dem »wahrhaft blödsinnigen Treiben« zu.[58] Als die Berliner Bierhalleninstitution Aschinger 1976 die letzte Filiale schloss, kehrte Brus seinen Traditionalismus hervor: »Ich mag es überhaupt nicht, wenn ein Geschäft mit Tradition schließt, dieses Konservative an mir kann ich nicht verdrängen [...], ich möchte sozusagen, daß alles beim Alten bleibt.«[59] Ingrid Wiener betonte in Berlin besonders gerne ihren heimatlichen Dialekt – noch immer galt: »Die Berliner mögen das Wienerische so gern.«[60] Die österreichische Küche vermissten sie alle, die leidenschaftliche Köchin Ingrid Wiener besonders.

Und schließlich kamen die Wieners zusammen mit ihrem Freund Michel Würthle auf eine Idee, der eine bewundernswerte Konsequenz innewohnte: Sie eröffneten ein Gasthaus. Zuerst übernahmen sie ein griechisches Lokal in Charlottenburg, dann gingen sie einen Schritt weiter: Mit dem Gewinn aus dem Matala übersiedelten sie nach Kreuzberg, an den Landwehrkanal, Paul-Lincke-Ufer 44a. Dort richteten sie das »Exil« ein, die entscheidende Finanzspritze kam von Joseph Beuys. Der Name des Lokals war Programm, die Exilant:innen schufen sich darin ihre neue Heimat. Ingrid Wiener kochte die Rezepte ihrer Großmutter: Kalbspörkölt, Schinkenfleckerl, Wiener Reisfleisch. Dazu die Mehlspeisen: Marillenknödel, Kaiserschmarrn und Palatschinken. Und immer köchelte auf dem Herd ein ordentliches Stück Tafelspitz.

Vielleicht muss man diese Wendung der Geschichte als Denkfigur eigener Ordnung begreifen: Die radikalen Kritiker:innen des konservativen Österreich, diese Nestbeschmutzer *par excellence*, flüchteten nach Westberlin und eröffneten dort – ein österreichisches Speiselokal. Mit weißen Tischtüchern und dunkler Täfelung. Ein Lokal, das mit seiner scheinbaren Gutbürgerlichkeit Autonome aus der Kreuzberger Szene auf den Plan rief, die das Exil ein »österreichisches Nazilokal« schimpften.[61] Doch das Trio Ingrid, Oswald und Michel hielt durch und verwandelte das Gasthaus in einen Treffpunkt für Künstler:innen, darunter der Malerfürst Markus Lüpertz, der eine Schar von Freunden ins Exil mitbrachte. Rainer Werner Fassbinder war oft da, und auch Quincy Jones, David Bowie und Peter O'Toole ließen sich dort blicken. Als Teenager half Sarah Wiener in der kleinen Küche am Landwehrkanal mit, Oswald Wieners Tochter aus erster Ehe, die später selbst als Berliner Gastronomin und Fernsehköchin bekannt werden sollte.

Das Exil bestand bis Ende der 1970er Jahre. Heute findet sich an seiner Adresse übrigens immer noch ein Wien-Berliner *crossover*, nur eine kulinarische Etage höher: Seit 2010 residiert das Zweisternerestaurant Horváth in den Räumen des ehemaligen Exil und serviert – natürlich – gehobene österreichische Küche. Der Österreicher Michel Würthle startete 1979 eine eigene gastronomische Karriere, als er die Paris Bar in der Kantstraße eröffnete. Wien – Berlin – Paris: eine interurbane Dreiecksgeschichte, in der sich (fast) alles um die grundlegende Beheimatungsfunktion von Gasthäusern dreht. Vielleicht braucht man doch nur die passenden Nachtlokale, um das richtige Leben im falschen leben zu können?

In seinen Berliner Erinnerungen thematisiert Günter Brus nebenbei auch die geographische Reichweite von Kunstskandalen. Und zwar dort, wo Brus über Thomas Bernhard schreibt, dessen Tiraden gegen den Kunstbetrieb er überhaupt nicht goutierte. Ausgerechnet dem großen Kritiker des österreichischen Provinzialismus wird selbst Provinzialismus vorgeworfen: Nach Westberlin habe sich Bernhard nie getraut, die Bundesrepublik nie zu attackieren gewagt. »Seine Sprachraketen sandte er von Ohlsdorf Richtung Wien und Salzburg ab. Der notorische Misanthrop setzte nie eine Tat, die geeignet gewesen wäre, ihn ins Exil zu treiben.«[62] Für Brus beruhte diese Selbstbeschränkung Bernhards auf den Komplex Österreich auf kühler Berechnung. Denn nur so konnte Bernhard in Wien zum »Hassliebling« werden und eine einzigartige Position im Kunstbetrieb einnehmen: »Während Oswald Wiener und ich uns mit unserer Exilexistenz quälten, brillierte der verkannte Poet in provinziellen Kärntner Kreisen, um später als ›meistgehasster Österreicher‹ aus der Burgtheaterloge auf seine geliebten Gegner herabzublicken.«[63] Präziser ist die österreichbezogene Provokationsstrategie Thomas Bernhards selten kritisiert worden.

Mittlerweile hat der österreichische Kunstbetrieb freilich längst auch den Wiener Aktionismus in den Kanon aufgenommen. Hermann Nitsch gehört zu den wichtigsten österreichischen Künstlern der Nachkriegszeit. Otto Mühl, der zwischenzeitlich wegen der sexuellen Schreckensherrschaft in seiner Kommune im Burgenland zu sieben Jahren Haft verurteilt worden war, wurden im Museum für angewandte Kunst und im Leopold Museum repräsentative Werkschauen gewidmet. Und Brus, der damals die »Uni-Ferkelei« am weitesten getrieben hatte, hat heute in Graz ein eigenes Museum – nämlich das *Bruseum* – und ist Mitglied im Österreichischen Kunstsenat. Auch diese Revolution ist längst in der Vitrine gelandet.

»Wien ist anders« und »be Berlin«

Ende der 1980er Jahre luden die Koordinatoren des Leitprogramms für Wien einen international renommierten Stadtforscher zu einer Analyse ein. Man suchte explizit den vergleichenden Blick von außen. Und es ist bezeichnend, dass dieser Stadtforscher ausgerechnet aus Berlin kam: Dieter Hoffmann-Axthelm, der von den chaotischen Westberliner Verhältnissen ausging, zeigte sich überrascht von der Bedeutungslast des intakten historischen Stadtkerns, um den sich in Wien alles dreht. So könne es nicht weitergehen, mahnte Hoffmann-Axthelm, weder mit dem »Theresianischen des Alltagslebens« noch mit der »ganzen kulturellen Bürokratie der Zeitlosigkeit«. Denn »die Modernisierung wird um Wien nicht ewig einen Bogen machen, der Kokon der Altstadt, in dem bislang noch die Wiener Lebensnähe pulsiert, wird aufgesprengt werden, der Teig wird sich verstreuen, die Stadt collagieren, wie anderswo auch«.[64] Mit »anderswo« meinte er in erster Linie Berlin, diese stadträumliche Collage, in der man kein Zentrum mit Altstadtqualitäten finden wird. Die Anstrengungen der 2010er Jahre, mit dem Wiederaufbau des Stadtschlosses der Stadt eine neue symbolische Mitte zu geben, haben daran nicht viel geändert.

Hoffmann-Axthelms Behauptung, dass die Wiener Geschichtsversessenheit kein Zukunftsmodell sei, ist nicht unwidersprochen geblieben. Mehr noch: In den letzten Jahrzehnten wurde sie sozusagen praktisch widerlegt, und zwar vor allem im Bereich des internationalen Kulturtourismus. Das barocke Wien, das Wien der Habsburger, die Stadt der Wiener Klassik um Joseph Haydn, Wolfgang Amadeus Mozart und Ludwig van Beethoven, das Wien des Biedermeier und das ikonische »Wien um 1900« ziehen Millionen Besucher:innen in die Stadt, die einmal mehr gelernt hat, ihre Geschichte in Szene zu setzen und mit einer ausgesprochen einladenden Gastronomie zu verbinden. Nicht nur in Europa, sondern auch in China gehört die unglückliche Kaiserin Sissi zu den populärsten historischen Figuren überhaupt.

Wie in anderen Städten besteht eine der wichtigsten Aufgaben des Stadtmarketings allerdings darin, die Verbindung zwischen dem Alten und dem Neuen, Geschichte und Gegenwart plausibel zu machen. In den 1980er Jahren entstand dafür der Slogan *Wien ist anders*. In der Zeit zwischen 1900 und 1930, als die Feuilletons und Kulturzeitschriften nicht müde wurden, das Thema Wien/Berlin zu traktieren, hätte dieser Slogan vor allem bedeutet: »Wien ist anders als Berlin.« Nun, im Zeichen des Kalten Krieges und seiner geopolitischen Bedeutungsverschiebungen, war von diesem Vergleich nicht mehr die Rede, übrig blieb die reine Differenzbehauptung an sich. Doch was sollte das dann heißen: *Wien ist anders*? »Wie kaum eine andere historische Metropole hat sich Wien ein doppeltes Antlitz neuer und alter Ikonisierungen des Urbanen verschaffen können«, schreibt Lutz Musner. Die Donaustadt habe es geschafft, sich »als Musterstadt [zu] positionieren, die ihre Geschichte exzessiv zelebriert, ohne den Anspruch einzubüßen, als zeitgenössisch und innovativ zu gelten«.[65]

Damit wird sie zum Paradebeispiel für einen Prozess, den der Soziologe Andreas Reckwitz als »Selbstkulturalisierung der Stadt« bezeichnet hat. In der Spätmoderne, so Reckwitz, sind es vor allem die kulturellen Ressourcen der Städte, die ausgeschöpft werden, um Alleinstellungsmerkmale zu erzeugen. Die

Entwicklung einer starken Kunstszene und Kreativindustrie, einer ausgeprägten Konsumentenkultur und musealisierten Hochkultur macht die Stadt zur Marke. Mit ästhetisierten, revitalisierten Stadtvierteln und der bewussten Setzung stadtbildprägender Solitärarchitektur wird versucht, im internationalen Wettbewerb der Städte zu punkten.[66]

Hatte das Wien der Gegenwart seinen funktionierenden Slogan schon unter Bürgermeister Helmut Zilk gefunden, erhielt Berlin erst unter Klaus Wowereit eine neue griffige Formel: *be Berlin*. Unter diesem Titel koordinierte die Berliner Senatskanzlei ab 2008 ein ganzes Paket von Imagekampagnen, die den Standort Berlin als Hotspot von Wirtschaft, Technologie und Kultur, als Kreativmetropole für das neue Jahrtausend positionieren sollten. Immerhin wollte man der *think tank* Deutschlands sein – und darüber hinaus ökonomische Drehscheibe zwischen West und Ost werden, wie das Wien in bescheidenerem Umfang schon war. Doch *be Berlin* vermittelte darüber hinaus auch die Botschaft, dass diese Stadt Platz biete für alle Lebensstile und Lebensentwürfe. Das »Neue Berlin« der Nachwendezeit wurde als Ort der Weltoffenheit und des gelebten Multikulturalismus in Szene gesetzt, aber auch als Ort alternativer Lebensstile und subkultureller Szenen, des Underground und der Bohème. Dort durfte man ruhig ein bisschen verrückt sein, wenn man nur neugierig blieb: *be crazy, be curious, be berlin* war in Leuchtschrift auf dem Brandenburger Tor zu lesen. Diese Mischung sollte Bewohner:innen und Berlinbesucher:innen ebenso von der Einzigartigkeit der Stadt überzeugen wie Investor:innen. Schon Jahre zuvor, in einem Interview für die Zeitschrift mit dem sprechenden Titel *Focus Money*, hatte der Regierende Bürgermeister Wowereit eine andere Formulierung geprägt, die seither ins Gedächtnis der Stadt eingegangen ist: Berlin sei »arm, aber sexy«.[67] Dieser informelle Slogan des weiterhin aufregenden, aber noch nicht gentrifizierten Jahrtausendwendeberlin schien die Atmosphäre der Stadt kongenial auf den Punkt zu bringen. Eine Partymetropole mit rund 50 Milliarden Euro

Schulden, das weckte bei manchen sogar wieder Erinnerungen an die 1920er Jahre, als die Hauptstadtgesellschaft auf dem Vulkan tanzte, als ob es kein Morgen gäbe.

In gewisser Weise schließt *be Berlin* an die Stadterzählung der klassischen Moderne an: Berlin, die Stadt ohne historische Fixierungen, immer im Werden, in der alles neu und immer wieder anders gedacht werden kann. Diese Vorstellung entsprach der Aufbruchsstimmung der Nachwendezeit, sie war aber sicherlich auch dem Wunschdenken derer geschuldet, die sich von der neu entfesselten Dynamik der Stadt (zu) vieles erhofften. Doch das neue Berlin brachte ganz andere Facetten mit sich. Beispielsweise wird der Topos der Geschwindigkeit, der in der Geschichte der Berlinklischees so überaus wichtig war, mittlerweile vom Image einer durch und durch entspannten Stadt überlagert. Dieser Prozess begann zur Zeit der deutschen Teilung, als in West- wie in Ostberlin die Uhren anders gingen; die oben zitierte Passage aus Schneiders *Mauerspringer* erinnert daran.

Nun aber wurde Berlin sogar zum Ort der Entschleunigung: »Wieso hier immer alle cool bleiben«, erklärt uns das 2016 im Berliner be.bra Verlag erschienene Buch *Der Berlin-Code* von Brenda Strohmaier und Alexander S. Wolf – erstere immerhin Autorin einer anspruchsvollen stadtsoziologischen Studie über die Frage *Wie man lernt, Berliner zu sein.*

> Es gibt wenige so unaufgeregte Metropolen wie diese. Um die Berliner Seele nachzubauen, müsste man einen Mix kreieren aus einem britischen Adeligen, einem bretonischen Landwirt, einem Pizzabäcker aus Palermo und einem polnischen Intellektuellen. Nichts, aber auch gar nichts beeindruckt Berliner wirklich. Obwohl das schon viele versucht haben und immer wieder versuchen. Unzählige Manager, Prominente, Investoren, Medienmenschen und Politiker sind schon in die Stadt eingeritten, beladen mit ihrem Programm, ihrer Attitüde, ihrem Tempo. Und wurden von Berlin einfach ausgebremst.[68]

Eine entspannte Stadt, die die Machertypen ausbremst? Hätte man diesen Text einem Feuilletonleser der 1920er Jahre vorgelegt, so hätte dieser Leser die Stadt auf keinen Fall wiedererkannt. Dabei ist das, was der »Berlin-Code« als Berliner *coolness* beschreibt, natürlich einer ganz bestimmten Perspektive geschuldet: »Arbeitslos? Erst mal in den Park gehen und die Sonne genießen. Karrierechance? Erst mal schauen, ob das ins Work-Life-Balance-Konzept passt. Die Stadt versinkt wieder mal im Chaos? Haben wir schon öfter überstanden.«[69] Sogar österreichischen Kommentatoren, die von Wien aus nach Berlin blicken, fällt diese *coolness* auf, etwa dem Journalisten Klaus Stimeder alias JM Stim, der die »offenbare Gemächlichkeit« als Kennzeichen Berlins betont.[70] Auch wenn dieser neue Berliner Entschleunigungsdiskurs eng an eine bestimmte Fraktion der kreativen urbanen Mittelklasse gebunden zu sein scheint, verweist er allgemein darauf, dass sich Stadtwahrnehmungen einschneidend verändern können – oder dass sie zumindest relativierbar, flexibel und kontextabhängig sind. Das verändert dann auch die Basis für Städtevergleiche: Im spätmodernen Städtewettbewerb um Aufmerksamkeit, Besucher:innenzahlen und Unternehmensansiedlungen ist »Kultur« der entscheidende Trumpf. Und die Selbstkulturalisierung der Stadt, wie sie im Laufe der letzten zwei oder drei Jahrzehnte zu beobachten ist, bringt auch Wien und Berlin wieder in neue Konkurrenzsituationen. Die Beziehungsgeschichte wird weitergeschrieben werden.

2020 verabschiedete sich der Berliner Senat von der Kampagne *be Berlin* und änderte das Stadtlogo. Aus *be Berlin* wurde nun *Wir.Berlin* und *Wir sind ein Berlin*.[71] Dieser Etikettenwechsel kann als Indiz für den sozialen Wandel der letzten Jahre gelesen werden: Das alternative, subkulturelle und *crazy* Berlin ist erwachsen geworden, es hat sich in die Appartementhäuser der kreativen Klasse zurückgezogen, wie sie etwa Anke Stelling in ihren Romanen so pointiert beschreibt. Gleichzeitig ist das gesellschaftliche Klima rauer geworden: Die sozialen Spaltungen der Gegenwart und die Zukunftsängste in Zeiten von Klimawandel, Pandemie und neuen Kriegen in Europa steigern die Sehnsucht nach Sicherheit und Solidarität. Auf die Offenheit, wie sie *be Berlin* beschworen hat, folgt nun also die Beschwörung des sozialen Zusammenhalts in *Wir.Berlin*.

Und tatsächlich wird immer mehr spürbar, dass die Erzählung von Berlin als Stadt der unbegrenzten Möglichkeiten und vitale Integrationsmaschine empfindliche Risse bekommen hat. Der Möglichkeitsraum Berlin hat stark darunter gelitten, dass die realen Räume ganz buchstäblich zugebaut wurden: Wo sich in den 1990er Jahren zahllose Baulücken und Brachflächen als sub- und gegenkulturelle Spielplätze anboten, stehen nun die Stadtvillen und Wohnanlagen des gehobenen Bürgertums. Das Schlachthofareal zwischen Landsberger Allee und Eldenaer Straße, die zahllosen ehemaligen Standorte realsozialistischer Tristesse und die breiten innerstädtischen Mauerstreifen sind überbaut, die Mietpreise explodiert, die Spielräume eng geworden. So leicht es vor 30 Jahren war, beispielsweise einen Proberaum für seine Band oder eine Fabriketage für eine Party zu bekommen, so schwierig ist es heute – von einer Wohnung in akzeptabler Lage ganz zu schweigen. Das Versprechen der Freiheit, das von Berlin über weite Strecken seiner Geschichte ausging, kann – so scheint es – immer weniger eingehalten werden. Und auch Wien ist in dieser Hinsicht kein Eldorado, obwohl der seit dem Roten Wien der Zwischenkriegszeit immer weiter ausgebaute kommunale Wohnungsbestand dort mit satten 26 Prozent europaweit an der Spitze liegt und das Mietpreisniveau in der Stadt noch in einem erträglichen Rahmen hält.[72] Wenn man wie der eingangs zitierte Soziologe René König davon ausgeht, dass jede Großstadt die einzigartige Lösung einer einzigartigen Aufgabe darstellt, dann darf man gespannt sein, wie unterschiedlich Wien und Berlin mit den sozialen und ökologischen Herausforderungen der Zukunft umgehen werden.

Da capo: Klischee und Wirklichkeit

Mit einem Gespräch über die Seele der Städte hat dieses Buch begonnen. Mit einer knappen Überlegung zur gleichen Frage soll das Buch nun schließen: Inwiefern sind Wien und Berlin unverwechselbar, inwiefern haben sie einen distinkten Charakter, ein Wesen, das sich erleben und beschreiben lässt? Nach dem Durchgang durch eine reichhaltige interurbane Kultur- und Beziehungsgeschichte deutet alles darauf hin, dass Wien und Berlin *tatsächlich* sehr unterschiedliche Orte sind. Das hat mit politischen und ökonomischen Strukturen ebenso zu tun wie mit den Beziehungen zum Umland, mit architektonischen Traditionen ebenso wie mit gastronomischen. Allerdings ist eben auch deutlich geworden, dass die Wahrnehmung der Städte Wien und Berlin überaus eng mit den Lebensgeschichten derer zusammenhängt, die über sie gesprochen und geschrieben haben.

Vicki Baum schwärmte auch deshalb von Berlin in den höchsten Tönen, weil sie dem kulturbürgerlichen Mief der Wiener Kaffeehäuser entkommen wollte. Und dass es Ernst Lissauer in Wien so herrlich fand, liegt mit daran, dass er in Berlin keine Aussichten auf eine Karriere mehr sah. Während Arthur Holitscher aus Wien floh, weil er Angst hatte, dort könnte buchstäblich die Zeit stehen bleiben, musste sich Elias Canetti auf langen Spazierwegen im Wiener Westen von einem allzu aufregenden, wilden Berliner Sommer erholen. Seine Abneigung gegen Bertolt Brecht und George Grosz hatte viel mit seiner Abneigung gegen Berlin zu tun – und umgekehrt. Oswald und Ingrid Wiener schließlich entdeckten ihr Wien erst in Berlin wieder, in einem Gasthaus, das sie mit viel Hingabe zu einem Mekka österreichischer Kulinarik machten. Viele Texte und Stellungnahmen über Berlin und Wien speisen sich also aus dem Prinzip, »dass Menschen im Geiste stets ihre Möglichkeiten in Bezug auf Räume durchspielen, ihr Leben dauernd in Bezug auf Orte fiktionalisieren«. Sie tasten, so Brenda Strohmaier in ihrer Berlin-Studie, »ihre Stadt ständig auf Chancen ab«.[73] Und viele von ihnen probieren aus, ob sich ihnen in anderen Städten womöglich mehr Chancen bieten als zu Hause. Daraus ergibt sich wie von selbst ein Wettstreit: Dass sich Städte miteinander vergleichen lassen, liegt nicht zuletzt daran, dass sie ständig miteinander verglichen werden. Und der Unterschied ist dabei immer auch ein Effekt des Vergleichs. »Das Reale ist relational«, schreibt der französische Soziologe Pierre Bourdieu. Wir denken in Beziehungen, in Konstellationen und Konfigurationen, und das gilt ebenso für die Wahrnehmung von Städten.

Freilich ist Skepsis angebracht, wo die Klischees allzu undurchlässig sind. Auch heute noch findet man zahllose Texte, in denen eher leichtfertig mit der Frage nach dem Stadtcharakter umgegangen wird. Der anlässlich der Wien-Berlin-Ausstellung der Berlinischen Galerie und des Belvedere 2013 von Bernhard Schulz im *Tagesspiegel* publizierte Essay trägt wie selbstverständlich den Titel »Hektik und Beschaulichkeit«. Und als die Redaktion des Internetportals *Mit Vergnügen Berlin* 2020 einen großen Städtevergleich anstellte, hielt sie natürlich fest, Wien sei »für seine Gemütlichkeit bekannt«, das Leben fühle sich dort »entschleunigt« an, und »die Uhren ticken einfach langsamer«. In Berlin dagegen sei alles »sehr hektisch«, die Großstadt immer spürbar. In der Wiener Innenstadt gebe es »nichts, was nicht wunderschön ist«, während von Berlin wirklich niemand behaupten könne, dass es keine hässlichen Gebäude und Gegenden gebe. Und klar: »Während Wien eher für Tradition steht, hat Berlin einen cooleren, lockereren Ruf.«[74]

Die Geschichte des Wien-Berlin-Vergleichs im 19. und 20. Jahrhunderts gibt uns viele Hinweise darauf, wie solche Zuschreibungen zu verstehen sind. Sie sind erstens der komparativen Perspektive geschuldet: Erst im Vergleich treten die Charakteristika hervor. Zweitens sind sie ein Produkt des selektiven Blicks: Das Typische ist nicht einfach da, es wird gesucht. Und nur wenn man die Brüche und Widersprüche ausblendet, erhält man das runde, einheitliche Bild. Drittens sind sie einem Effekt geschuldet, der sich vielleicht als *cultural lag* beschreiben lässt:

Die einfachen Klischees sind viel dauerhafter als die soziale Realität, auf die sie sich beziehen.

Für Wien und Berlin bedeutet das: Das kulturelle Imaginäre folgt einer eigenen Konstruktionslogik. Es übergeht den Wandel und ignoriert die Widersprüche. Es gibt exemplarische Orte, an denen das Klischee unmittelbar einleuchtet und aktiv gepflegt wird. Und umgekehrt sind zahllose Orte vom Klischee ganz weit entfernt. Wer das gemütliche Wien in der Shopping City Süd sucht, wird wohl ebenso enttäuscht wie der, der das dynamische Berlin in der Charlottenburger Kleingartenkolonie »Sonntagsfrieden e. V.« sucht. Und wer die Wiener Tradition besichtigen will, würde ebenso wenig den Hauptbahnhof oder die Nordrandsiedlung aufsuchen, wie man das coole Berlin in Lichtenrade, Schmargendorf oder Karlshorst findet. Manchmal werden auch einfach beide Städte ganz lässig in einem Atemzug genannt, ohne dass ihre Unterschiede irgendeine Rolle spielen: Als die Wiener Band *Keiner mag Faustmann* 2012 ihren Titel »Wien – Berlin« veröffentlichte, klang das jedenfalls nach viel guter Laune, unbeschwert von allen historischen Klischees. Ein Duett: Robi Faustmann singt »Berlin«, Lisa Keiner singt gleichzeitig »Wien«, »Berlin – Wien, wir wollten doch zusammenziehn«. Anlässlich eines Konzerts der Deutschen Handelskammer in Österreich trugen die beiden den Song später live vor den Bürgermeistern von Wien und Berlin, Michael Ludwig und Michael Müller, vor.

Die Wirklichkeit der Städte ist viel zu komplex, um in ein paar Begriffen und vermeintlichen Traditionen aufzugehen. Der Schatten, den sie werfen, hängt immer von der Beleuchtung ab. Und doch können sich Städte nicht einfach von ihrem Schatten lösen. Die kulturellen Zuschreibungen, die eine Stadt im Lauf ihrer Geschichte erfahren hat, schreiben sich nämlich auch in die Stadt selbst ein. Sie materialisieren sich in vielfacher Weise, gehen in Stadtpolitiken, Stadtentwicklungsprogramme, Alltagspraktiken, Texte und Erzählungen ein. Sie beeinflussen architektonische Entwürfe ebenso wie die Dramaturgie kultureller

Großveranstaltungen. Schließlich sind Klischee und Wirklichkeit in der Stadt nicht mehr voneinander zu trennen. Wie anders wäre der Satz des großen Literatur- und Kulturhistorikers der Habsburgermonarchie Claudio Magris zu verstehen, dass die Realität in Wien »mit der Inszenierung ihrer selbst identisch«[75] sei? Das gilt beileibe nicht für alle Städte in gleichem Maße, immer aber sind und bleiben die Inszenierungen ein bedeutender Teil der Realität. Das gilt auch für die Behauptung, dass in Wien und Berlin die Moderne erfunden wurde – zumal die Moderne immer schon eine Art Behauptung war.

Und so bleibt nur, das komplexe, schillernde Spiel von Klischee und Wirklichkeit selbst als Praxis zu begreifen: Es sind die Menschen, die die Unterschiede zwischen Städten hervorbringen, indem sie Geschichten und Erzählungen daraus machen. Indem sie sich im Magnetfeld dieser Städte bewegen und dabei stets kulturelle Differenzen erfahren und aushandeln. Wie man die alte Gretchenfrage »Wien oder Berlin?« für sich beantwortet, ist nicht zuletzt Geschmackssache. Es wäre aber nicht die schlechteste Schlussfolgerung aus ein paar hundert Jahren Beziehungsgeschichte, dass man auf irgendeine Weise immer beides braucht: Wien und Berlin.

ANMERKUNGEN

01
Klischee und Wirklichkeit

1 Fried, *Wien – Berlin*, S. 1.
2 Faucher, *Vergleichende Culturbilder*, S. 5.
3 König, »Großstadt«, S. 124.
4 Musil, *Der Mann ohne Eigenschaften*, Bd. 1, S. 9.
5 Fried, *Wien – Berlin*, S. 5.
6 Kracauer, »Wiederholung« S. 113.
7 Zit. nach: Lebrecht, *Mahler*, S. 264.
8 Fischer, *Mahler*, S. 55.
9 Freud, *Das Unbehagen in der Kultur*, S. 13 f.
10 Nooteboom »Die Form des Zeichens, die Form der Stadt«, S. 11 f.
11 Scheffler, *Berlin, ein Stadtschicksal*, S. 25 f., 134, 56, 29.
12 Ebd., S. 222.
13 Ebd., S. 63.
14 Ebd., S. 160.
15 Ebd., S. 56.
16 Ebd., S. 171.
17 Ebd., S. 219.
18 Ebd., S. 57.
19 Ebd., S. 221.
20 Kiaulehn, *Berlin. Schicksal einer Weltstadt*, S. 8.
21 Siedler, *Phönix im Sand*, S. 108.
22 Illies, »Vorwort«, S. 13.
23 Ebd., S. 10.
24 Vgl. Lindner, »Textur, imaginaire, Habitus«; Löw, *Soziologie der Städte.*
25 Thomas, »The Methodology of Behaviour Study«, S. 572. Übersetzung nach: Abels, *Soziale Interaktion*, S. 110.
26 Bisky, *Berlin: Biographie einer großen Stadt*, S. 892.
27 Lindner/Moser, *Dresden.*
28 Benjamin, »Die Wiederkehr des Flaneurs«, GS III, S. 194.
29 Zit. nach Fähnders, »Berlin, Paris, Moskau – und Wien«, S. 37.
30 Musil, *Der Mann ohne Eigenschaften*, Bd. I, S. 9 f.

02
Konturen einer Städtekonkurrenz

1 Hegemann, *Das steinerne Berlin*, S. 11 f.
2 Zit. nach: Nicolai, »Berlin«, S. 138.
3 Brunn, »Die deutsche Einigungsbewegung und der Aufstieg Berlins zur deutschen Hauptstadt«, S. 17 f.
4 Nicolai, *Beschreibung einer Reise durch Deutschland und die Schweiz im Jahre 1781*, S. 254
5 Schiller, *Sämtliche Werke*, Bd. 1, S. 268.
6 Zit. nach: Sadowsky, *Reisen durch den Mikrokosmos*, S. 173.
7 Grillparzer, »Abschied von Wien«.
8 Bauernfeld, *Pia Desideria eines österreichischen Schriftstellers*, S. 14.
9 Ebd.
10 Salten, »Der Wiener Korrespondent«, S. 114.
11 Yella Wolffenstein, »Deutsches Geistesleben in Wien« [1919], zit. nach: Jäger/Schütz, *Städtebilder*, S. 32.
12 Bisky, *Berlin: Biographie einer großen Stadt*, S. 101.
13 Braunthal, *Antithesen*, S. 85.
14 Friedel, *Briefe aus Wien verschiedenen Inhalts an einen Freund in Berlin*, S. 323.
15 Zit. nach: Kauffmann, »Gemütliches Wien und verständiges Berlin«, S. 42.
16 Ebd., S. 41.
17 Vgl. ebd., S. 43.
18 Bab/Handl, *Wien und Berlin* [1926], S. 186.
19 Zit. nach: Schneider, »Heimweh«, S. 584.
20 Zit. nach: Mikoletzky, »Die Wiener Sicht auf Berlin«, S. 483–485.
21 Fried, *Wien – Berlin*, S. 15 f.
22 Zit. nach: Hegemann, *Das steinerne Berlin*, S. 13.
23 Clay Large, *Berlin*, S. 63.
24 Sombart, »Wien«, S. 173.
25 Zit. nach: Kralik/Schlitter, *Wien*, S. 704.
26 Vgl. Krasny, »Beschwingte Gelassenheit und vornehme Zurückhaltung«.
27 Geist/Kürvers, *Das Berliner Mietshaus*, S. 513.
28 Hegemann, *Das steinerne Berlin*, S. 207.
29 Pippal, *Kleine Kunstgeschichte Wiens*, S. 166.
30 Vgl. Mak, *In Europa*, S. 74.
31 Walter Rathenau, »Vaterstadt Berlin« [1899], zit. nach: Scherpe, »Berlin als Ort der Moderne«, S. 23.
32 Rapsilder, »Die neuen Hochbauten der Stadt Berlin«.
33 Benjamin, »Berliner Chronik«, GS VI, S. 507.
34 Zit. nach: Mikoletzky, »Die Wiener Sicht auf Berlin«, S. 485 f.
35 Vgl. Payer, »Wiens Aufbruch zur Weltstadt«.

36 Rodenberg, *Wiener Sommertage*, S. 10.
37 Ebd., S. 15.
38 Ebd, S. 34.
39 Ebd.
40 Ebd., S. 267.
41 Ebd., S. 271 f.
42 Ebd., S. 272.
43 Ebd., S. 272 f.
44 Ebd., S. 268.
45 Ebd., S. 270.
46 Briesen, *Berlin – die überschätzte Metropole*, S. 59.
47 Fried, *Wien – Berlin*, S. 4 f.
48 Ebd., S. 29.
49 Göhring, *Verdrängt und vergessen*, S. 45.
50 Fried, *Wien – Berlin*, S. 122.
51 Mann, *Schach*, S. 8.
52 Sombart, »Wien«, S. 175.
53 Ebd., S. 173 f.
54 Ebd., S. 174.
55 Ebd., S. 173.
56 Ebd.
57 Salten, »Der Wiener Korrespondent«, S. 116.
58 Ebd.

03
Der glatte und der gekerbte Raum

1 Vgl. Strohmaier, *Wie man lernt, Berliner zu sein*, S. 270.
2 Coelln, *Wien und Berlin in Parallele*, S. 71.
3 Ebd., S. 72.
4 Braunthal, *Antithesen*, S. 87.
5 Huret, *Berlin um neunzehnhundert*, S. 7.
6 Münzer, *Der gefühlvolle Baedeker*, S. 8.
7 Ullmann, *Flucht aus Berlin?*, S. 24 f.
8 Scheffler, *Berlin, ein Stadtschicksal*, S. 26, 30.
9 Bloch, »Berlin, aus der Landschaft gesehen«, S. 30, 27, 23, 36 f.
10 Rodenberg, *Wiener Sommertage*, S. 273.
11 Kerr, *Sätze meines Lebens*, S. 79.
12 Zit. nach Bienert, *Die eingebildete Metropole*, S. 50-51.
13 Hessel, »Etwas von der Arbeit«, S. 35.
14 Zit. nach: Hommer, *Attraktionen der Straße*, S. 175.
15 Tews, *Großstadtpädagogik*, S. 21, 107 f.

16 Zit. nach: Musner, *Der Geschmack von Wien*, S. 79.
17 Ebd., S. 68.
18 Hardwick, *Mall Maker*; Wall, *Victor Gruen*.
19 Zit. nach: Glaser, »Um eine Stadt von innen bittend«, S. 20.
20 Zit. nach: Musner, »Stephansdom und Stadtmuschel«, S. 240.
21 Zit. nach: Telesko, *Kulturraum Österreich*, S. 418.
22 Boyer, *Karl Lueger*, S. 190.
23 Zit. nach: Musner, *Der Geschmack von Wien*, S. 78.
24 Zit. nach: ebd., S. 83.
25 Deleuze/Guattari, »Das Glatte und das Gekerbte«.
26 Süß, *Der Boden der Stadt Wien*, S. 16.
27 Ullmann, *Flucht aus Berlin?*, S. 28.
28 Bab/Handl, *Wien und Berlin* [1926], S. 14.
29 Ebd.
30 Lissauer, *Glück in Österreich*, S. 163.
31 Zit nach: Wilhelm, »Ordnungsmuster der Stadt«, S. 52.
32 Zit. nach: Maderthaner/Musner, *Die Anarchie der Vorstadt*, S. 64 f.
33 Fried, *Wien – Berlin*, S. 10 f.
34 Ebd., S. 11.
35 Ebd., S. 10–18.
36 Zit. nach: Clay Large, *Berlin*, S. 186.
37 Haiko/Stekl, »Architektur in der industriellen Gesellschaft«, S. 263.
38 Wagner, *Marmor und Asphalt*.
39 Zahlen nach: Payer, *Der Klang der Großstadt*, S. 179 f.; Stadelmann, »Asphalt«, S. 34.
40 Vgl. Payer, *Der Klang der Großstadt*, S. 180.
41 Vgl. Wietschorke, »Vigilanz und Schlüsselgewalt«.
42 Jäger/Schütz, »Nachwort«, S. 335.
43 Benjamin, »Berliner Kindheit um Neunzehnhundert«, GS IV/1, S. 288.
44 Hellpach, *Mensch und Volk der Großstadt*, S. 51-52.
45 Zit. nach: Becker, *Experiment Weimar*, S. 73.
46 Fried, *Wien – Berlin*, S. 31.
47 Ebd., S. 35–37.
48 Ebd., S. 35.
49 Ebd., S. 16 f.
50 Zit. nach: Weyrich, *Wiener Landschaft*, S. 12 f.
51 Scheffler, *Berlin, ein Stadtschicksal*, S. 62.
52 Frank, »Das Haus als Weg und Platz«.

04
Berliner Tempo und Wiener Gemüt

1 Zit. nach: Strohmeyer, »Der Kumpel liebt Berlin nicht …«, S. 33.
2 Zweig, *Die Welt von gestern*, S. 134–144.
3 Zweig, *Verwirrung der Gefühle*, S. 186 f.
4 Zit. nach: Sprengel, *Geschichte der deutschsprachigen Literatur 1870–1900*, S. 185.
5 Mann, »Berlin«, S. 19.
6 Walther, *Fieber*, S. 31.
7 Zit. nach: ebd., S. 37.
8 Zit. nach: Clay Large, *Berlin*, S. 188.
9 Korff/Rürup, *Berlin, Berlin*, S. 472–509.
10 Lindner, *Berlin, absolute Stadt*.
11 Zit. nach: Strohmeyer, *Literarischer Spaziergang*, S. 107.
12 Zit. nach: Clay Large, *Berlin*, S. 63.
13 Vgl. Jäger/Schütz, *Städtebilder*, S. 218.
14 Scheffler, *Berlin*, S. 147.
15 Ebd., S. 149.
16 Becker, »Unterhaltungstheater«, S. 52.
17 Borscheid, *Das Tempo-Virus*, S. 258.
18 Kracauer, »Wir schaffens«.
19 Zahlen nach: Korherr, »Berlin«, S. 378 f.
20 Lindner, *Berlin, absolute Stadt*, S. 63.
21 Strohmeyer, »Berlin in Bewegung«, S. 12–14.
22 Zweig, *Verwirrung der Gefühle*, S. 186.
23 Dehn, »Berliner Jungen«, S. 104.
24 Lindner, *Berlin, absolute Stadt*, S. 57.
25 Ebd., S. 110.
26 Killen, *Berlin Electropolis*, S. 2.
27 Zit. nach: Clay Large, *Berlin*, S. 184.
28 Sombart, »Wien«, S. 174.
29 Holitscher, *Lebensgeschichte eines Rebellen*, S. 106 f.
30 Musil, *Der Mann ohne Eigenschaften*, S. 32 f.
31 Fried, *Wien – Berlin*, S. 75 f.
32 Farks, *Hermann Bahr*.
33 Zit. nach: Sprengel/Streim, *Berliner und Wiener Moderne*, S. 133.
34 Ebd., S. 117.
35 Servaes, *Wien*, S. 34 f.
36 Ebd., 5 f.
37 Ebd., S. 132.
38 Ebd., S. 133.
39 Kraus, »Der Glanzlederfauteuil«, S. 8 f.

40 Musner, *Der Geschmack von Wien*, S. 202.
41 Chvojka, *Dem Glücklichen schlägt keine Stunde ...*, S. 10–12.
42 Ebd., S. 54–65.
43 Eulenburg, »Wien«.
44 Zit. nach: Jäger/Schütz, *Glänzender Asphalt*, S. 47.
45 Kuh, *Jetzt können wir schlafen gehen!*, S. 94.
46 Zum Folgenden vgl. ausführlich Wietschorke, »Urbane Volkstypen«.
47 Zit. nach: Linhardt, *Residenzstadt und Metropole*, S. 175.
48 Salten, *Das österreichische Antlitz*, S. 148–151.
49 Ehmayer, *Das Wesen von Wien*, S. 21.
50 Salten, *Das österreichische Antlitz*, S. 133–135.
51 Vgl. Thies, *Ethnograph des dunklen Berlin*, S. 275.
52 Korff, »Mentalität und Kommunikation in der Großstadt«, S. 353.
53 Bisky, *Berlin: Biographie einer großen Stadt*, S. 19.
54 Benatzky, *Triumph und Tristesse*, S. 64.
55 Zit. nach: Arnbom, *War'n Sie schon mal in mich verliebt?* S. 53.
56 Brennert, *Die Asphaltharfe*, S. 10.
57 Ebd., S. 11.
58 Glaßbrenner, *Bilder und Träume von Wien*, S. 44 f.
59 Sombart, »Wien«, S. 173.
60 Servaes, *Wien*, S. 96 f.
61 Zit. nach: Holmes, »Zur Literatur des *fin de siècle* in Wien«, S. 63.
62 Schnitzler, *Jugend in Wien*, S. 111.
63 Rainalter, »Vom süßen Mädel«.
64 Hirschfeld, *Das Buch von Wien*, S. 242.
65 Lahm, »Kraft und Schönheit im Wiener Prater« [1925], zit. nach: Jäger/Schütz, *Städtebilder*, S. 96.
66 Rainalter, »Vom süßen Mädel«.
67 Marion Handl, »Die wahre Wienerin« [1932], zit. nach: Schlösser, *Die Wiener in Berlin*, S. 13.
68 So die Verlagswerbung in: Fechter, *Die Berlinerin*, S. 248.
69 Ebd., S. 8 f.
70 Leitich, *Die Wienerin*, S. 14.
71 Ebd., S. 10.
72 Ebd., S. 245.
73 Ehmayer, *Das Wesen von Wien*, S. 36.

05
Ein Feuilletonstoff par excellence

1 Zit. nach: Sprengel/Streim, *Berliner und Wiener Moderne*, S. 273.
2 Salten, »Der Entscheidungstag in Wien«.
3 Zit. nach: Sprengel/Streim, *Berliner und Wiener Moderne*, S. 276.

4 Zit. nach: ebd., S. 279.
5 Bab/Handl, *Wien und Berlin* [1918], S. 323.
6 Bab/Handl, *Wien und Berlin* [1926], S. 5.
7 Ebd., S. 311.
8 Ebd., S. 317 f.
9 Ebd., S. 282.
10 Ebd., S. 297.
11 Bisky, *Berlin: Biographie einer großen Stadt*, S. 455.
12 Burckhardt, *Porträts und Begegnungen*, GW 4, S. 14.
13 Zit. nach: Lackner, *Als die Nacht sich senkte*, S. 40.
14 Zit. nach: Friedrich, *Die missbrauchte Hauptstadt, S. 120.*
15 Benatzky, *Triumph und Tristesse,* S. 36.
16 Soyka, »Die Hauptstadt ohne Reich«.
17 Jesenská, *Prager Hinterhöfe im Frühling*, S. 46.
18 Renker, »Ein verlassener Herrschersitz«.
19 Glaser, »Wiener Eindrücke II.«
20 Salten, »Der verarmte Prater«.
21 Scheffler, »Wiener Revue«.
22 Benatzky, *Triumph und Tristesse*, S. 49.
23 Zit. nach: Schwarz/Spitaler/Wikidal, *Das Rote Wien*, S. 31.
24 Vgl. Mattl, »Die Marke ›Rotes Wien‹«.
25 Briesen, *Berlin – die überschätzte Metropole*, S. 63.
26 Zit. nach: Eam, »Wien in Berlin«.
27 Spezialberichterstatter [i. e. Herwarth Walden, 1911], zit. nach: Burmeister/Klee/Lütgens, »Hoffnung und Versprechen«, S. 12 f.
28 Vgl. Franz, »Allüberall die Formen des Quadrats und die parallelen Linien«.
29 Vgl. Sprengel/Streim, *Berliner und Wiener Moderne*, S. 600–603.
30 Zit. nach: Jäger, »Wien als Versprechen, Berlin als Hoffnung«, S. 132
31 »Berlin als zweite Heimat«, in: *Berliner Börsen Courier*, 5. Februar 1928.
32 Doderer: »Nicht alle zogen nach Berlin«.
33 Zit. nach: Streim, »Zwischen Weißem Rößl und Mickymaus«, S. 5.
34 Zit. nach: Jäger/Schütz, *Städtebilder*, S. 219 f.
35 Zit. nach: Barker, »Tales from Two Cities«, S. 167.
36 Roth, *Die Flucht ohne Ende,* S. 390.
37 Vgl. Jäger/Schütz, *Städtebilder zwischen Literatur und Journalismus*, S. 221.
38 Roth, *Briefe 1911–1939*, S. 49–500.
39 Zit. nach: Fetz, »Zur Produktionsweise von Berlin-Wien-Stereotypen«, S. 109.
40 Zit. nach: ebd., S. 114.
41 Kraus, »Der Berliner in Wien«, S. 543.
42 Zit. nach: ebd.
43 Ebd., S. 545.
44 Kraus, *Pro domo et mundo,* S. 124.
45 Ebd, S. 116.

46 Weinzierl, *Alfred Polgar*, S. 95.
47 Vgl. ebd., S. 151–157.
48 Zit. nach: Schlösser, *Die Wiener in Berlin*, S. 68.
49 Kuh, *Jetzt können wir schlafen gehen!*, S. 7.
50 Ebd., S. 104.
51 Ebd., S. 106.
52 Isenberg, *Billy Wilder on Assignment*, S. 7.
53 Ebd., S. 7 f.
54 Hutter, »Wie Billy Wilder zum Film-Zyniker wurde«.
55 Bernhard, *Holzfällen*, S. 62 f.
56 Zit. nach Clay Large, *Berlin*, S. 181.
57 Kaus, *Von Wien nach Hollywood*, S. 9 f.
58 Ebd., S. 170.
59 Rodenberg, *Wiener Sommertage*, S. 155.
60 Friedell, »Berliner Eindrücke« [1924], zit. nach: Jäger/Schütz 1999, S. 215.
61 Bab/Handl, *Wien und Berlin* [1926], S. 15.
62 Stresemann, *Die Entwicklung des Berliner Flaschenbiergeschäfts* [1900], zit. nach: Korff, »Mentalität und Kommunikation in der Großstadt«, S. 352.
63 Walser, »Aschinger«, S. 292.
64 Canetti, *Die Fackel im Ohr*, S. 272.
65 Huret, *En Allemagne*, S. 65. [Übers. von J. W.]
66 Zit. nach: Jäger/Schütz, *Städtebilder*, S. 210.
67 Polgar, »Beruf«.
68 Bab/Handl, *Wien und Berlin* [1926], S. 15.
69 Fried, *Wien – Berlin, S. 70–71.*
70 Ullmann, *Flucht aus Berlin*, S. 48.
71 Ehrenstein, »Städtewettkampf« [1924], zit. nach: Jäger/Schütz, *Städtebilder*, S. 216.
72 »Wiener Würstel am Kurfürstendamm«, [1927], zit. nach: Jäger/Schütz, *Städtebilder*, S. 214.
73 Zit. nach: Jazbinsek/Thies, »Großstadt-Dokumente«, S. 23.
74 Thies, *Ethnograph des dunklen Berlin*, S. 13.
75 Ebd., S. 1.
76 Zit. nach: ebd., S. 181.
77 Vgl. ebd., S. 178–195.
78 Jazbinsek/Thies, »Großstadt-Dokumente«, S. 24.
79 Hirschfeld, *Die klingende Stadt*, S. 112.
80 Hirschfeld, *Das Buch von Wien*, S. 5
81 Ebd., S. 98.
82 Ebd., S. 255.

06
Leben und Schreiben zwischen den Städten

1 Zit. nach: Sprengel/Streim, *Berliner und Wiener Moderne*, S. 594.
2 Zit. nach: ebd., S. 595.
3 Zit. nach: Illies, *1913. Der Sommer des Jahrhunderts*, S. 96.
4 Walter, *Thema und Variationen*, S. 135.
5 Graf, *Legende einer Musikstadt*, S. 9.
6 Zit. nach: Jäger/Schütz, *Städtebilder*, 198.
7 Zit. nach: ebd.
8 Zit. nach: ebd., S. 199.
9 Zit. nach: Mattl, *Geschichte Wiens*, S. 13.
10 Vgl. ebd., S. 13–17; Nussbaumer, *Musikstadt Wien*.
11 Krenek, *Im Atem der Zeit*, S. 520 f.
12 Blom, *Die zerrissenen Jahre*, S. 285.
13 Krenek, *Im Atem der Zeit*, S. 714.
14 Ebd., S. 207.
15 Ebd., S. 216.
16 Ebd., S. 217.
17 Ebd., S. 222.
18 Ebd.
19 Ebd., S. 221.
20 Ebd., S. 223.
21 Ebd., S. 215.
22 Ebd., S. 708.
23 Ebd., S. 704.
24 Ebd.
25 Zit. nach: Schebera, »Hanns Eisler zwischen Wien und Berlin«, S. 116.
26 Zit. nach: Hennenberg, *Hanns Eisler*, S. 32 f.
27 Zit. nach: Wißmann, *Hanns Eisler*, S. 64.
28 Zit. nach: ebd., S. 75.
29 Schebera, »Hanns Eisler zwischen Wien und Berlin«, S. 53.
30 Zit. nach: Hennenberg, *Hanns Eisler*, S. 43.
31 Musil, *Der Mann ohne Eigenschaften*, S. 31.
32 Zit. nach: Wolf, »Zwischen Diesseitsglauben und Weltabgewandtheit«, S. 229.
33 Zit. nach: ebd.
34 Musil, *Der Mann ohne Eigenschaften*, S. 32.
35 Döblin, *Berlin Alexanderplatz*, S. 8.
36 Zit. nach: Kiesel, *Geschichte der deutschsprachigen Literatur 1918–1933*, S. 151.
37 Zit. nach: ebd.
38 Zit. nach: ebd., S. 150.

39 Musil, *Der Mann ohne Eigenschaften*, S. 81.
40 Schmidt-Dengler, »Die Stadt wird ergangen«, S. 106.
41 Ebd., S. 107.
42 Vgl. dazu Spring, »Der Himmel über Wien«, S. 154.
43 Vgl. Musner, *Der Geschmack von Wien*, S. 140.
44 Döblin, *Berlin Alexanderplatz*, S. 405.
45 Baum, *Es war alles ganz anders*, S. 182.
46 Ebd., S. 185, 183.
47 Ebd., S. 269–271.
48 Ebd., S. 333.
49 Ebd., S. 420.
50 Ebd., S. 568.
51 Ebd., S. 436.
52 Ebd., S. 319.
53 Ebd., S. 444.
54 Ebd., S. 417.
55 Ebd., S. 195.
56 Ebd., S. 288.
57 Ebd., S. 287.
58 Canetti, *Die Fackel im Ohr*, S. 246.
59 Ebd., S. 252.
60 Ebd., S. 260.
61 Ebd.
62 Ebd., S. 252.
63 Ebd., S. 255.
64 Ebd., S. 259.
65 Ebd., S. 256.
66 Ebd., S. 280.
67 Ebd.
68 Ebd., S. 261.
69 Ebd., S. 266.
70 Ebd., S. 286.
71 Göbel, *Elias Canetti*, S. 66.
72 Canetti, *Die Fackel im Ohr*, S. 298.
73 Ebd., S. 295.
74 Lissauer, *Glück in Österreich*, S. 24, 211, 219.
75 Johnston, *Der österreichische Mensch*, S. 356.
76 Vgl. Prey, *Leben und Werk der Schriftstellerin Lili Grün*, S. 4–7.
77 Ebd., S. 8–10.
78 Grün, *Alles ist Jazz*, S. 172.
79 Zit. nach: Prey, *Leben und Werk der Schriftstellerin Lili Grün*, S. 45.
80 Grün, *Alles ist Jazz*, S. 34.
81 Ebd., S. 29.

07
Wiener Wirbel im Kulturbetrieb

1 Zit. nach: Sprengel/Streim, *Berliner und Wiener Moderne*, S. 47.
2 Ebd., S. 94.
3 Zit. nach: ebd., S. 92 f.
4 Vgl. ebd., S. 106.
5 Ebd., S. 93.
6 Zit. nach: ebd., S. 457.
7 Zit. nach: ebd., S. 460.
8 Arthur Kahane, »Max Reinhardt«, in: Boeser/Vatková, *Max Reinhardt in Berlin*, S. 53.
9 Zit. nach: Fuhrich/Dembski/Eder, *Ambivalenzen*, S. 13.
10 Max Reinhardt, »Über ein Theater, wie es mir vorschwebt«, in: Boeser/Vatková, *Max Reinhardt in Berlin*, S. 8.
11 Fuhrich/Dembski/Eder, *Ambivalenzen*, S. 42.
12 Thomas Mann, »Gedenkrede auf Max Reinhardt«, in: Boeser/Vatková, *Max Reinhardt in Berlin*, S. 64.
13 Vgl. Weigel, »Das Berliner Theater und seine Wiener Einflüsse«, S. 66.
14 Zweig, *Die Welt von gestern*, S. 136.
15 Zit. nach: Schlösser, *Die Wiener in Berlin*, S. 28.
16 Zit. nach: ebd., S. 32.
17 Weigel, »Das Berliner Theater und seine Wiener Einflüsse«, S. 68 f.
18 Vgl. Warren, »Berlin Comes to Vienna«.
19 Vgl. ebd., S. 80 f.
20 Zit. nach: ebd., S. 82.
21 Zit. nach: Schlösser, *Die Wiener in Berlin*, S. 105 f.
22 Zit. nach: ebd., S. 34.
23 Zit. nach: ebd., S. 35.
24 Zit. nach: ebd., S. 36.
25 Stern, *Die Sache, die man Liebe nennt*, S. 83.
26 Ebd., S. 77.
27 Nicht zu verwechseln mit dem 1906 eröffneten Neuen Schauspielhaus und späteren Theater am Nollendorfplatz, das 2019 als Metropol wiedereröffnet wurde.
28 Becker, »Unterhaltungstheater«, S. 63 f.
29 Benatzky, *Triumph und Tristesse*, S. 52.
30 Vgl. Arnbom, *War'n Sie schon mal in mich verliebt?*, S. 81.
31 Zit. nach: ebd., S. 48.
32 Zit. nach: ebd., S. 53.
33 Zit. nach: Sannwald, »Bilder der Großstadt«, S. 118.
34 Slezak, *Wann geht der nächste Schwan*, S. 130.
35 Canetti, *Die Fackel im Ohr*, S. 257.

36 Sprengel/Streim, *Berliner und Wiener Moderne*, S. 363–382.
37 Bahr, *Liebe der Lebenden*, S. 254.
38 Kuh, *Jetzt können wir schlafen gehen!*, S. 95.
39 Zit. nach: Morat, »Populärmusik«, S. 142.
40 Fred Hildenbrandt, »Weekend« [1924], zit. nach: Jäger/Schütz, *Städtebilder*, S. 105.
41 Jäger/Schütz 1999, S. 223.
42 Ebd., S. 222 f.
43 Gabriele Tergit, »Grinzing in der Bar« [1928], zit. nach Jäger/Schütz 1999, S. 224.
44 Zit. nach: Sannwald, »Bilder der Großstadt«, S. 119.
45 Erwin H. Rainalter, »Auf der Suche nach Wien« [1926], zit. nach Jäger/Schütz 1999, S. 233.
46 Tucholsky, »Massary«, S. 129.
47 Schlösser, *Die Wiener in Berlin*, S. 21 f.
48 Zit. nach: ebd., S. 22.
49 Thiel, »Alt-Wien auf Berlinisch?«, S. 170.
50 Tucholsky, »Operetten«, S. 171 f.
51 Kracauer, »Film« 1928, S. 297.
52 Kracauer, »Die kleinen Ladenmädchen gehen ins Kino«, S. 288 f.
53 Hennenberg, *»Es muß was Wunderbares sein ...«*, S. 55 f.
54 Adorno »Schlageranalysen«, S. 778-781.
55 Hennenberg, *»Es muß was Wunderbares sein ...«*, S. 59.
56 Ebd., S. 134.
57 Zit. nach: ebd., S. 136.
58 Ebd., S. 138.
59 Zit. nach: Schlösser, *Die Wiener in Berlin*, S. 85.
60 Hennenberg, *»Es muß was Wunderbares sein ...«*, S. 159.
61 Ebd., S. 162.
62 Ebd., S. 164.
63 Völker, »Wien sucht Anschluß in Berlin – Berlin kauft Wien«, S. 114.
64 Benatzky, *Triumph und Tristesse*, S. 135.
65 Herbert, *Geschichte Deutschlands im 20. Jahrhundert*, S. 266.
66 Lethen, »Chicago und Moskau«.
67 Zit. nach: Bisky, *Berlin: Biographie einer großen Stadt*, S. 533.
68 Stapel, »Der Geistige und sein Volk«, S. 5.
69 Zit. nach: Becker, *Experiment Weimar*, S. 72–74.
70 Zit. nach: Schlösser, *Die Wiener in Berlin*, S. 69.
71 Horváth, *Volksstücke*, S. 218–234.
72 »Vorwort«, in: Horváth, *Geschichten aus dem Wiener Wald*, S. 30–32.
73 Krischke, *Materialien zu Ödön von Horváths Geschichten aus dem Wiener Wald*, S. 131.
74 Vgl. Mattl, *Geschichte Wiens*, S. 51–53.

75 Maderthaner, »Von der Zeit um 1860 bis zum Jahr 1945«, S. 429.
76 Ehrenstein, »Wien«, S. 153.
77 Ebd.
78 Vgl. Schmidt-Dengler, »Schienenstränge«, S. 79.
79 Zit. nach: Sannwald, »Bilder der Großstadt«, S. 118.
80 Schmidt-Dengler, »Schienenstränge«, S. 79.

08
Transformationen einer Städtekonkurrenz

1 Benatzky, *Triumph und Tristesse*, S. 182.
2 Zit. nach: Friedrich, *Die missbrauchte Hauptstadt*, S. 119 f.
3 Hamann, *Hitlers Wien*, S. 14 f.
4 Ebd., S. 11.
5 Friedrich, *Die missbrauchte Hauptstadt*, S. 296.
6 Hitler, *Reden, Schriften, Anordnungen*, S. 195.
7 Hitler in der Nacht vom 11. auf den 12. März 1942, in: Jochmann, *Adolf Hitler*, S. 318.
8 Bernhard, »Heldenplatz«, S. 339.
9 Zit. nach: Flügge, *Stadt ohne Seele*, S. 18.
10 Uhl, »Österreich«, S. 481.
11 Vgl. ebd., S. 483.
12 Grüttner, *Brandstifter und Biedermänner*, S. 203.
13 Zuckmayer, *Als wär's ein Stück von mir*, S. 71 f.
14 Zit. nach: Grüttner, *Brandstifter und Biedermänner*, S. 201 f.
15 Gross, *November 1938*, S. 36.
16 Zit. nach: Schlösser, »Grinzing am Potsdamer Platz«, S. 269.
17 Mehring, *Wir müssen weiter*, S. 36.
18 In der Dauerausstellung des exilarte-Zentrums für verfolgte Musik an der Universität für Musik und Darstellende Kunst Wien werden unter dem Titel »Wenn ich komponiere, bin ich wieder in Wien« einige dieser Biographien näher beleuchtet.
19 Zit. nach: Weinzierl, *Alfred Polgar*, S. 209.
20 Ebd., S. 207.
21 Ebd., S. 201.
22 Vgl. Stadler, *Vertriebene Vernunft* II, S. 939.
23 Zit. nach: Lackner, *Die Flucht der Dichter und Denker*, S. 170.
24 Zit. nach: Schlösser, *Die Wiener in Berlin*, S. 91.
25 Karasek, *Billy Wilder*, S. 370.
26 Benatzky, *Triumph und Tristesse*, 322.
27 Ebd., S. 333.
28 Ebd., S. 342.

29 Ebd., S. 354.
30 Ebd., S. 362.
31 Ploog, *Als die Noten laufen lernten …* Bd. 1.2, S. 178.
32 Ebd., Tl. 1, S. 108.
33 Benatzky, *Triumph und Tristesse*, S. 344; Ploog, *Als die Noten laufen lernten …*, Tl. 2, S. 544.
34 Moser, »Gefahrenpool Wien«, S. 150.
35 Zit. nach: ebd.
36 Sedlmaier, »Berlin als doppeltes ›Schaufenster‹ im Kalten Krieg«, S. 230.
37 Ebd., S. 238.
38 Clay Large, *Berlin*, S. 443.
39 Schneider, *Der Mauerspringer*, S. 7.
40 Ladd, *The Ghosts of Berlin*.
41 Vgl. Kos, »Warum Wien immer schöner wurde«, S. 312 f.
42 Ebd., S. 313.
43 Ebd.
44 Siehe die offiziellen statistischen Angaben für Wien auf: https://www.wien.gv.at/statistik/wirtschaft/tabellen/uebern-laender-zr.html
45 Kos, »Warum Wien immer schöner wurde«, S. 315.
46 Ebd, S. 316.
47 Fichter/Knödler-Bunte: »Einleitung«, S. 7.
48 Baehr, *Mythos Berlin*, S. 41.
49 Ebd., S. 9–11.
50 Zit. nach: Würfel, *Ingrid Wiener und die Kunst der Befreiung*, S. 103.
51 Zit. nach: ebd., S. 115.
52 Brus, *Das gute alte West-Berlin*, S. 9.
53 Ebd., S. 17.
54 Ebd., S. 9.
55 Ebd., S. 61.
56 Ebd., S. 66.
57 Ebd., S. 9.
58 Ebd., S. 10.
59 Ebd., S. 29.
60 Würfel, *Ingrid Wiener und die Kunst der Befreiung*, S. 118.
61 Ebd., S. 132.
62 Brus, *Das gute alte West-Berlin*, S. 67 f.
63 Ebd., S. 95.
64 Zit. nach Kos, »Warum Wien immer schöner wurde«, S. 320.
65 Musner, *Der Geschmack von Wien*, S. 16.
66 Reckwitz, »Die Selbstkulturalisierung der Stadt«.
67 Bisky, *Berlin. Biographie einer großen Stadt*, S. 872.
68 Strohmaier/Wolf, *Der Berlin-Code*, S. 103.
69 Ebd., S. 108.

70 Stim, *Hier ist Berlin*, S. 19.
71 Siehe den Webauftritt unter: https://wir.berlin/ueber-uns (Zugriff am 1. Dezember 2022).
72 Vgl. Wietschorke, »Wien ist anders?«
73 Strohmaier, *Wie man lernt, Berliner zu sein*, S. 325 f.
74 https://mitvergnuegen.com/2020/unterschiede-berlin-wien/
75 Magris, *Donau*, S. 197.

LITERATURHINWEISE

Abels, Heinz: Soziale Interaktion. Wiesbaden 2020.

Adorno, Theodor W.: Schlageranalysen. In: T. W. A.: Musikalische Schriften V. Gesammelte Schriften. Bd. 18. Hrsg. von Rolf Tiedemann. Frankfurt a. M. 1997. S. 778–787.

Arnbom, Marie-Theres: War'n Sie schon mal in mich verliebt? Filmstars, Operettenlieblinge und Kabarettgrößen zwischen Wien und Berlin. Wien 2006.

Bab, Julius / Handl, Willi: Wien und Berlin. Vergleichendes zur Kulturgeschichte der beiden Hauptstädte Mitteleuropas. Berlin 1918.

– Wien und Berlin. Vergleichende Kulturgeschichte der beiden deutschen Hauptstädte. Neue, bearb. Ausg. Berlin 1926.

Baehr, Ulrich (Hrsg.): Mythos Berlin – Wahrnehmungsgeschichte einer industriellen Metropole. Berlin 1984.

Bahr, Hermann: Liebe der Lebenden. Tagebücher 1921/23. Bd. II. Hildesheim 1925.

Barker, Andrew: Tales from Two Cities: Berlin and Vienna in Joseph Roth's Novel *Zipper und sein Vater*. In: John Warren / Ulrike Zitzlsperger (Hrsg.): Vienna Meets Berlin. Cultural Interaction 1918–1933. Bern 2005. S. 157–167.

Bauernfeld, Eduard von: Pia Desideria eines österreichischen Schriftstellers. Leipzig 1842.

Baum, Vicki: Es war alles ganz anders. Erinnerungen. Köln 2018.

Becker, Sabina: Experiment Weimar: Eine Kulturgeschichte Deutschlands 1908–1933. Darmstadt 2018.

Becker, Tobias: Unterhaltungstheater. In: Daniel Morat [u. a.]: Weltstadtvergnügen. Berlin 1880–1930. Göttingen 2016. S. 28–73.

Benatzky, Ralph: Triumph und Tristesse. Aus den Tagebüchern von 1919 bis 1946. Hrsg. von Inge Jens und Christiane Niklew. Berlin 2002.

Benjamin, Walter: Die Wiederkehr des Flaneurs. In: W. B.: Kritiken und Rezensionen. Gesammelte Schriften. Bd. III. Hrsg. von Rolf Tiedemann und Hermann Schweppenhäuser. Frankfurt a. M. 1972. S. 194–199.

– Berliner Kindheit um Neunzehnhundert. In: W. B.: Kleine Prosa. Baudelaire-Übertragungen. Gesammelte Schriften. Bd. IV/1. Hrsg. von Rolf Tiedemann und Hermann Schweppenhäuser. Frankfurt a. M. 1972. S. 235–304.

– Berliner Chronik. In: W. B.: Fragmente, Autobiographische Schriften. Gesammelte Schriften. Bd. VI. Hrsg. von Rolf Tiedemann und Hermann Schweppenhäuser. Frankfurt a. M. 1985. S. 465–519.

Bernhard, Thomas: Heldenplatz. In: T. B.: Dramen VI. Werke. Bd. 20. Hrsg. von Martin Huber und Bernhard Judex. Frankfurt a. M. 2018. S. 215–340.

– Holzfällen. In: T. B.: Werke. Bd. 7. Hrsg. von Martin Huber und Wendelin Schmidt-Dengler. Frankfurt a. M. 2018.

Bienert, Michael: Die eingebildete Metropole. Berlin im Feuilleton der Weimarer Republik. Stuttgart 1992.
Biskup, Thomas / Schalenberg, Marc (Hrsg.): Selling Berlin. Imagebildung und Stadtmarketing von der preußischen Residenz bis zur Bundeshauptstadt. Wiesbaden 2008.
Bisky, Jens: Berlin. Biographie einer großen Stadt. 2020.
Bloch, Ernst: Berlin, aus der Landschaft gesehen. In: E. B.: Verfremdungen II. Geographica. Frankfurt a. M. 1964. S. 23–37.
Blom, Philipp: Die zerrissenen Jahre: 1918–1938. München 2014.
Boeser, Knut / Vatková, Renata (Hrsg.): Max Reinhardt in Berlin. Berlin 1984.
Borscheid, Peter: Das Tempo-Virus. Eine Kulturgeschichte der Beschleunigung. Frankfurt a. M. 2004.
Boyer, John W.: Karl Lueger (1844–1910). Christlichsoziale Politik als Beruf. Wien 2010.
Braun von Braunthal, Karl Johann: Antithesen; oder Herrn Humors Wanderungen durch Wien und Berlin. Eine Sammlung Skizzen aus dem Wiener und Berliner Volksleben, nach der Natur gezeichnet. Wien 1834.
Brennert, Hans: Die Asphaltharfe. Berliner Gesänge. Berlin 1926.
Briesen, Detlef: Berlin – die überschätzte Metropole. Über das System der deutschen Hauptstädte von 1850 bis 1940. Bonn/Berlin 1992.
Brunn, Gerhard: Die deutsche Einigungsbewegung und der Aufstieg Berlins zur deutschen Hauptstadt. In: Theodor Schieder / G. B. (Hrsg.): Hauptstädte in europäischen Nationalstaaten. München/Wien 1983. S. 15–33.
– / Reulecke, Jürgen (Hrsg.): Berlin. Blicke auf die deutsche Metropole. Essen 1989.
– / – (Hrsg.): Metropolis Berlin. Berlin als deutsche Hauptstadt im Vergleich europäischer Hauptstädte 1870–1939. Bonn 1992.
Brus, Günter: Das gute alte West-Berlin. Salzburg/Wien 2010.
Burckhardt, Carl Jacob: Porträts und Begegnungen. Gesammelte Werke. Bd. 4. Bern 1971.
Burmeister, Ralf / Klee, Alexander / Lütgens, Annelie: Hoffnung und Versprechen: Wien – Berlin und vice versa. Eine Einführung. In: Agnes Husslein-Arco [u. a.] (Hrsg.): Wien – Berlin. Kunst zweier Metropolen. München / London / New York 2013. S. 11–17.
Canetti, Elias: Die Fackel im Ohr. Lebensgeschichte 1921–1931. Frankfurt a. M. 1982.
Chvojka, Erhard (Hrsg.): Dem Glücklichen schlägt keine Stunde … oder wie die Vorstellung von der »Wiener Gemütlichkeit« entstand. 280. Sonderausstellung des Historischen Museums der Stadt Wien, 8. November 2001 bis 13. Jänner 2002. Wien 2001.
Clay Large, David: Berlin. Biographie einer Stadt. München 2002.
Coelln, Georg Friedrich Willibald Ferdinand von: Wien und Berlin in Parallele. Nebst Bemerkungen auf der Reise von Berlin nach Wien durch Schlesien über die Felder des Krieges. Amsterdam [u. a.] 1808.

Dehn, Günther: Berliner Jungen. In: Die Innere Mission im Evangelischen Deutschland 7 (1912). S. 97–104.
Deleuze, Gilles / Guattari, Félix: Das Glatte und das Gekerbte. In: Jörg Dünne / Stephan Günzel (Hrsg.): Raumtheorie. Grundlagentexte aus Philosophie und Kulturwissenschaften. Frankfurt a. M. 2006. S. 434–447.
Doderer, Heimito von: Nicht alle zogen nach Berlin. Die zwanziger Jahre in Wien. In: Magnum 9 (1961). H. 35. S. 53.
Döblin, Alfred: Berlin Alexanderplatz. Die Geschichte vom Franz Biberkopf. München 1965.
Eam: Wien in Berlin. In: Berliner Börsen Courier. 9. März 1929.
Ehmayer, Cornelia: Das Wesen von Wien. Stadtpsychologisches Forschungsprojekt. Wien 2003.
Ehrenstein, Albert: Wien. In: Waltraud Wende (Hrsg.): Großstadtlyrik. Stuttgart 1999. S. 153 f.
Elbogen, Paul: Der Flug auf dem Fleckerlteppich. Wien – Berlin – Hollywood. Wien 2002.
Eulenburg, Herbert: Wien. In: Vossische Zeitung. 25. Januar 1924.
Fähnders, Walter: Berlin, Paris, Moskau – und Wien. Metropolenwahrnehmung im Vergleich, mit Blick auf Hugo Bettauer und andere. In: Marin Erian / Primus-Heinz Kucher (Hrsg.): Exploration urbaner Räume – Wien 1918–38. (Alltags)kulturelle, künstlerische und literarische Vermessungen der Stadt in der Zwischenkriegszeit. Göttingen 2019. S. 23–38.
Farks, Reinhard (Hrsg.): Hermann Bahr. Prophet der Moderne. Tagebücher 1888–1904. Wien 1987.
Faucher, Julius: Vergleichende Culturbilder aus den vier europäischen Millionenstädten (Berlin-Wien-Paris-London). Hannover 1877.
Fechter, Paul: Die Berlinerin. Stuttgart 1943.
Fetz, Bernhard: Zur Produktionsweise von Berlin-Wien-Stereotypen. Der Publizist und Tage-Buch-Herausgeber Stefan Großmann. In: John Warren / Ulrike Zitzlsperger (Hrsg.): Vienna Meets Berlin. Cultural Interaction 1918–1933. Bern 2005. S. 109–123.
– / Schlösser, Hermann (Hrsg.): Wien – Berlin. Mit einem Dossier zu Stefan Großmann. Wien 2001. (Profile. Magazin des österreichischen Literaturarchivs 4. Bd. 7.)
Fichter, Tilman / Knödler-Bunte, Eberhard: Einleitung. In: Ulrich Baehr (Hrsg.): Mythos Berlin – Wahrnehmungsgeschichte einer industriellen Metropole. Berlin 1984. S. 5–7.
Fischer, Jens Malte: Mahler. Leben und Welt. In: Bernd Sponheuer / Wolfram Steinbeck (Hrsg.): Mahler-Handbuch. Stuttgart 2010. S. 14–59.
Flügge, Manfred: Stadt ohne Seele. Wien 1938. Berlin 2018.
Frank, Josef: Das Haus als Weg und Platz. In: Der Baumeister XXIX (1931) H. 8. S. 316–323.
Franz, Rainald: »Allüberall die Formen des Quadrats und die parallelen Linien«.

Die Wiener Werkstätte in Berlin. In: Agnes Husslein-Arco [u. a.] (Hrsg.): Wien – Berlin. Kunst zweier Metropolen. München / London / New York 2013. S. 86–91.
Freud, Sigmund: Das Unbehagen in der Kultur [1931]. Hrsg. von Lothar Bayer und Kerstin Krone-Bayer. Stuttgart 2010 [u. ö].
Fried, Alfred H.: Wien – Berlin. Ein Vergleich. Wien/Leipzig 1908.
Friedel, Johann: Briefe aus Wien verschiedenen Inhalts an einen Freund in Berlin. Leipzig/Berlin 1783.
Friedrich, Thomas: Die missbrauchte Hauptstadt. Hitler und Berlin. Berlin 2007.
Frisby, David: Streets, Imaginaries, and Modernity: Vienna is not Berlin. In: Gyan Prakash / Kevin M. Kruse (Hrsg.): The Spaces of the Modern City. Imaginaries, Politics, and Everyday Life. Princeton 2008. S. 21–57.
Fritzsche, Peter: Reading Berlin 1900. Cambridge (MA) 1996.
Fuhrich, Edda / Dembski, Ulrike / Eder, Angela: Ambivalenzen. Max Reinhardt und Österreich. Wien 2004.
Geist, Johann Friedrich / Kürvers, Klaus: Das Berliner Mietshaus 1862–1945. Eine dokumentarische Geschichte von »Meyer's Hof« in der Ackerstraße 132–133, der Entstehung der Berliner Mietshausquartiere und der Reichshauptstadt zwischen Gründung und Untergang. München 1984.
Glaser, Curt: Wiener Eindrücke II. In: Berliner Börsen Courier. 10. Juli 1920.
Glaser, Hermann: Um eine Stadt von innen bittend. Historische Stadt und kulturelle Aneignung. In: Cord Meckseper / Harald Siebenmorgen (Hrsg.): Die alte Stadt: Denkmal oder Lebensraum? Die Sicht der mittelalterlichen Stadtarchitektur im 19. und 20. Jahrhundert. Göttingen 1985. S. 9–26.
Glaßbrenner, Adolf: Bilder und Träume von Wien. Bd. 1. Leipzig 1836.
Godé, Maurice / Haag, Ingrid / Le Rider, Jaques (Hrsg.): Wien – Berlin. Deux Sites de la modernité – Zwei Metropolen der Moderne (1900–1930). Montpellier 1993.
Göbel, Helmut: Elias Canetti. Reinbek b. Hamburg 2005.
Göhring, Walter: Verdrängt und vergessen: Friedensnobelpreisträger Alfred Hermann Fried. Wien 2006.
Graf, Max: Legende einer Musikstadt. Wien 1949.
Grillparzer, Franz: Abschied von Wien. In: Sämtliche Werke Bd. 1. Hrsg. von Peter Frank und Karl Pörnbacher. München 1960. S. 288-289.
Grimm, Hartmut / Hansen, Matthias / Holtmeier, Ludwig (Hrsg.): Wien – Berlin. Stationen einer kulturellen Beziehung. Saarbrücken 2000.
Gross, Raphael: November 1938. Die Katastrophe vor der Katastrophe. München 2013.
Grün, Lili: Alles ist Jazz. Hrsg. und mit Nachw. von Anke Heimberg. Berlin 2009.
Grüttner, Michael: Brandstifter und Biedermänner. Deutschland 1933–1939. Stuttgart 2015.
Haiko, Peter / Stekl, Hannes: Architektur in der industriellen Gesellschaft. In:

H. S. (Hrsg.): Architektur und Gesellschaft von der Antike bis zur Gegenwart. Salzburg 1980. S. 251–341.
Hamann, Brigitte: Hitlers Wien. Lehrjahre eines Diktators. München 1996.
Hardwick, M. Jeffrey: Mall Maker: Victor Gruen, Architect of an American Dream. Philadelphia 2004.
Hegemann, Werner: Das steinerne Berlin. Geschichte der größten Mietskasernenstadt der Welt [1930]. Nachdr. Berlin 1963.
Hellpach, Willy: Mensch und Volk der Großstadt. Stuttgart 1952.
Hennenberg, Fritz: »Es muß was Wunderbares sein …«. Ralph Benatzky. Zwischen »Weißem Rößl« und Hollywood. Wien 1998.
– Hanns Eisler. Mainz 2016.
Herbert, Ulrich: Geschichte Deutschlands im 20. Jahrhundert. München 2014.
Hessel, Franz: Etwas von der Arbeit. In: F. H.: Spazieren in Berlin. Ein Lehrbuch der Kunst in Berlin spazieren zu gehen ganz nah dem Zauber der Stadt von dem sie selbst kaum weiß. Ein Bilderbuch in Worten. Mit Geleitwort von Stéphane Hessel. Berlin 2012. S. 35–45.
Hirschfeld, Ludwig: Die klingende Stadt. Skizzen aus dem lauten und aus dem stillen Wien. Wien 1912.
– Das Buch von Wien. (Was nicht im Baedeker steht, Bd. II.) München 1927.
Hitler, Adolf: Reden, Schriften, Anordnungen Februar 1925 – Januar 1933. Bd. IV. München [u. a.] 1994.
Holitscher, Arthur: Lebensgeschichte eines Rebellen. Meine Erinnerungen. Berlin 1924.
Holmes, Deborah: Zur Literatur des *fin de siècle* in Wien. In: Arturo Larcati / Klemens Renoldner / Martina Wörgötter (Hrsg.): Stefan-Zweig-Handbuch. Leben – Werk – Wirkung. Berlin/Boston 2018. S. 58–65.
Hommer, Gerhard: Attraktionen der Straße. Eine Berliner Literaturgeschichte 1927–1932. Göttingen 2021.
Horak, Roman / Maderthaner, Wolfgang / Mattl, Siegfried (Hrsg.). Metropole Wien. Texturen der Moderne. Wien 2000.
Horváth, Ödön von: Volksstücke. Gesammelte Werke I. Hrsg. von Traugott Krischke und Dieter Hildebrandt. Frankfurt a. M. 1978.
– Geschichten aus dem Wiener Wald. Volksstück in drei Teilen. In: Ö. v. H.: Wiener Ausgabe sämtlicher Werke. Band 3. Hrsg. von Erwin Gartner und Nicole Streitler-Kastberger. München/Boston 2015.
Huret, Jules: En Allemagne: Berlin. Paris 1909.
– Berlin um neunzehnhundert. München 1909.
Husslein-Arco, Agnes [u. a.] (Hrsg.): Wien – Berlin. Kunst zweier Metropolen. München / London / New York 2013.
Hutter, Andreas: Wie Billy Wilder zum Film-Zyniker wurde. Reporter im Wien und Berlin der Zwischenkriegszeit. In: Rolf Aurich (Hrsg.): »Billie«. Billy Wilders Wiener journalistische Arbeiten. Wien 2006. S. 13–23.

Illies, Florian: 1913. Der Sommer des Jahrhunderts. Frankfurt a. M. 2012.
– Vorwort. Schicksal als Chance. Zur Bedeutung von Karl Schefflers DANN-Analyse von Berlin. In: Karl Scheffler: Berlin, ein Stadtschicksal. Hrsg. und mit Vorw. von F. I. Berlin 2015. S. 7–15.
Isenberg, Noah (Hrsg.): Billy Wilder on Assignment. Dispatches from Weimar, Berlin and Interwar Vienna. Princeton/Oxford 2021.
Jäger, Christian: Wien als Versprechen, Berlin als Hoffnung. In: John Warren / Ulrike Zitzlsperger (Hrsg.): Vienna Meets Berlin. Cultural Interaction 1918–1933. Bern 2005. S. 125-137.
– / Schütz, Erhard (Hrsg.): Glänzender Asphalt – Berlin im Feuilleton der Weimarer Republik. Berlin 1994.
– / Schütz, Erhard: Nachwort. In: Dies. (Hrsg.): Glänzender Asphalt – Berlin im Feuilleton der Weimarer Republik. Berlin 1994. S. 335–348.
– / – Städtebilder zwischen Literatur und Journalismus. Wien, Berlin und das Feuilleton der Weimarer Republik. Wiesbaden 1999.
Janz, Rolf-Peter: Zum Sozialcharakter des süßen Mädels. In: R.-P. J.: Arthur Schnitzler: Zur Diagnose des Wiener Bürgertums im Fin de Siècle. Stuttgart 1977. S. 41–54.
Jazbinsek, Dietmar / Thies, Ralf: »Großstadt-Dokumente«. Metropolenforschung im Berlin der Jahrhundertwende. Berlin 1996.
– / – Berlin – das europäische Chicago. Über ein Leitmotiv der Amerikanisierungsdebatte zu Beginn des 20. Jahrhunderts. In: Clemens Zimmermann / Jürgen Reulecke (Hrsg.): Die Stadt als Moloch? Das Land als Kraftquell? Wahrnehmungen und Wirkungen der Großstädte um 1900. Basel/Boston/Berlin 1999. S. 53–94.
Jesenská, Milena: Prager Hinterhöfe im Frühling. Feuilletons und Reportagen 1919–1939. Göttingen 2020.
Jochmann, Werner (Hrsg.): Adolf Hitler. Monologe im Führerhauptquartier 1941–1944. München 1980.
Johnston, William M.: Der österreichische Mensch. Kulturgeschichte der Eigenart Österreichs. Wien/Köln/Graz 2010.
Karasek, Helmuth: Billy Wilder. Eine Momentaufnahme. Hamburg 1992.
Kauffmann, Kai: »Es ist nur ein Wien!« Stadtbeschreibungen von Wien 1700 bis 1873. Geschichte eines literarischen Genres der Wiener Publizistik. Wien/Köln/Weimar 1994.
– Gemütliches Wien und verständiges Berlin. Entwicklung kultureller Stereotypen 1780–1880. In: Wolfgang Kos / Christian Rapp (Hrsg.): Alt-Wien. Die Stadt, die niemals war. Wien 2004. S. 39–45.
Kaus, Gina: Von Wien nach Hollywood. Erinnerungen. Neu hrsg. und mit Nachw. von Sibylle Mulot. Frankfurt a. M. 1990.
Kerr, Alfred: Sätze meines Lebens. Berlin 1978.
Kiaulehn, Walter: Berlin. Schicksal einer Weltstadt. München 1958.
Kiesel, Helmuth: Geschichte der deutschsprachigen Literatur 1918–1933. München 2017.

Killen, Andreas: Berlin Electropolis: Shock, Nerves, and German Modernity. Berkeley / Los Angeles 2006.

Klotz, Volker: Operette. Porträt und Handbuch einer unerhörten Kunst. Kassel 2004.

König, René: Großstadt. In: R. K. (Hrsg.): Handbuch der empirischen Sozialforschung. Bd. 10: Großstadt, Massenkommunikation, Stadt-Land-Beziehungen. Stuttgart 1969 S. 42–145.

Korff, Gottfried: Mentalität und Kommunikation in der Großstadt. Berliner Notizen zur »inneren Urbanisierung«. In: Theodor Kohlmann / Hermann Bausinger (Hrsg.): Großstadt. Aspekte empirischer Kulturforschung. Berlin 1985. S. 343–361.

– / Rürup, Reinhard (Hrsg.): Berlin, Berlin. Die Ausstellung zur Geschichte der Stadt. Berlin 1987.

Korherr, Richard: Berlin. In: Süddeutsche Monatshefte 27 (März 1930) H. 6. S. 378 f.

Kos, Wolfgang: Warum Wien immer schöner wurde. Über die Vergangenheit zu einem neuen Wien-Image. In: W. K. / Christian Rapp (Hrsg.): Alt-Wien. Die Stadt, die niemals war. Wien 2004. S. 312–323.

– (Hrsg.): Wiener Typen. Klischees und Wirklichkeit. Wien 2013.

– / Rapp, Christian (Hrsg.): Alt-Wien. Die Stadt, die niemals war. Wien 2004.

Kracauer, Siegfried: Wir schaffens. In: Frankfurter Zeitung. 13. November 1927.

– Die kleinen Ladenmädchen gehen ins Kino. In: S. K.: Das Ornament der Masse. Essays. Frankfurt a. M. 1963. S. 279–310.

– Film 1928. In: S. K.: Das Ornament der Masse. Frankfurt a. M. 1963. S. 295–310.

– Wiederholung. Auf der Durchreise in München. In: S. K.: Werke. Bd. 5.4. Essays, Feuilletons, Rezensionen 1932–1965. Hrsg. von Inka Mülder-Bach unter Mitarb. von Sabine Biebl, Andrea Erwig, Vera Bachmann und Stephanie Manske. Frankfurt a. M. 2011. S. 113–117.

Kralik, Richard / Schlitter, Hanns: Wien. Geschichte der Kaiserstadt und ihrer Kultur. Wien 1912.

Krasny, Elke: Beschwingte Gelassenheit und vornehme Zurückhaltung. Alt-Wien auf Weltausstellungen. In: Wolfgang Kos / Christian Rapp (Hrsg.): Alt-Wien. Die Stadt, die niemals war. Wien 2004. S. 165–171.

Kraus, Karl: Der Glanzlederfauteuil. In: Die Fackel 161. 5. Mai 1904. S. 8–13.

– Pro domo et mundo. München 1912.

– Der Berliner in Wien. In: K. K.: In dieser großen Zeit. Auswahl 1914–25. Berlin 1971. S. 543–545.

Krenek, Ernst: Im Atem der Zeit. Erinnerungen an die Moderne. Hamburg 1998.

Krischke, Traugott (Hrsg.): Materialien zu Ödön von Horváths *Geschichten aus dem Wiener Wald*. Frankfurt a. M. 1972.

Kuh, Anton: Jetzt können wir schlafen gehen! Zwischen Wien und Berlin. Hrsg. und komm. von Walter Schübler. Wien 2012.

Lackner, Herbert: Die Flucht der Dichter und Denker. Wie Europas Künstler und Wissenschaftler den Nazis entkamen. Wien 2017.
– Als die Nacht sich senkte. Europas Dichter und Denker zwischen den Kriegen – am Vorabend von Faschismus und NS-Barbarei. Wien 2019.
Ladd, Brian: The Ghosts of Berlin. Confronting German History in the Urban Landscape. Chicago 1998.
Lahm, Karl: Kraft und Schönheit im Wiener Prater. In: Vossische Zeitung. 16. Juni 1925.
Lebrecht, Norman: Gustav Mahler im Spiegel seiner Zeit. Portraitiert von Zeitgenossen. Zürich / St. Gallen 1990.
Leitich, Ann Tizia: Die Wienerin. Stuttgart 1939.
Lenger, Friedrich: Metropolen der Moderne. Eine europäische Stadtgeschichte seit 1850. München 2013.
Lethen, Helmut: Chicago und Moskau. In: Jochen Boberg / Tilman Fichter / Eckhart Gillen (Hrsg.): Die Metropole. Industriekultur in Berlin im 20. Jahrhundert. München 1986. S. 190–213.
Lindner, Rolf: Textur, *imaginaire*, Habitus – Schlüsselbegriffe der kulturanalytischen Stadtforschung. In: Helmuth Berking / Martina Löw (Hrsg.): Die Eigenlogik der Städte. Neue Wege für die Stadtforschung. Frankfurt a. M. 2008. S. 83–94.
– Berlin, absolute Stadt. Eine kleine Anthropologie der großen Stadt. Berlin 2016.
– In einer Welt von Fremden. Eine Anthropologie der Stadt. Berlin 2022.
– / Moser, Johannes (Hrsg.): Dresden: Ethnografische Erkundungen einer Residenzstadt. Leipzig 2006.
Linhardt, Marion: Residenzstadt und Metropole. Zu einer kulturellen Topographie des Wiener Unterhaltungstheaters (1858–1918). Tübingen 2006.
Lissauer, Ernst: Glück in Österreich. Bilder und Betrachtungen. Frankfurt a. M. 1925.
Löw, Martina: Soziologie der Städte. Frankfurt a. M. 2008.
Maderthaner, Wolfgang: Von der Zeit um 1860 bis zum Jahr 1945. In: Peter Csendes / Ferdinand Opll (Hrsg.): Wien. Geschichte einer Stadt. Bd. 3: Von 1790 bis zur Gegenwart. Wien/Köln/Weimar 2006. S. 175–544.
– / Musner, Lutz: Die Anarchie der Vorstadt. Das andere Wien um 1900. Frankfurt a. M. / New York 1999.
Magris, Claudio: Donau. Biographie eines Flusses. München 1988.
Mak, Geert: In Europa. Eine Reise durch das 20. Jahrhundert. München 2007.
Mann, Christian: Schach. Die Welt auf 64 Feldern. München 2019.
Mann, Heinrich: Berlin. In: Christian Jäger / Erhard Schütz (Hrsg.): Glänzender Asphalt – Berlin im Feuilleton der Weimarer Republik. Berlin 1994. S. 13–19.
Mattl, Siegfried: Geschichte Wiens. Bd. VI: Das 20. Jahrhundert. Wien 2000.
– Die Marke »Rotes Wien«. Politik aus dem Geist der Reklame. In: Wolfgang

Kos (Hrsg.): Kampf um die Stadt. Politik, Kunst und Alltag um 1930. Wien 2010. S. 54-63.
Mehring, Walter: Wir müssen weiter. Fragmente aus dem Exil. Düsseldorf 1979.
Mikoletzky, Juliane: Die Wiener Sicht auf Berlin. 1870–1934. In: Gerhard Brunn / Jürgen Reulecke (Hrsg.): Metropolis Berlin. Berlin als deutsche Hauptstadt im Vergleich europäischer Hauptstädte 1870–1939. Bonn/Berlin 1992. S. 471–528.
Morat, Daniel: Populärmusik. In: D. M. [u. a.]: Weltstadtvergnügen. Berlin 1880–1930. Göttingen 2016. S. 108–152.
Morgenbrod, Birgitt: »Träume in Nachbars Garten«. Das Wien-Bild im Deutschen Kaiserreich. In: Gangolf Hübinger / Wolfgang J. Mommsen (Hrsg.): Intellektuelle im Deutschen Kaiserreich. Frankfurt a. M. 1993. S. 111–123.
Moser, Karin: Gefahrenpool Wien. Die Schattenseiten einer Stadt – eine Momentaufnahme im Film der Nachkriegsära. In: Christian Dewald / Michael Loebenstein / Werner Michael Schwarz (Hrsg.): Wien im Film. Stadtbilder aus 100 Jahren. Wien 2010. S. 146–153.
Münzer, Kurt: Der gefühlvolle Baedeker. Auch ein Handbuch für Reisende durch Deutschland, Italien, die Schweiz und Tirol. Berlin-Charlottenburg 1911.
Musil, Robert: Der Mann ohne Eigenschaften. Roman. Bd. 1. Reinbek b. Hamburg 1978.
Musner, Lutz: Der Geschmack von Wien. Kultur und Habitus einer Stadt. Frankfurt a. M. 2009.
– Stephansdom und Stadtmuschel. Zur visuellen Signatur Wiens. In: Beate Binder [u. a.] (Hrsg.): Orte – Situationen – Atmosphären. Kulturanalytische Skizzen. Frankfurt a. M. 2010. S. 239–246.
Nicolai, Bernd: Berlin. In: Wolfgang Behringer / Bernd Roeck (Hrsg.): Das Bild der Stadt in der Neuzeit. 1400–1800. München 1999. S. 138–143.
Nicolai, Friedrich: Beschreibung einer Reise durch Deutschland und die Schweiz im Jahre 1781. Nebst Bemerkungen über Gelehrsamkeit, Industrie, Religion und Sitten. Bd. 5. Berlin/Stettin 1785.
Nooteboom, Cees: Die Form des Zeichens, die Form der Stadt. In: C. N.: Die Dame mit dem Einhorn. Europäische Reisen. Frankfurt a. M. 2000. S. 9–18.
Nussbaumer, Martina: Musikstadt Wien. Die Konstruktion eines Images. Freiburg i. Br. / Berlin / Wien 2007.
Payer, Peter: Wiens Aufbruch zur Weltstadt. In: Julius Rodenberg: Wiener Sommertage. Hrsg. und mit Nachw. von P. P. Wien 2009. S. 325–383.
– Der Klang der Großstadt. Eine Geschichte des Hörens. Wien 1850–1914. Wien/Köln/Weimar 2018.
Pippal, Martina: Kleine Kunstgeschichte Wiens. München 2000.
Ploog, Karin: Als die Noten laufen lernten … Bd. 1.2: Komponisten H–O. Geschichte und Geschichten der U-Musik bis 1945. Norderstedt 2022.
Polgar, Alfred: Beruf. In: Berliner Tageblatt. 1. Dezember 1927.

Prey, Corinna: Leben und Werk der Schriftstellerin Lili Grün. Diplomarbeit. Universität Wien 2011.
Rainalter, Erwin H.: Vom süßen Mädel. In: Deutsche Allgemeine Zeitung. 14. März 1926.
Rapp, Christian (Hrsg.): Spurwechsel. Wien lernt Auto fahren. Wien 2006.
Rapsilder, Maximilian: Die neuen Hochbauten der Stadt Berlin. In: Berliner Architekturwelt 12 (1900) S. 429–435.
Reckwitz, Andreas: Die Selbstkulturalisierung der Stadt. Zur Transformation moderner Urbanität in der »creative city«. In: A. R.: Kreativität und soziale Praxis. Studien zur Sozial- und Gesellschaftstheorie. Bielefeld 2016. S. 155–184.
Renker, Gustav: Ein verlassener Herrschersitz. In: Deutsche Allgemeine Zeitung. 15. März 1919.
Rilke-Gesellschaft (Hrsg.): Berlin, Wien. Stationen der Moderne. Stuttgart 2000. (Blätter der Rilke-Gesellschaft. 23.)
Rodenberg, Julius: Wiener Sommertage [1875]. Hrsg. und mit Nachw. von Peter Payer. Wien 2009.
Roth, Joseph: Briefe 1911–1939. Hrsg. und eingel. von Hermann Kesten. Köln 1970.
– Die Flucht ohne Ende. Ein Bericht. In: J. R.: Werke in vier Bänden. Hrsg. und eingel. von Hermann Kesten. Bd. 1. Amsterdam 1975. S. 315–421.
Sadowsky, Thorsten: Reisen durch den Mikrokosmos. Berlin und Wien in der bürgerlichen Reiseliteratur um 1800. Hamburg 1998.
Salten, Felix: Der Wiener Korrespondent. In: Morgen. Wochenschrift für deutsche Kultur 4. 5. Juli 1907. S. 113–116.
– Das österreichische Antlitz. Berlin 1908. ^{2}1910.
– Der Entscheidungstag in Wien. In: Berliner Tageblatt. 27. Juli 1914.
– Der verarmte Prater. In: Berliner Tageblatt. 4. Mai 1920.
Sannwald, Daniela: Bilder der Großstadt. Wien und Berlin im Kino der zwanziger und frühen dreißiger Jahre. In: Bernhard Fetz / Hermann Schlösser (Hrsg.): Wien – Berlin. Mit einem Dossier zu Stefan Großmann. Wien 2001. (Profile. Magazin des österreichischen Literaturarchivs 4. Bd. 7.) S. 117–134.
Schebera, Jürgen: Hanns Eisler zwischen Wien und Berlin. In: Hartmut Grimm / Matthias Hansen / Ludwig Holtmeier (Hrsg.): Wien – Berlin. Stationen einer kulturellen Beziehung. Saarbrücken 2000. S. 115–124.
Scheffler, Karl: Wiener Revue. In: Vossische Zeitung. 16. Februar 1924.
– Berlin, ein Stadtschicksal. Hrsg. und mit Vorw. von Florian Illies. Berlin 2015.
Scherpe, Klaus R.: Berlin als Ort der Moderne. In: Pandaemonium Germanicum. Revista de Estudos Germanísticos 7 (2003) S. 17–37.
Schiller, Friedrich: Sämtliche Werke. Bd. 1. Auf Grund der Originaldrucke hrsg. von Gerhard Fricke und Herbert G. Göpfert. München 1965.
Schlösser, Hermann: Grinzing am Potsdamer Platz. Berlins Anziehungskraft für

Wiener Künstler und Intellektuelle. In: Wolfgang Kos (Hrsg.): Kampf um die Stadt. Politik, Kunst und Alltag um 1930. Wien 2010. S. 64–269.
– Die Wiener in Berlin. Ein Künstlermilieu der 20er Jahre. Wien 2011.
Schmidt-Dengler, Wendelin: Schienenstränge. Wien – Berlin und zurück: Literarische Spiegelungen. In: Bernhard Fetz / Hermann Schlösser (Hrsg.): Wien – Berlin. Mit einem Dossier zu Stefan Großmann. Wien 2001. (Profile. Magazin des österreichischen Literaturarchivs 4. Bd. 7.) S. 79–91.
– Die Stadt wird ergangen: Wien bei Schnitzler, Musil, Doderer. In: Gerald Sommer (Hrsg.): Gassen und Landschaften. Heimito von Doderers »Dämonen« vom Zentrum und vom Rande aus betrachtet. Würzburg 2004. S. 105–122.
Schneider, Peter: Der Mauerspringer. Hamburg 1982.
Schneider, Petra: Heimweh. Die neue Sehnsucht nach der alten Stadt im Wien um 1900. In: Karl Brunner / Petra Schneider (Hrsg.): Umwelt Stadt. Geschichte des Natur- und Lebensraumes Wien. Wien/Köln/Weimar 2005. S. 584–595.
Schnitzler, Arthur: Jugend in Wien. Frankfurt a. M. 1999.
Schorske, Carl E.: Wien. Geist und Gesellschaft im Fin de Siècle. Frankfurt a. M. 1982.
Schwarz, Werner Michael / Spitaler, Georg / Wikidal, Elke (Hrsg.): Das Rote Wien 1919–1934. Ideen, Debatten, Praxis. Basel 2019.
Sedlmaier, Alexander: Berlin als doppeltes »Schaufenster« im Kalten Krieg. In: Thomas Biskup / Marc Schalenberg (Hrsg.): Selling Berlin. Imagebildung und Stadtmarketing von der preußischen Residenz bis zur Bundeshauptstadt. Stuttgart 2008.
Servaes, Franz: Wien. Briefe an eine Freundin in Berlin. Leipzig 1908.
Siedler, Wolf Jobst: Phönix im Sand. Glanz und Elend der Hauptstadt. Berlin 1998.
Slezak, Walter: Wann geht der nächste Schwan? München 1964.
Sombart, Werner: Wien. In: Morgen. Wochenschrift für deutsche Kultur 6. 19. Juli 1907. S. 172–175.
Sommer, Monika / Gräser, Marcus / Prutsch, Ursula (Hrsg.): Imaging Vienna. Innenansichten, Außenansichten, Stadterzählungen. Wien 2006.
Soyka, Otto: Die Hauptstadt ohne Reich. In: Deutsche Allgemeine Zeitung. 29. November 1918.
Sprengel, Peter: Geschichte der deutschsprachigen Literatur 1870–1900. Von der Reichsgründung bis zur Jahrhundertwende. München 1998.
– / Streim, Gregor: Berliner und Wiener Moderne. Vermittlungen und Abgrenzungen in Literatur, Theater, Publizistik. Wien/Köln/Weimar 1998.
Spring, Ulrike: Der Himmel über Wien. Franz Schubert, sein Körper und Alt-Wien. In: Wolfgang Kos / Christian Rapp (Hrsg.): Alt-Wien. Die Stadt, die niemals war. Wien 2004. S. 151–158.
Stadelmann, Christian: Asphalt. Seine Wiener Geschichte. In: Christian Rapp (Hrsg.): Spurwechsel. Wien lernt Auto fahren. Wien 2006. S. 31–39.

Stadler, Friedrich: Vertriebene Vernunft II. Emigration und Exil österreichischer Wissenschaft 1930–1940. Tl.-bd. 2. Münster 2004.
Stapel, Wilhelm: Der Geistige und sein Volk. Eine Parole. In: Deutsches Volkstum 12 (1930). S. 1–8.
Stern, Carola: Die Sache, die man Liebe nennt. Das Leben der Fritzi Massary. Reinbek b. Hamburg 2001.
Stim, JM: Hier ist Berlin. Mit einer Einf. von Tim Mohr. Wien 2011.
Streim, Gregor: Zwischen *Weißem Rößl* und Mickymaus. Wiener Feuilletonisten im Berlin der zwanziger Jahre. In: Bernhard Fetz / Hermann Schlösser (Hrsg.): Wien – Berlin. Mit einem Dossier zu Stefan Großmann. Wien 2001. (Profile. Magazin des österreichischen Literaturarchivs 4. Bd. 7.) S. 5–21.
Strohmaier, Brenda: Wie man lernt, Berliner zu sein. Die deutsche Hauptstadt als konjunktiver Erfahrungsraum. Frankfurt a. M. 2014.
– / Wolf, Alexander S.: Der Berlin-Code. Eine Berlinungsanleitung in elf Geboten. Berlin 2016.
Strohmeyer, Klaus: Berlin in Bewegung. In: K. S. (Hrsg.): Literarischer Spaziergang 1: Die Berliner. Reinbek b. Hamburg 1987. S. 9–20.
– (Hrsg.): Literarischer Spaziergang 1: Die Berliner. Reinbek b. Hamburg 1987.
– »Der Kumpel liebt Berlin nicht …« Metropole und Industrielandschaft. In: August Nitschke [u. a.] (Hrsg.): Jahrhundertwende. Der Aufbruch in die Moderne 1880–1930. Bd. 1. Reinbek b. Hamburg 1990. S. 25–55.
Süß, Eduard: Der Boden der Stadt Wien nach seiner Bildungsweise, Beschaffenheit und seinen Beziehungen zum bürgerlichen Leben. Eine geologische Studie. Wien 1862.
Telesko, Werner: Kulturraum Österreich. Die Identität der Regionen in der bildenden Kunst des 19. Jahrhunderts. Wien 2008.
Tews, Johannes: Großstadtpädagogik: Vorträge, gehalten in der Humboldt-Akademie zu Berlin. Leipzig 1911.
Thiel, Wolfgang: Alt-Wien auf Berlinisch? Anmerkungen zur Tonfilmoperette »Der Kongreß tanzt« (1931). In: Hartmut Grimm / Matthias Hansen / Ludwig Holtmeier (Hrsg.): Wien – Berlin. Stationen einer kulturellen Beziehung. Saarbrücken 2000. S. 170–177.
Thies, Ralf: Ethnograph des dunklen Berlin. Hans Ostwald und die »Großstadt-Dokumente« (1904–1908). Köln/Weimar/Wien 2006.
Thomas, William Isaac: The Methodology of Behavior Study. In: W. I. T. / Dorothy S. Thomas: The Child in America: Behavior Problems and Programs. New York 1928. S. 553–576.
Tucholsky, Kurt: Massary. In: K. T.: Gesammelte Werke. Bd. 1: 1907–1918. Hrsg. von Mary Gerold-Tucholsky und Fritz J. Raddatz. Reinbek b. Hamburg 1975. S. 126–129.
– Operetten. In: K. T.: Gesammelte Werke. Bd. 1: 1907–1918. Hrsg. von Mary Gerold-Tucholsky und Fritz J. Raddatz. Reinbek b. Hamburg 1975. S. 169–171.
Uhl, Heidemarie: Österreich. Vom Opfermythos zur Mitverantwortungsthese.

In: Monika Flacke (Hrsg.): Mythen der Nationen. 1945 – Arena der Erinnerungen. Bd. II. Mainz 2004. S. 481–502.

Ullmann, Hermann: Flucht aus Berlin? Jena 1932.

Völker, Klaus: Wien sucht Anschluß in Berlin – Berlin kauft Wien. Die Operette als ideologische Anstalt. In: Bernhard Fetz / Hermann Schlösser (Hrsg.): Wien – Berlin. Mit einem Dossier zu Stefan Großmann. Wien 2001. (Profile. Magazin des österreichischen Literaturarchivs 4. Bd. 7.) S. 107–115.

Wagner, Monika: Marmor und Asphalt. Soziale Oberflächen im Berlin des 20. Jahrhunderts. Berlin 2018.

Wall, Alex: Victor Gruen. From Urban Shop to New City. Barcelona 2005.

Walser, Robert: Aschinger. In: R. W.: Das Gesamtwerk 1. Fritz Kochers Aufsätze. Geschichten. Aufsätze. Hrsg. von Jochen Greven. Frankfurt a. M. 1978. S. 289–292.

Walter, Bruno: Thema und Variationen. Erinnerungen und Gedanken. Frankfurt a. M. 1960.

Walther, Peter: Fieber. Universum Berlin 1930–1933. Berlin 2020.

Warren, John: Berlin Comes to Vienna. Theatralical Interaction 1918–1933. In: John Warren / Ulrike Zitzlsperger (Hrsg.): Vienna Meets Berlin. Cultural Interaction 1918–1933. Bern 2005. S. 79–92.

– / Zitzlsperger, Ulrike (Hrsg.): Vienna Meets Berlin. Cultural Interaction 1918–1933. Bern 2005.

Weigel, Alexander: Das Berliner Theater und seine Wiener Einflüsse. In: John Warren / Ulrike Zitzlsperger (Hrsg.): Vienna Meets Berlin. Cultural Interaction 1918–1933. Bern 2005. S. 65–78.

Weinzierl, Ulrich: Alfred Polgar. Eine Biographie. Frankfurt a. M. 1995.

Weyrich, Edgar: Wien, geschildert von Künstlern der Feder und des Stiftes. Zweiter Teil: Wiener Landschaft (Wahrzeichen und Schönheiten). Wien 1924.

Wietschorke, Jens: Urbane Volkstypen. Zur Folklorisierung der Stadt im 19. und 20. Jahrhundert. In: Zeitschrift für Volkskunde 110/II (2014) S. 215–242.

– Kirchenräume in Wien. Architektur in der Kulturanalyse. Wien 2019.

– Vigilanz und Schlüsselgewalt. Der Wiener Hausmeister und die Regulation urbaner Durchgangsräume. In: Historische Anthropologie 27 (2019), H. 2. S. 164–191.

– Berliner Tempo, Wiener Gemüt? Stadtanthropologische Überlegungen zur *symbolic time of cities*. In: Forum Stadt. Vierteljahreszeitschrift für Stadtgeschichte, Stadtsoziologie, Denkmalpflege und Stadtentwicklung 48 (2021) H. 4. Schwerpunkt: »Die bewegte Stadt«. Hrsg. von Jürgen Hasse. S. 377–391.

– Wien ist anders? Das Modell Gemeindebau. In: Aus Politik und Zeitgeschichte 51–52 (2022). Themenschwerpunkt »Bauen und Wohnen«. S. 49–54.

Wilhelm, Karin: Ordnungsmuster der Stadt. Camillo Sitte und der moderne Städtebaudiskurs. In: K. W. / Detlef Jessen-Klingenberg (Hrsg.): Formationen der Stadt. Camillo Sitte weitergelesen. Basel 2005. S. 15–95.

Wißmann, Friederike: Hanns Eisler. Komponist, Weltbürger, Revolutionär. München 2012.
Wolf, Norbert Christian: Zwischen Diesseitsglauben und Weltabgewandtheit – Musils Auseinandersetzung mit den Berliner literarischen Strömungen. In: Annette Daigger / Peter Henninger (Hrsg.): Robert Musils Drang nach Berlin. Internationales Kolloquium zum 125. Geburtstag des Schriftstellers. Bern 2008. S. 185–230.
Würfel, Carolin: Ingrid Wiener und die Kunst der Befreiung. Wien 1968 – Berlin 1972. Berlin 2019.
Wunberg, Gotthart: Wien und Berlin. Zum Thema Tradition und Moderne. In: G. W.: Jahrhundertwende. Studien zur Literatur der Moderne. Tübingen 2001. S. 176–186.
Zuckmayer, Carl: Als wär's ein Stück von mir. Horen der Freundschaft. Frankfurt a. M. 1966.
Zweig, Stefan: Die Welt von gestern. Erinnerungen eines Europäers. Frankfurt a. M. 1970.
– Verwirrung der Gefühle. Frankfurt a. M. 1983.

ABBILDUNGSNACHWEIS

23 © Archiv Holzer | 32 © KHM-Museumsverband | 35 Wien Museum Inv.-Nr. 245282, CC0 1.0 | 37 Wien Museum. Online-Sammlung | 51 CC0 1.0 | 53 © Bildarchiv Foto Marburg | 72 © SDTB Historisches Archiv | 75 Albertina, Wien | 89 © picture-alliance / akg-images | 103 Bundesarchiv, Bild 102-00892 / Georg Pahl / CC-BY-SA 3.0 | 123 Bundesarchiv, Bild 183-R07878 / CC-BY-SA 3.0 | 147 WStLA / Martin Gerlach | 154 © Elias Canetti Erben, Zürich | 161 Filmarchiv Austria | 168 © United Archives GmbH / Alamy Stock Photo | 173 © The History Collection / Alamy Stock Photo | 183 © Lebrecht Music & Arts / Alamy Stock Photo | 197 Bundesarchiv, Bild 183-19204-2132 / CC-BY-SA 3.0 | 205 CC BY-SA 3.0 | 211 © ullstein bild | 246 © Sammlung Stiftung Stadtmuseum Berlin

REGISTER

WIDMUNG UND DANK

Für Ulrike und Johannes, die mit mir im Herbst 2010 das Abenteuer unternommen haben, von Berlin nach Wien zu übersiedeln. Und für Michael und Felix, die in Wien geboren sind.

Ein erster Dank geht an Rolf Lindner für viele Ideen und Gespräche zum Wien-Berliner Städtevergleich. Schade, dass ich sein wunderbares neues Buch zur Anthropologie der Stadt nicht mehr angemessen berücksichtigen konnte. Ein weiterer Dank geht an meine Eltern Edeltraud und Paul Wietschorke für ihre Unterstützung in allen Lebenslagen. Und ein ganz besonderer Dank geht an unsere Wiener Freundinnen und Freunde, die uns den Wechsel von Berlin nach Wien leicht gemacht haben und von denen uns der Abschied im Herbst 2023 schwerfallen wird:

Katharina, Philipp, Jakob, Benjamin und Konstantin Mosser
Veronika Radel-Plunger, Mathias, Carla, Mathilda und Jakob Radel
Hana, Martin, Theo, Remo und John Webster
Karin, Fabrice, Theo und Noah Bouisset
Ligia Teban-Bedenicki, Ivo und Paul Bedenicki
Katharina Tassi-Fuchshuber, Matteo, Valerio und Fabio Tassi
Karin Birmele-Italiano, Federico, Mathilda und Clara Italiano
Christof und Françoise Krumpel
Tobias Schweiger